Walter Pippke
Ida Pallhuber

Die Eifel

Entdeckungsreisen durch Landschaft, Geschichte,
Kultur und Kunst – von Aachen bis zur Mosel

DuMont Buchverlag

Umschlagvorderseite: Reifferscheid

Umschlaginnenklappe: Salvator-Basilika, Prüm, gotische Figurengruppe

Umschlagrückseite: Kasselburg bei Pelm

Frontispiz: Burg Virneburg, 1934. Zeichnung von Eberhard Schulze

CIP-Kurztitelaufnahme der Deutschen Bibliothek

Pippke, Walter:
Die Eifel : Entdeckungsreisen durch Landschaft, Geschichte, Kultur u. Kunst – von Aachen bis zur Mosel / Walter Pippke ; Ida Pallhuber. – Köln : DuMont, 1984.
  (DuMont-Kunst-Reiseführer in der Reihe DuMont-Dokumente)
  ISBN 3-7701-1413-2
NE: Pallhuber, Ida:

© 1984 DuMont Buchverlag, Köln
Alle Rechte vorbehalten
Satz und Druck: Rasch, Bramsche
Buchbinderische Verarbeitung: Boss-Druck, Kleve

Printed in Germany   ISBN 3-7701-1413-2

Inhalt

Vorwort 7

Aachen und Umgebung 10
Die Stadt Aachen: Geschichte, Dom, Domschatz, Rathaus, Altstadt 10 – Aachen-Burtscheid 24 – Kornelimünster 25 – Stolberg 28 – Kloster Wenau 28 – Laufenburg 29 – Merode – 29

Die nördliche Eifel und das Eifelvorland 30
Nideggen 31 – Kreuzau 37 – Drove 38 – Niederau 38 – Lendersdorf 38 – Düren 38 – Binsfeld 39 – Frauwüllesheim 39 – Heimbach 39 – Kloster Mariawald 41 – Monschau 42 – Olef 45 – Schleiden 45 – Reifferscheid 47 – Wildenburg 65 – Kloster Steinfeld 66 – Nettersheim 69 – Die Kartsteinhöhle bei Eiserfey 71 – Kallmuth 71 – Bad Münstereifel 72 – Der Michelsberg 76 – Effelsberg 76 – Stotzheim 76 – Iversheim 77 – Satzvey 78 – Kommern 79 – Mechernich 79

Wege in die Nordeifel 80
Nörvenich 81 – Hochkirchen 81 – Gladbach 81 – Zülpich 81 – Wollersheim 84 – Vlatten 84 – Lechenich 84 – Euskirchen 86 – Frauenberg 86 – Elsig 87 – Die Ville 88 – Heimerzheim 89 – Lüftelberg 89 – Rheinbach 89 – Das Drachenfelser Ländchen 90

Das Ahrtal 92
Heimersheim 94 – Die Landskron 95 – Bad Neuenahr 96 – Ahrweiler 96 – Dernau 115 – Mayschoß 115 – Altenahr 118 – Kreuzberg 120 – Kirchsahr 120 – Kesseling 122 – Das Lierstal 122 – Dümpelfeld 123 – Aremberg 123 – Kirmutscheid 125 – Blankenheim 126

Die Hoch- und Vulkaneifel 129
Maria Laach 134 – Bad Tönisstein 143 – Das Brohltal 143 – Niederlützingen 143 – Buchholz 143 – Niederzissen 144 – Niederdürenbach 144 – Wehr 144 – Kempenich 169 – Mayen 169 – Das Mayener Grubenfeld 173 – Niedermendig 174 – Obermendig 174 – Hochsimmer und Hochstein 175 – Schloß Bürresheim 178 – Die Hohe Eifel 179 – Die Nürburg 179 – Adenau 180 – Virneburg 182 – Monreal 182 – Kelberg 184 – Oberehe 185 – Niederehe 185 – Der Dreimühlen-Wasserfall 187 – Kerpen 188 – Hillesheim 190 – Der Arensberg 194 – Mirbach 194 – Dollendorf 196 – Alendorf 197 – Das Lamperts-

tal 198 – Kronenburg 199 – Baasem 218 – Dockweiler 219 – Gerolstein und Umgebung 219 – Der Rother Kopf 227 – Die Kasselburg bei Pelm 227 – Daun und seine Maare 229 – Steinborn 232 – Der Nerother Kopf 232 – Manderscheid 233 – Der Mosenberg 236 – Das Meerfelder Maar 237 – Die Maare um Gillenfeld 238 – Ulmen 238

Die südliche Voreifel 240
Die Fraukirch bei Thür 242 – Kruft 245 – Saffig 245 – Bassenheim 245 – Lonnig 246 – Polch 246 – Mertloch 247 – Burg Pyrmont 247 – Münstermaifeld 248 – Burg Eltz 268 – Alflen 271 – Driesch 271 – Bad Bertrich 272 – Kloster Springiersbach 272 – Wittlich 275

Die Täler von Salm, Kyll, Nims und Prüm und das Bitburger Gutland . . . 277
Das Salmtal 279
Himmerod 280 – Bruch 281 – Klausen 282

Das Kylltal 283
Die ›Eishöhlen‹ bei Birresborn 283 – Mürlenbach 284 – St. Thomas an der Kyll 285 – Kyllburg 287 – Burg Seinsfeld 290 – Malberg 290

Die Täler von Nims und Prüm 293
Prüm 293 – Niederprüm 297 – Fleringen 298 – Gondelsheim 298 – Die Schneeifel 298 – Ormont 298 – Bleialf 299 – Schönecken 299 – Rittersdorf 300 – Villa Otrang 300 – Lambertsberg 301 – Oberweis 302 – Weidingen 302 – Neuerburg 302 – Prüm zur Lay 305 – Irrel 306

Das Bitburger Gutland 306
Bitburg 306 – Messerich 308 – Wolsfeld 308 – Meckel 309 – Helenenberg 309 – Welschbillig 310 – Kordel 310 – Dudeldorf 311

Im deutsch-luxemburgischen Grenzgebiet 312
Bollendorf 312 – Weilerbach 313 – Das Ferschweiler Plateau 314 – Ernzen 318 – Die Schankweiler Klause 319 – Roth an der Our 319 – Dasburg 320

Geschützte, gefährdete und bemerkenswerte Pflanzen in der Eifel, von Detlev Arens 321

Bibliographie 332
Bildnachweis 334
Praktische Reisehinweise 337
Auskunft 337 – Klima und Reisezeit 337 – Kurorte 338 – Geologische und Botanische Exkursionen 338 – Museen 338 – Der Ahrwein 339 – Sport 341 – Unterkunft 343 – Veranstaltungen 343 – Wildgehege 343 – Trier 345
Glossar 353
Register 361

Vorwort

Als der französische Sonnenkönig Ludwig XIV. die Aussichten auf einen Erfolg seines dritten Raubkrieges (1688–97) – er wollte die Rheingrenze erobern – schwinden sah, befahl er, zwischen Frankreich und dem deutschen Reich ein breites Gebiet verbrannter Erde zu legen. So erhielt der General Boufflers, der mit seiner Armee in der Eifel stand, vom französischen Kriegsminister den Befehl: »Zerstören Sie, demolieren Sie!«, und er zeigte sich gehorsam. Als er Jahre später die Eifel verließ, lag hinter ihm ein verwüstetes, verbranntes, entvölkertes Land, von dem selbst nüchterne Chronisten nur mit Schrecken zu berichten wußten. Das war das Ende jener Eifel, die 150 Jahre vorher Sebastian Münster in seiner Kosmographie noch als blühendes Land von Wohlstand und Kultur beschrieben hatte. Denn seit der Jülicher Fehde (1542/43) gingen fast zwei Jahrhunderte ununterbrochenen Krieges über die Eifel hinweg, die das Land so ruinierten, daß es wie kein zweiter Teil Deutschlands bis weit in unser Jahrhundert hinein völliger Vergessenheit anheimfiel – wenn überhaupt, kannte man es nur als Aufmarschgebiet gegen Frankreich oder unter der abfälligen Bezeichnung »Rheinisches Sibirien«. Den reichen Städten des Rheinlandes müssen die großen Hungersnöte des 19. Jh. direkt vor ihrer Haustüre ebenso wie eine Nachricht aus einem anderen Erdteil erschienen sein wie die Meldung über die Wolfsplage in der Eifel aus dem Jahre 1838 – wie in Sibirien! Selbst der Nürburgring wurde noch in diesem Jahrhundert als Arbeitsbeschaffungsprogramm für die notleidende Bevölkerung des entlegenen, kargen Berglandes erbaut – da mag der Gedanke an die Eifel als eine Kunstlandschaft noch heute befremdlich erscheinen. Die ersten, die mit dem Irrtum eines geschichtslosen Armenhauses aufzuräumen begannen, waren romantische Literaten des vorigen Jahrhunderts, die es von der weltberühmten Touristenattraktion des Rheintales in die unbekannte, vulkangeformte Landschaft der Eifel zog; dort standen sie erstaunt vor den zum Teil gewaltigen Ruinen von 140 Burgen, fanden in malerischen Tälern große, verfallene Klosteranlagen, und in den baufälligen Kirchen windschiefer, halbverlassener Fachwerkstädtchen entdeckten sie kostbare Zeugnisse romanischer Kunst und prächtige gemalte und geschnitzte Altäre unbekannter Herkunft. Es wurde ihnen klar, daß sie sich hier auf den Spuren einer in Trümmern versunkenen und vergessenen Zeit kultureller Blüte eines durch die Jahrhunderte des Krieges verödeten Landes befanden, und noch heute gleichen die Wege zur Kunst der Eifel mancherorts einer Entdeckungsreise.

VORWORT

Schon die Legionen des Caesar, die im Jahre 54 v. Chr. in die Südeifel einrückten, trafen auf die ausgeprägte Kultur der keltischen Treverer; die Römer selbst schufen in den vier Jahrhunderten ihrer Herrschaft technische Meisterleistungen wie die Wasserleitung nach Köln, ein dichtes Straßennetz und zahlreiche Prunkvillen, Siedlungen und Kastelle. All dies sank in Schutt und Asche, als die Rheinfront unter dem Druck der germanischen Völker zu Beginn des 5. Jh. zusammenbrach und fast die gesamte romanisierte Bevölkerung mit den Römern die Eifel verließ; sie wußten nur zu gut, was sie von den Barbarenstämmen zu erwarten hatten. Die nachdrängenden Franken mieden die großen römischen Steinbauten und siedelten sich in kleinen Dörfchen aus Holz und Flechtwerk nur an wenigen Stellen des menschenleeren Landes an. Doch mit ihnen kam die zweite große Zeit der Eifel, denn besonders die Karolinger mit ihrer Residenz in Aachen stifteten und beschenkten reiche Klöster des Landes, die lange Zeit zu den Zentren von Kunst und Bildung im ganzen Reich gehörten. Nach dem Zerfall der kaiserlichen Zentralgewalt bestimmen andere Mächte die Geschichte der Eifel: die vier Großterritorien, die das Land umklammern, Jülich und Köln, Trier und Luxemburg. Die Herzöge und Erzbischöfe schlugen sich untereinander und mit den zahlreichen kleinen Eifeldynasten jahrhundertelang um Macht und Einfluß in der Eifel, doch ließen diese Auseinandersetzungen des Adels um Lehensrechte und Erbteilungen das Volk relativ ungeschoren. Für die Kunst des Landes war diese Zugehörigkeit zu vier geographisch so unterschiedlich ausgerichteten Mächten von großer Bedeutung: Trier öffnete die Eifel der mittelrheinischen und der lothringischen Kunst, Luxemburg und Jülich der flandrischen und niederländischen, Köln – im Mittelalter selbst ein Kunstzentrum – brachte niederrheinische und westfälische Einflüsse. So stammt der größte Teil der überkommenen Eifeler Kunst aus romanischer und gotischer Zeit: Noch finden sich viele Dorf- und Stadtkirchen des 12. Jh. mit einem fast unbekannten, doch beträchtlichen Bestand an romanischen Skulpturen. Höhepunkt der Kunstentwicklung der Eifel war die Zeit der Spätgotik, als mit den charaktervollen Einstützenkirchen in der Nachfolge der Hospitalkirche zu Kues an der Mosel eine Serie unverwechselbarer Kirchenräume geschaffen wurde, wie man sie nirgendwo anders findet; große Kloster- und Stiftsbauten entstanden, mit zum Teil erhaltenen kostbaren Ausstattungen versehen: Farbenprächtige Glasgemälde, elegante Skulpturen und riesige, prachtvolle Schnitzaltäre aus Flandern gehören noch heute zu den erlesenen Kunstwerken des Rheinlandes.

Doch um die Mitte des 16. Jh. brach das Unheil über die Eifel herein. Die Jülicher Fehde, die niederländischen Unabhängigkeitskriege, der 30jährige Krieg und die Raubkriege Ludwigs XIV. brachten unbeschreibliches Elend über das Land, obwohl die Eifel niemals Gegenstand oder gar Ursache der Auseinandersetzungen gewesen war. Sie diente fast drei Jahrhunderte als Versorgungsbasis und Winterquartier der riesigen Armeen, die an ihrem Rande in die Schlachten geführt wurden; diese raubten jedes Dorf aus und ruinierten jede Stadt mit Kontributionszahlungen; nachdem sie alles Eßbare »abfouragiert« hatten, hinterließen sie dafür Hunger und Seuchen, woran ein großer Teil der Eifelbevölkerung zugrunde ging. Als dann noch der französische General Boufflers jahrelang mit dem einzigen Zweck des Zerstörens und Demolierens durch das Land zog, war die Eifel eine Wüste geworden, in der die Wölfe besser lebten als die Menschen. Von diesen Geschehnissen hat sich das Land nie mehr erholt; als dann im vorigen Jahrhundert die einzig nennenswerte Industrie, die Metallverarbeitung, aufgrund mangelnder Verkehrsmöglichkeiten der Konkurrenz erlag und die großen Hungersnöte nach verregneten Kartoffelernten (das war das einzige, was in der Kornkammer der Römer noch angebaut wurde!) begannen, verließen ganze Dörfer geschlossen ihre Heimat und wanderten nach Amerika aus. Erst nach dem Zweiten Weltkrieg, der unter den Parolen »Erbfeind, Westwall und Ardennen-Offensive« nochmals unsägliches Elend über das Land brachte, begann eine Normalisierung der Verhältnisse in der Eifel, wenngleich die riesigen Militärstützpunkte, die sich schon wieder dort befinden, Dunkles ahnen lassen.

So rückt das bedeutende kunsthistorische Erbe der Eifel erst in jüngster Zeit wieder ins Bewußtsein der interessierten Öffentlichkeit, doch vieles ist noch immer nahezu unbekannt. Man wird keine zweite Gegend Deutschlands finden, in der man Burgen, Kirchen und Klöster, Altäre und Skulpturen und so viele Ruinen den ganzen Tag für sich alleine hat.

Anders erging es der freien Reichsstadt Aachen, deren Ruhm als erste Residenz eines Kaisers nach dem Ende des römischen Reiches durch alle Jahrhunderte nie verblaßte. Obwohl die Stadt auf den ersten Blick wenig mit der Eifel zu tun zu haben scheint, finden sich nur in ihr noch kunsthistorische Zeugnisse jener Zeit, als die Eifel zum Kernland des Karolingerreiches gehörte. Die fränkischen Klostergründungen und Königshöfe, ihre Verwaltung des Landes durch die Gaugrafen und Ministerialen waren die Grundlage der kulturellen Blüte der Eifel im Mittelalter.

Hochwasserkatastrophe an der Ahr im Jahr 1804, Lithographie von N. Ponsart

Aachen und Umgebung

Die Eifel war noch von dichten, undurchdringlichen Wäldern bedeckt, in denen die knapp vierhundert Jahre vorher zerstörten Prunkvillen, Siedlungen und Kastelle der vertriebenen Römer und Kelten verfielen, belebt nur von wenigen Frankendörfern in der fruchtbaren Südeifel und in den wasserreichen Kalkgebieten, als am Nordrand des einsamen Landes eine ungewöhnlich rege Bautätigkeit begann. Dort lagen die Ruinen eines römischen Militärbades, errichtet zwischen 89 und 120 n. Chr., dessen Name Aquae Granni darauf hindeutet, daß hier der keltische Wasser- und Heilgott Grannus verehrt wurde. Die heißen, schwefelhaltigen Kochsalzquellen waren Anlaß zur Errichtung eines fränkischen Königsgutes, in dem der Frankenkönig Pippin der Kurze, der der Herrschaft des blutrünstigen Merowingerhauses ein Ende gemacht hatte, im Jahre 765 das Weihnachtsfest und 766 Ostern verbrachte. Indes war dieser Hof nur einer von vielen und nicht einmal ein bedeutender, denn die fränkischen Könige kannten keine feste Residenz; das ganze riesige Reich war von einem Netz von Pfalzen überzogen, zwischen denen sie ihr Leben lang umherzogen und so die Regierungsgewalt in allen Teilen ihres Herrschaftsgebietes ausübten. Nun aber, man schrieb etwa das Jahr 790, wurde hier mit dem Bau einer Monumentalpfalz mit Palastaula und Kirche begonnen, wie sie das nachrömische Europa nördlich der Alpen noch nicht gesehen hatte. Gelehrte und Handwerker aus fernen Gegenden erschienen am Eifelrand, die die seltensten Künste und Fertigkeiten beherrschten, in feierlichen Prozessionen wurden kostbare Reliquien hierher überführt, schließlich näherten sich Karawanen, die unter unsäglichen Mühen auf Karren antike Säulen, Kapitelle und Marmorplatten aus Italien hierher transportierten. Der Frankenkönig Karl, später »der Große« genannt, war angetreten, das römische Weltreich wiederzuerrichten.

Schon dessen Vater, eben jener Pippin, hatte bedeutsame Verbindungen zu Rom geknüpft, indem er den Papst Stephan II. vor dem Langobardenkönig Aistulf rettete, wofür er den Titel »Patricius Romanorum« erhielt und sich der Papst dem Schutz der fränkischen Könige unterstellte. Nachdem Karl im Jahre 768 die Regierung übernommen hatte, gelang es ihm in einer endlosen Serie von Kriegen gegen Awaren, Aquitanier, Langobarden und Araber das Karolingerreich nochmals gewaltig auszudehnen und überall das Christentum als Staatsreligion durchzusetzen. Spätestens mit seiner Unterwerfung und gewaltsamen Christianisierung der Sachsen, die ihm bis heute den Beinamen »Sachsenschlächter« eingetragen hat, hatte er sich dem Papst so erfolgreich als Beschützer christlicher Werte empfohlen, daß ihn dieser am Weihnachtsfest des Jahres 800 zum ersten römischen Kaiser seit dem Ende der Caesaren krönte. Mit diesem Rechtsanspruch auf dem Haupte, der ihn gleich in Konkurrenz zum oströmischen Kaiser in Konstantinopel setzte, baute Karl seine Aachener Residenz; sie sollte durch ihren gezielten Rückgriff auf römische Vorbilder seine Nachfolge der antiken Imperatoren auch architektonisch in monumentaler Form zur Geltung bringen. So entstand mit der Pfalzkapelle Karls des Großen ein Werk, das in jedem seiner Elemente – im Grundriß, in den Proportionen, selbst in den verwendeten Materialien – ein steingewordenes ideologisch-politisches Programm darstellt. Man kann diese Kirche, die zu den bemerkenswertesten und eindrucksvollsten Sakralbauten Europas zählt, nicht verstehen, wenn man bei einer rein ästhetisierenden Betrachtung stehenbleibt und sie nicht in ihre politische Aussage übersetzt. Für die Zeitgenossen Karls und seine Nachfolger war diese Bedeutung ohnehin selbstverständlich. Der legendäre Ruf, den die Aachener Pfalz genoß, beruhte nicht nur darauf, daß hier die erste kaiserliche Residenz seit dem Untergang des römischen Reiches entstanden war. Durch die bewußte Hinwendung zur antiken Welt fand während der Regierungszeit Karls eine überall geförderte Wiederbelebung römischer und byzantinischer Kunst statt, die als »karolingische Renaissance« in die Geschichte eingegangen ist und deren richtungsweisende Bedeutung für die Entwicklung der abendländischen Kunst, besonders des romanischen Stils, in Architektur und Malerei kaum überschätzt werden kann. Kein Wunder, daß der Ort auch während der Wirren der Auflösung des Karolingerreiches als Symbol gottgewollter Macht und Herrlichkeit in Erinnerung blieb. Als daher im Jahre 925 mit dem Herzogtum Lothringen endgültig auch Aachen an das Ostreich kam, in dem inzwischen die Sachsen die Herrschaft übernommen hatten, ließ sich 936 der zweite Sachsenkönig Otto in der Pfalzkapelle des Reichsgründers krönen. Daß er dabei fränkische Kleidung anlegte, zeigt, daß Karl und seine Residenzkapelle nun ihrerseits als Legitimationsinstrument seiner Nachfolger dienten, so wie er selbst die römischen Vorbilder als

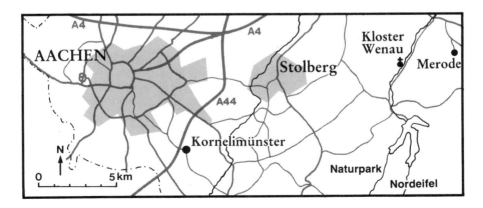

AACHEN

Rechtfertigung seines Machtanspruchs benutzt hatte. Von nun an verzichtete sechs Jahrhunderte lang nahezu kein deutscher König auf seine Krönung in Aachen. Doch die Funktionalisierung des großen Karl für die Politik der deutschen Kaiser sollte noch ganz andere Dimensionen annehmen. Es zog nämlich die Zeit der Auseinandersetzung zwischen Kaiser und Papst um die führende Stellung in der christlichen Welt herauf, in der sich beide Seiten außer Krieg und Intrigen auch eines großen propagandistischen Aufwandes befleißigten. Begründete die päpstliche Seite ihren Anspruch mit der Bibel, so führte die kaiserliche Karl den Großen ins Feld, dessen Schutz sich der Papst ja schließlich unterstellt hatte. Auf dem Höhepunkt des Kampfes betrieb und erreichte der Stauferkaiser Friedrich I. Barbarossa 1165 die Heiligsprechung Karls, wodurch der Ahnherr seiner Macht nun als heiliger und weltlicher König zugleich dastand. Zur Unterstützung dieser Aktion verlieh er dessen ehrwürdiger Residenz die Stadtrechte und gab für die Gebeine des ersten Kaisers den Karlsschrein in Auftrag, der einer der aufwendigsten und prunkvollsten Kunstwerke seiner Zeit werden sollte.

Wie man weiß, hat dieser Schachzug die Vernichtung der Staufer durch die Päpste nicht verhindert, doch für die gerade entstandene Stadt Aachen bedeutete er den Beginn eines glanzvollen Aufstiegs. Sofort nach der Heiligsprechung Karls setzte ein ungeheurer Zustrom von Wallfahrern ein, die zum Grabe des Kaisers und zu den von ihm gesammelten Reliquien wollten. Solche zu besitzen, war damals ein Geschenk des Himmels, denn Pilger brachten Geld; die Stadt wuchs so rasch, daß die 1171–74 erbaute Ringmauer zu eng wurde und ab 1257 eine bedeutend größere Stadtbefestigung entstand. Im 13. Jh. bildete sich der Brauch der sog. Heiltumsfahrten nach Aachen heraus, der die Stadt für Jahrhunderte neben Rom und Santiago de Compostela zum meistbesuchten Wallfahrtsort Europas machte. Seit 1349 wurden die berühmten Reliquien (Kleid Mariens, Windeln und Lendentuch Christi und das Enthauptungstuch Johannes des Täufers) alle sieben Jahre in feierlichen Zeremonien gezeigt; um 1355 begann der Anbau des riesigen gotischen Chores an die karolingische Krönungskirche, um die ständig wachsenden Pilgermassen noch fassen zu können. 1336 war Aachen zur freien Reichsstadt erhoben worden. Die wirtschaftliche Blüte wurde durch ein hochentwickeltes Tuchmachergewerbe weiter gefördert, denn die Aachener Thermalquellen eigneten sich besonders zum Waschen der Wolle und Walken der Tuche; auch in der Metallverarbeitung, besonders Messing, war die Stadt im 15. und 16. Jh. ohne Konkurrenz.

Mit dem Ende des Mittelalters setzte auch der langsame Niedergang Aachens ein. 1531 fand die letzte Krönung in der Pfalzkapelle statt, danach ließen sich die österreichischen Habsburger lieber in süddeutschen Städten krönen. Durch die Reformation verringerte sich der Pilgerzustrom erheblich, und als zu Beginn des 17. Jh. auch noch die protestantischen Bürger aus der Stadt vertrieben wurden, verließ ein großer Teil der qualifizierten Handwerker Aachen und errichtete in benachbarten Territorien wie Stolberg, Burtscheid und Monschau Konkurrenzbetriebe. Das traurige Ende kam 1656, als in einem katastrophalen Stadtbrand vier Fünftel aller Häuser vernichtet wurden und ein Wiederaufbau durch die ständigen Kriege im Spannungsfeld der französischen Expansionsbestrebungen unter Ludwig XIV. erheblich gehemmt wurde.

Doch die Heilkraft der heißen Quellen tat ein weiteres Mal ihre Wirkung. Eine Eintragung Albrecht Dürers, der 1520 zur Krönung Karls V. in Aachen geweilt hatte (»Fünf stüber verbadet und mit Gesellen vertrunken«) beweist, daß der Badebetrieb im Mittelalter nie ganz zum Erliegen gekommen war, doch nun wurde er zur Grundlage des Aufstiegs der Stadt zu einem glanzvollen Modebad. Das vornehme Treiben in Bad Aachen war im 18. und 19. Jh. in ganz Europa berühmt; Johann Joseph Couven, seit 1739 Stadtbaumeister, gab zusammen mit seinem Vorgänger Laurenz Mefferdatis und seinem Sohn Jakob Couven der Badestadt des 18. Jh. ihr städtebauliches Gepräge. Obwohl von alledem gegen Ende des Zweiten Weltkrieges vieles zerstört wurde, besitzt Aachen noch heute seine beiden Gesichter: Einerseits ist es die museale Stadt der Könige mit dem Thron, dem Schatz und der Krönungskirche des ersten Kaisers des beginnenden Mittelalters, andererseits ist es die lebendige Stadt der Bürger mit ihren Plätzen und Brunnen, Gassen und Wohnhäusern, dem Bad und dem Spielcasino.

Beginnen wir mit dem Aachen der Könige, dem historischen und geographischen Zentrum der Stadt. In ihrer Anlage ist der **karolingische Pfalzbezirk** noch gut zu erkennen: Von der Palastaula, dem eigentlichen Residenzsaal Karls, auf deren Grundmauern jetzt das gotische Rathaus steht, zog sich ein doppelgeschossiger Verbindungsgang zur Palastkapelle. Diese fast 120 m lange Kolonnade bildete die Westfassade des großen Platzes, der heute Katschhof heißt. Er war somit ein von Heiligtum, gedecktem Umgang und Repräsentationssssaal gerahmtes Kaiserforum, das in seiner Anlage deutlich einen Rückgriff auf die Bauform römischer Kaiserforen darstellt. Auch in der ehemaligen Palastaula auf dem höchsten Punkt des Residenzbezirkes, einer gewaltigen Halle mit drei großen Apsiden, ist das Vorbild des dem gleichen Zwecke dienenden Baus Kaiser Konstantins in Trier unübersehbar. Der Verbindungsgang mündete in den Domhof, der zu karolingischer Zeit die Kopie eines römischen *Atriums* mit dreiseitig säumenden Arkadenbauten darstellte. Sein ursprüngliches Aussehen läßt sich an den originalen Pfeilern der Nordostecke noch erkennen, sie trugen im Stützenwechsel mit Säulen ein Obergeschoß. Einst stand in der Mitte des Hofes ein Reinigungsbrunnen mit zwei Wasserspeiern, die heute in der Vorhalle der Kirche zu sehen sind: Es handelt sich um den Pinienzapfen und die Wölfin, die eigentlich eine Bärin ist, zwei römische Bronzen, die Karl zusammen mit den Säulen des Oktogons aus Italien hatte hierherbringen lassen. Den Domhof beherrscht die eindrucksvolle Front des karolingischen *Westbaus,* dem das vorgesetzte barocke Portal weniger geschadet hat als der spitze Turmhelm des 19. Jh. Geprägt wird der Westbau, dieses Urbild aller späteren als »Westwerk« in die Architekturgeschichte eingegangenen Bauformen, durch eine riesige Rundbogennische im vorspringenden Mittelteil. Hierdurch betonte man bereits am Außenbau jene Stelle, hinter der der Kaiserthron im Westen dem Altar im Osten gegenüberstand; diese Stelle wurde durch den Turm zusätzlich monumentalisiert. Durch das Fenster in der Mitte der Nische, die ehemals in Rot, der Farbe königlichen Purpurs, verputzt war, fällt Licht in einen Raum, der »Kaiserloge« genannt wird und sich zum Thron hin öffnet. Außerdem diente der Westbau zur Aufbewahrung der kostbaren Reichsreliquien, die dem karolingischen Königtum die Weihe göttlicher Zustimmung gaben.

AACHEN

Theresienstr.: hat Generalkonsul Heiner Müller gewohnt mit seiner jüd. Frau nach dem Krieg nach seiner Pensionierung als G.-Konsul in Belgien/Antwerpen

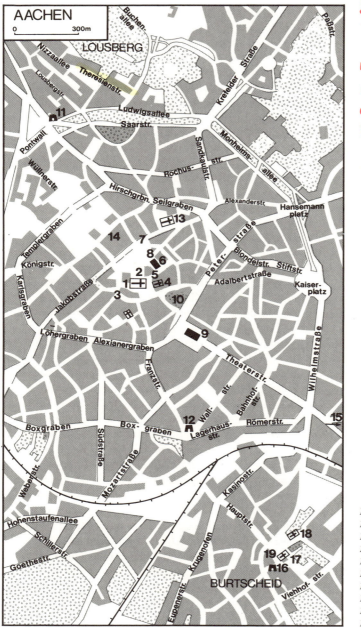

1 Dom
2 Katschhof
3 Fischmarkt
4 St. Foillan
5 Hof
6 Couven-Museum
7 Markt
8 Rathaus
9 Stadttheater
10 Elisenbrunnen
11 Ponttor
12 Marschiertor
13 Nikolauskirche
14 Großes Haus
15 Burg Frankenberg
16 Abteitor
17 Abteiplatz
18 St. Michael
19 St. Johann

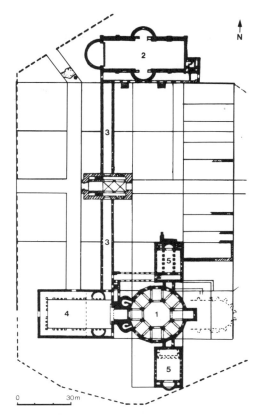

Aachen, Rekonstruktion des karolingischen Pfalzbezirks (nach Hugot)

1 *Pfalzkapelle*
2 *Palastaula*
3 *Verbindungsgang*
4 *Atrium*
5 *Annexbasilika*

Die *Pfalzkapelle* Karls des Großen bestand im wesentlichen aus diesem mächtigen Westteil und einem angeschlossenen achteckigen gekuppelten Zentralbau mit einem zweigeschossigen Umgang. Im Gegensatz zu ihrem Inneren ist außen von der strengen Symmetrie dieser Anlage nichts mehr zu sehen, da im Laufe der Zeit mehrere Anbauten erfolgten. Zuerst erhielt das Oktogon zur Mitte des 12. Jh. eine abschließende Blendgalerie, im 13.Jh. die acht gemauerten Giebel, denen man um 1664 das laternenbekrönte gefaltete Kuppeldach aufsetzte. In der ersten Hälfte des 14. Jh. wurde der karolingische Westturm gotisch aufgestockt und mit einer Galerie versehen, von der aus die »Heiltümer« Aachens den Pilgermengen gezeigt wurden. Um die letzteren auch innerhalb der Kirche fassen zu können, begann man 1355 im Osten einen riesigen Chor anzubauen, schließlich umgaben mehrere gekrönte Häupter den Zentralbau mit einem Kranz vorwiegend spätgotischer Kapellen in verschiedenen Formen.

Der Eingang im Westbau ist verschlossen mit einer mächtigen Doppeltüren, deren Hälften von feingliedrigen Ornamentleisten in je acht Felder geteilt sind, sie tragen zwei Löwen-

AACHEN

köpfe auf einem Kranz von Akanthusblättern. Die eindrucksvollen Stücke wurden gegen Ende des 8. Jh. eigens für die Pfalzkapelle Karls gegossen und stellen damit die ersten Bronzetüren des Mittelalters dar. Als Vorbilder hatten römische Türen gedient. Durch die Vorhalle, in der außer dem Pinienzapfen und dem wohl aus dem 2. Jh. stammenden »Wolf« noch die Alabasterfigur einer spätgotischen Madonna steht, gelangt man in den Innenraum des karolingischen Zentralbaus. Er ist gegliedert in einen achteckigen Kuppelraum von enormer Höhe, umgeben von einem sechzehneckigen Umgang in zwei Geschossen. Der Durchmesser dieses Umgangs ist doppelt so groß wie der des Oktogons, zu dem er sich im unteren Geschoß unter Rundbögen auf massigen, gewinkelten Pfeilern wie mit Toren öffnet. Dieses niedrigere Geschoß war für das Volk oder die niederen Beamten des karolingischen Hofstaates bestimmt, denn das zweite Stockwerk des Umgangs brachte in jeder Beziehung eine monumentale Steigerung: Hier ist die Geschoßhöhe verdoppelt worden, in den hochgezogenen Bögen, die sich zum Oktogon öffnen, stehen in zwei Reihen übereinander farbige Marmorsäulen mit hellen Kapitellen (Farbabb. 34). Außerdem ist der obere Umgang mit einem filigran dekorierten, ehemals vergoldeten Bronzegitter zum Innenraum abgeschrankt; es wurde zusammen mit den Türen gegen Ende des 8. Jh. geschaffen und ist ein Meisterwerk karolingischer Metallbearbeitung. Hier oben, im westlichen Joch des Emporenumgangs, steht der Thron Karls des Großen, unsichtbar von unten, das prunkvolle Panorama der Säulengliederung im Blickfeld. Nicht genug, daß der Grundriß dieser Kirche dem Typus byzantinischer zentralgestaltiger Palastkirchen folgt und wohl in San Vitale in Ravenna sein direktes Vorbild hat – damit wollte das Frankenreich das konkurrierende oströmische Byzanz zumindest auf dem Gebiet der Repräsentation einholen –, die hierarchische Bedeutung der Gestaltung dieses oberen Umgangsgeschosses lag besonders in der Aufstellung dieser Säulen, die Karl aus Italien hatte herbeischaffen lassen. Sie verkörpern die

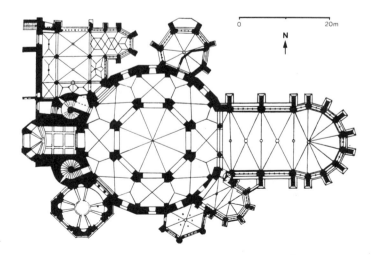

*Aachen,
Grundriß des Münsters*

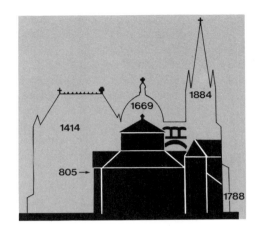

Aachen, Bauliche Entwicklung des Münsters

ganze Pracht der Antike – in dieser Umgebung war er der Nachfolger der römischen Imperatoren, der Raum, die Gegenstände, das Material glichen nicht nur der Staffage ihrer Herrschaft, sondern sie war im Original um ihn versammelt. Sein Thron (Abb. 10), ebenfalls aus römischen Marmorplatten zusammengesetzt und wie der des Königs Salomon über sechs Stufen zu ersteigen, ist dagegen von eindrucksvoller Schlichtheit: Wer auf ihm Platz genommen hatte, brauchte keinen weiteren Beweis seiner Macht. Die Wirkung dieses Raumes, in dem der König für das nur im Umgang unter ihm zugelassene Volk unsichtbar blieb, wird noch gesteigert durch die steil aufsteigenden Wände des Oktogons. Durch die hochliegenden Fenster strömt Helligkeit, sie taucht die Kuppel in strahlendes Licht und läßt das dortige Mosaik wie von innen leuchten. Es zeigt heute eine wilhelminisch-byzantinisierende Nachschöpfung des ursprünglichen Bildes: Die 24 Ältesten als Repräsentanten des christlichen Volkes reichen dem Herrgott ihre Kronen dar – das richtige Thema für die Residenzkapelle eines Kaisers, dem gerade der Anspruch der Beherrschung der ganzen christlichen Welt vom Papst zuerkannt worden war. Diese Kuppel war mit einer Höhe von 32 m für Jahrhunderte die höchste steinerne Einwölbung nördlich der Alpen und trug wesentlich zum legendären Ruf der Krönungskirche bei. Das originale karolingische Kuppelmosaik wurde zerstört, als – man mag es kaum glauben – das Oktogon im 18. Jh. ausgerechnet mit Rokokostuckaturen verschönert werden sollte.

Nach dem Tode Karls des Großen wurde seine Palastkapelle auch sein Mausoleum (der Streit, wo sein erstes Grab lag, ist bis heute nicht entschieden). Dieser nun doppelt legitimationsträchtige Raum wurde zur Krönungskirche des deutschen Königtums und im Laufe der Zeit mit derartigen Kostbarkeiten ausgestattet, daß hier einer der reichsten Kirchenschätze der Welt zusammenkam. Das prachtvollste und zugleich rätselhafteste liturgische Möbel des Aachener Doms ist der zwischen 1002 und 1014 von Kaiser Heinrich II. gestiftete goldene *Ambo* (Farbabb. 33), der ursprünglich als Lesepult im Mittelraum stand und 1414 zur

AACHEN

Kanzel an der Südwand des ersten Chorjoches umgebaut wurde. Der Ambo hat einen kleeblattförmigen Grundriß, dessen großer, gerundeter Mittelteil in neun, durch Edelsteinborten getrennte Quadrate eingeteilt ist. In die fünf mittleren Felder, die in ihrer Anordnung ein griechisches Kreuz bilden, sind eine grüne römische Trinkschale, eine Bergkristalltasse und gegenüber deren Untertasse, sowie zwei Achatschalen eingelassen; gerahmt werden die Gefäße von Schachfiguren aus Achat und Chalzedon. Der merkwürdigen Dinge nicht genug, bilden den kostbarsten Schmuck dieses christlichen Lesepults die hochrechteckigen Felder der seitlichen Ausbuchtungen: Dort sind sechs ägyptische Elfenbeinschnitzereien des 6. Jh. angebracht, sie zeigen zweimal den laubumkränzten Weingott Dionysos, die Göttin Isis mit einer tanzenden Mänade, einen berittenen Imperator und Krieger; Nereiden reiten auf Meerestieren. Dicht neben dem Ambo steht der Altar, dessen Antependium aus goldgetriebenen Reliefs besteht. Dies ist die berühmte *Pala d'oro*, vermutlich von Otto III. um das Jahr 1000 gestiftet, in einer Fuldaer Werkstatt gearbeitet und unter Heinrich II. (1002–24) aufgestellt. Die 17 Goldreliefs zeigen in der Mitte Christus in der Mandorla, umgeben von fünf runden Medaillons der Evangelistensymbole sowie Maria und den drachentötenden Erzengel Michael, die restlichen Tafeln illustrieren die Leidensgeschichte Christi. Die Mitte des freien Raumes im Oktogon nimmt der zur Heiligsprechung Karls 1165 von Friedrich Barbarossa gestiftete riesige Radleuchter ein. Die monumentalen Dimensionen des Werkes sind auf die Architektur des Zentralbaus bezogen: Der Leuchter bildet einen stilisierten Mauerkranz mit 16 Türmen und 48 Lichtern und stellt das Symbol des Himmlischen Jerusalems auf Erden dar.

Die aufwendigste und kunstvollste dieser politisch motivierten Stiftungen ist der Karlsschrein, der heute im *Chor* (Abb. 12) steht. Damit betreten wir den zweiten Bauteil des Aachener Münsters, das ebenfalls einen legendären Ruf genoß: das »Glashaus zu Aachen«, jenen 1355 angebauten Chor, der nur aus Fenstern zu bestehen scheint und im vielfarbigen Lichte seiner ursprünglich hellen Verglasung einen suggestiven Raum für die letzte Ruhestätte Karls des Großen abgab. Der Chor besteht aus einer langgestreckten einschiffigen Halle mit neunseitigem Schluß, sein Mauerwerk ist aufgelöst in schmale Wandteile mit Bündelpfeilern, die das Gewölbe tragen. Dazwischen spannt sich das feine Maßwerk der riesigen Fenster: »Es entstand ein Raum von größter Feinheit und dadurch hocheleganter Erscheinung: er besteht weitgehend aus dem kostbaren Element des farbigen Lichts; man wird von der enormen Steilheit des Raumes überrascht. Diese unerhört hohe Dimension verschafft dem Bau übermenschliche Autorität. Dies wird noch durch die magische Suggestion der Farben und des Lichtes verstärkt – der phantastisch wirkende Raum mußte dem mittelalterlichen Betrachter im Vergleich zu seiner alltäglichen Umgebung ... wie die Konkretisierung einer traumhaften Prophetie erscheinen«, schreibt Roland Günther. In diesem »faszinationsmächtigen Himmelsraum« thronen hoch über dem Betrachter auf Konsolen die baldachinbekrönten Figuren der zwölf Apostel, hinzugefügt wurden Maria und – Karl der Große als 13. Apostel, »eine kühn erdachte extreme Vorstellung der Sakralisierung eines Herrschers ...« (Günther). Dieses Motiv nahm abermals ein oströmisches Vorbild auf, während der Bautypus der ganzen Chorhalle der Sainte-Chapelle in Paris entliehen war und damit auch die neu aufgekommene Konkurrenz im Westen übertreffen sollte. Der Raum ist heute durch eine neue Verglasung (1949–51), die auf der tieferen Farbskala des 13. Jh. beruht, in mystisches Dunkel gehüllt; auch keine ungeeignete Atmosphäre, um im ausgeweiteten Chorpolygon den von Gold und Edelsteinen matt glitzernden *Karlsschrein* (Farbabb. 32) mit den Gebeinen des Karolingerkönigs zu entdecken. Dieses überwältigende Werk, um 1163 von Friedrich Barbarossa auf dem Höhepunkt der Auseinandersetzung mit dem Papst in Auftrag gegeben, gegen 1210 von Friedrich II. kurz vor dem Ende der Stauferkaiser aufgestellt, offenbart ein letztes Mal die durch und durch politisch geprägte Kunst, die hier für die Aachener Krönungskirche des deutschen Königtums gestiftet wurde. Nach dem ersten Staunen über den ungeheuren Detailreichtum an Figuren, Reliefs, Filigranarbeiten, farbigen Säulchen und anderen Architekturteilen aus edelsten Materialien sollte man seine Aufmerksamkeit auf den Inhalt des Dargestellten richten. Da sind unter den Rundbögen an den Längsseiten dieses Schreins eines gerade heiliggesprochenen Herrschers keine Apostel und Heiligen zu sehen, sondern nur deutsche Kaiser und Könige mit den Insignien ihrer Macht. Die ganze antiklerikale Stoßrichtung dieser Darstellung zeigt sich an der Giebelseite: Dort thront Karl persönlich, übergroß und majestätisch, gemessen an den beiden ihn flankierenden, leicht vor dem Kaiser gebeugten und deutlich kleiner gehaltenen Kirchenmännern. Damit nicht genug, sind die beiden Medaillons über Papst und Bischof demonstrativ leergelassen, während sich aus dem dritten ein segnender Christus über den Kaiser neigt. Propagandistischer Höhepunkt dieses vergoldeten politischen Programms sind die Dachreliefs des Schreins, auf denen die legendäre Geschichte dargestellt ist, nach der Karl von Gott berufen den Weg zum Kaisertum antrat. (Der Karlsschrein wird restauriert und ist zur Zeit nicht zu besichtigen.)

Tritt man nun wieder in das Atrium vor dem Westbau, so darf der nächste Weg nirgendwo anders hin als in die *Domschatzkammer* führen, in der der weitaus größte Teil der im Laufe der Jahrhunderte gestifteten Kostbarkeiten zu sehen ist. Die neue Schatzkammer liegt hinter einem Zugang im Westflügel des Kreuzgangs. Dieser wurde um 1200 errichtet, doch mehrmals gotisch erneuert. Aus der ältesten Bauperiode hat sich im Ostflügel eine prächtige staufische Arkadengruppe in reicher plastischer Gestaltung erhalten, dahinter liegt der letzte Rest des doppelgeschossigen Ganges, der die karolingische Palastaula mit der Pfalzkapelle verband. Der Aachener Domschatz enthält eine solche Fülle einzigartiger Stücke aus verschiedenen Epochen, daß die kunst- und stilkritische Einordnung jedes der aus allen Gebieten des Reiches zusammengekommenen Teile ein eigenes Buch füllen würde (das es natürlich bei der Schatzkammer bereits zu erwerben gibt). Der Schatz enthält sowohl römische Exponate als auch zahlreiche Zeugnisse jener karolingischen Kunst der Buchmalerei und Metallbearbeitung, die hier am Hofe Karls zu seiner Regierungszeit aufgeblüht war. Unübertroffene und seltene Meisterwerke ottonischer, staufischer und gotischer Zeit bilden den größten Teil des Domschatzes. Zu den bedeutendsten Stücken gehören der prachtvolle römische Proserpina-Sarkophag (2. Jh.; Abb. 11) mit dem berühmten Relief des Viergespanns, in dem Proserpina entführt und von ihrer Mutter auf einem Drachengespann verfolgt wird; der seidene Quadrigastoff aus Byzanz (8. Jh.); das in seinen Farben bestechende karolingische

AACHEN

Evangeliar, von der Hofschule Karls hier in Aachen gefertigt; das elfenbeinerne Weihwassergefäß (um 1000) mit Edelsteinen; das ottonische Lotharkreuz (Farbabb. 31) mit einem Profilbildnis des römischen Kaisers Augustus; der vergoldete Marienschrein, der die vier großen Heiligtümer Aachens birgt und in seiner prunkvollen Ausarbeitung dem Karlsschrein (Farbabb. 32) kaum nachsteht. Neben schönen Madonnen und kostbaren Reliquienbehältern aller Art ist eines der schönsten Stücke des Schatzes die als perlengeschmückter Vierpaß mit vergoldeten Reliefs gebildete Chormantelschließe um 1400; sodann die Turmreliquiare und die berühmte Karlsbüste, in deren Kopf die Schädeldecke Karls des Großen aufbewahrt wird. Ein letzter und nicht zu kurzer Blick sollte der Farbenpracht des gemalten Passionsaltares gelten, er ist mit seinen eleganten Figuren und dem phantastischen Landschaftshintergrund eines der bedeutendsten Werke der späten Kölner Malerschule um 1515.

Um den alten Pfalzbezirk ist ein großer Teil der Aachener Altstadt (Abb. 6) in sehr liebenswürdiger und lebendiger Weise wieder aufgebaut worden. Plätze und Gassen werden gesäumt von Straßencafés, Läden und Restaurants zwischen schönen alten Bürgerhäusern; es fallen vor allem jene im Stile des Steinfachwerks auf, in dem nach dem verheerenden Brand von 1656 ein großer Teil der Stadt wiedererrichtet wurde. Hierbei ersetzte man die tragenden Holzbalken durch behauene Blausteinstreben und füllte die Zwischenräume mit Ziegelmauern – die alte Fachwerkbauweise war wegen Feuergefahr verboten worden. Einen prächtigen Anblick muß Aachen zur Mitte des 18. Jh. geboten haben, nachdem die eigenwilligen Barockarchitekten Laurenz Mefferdatis (1677–1748) und Johann Joseph Couven (1701–63) das Bild der Stadt mit zahlreichen Bürgerhäusern und Kirchen prägten.

Verläßt man den Pfalzbezirk durch das Atrium, so erreicht man nach wenigen Schritten den alten Fischmarkt, an dem das sog. »Grashaus« steht, das um 1267 errichtete erste Rathaus der Stadt. Erhalten hat sich die Fassade: Über dem einst als Gefängnis dienenden fensterlosen Untergeschoß lag hinter drei großen Maßwerkfenstern die Ratskammer, über diesen Fenstern sind die Steinfiguren der sieben Kurfürsten unter spitzbogigen Blendarkaden zu sehen; heute enthält der Bau das Stadtarchiv. Hinter dem Chor des Doms steht am Münsterplatz die Kirche St. Foillan, im 12. Jh. als erste Pfarrkirche des gerade zur Stadt erhobenen Ortes erbaut und später gotisch erneuert. Die Kirche wurde im letzten Kriege stark zerstört und in eigenwilliger Weise wieder aufgebaut. Im südlichen, noch gotischen Seitenschiff steht die sog. Foillansmadonna, eine überlebensgroße hölzerne Standfigur der Muttergottes in faltenreichem Gewande (um 1420, der Zeit des »weichen Stils«). Links neben der Kirche öffnen sich die Gassen zum angenehmsten Teil der Aachener Altstadt. Gleich die erste führt zum »Hof«, einem von schönen Häusern umstandenen Dreiecksplatz, in dem dreiteilige, siebeneinhalb Meter hohe römische Säulenarkaden (Abb. 9) rekonstruiert wurden. Sie gehörten zum Umgang, der ein antikes Quellheiligtum umgab, denn hier lagen die römischen Badeanlagen. Vom Hof führen zwei Gassen auf den Hühnermarkt, dessen Bild geprägt wird von der noblen Fassade des Hauses Monheim, in dem heute das Couven-Museum untergebracht ist. Das Haus wurde 1786 von Jakob Couven, dem Sohn des Stadtbaumeisters, für den Apotheker Andreas Monheim erbaut und zeigt bereits Übergänge zu den ausgewogenen Formen des bürgerlichen Klassizismus.

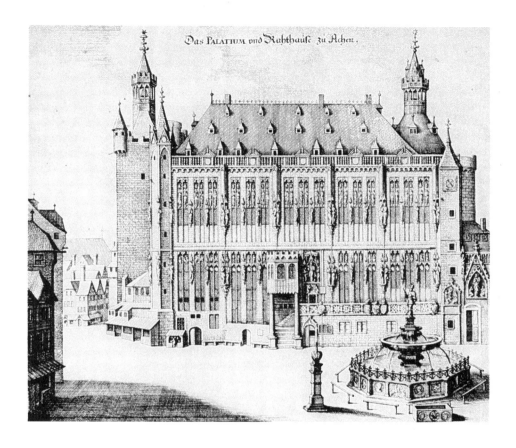

Vom Hühnermarkt gelangt man am Rathaus vorbei auf den großen Markt. Dabei passiert man einen der letzten erhaltenen Fachwerkbauten der Stadt, den sog. Postwagen, daneben das wegen seiner eigentümlichen Form »Eulenspiegel« genannte dreigeschossige Traufenhaus von 1657 in Backstein mit Blausteingliederung. Auf dem Markt, schon im Schatten der kolossalen Rathausfassade, steht der 1620 errichtete Renaissancebrunnen mit der originalgetreuen Kopie einer in Dinant gegossenen Bronzefigur Karls des Großen. Dem Brunnen gegenüber ist das markante Haus Löwenstein zu sehen, dessen gotisches Mauerwerk dem Brand von 1656 widerstand. Am Markt befindet sich noch eine 1960 wiederhergestellte Baugruppe aus drei klassizistischen Fronten (Nr. 14–22) sowie das Haus »Zum Einhorn«, ein dreigeschossiger Bau mit Blausteingliederung und korinthischer Pilasterordnung; dieser niederländische Klassizismus löste im späten 17. Jh. allmählich das Steinfachwerk ab. Ein letzter Blick gilt der dem Haus Löwenstein gegenüberliegenden Karlsapotheke (1790), dann wende man sich um zum **Rathaus** (Abb. 7), das den belebten Platz überragt.

AACHEN

Der Bau mit der monumentalen dunklen Fassade ist nach dem Münster der bedeutendste und eindrucksvollste der ganzen Stadt. Einst stand hier die große karolingische Königshalle, von der sich außer dem Granusturm an der Ostseite die Fundamente und aufgehendes Mauerwerk bis zur ersten Fensterzone erhalten haben, zu erkennen an dem rötlichen Mörtel, dessen Farbe von zermahlenen römischen Ziegeln herrührt. Diese Palastaula Karls des Großen bildete anscheinend eine einzige riesige Halle mit einer weiten halbrunden Apsis an der Westseite, auf deren Grundmauern heute der sog. Marktturm steht. Während die Palastkapelle die göttliche und historische Rechtfertigung des Kaisertums Karls des Großen darstellte, war die Königshalle der imponierende Rahmen seiner praktischen Machtausübung. Während des ganzen Mittelalters behielt der ausladende Saal seine Bedeutung, da hier alle in Aachen inthronisierten Könige das Königsmahl abhielten. Aus unerfindlichen Gründen muß dieser profane Teil der Kaiserpfalz aber weniger instand gehalten worden sein als die Kirche: Wie berichtet wird, war die Königshalle bereits 1273 zur Krönung Rudolfs von Habsburg so baufällig, daß dieser nur mit besorgter Miene das traditionelle Mahl darin einnahm. Als bald darauf der alte Pfalzbezirk zwischen dem Münsterstift und der Stadt geteilt wurde, begannen die Bürger mit der Errichtung ihres repräsentativen Rathauses auf den Mauern der Palastaula, deren Maße sie beibehielten. Doch drehten sie den Bau gewissermaßen um: War er früher nach Süden orientiert, zum karolingischen Kaiserforum, so erhielt nun die Nordfront, die zum Markt zeigt, ihre reich gegliederte Schaufassade. Dabei mußte die vom Kaiser verfügte Auflage befolgt werden, im Obergeschoß wieder einen großen Saal für das Krönungsbankett einzubauen. Das Werk wurde 1349 vollendet, in diesem Jahre konnte Karl IV. seine Krönung in der neuen, von Bürgern erbauten Königshalle feiern; es war ein großartiger Bau, den 1435 Enea Silvio Piccolomini, der spätere Papst Pius II. und einer der bedeutendsten Bauherren seiner Zeit, als das vornehmste Rathaus Deutschlands bezeichnete. Es ist kaum vorstellbar, wie das gotische Rathaus ausgesehen haben muß, nachdem Mitte des 18. Jh. Johann Joseph Couven eine völlige barocke Umgestaltung der Innenräume und der Fassade vorgenommen hatte; mit Ausnahme der doppelläufigen Freitreppe vor dem Eingang und der Ausstattung zweier Räume im Erdgeschoß wurden alle diese Zutaten durch die seinerzeit heftig umstrittene Regotisierung (1840–81) von Friedrich Ark wieder beseitigt. Das Rathaus vermittelt seitdem wieder weitgehend seinen ursprünglichen Eindruck.

Das bestimmende Element der mächtigen Rathausfassade sind die großen Rechteckfenster, die doppelgeschossig in zwei Reihen zu je fünf Dreiergruppen das schwere Mauerwerk durchbrechen; sie werden gegliedert von vier breiten Pfeilern mit Figuren und Fialenbekrönung. Reich geschmückt wird die Fassade durch in den Linien der Fenster liegende Felder mit feingliedrigem Maßwerk und Reliefs mit der Darstellung der sieben freien Künste und der vierzehn Zünfte der freien Reichsstadt. Darüber befinden sich in Blendnischen 54 Kaiser- und Königsstatuen unter Baldachinen; nach oben schließt das Rathaus mit einem Zinnenkranz und einem hohen Walmdach ab. Im Erdgeschoß betritt man zuerst zwei überaus gelungene Barocksäle, die nach Entwürfen von Johann Joseph Couven entstanden sind; links den Ratsherrensitzungssaal mit Deckenfresken des 17. und 18. Jh. und der Holzvertä-

Aachen, Gartenhaus Nuellens, Entwurf von J. J. Couven

felung des Lütticher Meisters Jakob de Reux (um 1730), rechts den prächtigen »Weißen Saal« mit reichen Stukkaturen. Der bedeutendste Innenraum ist aber der große Reichssaal, der das ganze obere Stockwerk einnimmt: Er bildet eine zweischiffige, kreuzrippengewölbte Halle auf wuchtigen quadratischen Pfeilern, deren Gewölbemalereien 1978 originalgetreu restauriert wurden. 1840–51 hatte Alfred Rethel hier einen Zyklus monumentaler Historienmalerei mit Szenen aus dem Leben Karls des Großen und sonstigen großen Momenten deutschen Königtums geschaffen. Drei der großflächigen Fresken wurden im Krieg zerstört, die verbliebenen fünf zeigen den Sturz der Irminsul, die Schlacht bei Cordoba, den Einzug in Pavia, Otto III. in der Gruft Karls und die Krönung Ludwigs des Frommen. In einem Erker an der Ostseite werden die detailgetreuen Nachbildungen der Reichskleinodien gezeigt, deren Originale jetzt in Wien und Nürnberg sind; neben Reichsapfel, -schwert und -kreuz ist auch die Krone zu sehen, die jahrhundertelang hier in Aachen den erlauchten Herren aufs Haupt gesetzt wurde.

Bevor man den Stadtkern in Richtung Burtscheid zum einzig erhaltenen Meisterwerk Johann Joseph Couvens verläßt, ist noch ein Blick auf den Elisenbrunnen und das Stadttheater zu empfehlen – preußischer Klassizismus nach Entwürfen von Karl Friedrich Schinkel –

AACHEN/BURTSCHEID

Burg Frankenberg 1861, Ölgemälde von E. von Bresler

sowie auf das Pont- und Marschiertor, zwei Torburgen der zweiten Stadtumwallung aus der zweiten Hälfte des 13. Jh., und vor allem auf den Kerstenschen Pavillon am Lousberg, einen höchst reizvollen Rokokobau von Couven (Abb. 8); das vielgerühmte verspielte Ziergitter daneben stammt von seinem Sohn Jakob. Weiter lohnt ein Besuch der Nikolauskirche, einem dreischiffigen Hallenbau vom Anfang des 14. Jh., der Theresienkirche, 1739–48 von Laurenz Mefferdatis mit einer nach Kriegszerstörung rekonstruierten Ausstattung der Erbauungszeit, und des »Großen Hauses«, 1495 für den Schöffen Heinrich Dollart erbaut. Hinter der gotischen Fassade aus Blaustein und Ziegeln residiert nun das Internationale Zeitungsmuseum. Ein vorletzter Weg sollte zur Burg Frankenberg führen, deren einst berühmte romantische Lage, die auf vielen Gemälden und Kupferstichen festgehalten wurde, heute durch eine dichte Umbauung zwar restlos dahin ist, doch enthält die neugotisch hergerichtete Burg ein sehenswertes Heimatmuseum.

Der letzte Gang zur Kunst in Aachen führt am Marschiertor vorbei zu dem in einem Talkessel gelegenen Ortsteil **Burtscheid**, der effektvoll von zwei Kirchen auf einer Anhöhe überragt wird. Auch hier lag ein schon zu römischer Zeit genutzter Thermenbezirk, dessen 74° warme Quellen zu den heißesten Europas zählen. Im Jahre 997 wurde auf dem Höhenzug ein Benediktinerkloster gegründet, das 1220 Zisterzienserinnen übernahmen, die bis zur Aufhebung der Abtei 1802 hier verblieben. Im Mittelalter umgab den ganzen Klosterbezirk eine Mauer; außerhalb dieser entstand ein Ort, dessen Pfarrkirche ebenfalls auf der Anhöhe nicht weit von der Abteikirche steht. Auf dem Weg hinauf zu den beiden Kirchen gelangt man zum großen Abteitor aus dem Jahre 1644, einem dreigeschossigen Ziegelbau mit reicher Hausteingliederung und einer über zwei Stockwerke reichenden Tordurchfahrt mit dem Wappen der Äbtissin Henriette Raitz von Frentz. 1730 erteilten die Nonnen dem Aachener Stadtbaumeister Johann Joseph Couven den Auftrag, eine neue Abteikirche zu errichten. Nach vielen Planüberarbeitungen gelang Couven mit sicherem Gefühl für theatralische Szenerien ein Bau, der seit seiner Fertigstellung im Jahre 1754 das Ortsbild von Burtscheid prägt. Zwischen einem einjochigen Chor und einem zweijochigen Langhaus überragt eine riesige, stark überhöhte quadratische Kuppel mit abgerundeten Ecken die Kirche, der noch ein niedriger Westturm vorgesetzt ist. Dabei ist die dem Ort zugewandte Nordseite mit Pilastergliederung und Giebelaufsatz als eindrucksvolle Schaufassade zusammengefaßt. Innen beeindruckt die Kirche durch ihre kühle und klare Atmosphäre, der weite Raum unter der Kuppel ist sparsam gegliedert durch Pilaster und übereinanderliegende Muschelnischen mit Apostelstatuen. Als wäre er für den Couven-Bau hergestellt worden, nimmt der 1875 im Dom abgebrochene Berdolet-Altar im Chor die Wirkung des Innenraums auf, seine kostbaren Marmorsäulen mit den reich gestalteten Kapitellen, vor allem aber die beiden anbetenden Engel sind Meisterwerke des Lütticher Barock des 18. Jh. Die ehemalige Abteikirche entging dem Verfall, indem sie nach der Aufhebung des Klosters (1802) der Gemeinde Burtscheid als zweite Pfarrkirche überschrieben wurde; der reiche Kirchenschatz, der sich aus der klösterlichen Vergangenheit hier angehäuft hat und mit seinen kostbaren Stücken aus dem 11.–19. Jh. zu den bedeutendsten Deutschlands zählt, ist an jedem ersten Dienstag des Monats ab 16 Uhr zu besichtigen. Die alte Pfarrkirche Burtscheids, St. Michael, liegt nur einen Steinwurf von St. Johann entfernt. Auch sie wurde 1748–51 von Johann Joseph Couven neu gebaut und greift auf das Bauschema des romanischen Vorgängerbaus, einer dreischiffigen Pfeilerbasilika, zurück. Nach den Kriegszerstörungen vereinfacht wiedererrichtet, ist der Innenraum dennoch recht eindrucksvoll, das stark erhöhte Mittelschiff ergibt mit dem gleich hohen Querschiff eine den Raum zentralisierende Vierung. Die auf Entwürfe Couvens zurückgehende prächtige Rokokoausstattung wurde im letzten Krieg zerstört, doch hat man den großen Tabernakelaltar rekonstruiert. Er gibt mit seiner plastischen Durchformung und seinen Gold- und Silberfassungen dem sonst seines Schmuckes beraubten Innenraum einen lebendigen Akzent.

Die erste bedeutende Kunststätte der südlichen Aachener Umgebung liegt sozusagen hinter dem nächsten Hügel. In einem weiten Bogen der Inde steht **Kornelimünster;** der alte Ort gruppiert sich um den mächtigen Bau der ehemaligen Abteikirche und um zwei Plätze: den Korneliusmarkt und den anschließenden Benediktusplatz. Sie sind umzogen von geschlossenen Häuserfronten des 17.–19. Jh., die im unerschöpflichen Detailreichtum die stilistische Vielfalt von fast 400 Jahren bürgerlicher Stadtarchitektur sichtbar machen. Dort stehen

KORNELIMÜNSTER

Häuser aus Bruchstein, Fachwerk und Steinfachwerk, verschiefert oder mit Schmuckmustern, mit den verschiedensten Portalen, Treppenvorbauten, Türen, Erkern, Giebeln und Hausteinrahmungen der Fenster. Zusammen mit den alten Läden und Laternen und der den Korneliusmarkt begrenzenden Ostpartie der Abteikirche mit ihrer turmartigen achteckigen Barockkapelle vor dem Chor bietet Kornelimünster eine so intakte historische Stadtatmosphäre, wie sie nur noch selten zu finden ist. Der Ort verdankt seine Existenz der einst mächtigen Benediktinerabtei, deren breitgelagerte Kirche mit ihrem vielgestaltigen Baukörper schon von außen auf eine wechselvolle Baugeschichte weist. Gegründet wurde die Abtei im Jahre 814 von Karls des Großen Sohn Ludwig dem Frommen, der den Abt Benedikt von Aniane aus Frankreich berief. Dieser war bereits ein bedeutender Mann und forderte seit langem eine strengere Zucht in den karolingischen Klöstern; hier bei Aachen, im Tal der Inde, sollte er nach Ludwigs Willen von einem großen Reformkloster aus sein Werk vollenden. Um ihm dafür die nötige Autorität zu verschaffen, wurde die neue Abtei nicht nur mit materiellen Gütern und Ländereien überhäuft, sie bekam aus dem Bestand der Aachener Reliquien das Grabtuch, das Schürztuch und das Schweißtuch Christi sowie einen Splitter des Kreuzesholzes geschenkt. Mit diesen für die ganze Christenheit hochbedeutenden Gegenständen gestärkt, konnte Benedikt von Aniane bereits 817 das erste Generalkapitel des Frankenreiches in Aachen abhalten, in 75 Statuten wurden einheitliche Festlegungen für das gesamte fränkische Klosterleben getroffen. Kurz vorher war das »monasterium ad Indam« in Gegenwart des Königs eingeweiht worden, die erste Kirche am Orte, eine dreischiffige Basilika mit Querhaus und drei Apsiden, war fertig. Im Westbau hatte sich Ludwig ein Doppelgrab anlegen lassen, vermutlich für sich und seine Gemahlin, doch wurde er 840 in der Kathedrale von Metz bestattet. Auch sonst ließen sich die mit der Gründung der Abtei verbundenen Ziele nicht verwirklichen: Abt Benedikt starb 821, in den Kriegen der Auflö-

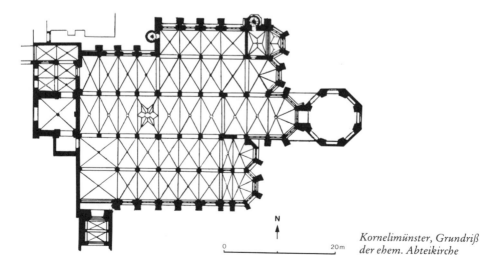

Kornelimünster, Grundriß der ehem. Abteikirche

sung des Karolingerreiches ging sein Reformwerk unter, das Kloster wurde 881 und nochmals 892 von Normannen überfallen und zerstört.

Erst mit der ottonischen Reichsreform begann ein erneuter Aufstieg; Otto III. verlieh der Abtei Markt- und Münzrecht und bestätigte ihre Reichsunmittelbarkeit, wodurch – ähnlich wie später in Prüm – der Abt landesherrliche Rechte besaß und die Abtei eine Art kleiner Klosterstaat wurde. Den wichtigsten Grundstein ihrer Renaissance hatte die Abtei jedoch selbst gelegt, und zwar durch einen eigentümlichen Handel, der im Jahre 875 stattfand. Damals tauschte das Kloster Inda aus seinem Reliquienschatz das halbe Grabtuch des Herrn gegen die Schädeldecke und den rechten Arm des Märtyrerpapstes Kornelius, dessen Reliquien sich besucherstarker Verehrung erfreuten. Er galt im Mittelalter als der Heilige, der am erfolgversprechendsten gegen die Fallsucht anzurufen war. Seitdem bestimmten die Reliquien des heiligen Kornelius und die damit verbundene Wallfahrt so sehr die Existenz des Klosters, daß sich dieses in »monasterium Sti. Corneli ad Indam« umbenannte – das heutige Kornelimünster. Im späteren Mittelalter schloß sich das Kloster dem siebenjährigen Zyklus der Aachener Heiltumsfahrten an und präsentierte seinen Reliquienschatz alle sieben Jahre öffentlich. Die ungewöhnlichen Holzgalerien, die unter den Dächern der Chöre an der dem Markt zugewandten Seite im 17. Jh. eingebaut wurden, dienten dazu, dem Volk die Heiltümer von hier oben zu zeigen; zusätzlich findet jedes Jahr die Kornelioktav statt: In der Woche nach dem 16. September eilen noch heute große Pilgerscharen zu den Reliquien des hl. Kornelius, die dann in der an den Hauptchor angebauten Barockkapelle zu sehen sind.

Diese Reliquienverehrung bestimmte auch die komplizierte Baugeschichte der Abteikirche; jahrhundertelang waren Erweiterungen nötig, um sowohl der Menge der Wallfahrer als auch einzelnen vornehmen Pilgern gerecht zu werden. Nach der Zerstörung der karolingischen Basilika durch die Normannen wurde gegen Ende des 10. Jh. ein vergrößerter ottonischer Bau gleichen Typs aufgeführt, der 1310 von den Aachener Bürgern niedergebrannt wurde, als sich der Abt von Kornelimünster auf die Seite ihrer Todfeinde, der Herzöge von Jülich, gestellt hatte. Der gotische Neubau behielt im Mitttelschiff die Proportionen des frühromanischen bei, an der Südseite entstand jedoch nach zahlreichen Veränderungen im 15. und 16. Jh. eine langgestreckte, zweischiffige Säulenhalle mit zwei Chören; an die Nordseite wurde ein einschiffiger Raum mit einer Sängerempore und an diesen nochmals ein kurzes Schiff mit einer Doppelkapelle für Sakristei und Schatzkammer angebaut.

Wenn man daher heute den gewaltigen Kirchenraum (Abb. 14) mit seinen malerischen Durchblicken in eine Vielfalt aneinandergereihter Räume betritt, muß man beachten, daß die fünf Schiffe im Grunde drei zusammengebaute Kirchen mit verschiedenen Funktionen darstellen. Das breite Mittelschiff mit dem Hauptaltar im Chor war immer die Kirche für den Gottesdienst der Mönche, während die zweischiffige Halle im Süden die Kirche der Wallfahrer darstellt. Hier zogen sie in einem Schiff an den ausgestellten Reliquien vorbei und im anderen zurück. Auch die Nordschiffe dienten der Wallfahrt, doch in anderer Weise. Dort empfing der Abt erlauchte Pilger, die er einer individuellen Vorführung der Heiligtümer für würdig erachtete. Allein aus diesem Grunde wurde das kürzere äußere Nordschiff angebaut, das das ungewöhnlichste architektonische Detail der ganzen Kirche enthält: die über einer sechsfachen Steinwulst vorkragende Loge an der Westseite. Dort nahmen die vom Abt ausersehenen Gäste Platz, während ihnen von der gegenüberliegenden Schatzkammer durch ein spitzbogiges Fenster die Reliquien gezeigt wurden.

Besondere Beachtung verdienen die Kreuzrippengewölbe im Mittelschiff, die auf Bündeldiensten mit Kapitellen ruhen. In allen fünf Schiffen befindet sich eine vollständig erhaltene gotische Gewölbeausmalung. Der Hochaltar (17. Jh.) enthält ein Gemälde des Rubens-Schülers Gerhard Douffet (Kreuzabnahme), eine der schönsten Arbeiten Johann Joseph Couvens stellt das prachtvolle Tabernakel dar, Rest einer einst von ihm geschaffenen Rokokoausstattung der Kirche, von der noch die Bilderrahmen und die Seitentüren der Altarfassade mit den beiden Apostelstatuen überlebt haben. Links daneben eine der besten gotischen Skulpturen des Rheinlandes: der etwa 1460 entstandene hl. Kornelius auf einem figurengeschmückten Sockel, an dem der betende Stifter, Engel mit Wappen und kniende Pilger zu sehen sind. Im Chor des inneren Südschiffes steht der Annenaltar, ein Schnitzschrein mit Heiligenfiguren und einer Kreuzigung unter Rankenwerk aus dem Jahre 1501, die Flügel zeigen Gemälde. Neben weiteren Altären, Beichtstühlen, gotischen Steinfiguren und Gemälden beachte man besonders einige reich gearbeitete Epitaphe von Äbten (15. und 17. Jh.) sowie die prachtvolle Orgel von Johann Joseph Couven.

Die ehemaligen Abteigebäude sind ein kompletter Neubau aus der Mitte des 18. Jh., allein zwei Torbauten mit Flankierungstürmen zeugen von der alten Anlage. Die um zwei Höfe gruppierten restaurierten Gebäude bieten heute wieder einen erfreulichen Anblick, weshalb sich ein Rundgang lohnt; innen haben sich prächtige Malereien und Stukkaturen erhalten, doch befindet sich jetzt das Bundesarchiv in den Räumen des Klosters. Oberhalb des Ortes steht auf einem Bergrücken die alte Pfarrkirche von Kornelimünster, St. Stephan. Interessanter als deren Langhaus, eine dreischiffige spätgotische Halle, ist der gedrungene Westbau mit seinem Untergeschoß aus karolingischer Zeit, in den römische Schriftsteine verbaut wurden. Dort liegt ein seltsamer kryptenartiger Raum mit drei parallelen Tonnengewölben auf vier quadratischen Pfeilern, an dessen Mittelschiff eine Confessio mit einem Grab anschließt. Es ist ungeklärt, für wen diese aufwendige Grabanlage errichtet wurde; Hugot vermutet, daß sie für Benedikt von Aniane bestimmt war, von dem man weiß, daß er in Kornelimünster beerdigt wurde, dessen Grab man aber nie gefunden hat.

Fährt man nun in Richtung Wenau, so liegt links neben der Strecke die Stadt **Stolberg**. Wer sich zur Besichtigung der das Stadtbild beherrschenden Burg in den Ort begibt, werfe einen Blick auf den wie ein adeliger Herrensitz ausgebauten Kupferhof Rosental und in die Kirche auf dem Finkenberg, gegenüber der Burg auf der anderen Seite des Vichttales.

Von Vicht ist es nicht weit in das schöne Waldtal des Wehebaches, wo in romantischer Lage hinter alten Gärten, Mauern und Bäumen das **Kloster Wenau** liegt. Die mit Strebepfeilern gegliederte Kirche, das an die Westfassade anschließende Pfarrhaus mit dem hohen Staffelgiebel und der Wirtschaftshof des 17. und 18. Jh. mit seiner großen Tordurchfahrt bilden ein malerisches Bauensemble. Die Kirche des ehemaligen Prämonstratenserinnenklosters besitzt wie üblich eine Nonnenempore im Westen, die noch dem romanischen Gründungsbau aus der ersten Hälfte des 12. Jh. angehört; die dreischiffige Pfeilerbasilika wurde im 15. Jh. umgebaut (Turm und Chor neu errichtet) und erst im 17. Jh. eingewölbt. 1967 entdeckte man unter der Empore einen gotischen Freskenzyklus des späten 13. Jh., der in sieben Bildern die Passion Christi zeigt, der Chor besitzt eine reiche spätgotische Rankenausmalung. Neben der prächtigen Orgel und der fein ornamentierten durchbrochenen Emporenbrüstung nach Entwürfen von Johann Joseph Couven – so weit reichte sein stilistischer Einfluß – ist das bedeutendste Ausstattungsstück der Kirche die monumentale Kreuzigungsgruppe (Abb. 17) im Triumphbogen. Sie ist das einzige vollständig erhaltene Beispiel einer solchen Skulpturengruppe aus romanischer Zeit im ganzen Rheinland; gegen 1250 entstanden, stellen besonders die säulenhaften Figuren der Trauernden eindrucksvolle Zeugnisse spätstaufischer Plastik dar.

Fährt man vom Kloster die hundert Meter zurück zur Straße durch das Wehebachtal, so zweigt fast gegenüber eine schmale, unasphaltierte, aber gut befahrbare Waldstraße ab. Sie führt durch die von einsamen Lichtungen und Bachtälern geprägte Landschaft des Hürtgenwaldes, vorbei an einem kleinen See, zu der auf einem Wiesenhang gelegenen Halbruine der **Laufenburg**. Die Anlage mit der hohen, von mehreren vorspringenden Rundtürmen verstärkten Ringmauer und dem großen Bergfried gehört dem 14. und 15. Jh. an; in den Raubkriegen Ludwigs XIV. wurde die Burg zerstört. Heute lädt nicht nur die einfache Gaststube im Inneren zu einem Besuch, sondern vor allem der wundervolle Wald des umliegenden Wenauer Forstes, durch den man von hier aus auf einer kurzen Wanderung die entlegenen Ruinen des gänzlich verfallenen Klosters Schwarzenbroich erreichen kann oder bald die monumentale Kulisse des Schlosses **Merode** (Abb. 13) über den Bäumen aufragen sieht. Diese prachtvolle Schloßanlage, ursprünglich eine großangelegte zweiteilige Wasserburg mit vier mächtigen Ecktürmen und einem Batterieturm, entstand unter dem Einfluß der niederländischen Festungsbautechnik des 16. Jh. Um 1700 und später zu einem Schloß umgebaut, wird der äußere Eindruck noch immer von den Türmen mit den hoch aufragenden Barockhauben und durch die alte (ebenfalls holländisch inspirierte) Gliederung des Mauerwerks aus Ziegeln mit hellen Kalksteinbändern bestimmt. Bei diesem äußeren Eindruck muß es leider auch bleiben, denn das Schloß ist bewohnt und kein Zutritt erlaubt.

Die nördliche Eifel und das Eifelvorland

Wo immer ein frommer Bauer des frühen bis späten Mittelalters mit seinem Pflug das Gewölbe der unterirdisch verlaufenden römischen Wasserleitungen aufriß, fuhr er entsetzt zurück. Hier war er auf Satanswerk gestoßen, der dunkle Tunnel, der von irgendwo kam und weiß Gott wohin führte, war zweifelsfrei als »Teufelsader« erkannt, die mutig zerstört und verschüttet wurde. Ihrem gehobenen geistigen Niveau entsprechend, hatten die gebildeten Stände dieser Zeit eine andere Erklärung für das kilometerlange Phänomen: Wie aus den seit Beginn des 12. Jh. entstandenen »Gesta Trevirorum« hervorgeht, deuteten sie den Kanal nicht als Wasser-, sondern als Weinleitung (vini ductum), durch die die Trierer großzügig Moselwein nach Köln schickten. Sympathisch, die Vorstellung der damaligen Intellektuellen, die sicher nicht ohne Grund annahmen, daß für dieses Getränk selbst ein solcher Aufwand nicht als zu groß veranschlagt werden könne. Doch die Ingenieure der Antike standen vor ganz anderen Problemen: Sie mußten durch eine vielgestaltige Landschaft, durch Berge, Täler, Höhenzüge und Randebenen, eine 90 km lange gemauerte und gewölbte Leitung immer bergab führen, um Wasser von den Quellstuben im Urfttal bis nach Köln zu leiten. Wasser gab es zumindest genug, denn besonders der westliche Teil der Nordeifel gehört zu einer niederschlagsreichen Region. Dort ragt das (heute größtenteils in Belgien gelegene) Hohe Venn mit seiner Abdachung weit in die Eifel hinein und bildet jene Waldlandschaften um Zweifall, Hürtgen und Wenau, die man nach den anmutigen Wiesen des Kornelimünster-Ländchens erreicht, welches geologisch gesehen das Venn-Vorland bildet. An das Venn schließt sich östlich die Rur-Eifel an, die von waldreichen, tief eingeschnittenen Tälern geprägt wird, in denen Rur, Olef und Urft mit ihren großen, fjordähnlich verzweigten Stauseen mit die schönsten Landschaften der Eifel geformt haben. Schon ein wenig im Regenschatten reicht östlich das immer noch wasserreiche Nordende der fossilführenden Eifeler Kalkmulden (s. S. 133) heran, die mit den sanftwelligen Kalkgebieten der Mechernicher Voreifel fast unmerklich in die große Senke der Zülpicher Lößbörde übergehen. Im Gegensatz dazu scheint dem von Köln oder Bonn sich nähernden Reisenden die Nördliche Waldeifel (um Bad Münstereifel) als markante, sich deutlich von der Ebene absetzende Waldmauer aufzusteigen, aus der die weithin sichtbare Burg- und Vulkanruine des Tombergs bei Rheinbach aufragt.

Wie aus der Existenz der die halbe Nordeifel durchziehenden Wasserleitung zu ersehen ist, hat dieses heterogene Land zu römischer, fränkischer und mittelalterlicher Zeit eine gemeinsame Geschichte. Als Hinterland für die gewaltige Militärmaschinerie, welche die Römer an der jahrhundertelang gefährdeten Rheingrenze stationiert hatten, wurde die fruchtbare Börde intensiv kultiviert und besiedelt. Die ungewöhnliche Dichte römischer Fundstellen rührt auch daher, daß man in der Mechernicher Voreifel reiche Erzlagerstätten ausbeutete. Nach dem Zusammenbruch der römischen Reichsgrenze am Rhein wurde das Land von Franken in Besitz genommen und blieb im Gegensatz zur römischen Zeit jahrhundertelang nur dünn besiedelt. In diesem Gebiet fanden – besonders um das damals bedeutende Zülpich – die entscheidenden Kämpfe gegen die Alemannen statt, deren schließliche Niederlage ein wichtiger Baustein zur Vorherrschaft der Franken in Mitteleuropa wurde. Die Nordeifel war im Frankenreich in mehrere von Grafen verwaltete Gaue eingeteilt, zahlreiche Königshöfe befanden sich hier. Nach dem Zerfall der fränkischen Zentralgewalt während der Auflösung des Karolingerreiches blieb allein das Erzbistum Köln eine stabile politische Gewalt, neben die unter den Ottonen im 10. Jh. das Pfalzgrafengeschlecht der Ezzonen trat. Es gelang Köln aber, diese einzige nennenswerte Konkurrenz nach Süddeutschland abzudrängen. Mit dieser Festigung seiner Vorherrschaft im Rheinland hatte Köln gleichzeitig die Voraussetzung für den Aufstieg mehrerer kleiner Dynastengeschlechter geschaffen, die nun das Machtvakuum nach dem Verschwinden der Pfalzgrafen zu füllen versuchten. Dies brachte augenblicklich die Feindschaft zum Erzbistum mit sich, das die gleichen Absichten verfolgte: Mit den Grafen von Berg, von Jülich, von der Mark, von Limburg, von Brabant und anderen schlug sich Kurköln das ganze Mittelalter hindurch, bis die Schlacht von Worringen gegen die Koalition der Grafen 1288 mit einer militärischen Katastrophe für das Bistum endete und dessen Vormacht endgültig brach. Hinzu kam, daß die Residenzstadt der Bischöfe, Köln, 1274 freie Reichsstadt geworden war und seitdem fast immer in den Reihen der Gegner der Erzbischöfe zu finden war. In komplizierten Erbgängen und Kriegen gelang es schließlich Herzog Johann von Kleve 1524, die Herrschaften Jülich, Berg, Kleve, Mark und Ravensburg zusammenzufassen; ein mächtiges, aber höchst instabiles Gebilde, das bei nahezu jeder Erbfolge in heftigen Kriegen gegen Kaiser und Reich, Kurköln, Burgund und Frankreich um seinen Zusammenhalt kämpfen mußte. In der Zeit der Schwäche der Kölner Erzbischöfe war gewissermaßen vor ihrer Haustür ein gefährlicher Gegner entstanden: die Grafen, ab 1356 Herzöge, von Jülich, die bis 1542 auf der Burg Nideggen in der Eifel residierten. Der Kampf zwischen ihnen und Kurköln bestimmte das ganze Mittelalter hindurch die Geschichte der Nordeifel, nur an deren Südrand, im politisch weniger bedeutenden Inneren der Eifel, konnten andere Herren wie die von Schleiden oder Reifferscheid eine Rolle spielen.

So betritt man, aus den weiten, dunklen Wäldern zwischen Aachen und der Rur-Eifel kommend, zuerst das alte Festungsstädtchen **Nideggen** im Ring seiner Mauern mit der gewaltigen Burgruine der einstigen Herzogsresidenz über den senkrechten Buntsandsteinfelsen des Rurtales. 1170 begann Graf Wilhelm von Jülich, noch ein kleiner Adeliger, mit dem Bau einer noch bescheidenen Burg; bereits diese war durch den gewaltigen »Jenseitsturm« mit seinen gefürchteten Kerkern gedeckt, der die einzig zugängliche Partie des nach

NIDEGGEN

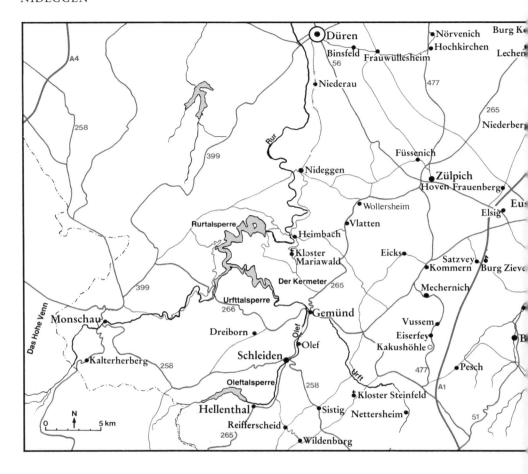

drei Seiten abstürzenden Felsplateaus abriegelte. Als dessen Nachfolger Wilhelm III. Jülich mit der ebenfalls benachbarten Grafschaft Hengebach (Heimbach) vereinte, war bereits ein ansehnliches Territorium beisammen. Diese neue Machtfülle erbte 1219 der nächste Graf auf Nideggen, Wilhelm IV. von Jülich. Mit ihm betrat eine illustre und selbst für mittelalterliche Verhältnisse ungewöhnliche Figur den Schauplatz der nun beginnenden Auseinandersetzungen mit den Kölner Erzbischöfen. Letztere hatten den Aufstieg der neuen Grafschaft bereits mißtrauisch beobachtet, aber offenbar unterschätzt: Als 1242 Erzbischof Konrad von Hochstaden, der Gründer des Kölner Doms, gegen den Kaiser rüstete, erklärte sich Wilhelm von Jülich für denselben. Bei einer Schlacht der beiden Heere im Badewald westlich von Nideggen unterliegen die kölnischen Truppen, der sie führende Erzbischof gerät ver-

wundet in die Hände des Jülichers, der ihn in den Kerker seines Jenseitsturms werfen läßt und erst nach neun Monaten gegen Zahlung eines horrenden Lösegeldes wieder freiläßt. Nach dieser unerhörten Episode rissen die Kämpfe nicht mehr ab. Als 1261 Konrad von Hochstaden starb, verschärfte sich unter seinem Nachfolger Bischof Engelbert II. von Falkenburg der Krieg: 1267 fällt er in die Jülicher Lande ein, brennt Dörfer und Städte nieder und marschiert auf Nideggen. Am 18. Oktober stellt sich Wilhelm IV. am Marienholz bei Zülpich zur Schlacht und schlägt die Kölner abermals vernichtend; der Bischof gerät in seine Gefangenschaft und muß wie sein Vorgänger unangenehme Bekanntschaft mit dem Nideggener Burgverlies machen. Trotz hektischer diplomatischer Aktivitäten von kirchlicher Seite kann der Jülicher nicht zur Herausgabe seines prominenten Gefangenen bewegt werden,

NIDEGGEN

Nideggen

1268 schleudert der Papst gar den Bannfluch gegen den selbstbewußten Grafen, jedoch ebenfalls ohne Erfolg. Erst nach dreieinhalb Jahren, am 16. April 1271, wird der Erzbischof gegen viel Geld und die Abtretung wichtiger Rechte seine Ketten wieder los und kann nach Köln zurückkehren.

Die politischen Folgen waren verstärkte, die Abwesenheit des Bischofs nutzende Unabhängigkeitsbestrebungen der Kölner Bürger und eine Ausdehnung der Macht der Jülicher Grafen. Die hat dann Wilhelm IV. aber offenbar selbst überschätzt. Schon fast ein Greis, zog der alte Haudegen 1278 mit einem Ritterheer des Nachts durch ein von Verräterhand geöffnetes Stadttor nach Aachen, um die Reichsstadt zu erobern und seinem Herrschaftsgebiet einzuverleiben. Die vermutlich ebenfalls von einem Verräter gewarnten Bürger der Stadt warteten ab, bis sich die schwergepanzerten Reiter in den engen Gassen befanden und fielen über sie her; auf der Flucht wurde Graf Wilhelm mit dreien seiner Söhne von einem Grobschmied erschlagen. Immerhin nutzte der Kölner Erzbischof Siegfried von Westerburg die Gelegenheit, in die Jülicher Lande einzufallen, er erobert Düren, Zülpich und mehrere Burgen, allein Nideggen und Heimbach hielten ihm stand. Der Aufstieg der Jülicher aber ist nicht zu bremsen. Klugerweise heiratet Graf Walram eine Nichte des Kölner Erzbischofs, wodurch der Streit mit dem alten Kontrahenten vorübergehend beigelegt ist, 1313 erhält Nideggen Stadtrechte und wird als planmäßige Festungsstadt mit Mauern und Tortürmen um einen zentralen Marktplatz neu errichtet. 1347 wird die Burg erweitert und der einst berühmte Rittersaal gebaut, der damals mit 16 m Breite und 61 m Länge der drittgrößte Saal des deutschen Reiches war. 1356 schließlich stehen die Jülicher auf dem Höhepunkt ihrer Macht: Mit Turnieren und Festen wird die Verleihung der Herzogswürde auf Nideggen gefeiert. 1423 stirbt das Haus der Jülicher Herzöge aus, das Land wird mit dem Herzogtum Berg vereinigt. 1524 kommt es dann durch die Heirat der Erben von Jülich-Berg und Kleve-Mark zur sog. Erblandesvereinigung, die ein mächtiges niederrheinisches Herzogtum entstehen ließ. Mit diesem Schritt in die Reihe der Großmächte Europas traf man aber auf Gegner, denen zumindest die mittelalterliche Eifelresidenz nicht mehr gewachsen war. Als sich auch noch Geldern dem neu entstandenen Machtblock anschließen will, wird er Kaiser Karl V. zu gefährlich: Es kommt zu kriegerischen Auseinandersetzungen, kaiserliche Truppen dringen in die Jülicher Lande ein. Jülich ergibt sich, Düren wird erobert und die Bevölkerung von den spanischen Truppen Karls V. regelrecht geschlachtet; allein Nideggen leistet längeren Widerstand. Doch erliegt die bis dahin als uneinnehmbar geltende Festung den schweren Feuerwaffen des Belagerungsheeres, Stadt und Burg werden genommen und völlig verwüstet. Adelige und Beamte, Handwerker, Priester und Mönche verlassen den zerstörten Ort, der rasch völlig verarmt. Die Burg wird nur notdürftig wieder aufgebaut und schon im 1609 ausbrechenden Jülicher Erbfolgestreit, dann im 30jährigen Krieg und im Spanischen Erbfolgekrieg mehrmals erobert, besetzt und niedergebrannt; Kontributionen und Einquartierungen nehmen der verbliebenen Bevölkerung das Letzte, die Stadt verödet und verfällt. Erst um die letzte Jahrhundertwende – Kaiser Wilhelm II. stiftete 15 000 Mark – schritt man zur Rettung des Verbliebenen; 1944 werden Burg, Kirche und Stadt abermals zerstört. In den letzten Jahren ist das Restaurierungsprogramm soweit abgeschlossen worden, daß Nideggen wieder sein historisches Gesicht bekommen hat.

So umzieht nun, wie vor Jahrhunderten, die von allen Anbauten befreite Stadtmauer mit vorspringenden Rund- und Halbtürmen den Ort, zwei Tore (Abb. 20) öffnen unter großen wiedererrichteten Turmbauten den Weg nach innen. Dort führen Straßen und Gassen mit mittelalterlichen Häuserfronten auf den charaktervollen alten Marktplatz mit dem stattlichen Rathaus, von dem eine schmale, gewundene Gasse in die weiträumige Vorburg mit der romanischen Pfarrkirche abzweigt. Erst wenn man kurz vor der Kirche den Stadtbezirk durch ein enges Tor verläßt, wird klar, daß der ganze ummauerte Ort nur die vorderste Verteidigungslinie der Herzogsburg darstellt, die am äußersten Ende des hier ansetzenden, nur etwa 50 m breiten Bergsporns steht, der an drei Seiten mit gewaltigen Felsen ins Rurtal abstürzt.

Die Kirche (Abb. 19), ebenso wie der ganze Ort und die Burg aus Rotsandstein gebaut, wurde bereits mit der ersten Bauphase der Burg gegen Ende des 12. Jh. errichtet und ist in ihrer für ein damals noch unbedeutendes Grafengeschlecht ungewöhnlichen Größe ein beredtes Zeugnis für die hochgesteckten Ambitionen des Jülicher Hauses. Der Bau mit seinen harmonischen Proportionen ist außen sparsam gegliedert, allein der Chor besitzt einen schmückenden Rundbogenfries mit symbolhaften Tierköpfen. Innen öffnet sich der Blick in eine weite, dreischiffige Basilika mit flachgedecktem Mittelschiff, deren Ausstattung einst prächtig gewesen sein muß, denn selbst die nach den vielen Zerstörungen übriggebliebenen Reste sind bedeutend. Der Triumphbogen und die Bögen der Seitenschiffarkaden ruhen auf vorgelegten Halbsäulen mit großen Kapitellen (Abb. 15) von erlesener Schönheit, über den Arkaden gehen dreiteilige Emporenöffnungen auf grazilen Doppelsäulen zum Mittelschiff. Die farbenprächtigen Fresken des Chores sind der letzte Rest einer einst umfangreichen Ausmalung der Kirche; sie stammen aus der Zeit um 1250 und sind einem Übergangsstil von der romanischen zur gotischen Malerei zuzurechnen (Farbabb. 5). Die für die Romanik charakteristische starre Frontalität der Figuren ist bereits überwunden, in bewegten, faltenreichen Gewändern stellen sie individualisierte Personen mit expressiver Gestik dar. Im Unterschied dazu ist das vielgerühmte Triumphkreuz (um 1220) noch ganz der romanischen Tradition verpflichtet. Nicht weniger bedeutend sind drei gotische Holzskulpturen, deren Qualität sich deutlich aus der sonst noch in der Kirche befindlichen großen Anzahl mittelalterlicher und barocker Figuren abhebt: Es handelt sich um eine elegante Muttergottes mit Kind (1313, Abb. 18), einen Johannes den Täufer (1330) und eine hl. Katharina mit Schwert und Rad (1330), die erkennbar die Hand des Meisters der Chorpfeilerfiguren im Kölner Dom verraten. Von den beiden Tafelgemälden an der Westwand ist die spätgotische »Gregoriusmesse« das entschieden bessere Stück als die Anbetung der Könige (1624). Das interessanteste Ausstattungsstück der Kirche ist das Grabmal des Grafen Wilhelm IV. von Jülich und seiner Frau Ricarda, das als Tumba an der Westmauer steht. Hier liegt der Graf, der 1278 in Aachen mit seinen Söhnen erschlagen wurde, und selbst sein Grab vermittelt alles andere als den Eindruck einer Ruhestätte: Beiden Figuren fehlen die Füße, Leiber und Gesichter sind zertreten und zerbrochen, als wolle die zerstörte Grabplatte das gewalttätige Leben dieses Mannes symbolisieren. Der Widerstand der Aachener gegen den nächtlichen Überfall des Grafen und seiner Ritter auf ihre Stadt war der damaligen Zeit freilich etwas Unerhörtes. Als wären die Ereignisse umgekehrt verlaufen, steht anklagend auf der Tumba in lateinischer Sprache: »Welch eine Wut, Bürger, drängte euch, die Fürsten zu vernichten! Wilhelm IV. war wie ein leuchtender Stern seiner Vorfahren, auf ihn weisen die Taten seiner Ahnen hin. Mit Tatkraft begabt, trug er über den Schultern den weißen Rittermantel. Ihn erschlug man ...«

Nicht weit hinter der Kirche betritt man durch eine mächtige Toranlage die Burg der Nideggener Grafen und Herzöge (Farbabb. 16). An dieser einzig zugänglichen Stelle sperrte der selbst für seine Zeit kolossale Bergfried, der gefürchtete »Jenseitsturm«, die Felsspitze mit der Burg gegen das davor liegende schmale Plateau ab. Im Burghof ist links die Ruine des einst prächtigen Rittersaales zu erblicken, der durch eine Stützenreihe in zwei Schiffe geteilt war. Erhalten haben sich Teile der großen Fensterfassade, die an dieser Seite die ganze Front der Burg einnahm; man konnte sich diese Gefährdung der Befestigung leisten, weil gleich darunter unersteigbare Felsen in die Tiefe stürzen. Sehenswertester Teil der Burg ist der gänzlich wiederhergestellte Jenseitsturm, der ein interessantes Burgenmuseum mit Rekonstruktionsmodellen Eifeler Befestigungen verschiedener Jahrhunderte enthält; höchst eindrucksvoll auch die tief im Felsenkeller gelegene Kapelle (Abb. 16) mit Kreuzgewölben und fünf halbrunden Nischen. Direkt daneben liegt der gefürchtete Kerker, der die Kölner

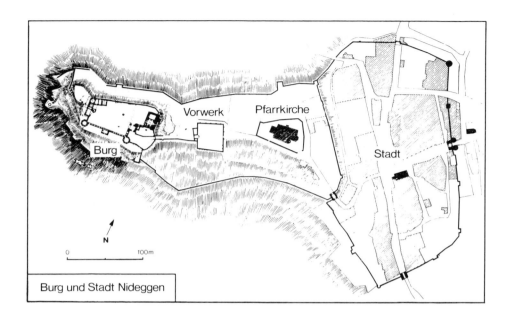

Burg und Stadt Nideggen

Erzbischöfe vorübergehend in seinen Mauern sah, doch mag man sich lieber nicht vorstellen, welch elendes Ende weniger bedeutende Insassen dieses Raumes genommen haben. Etwas besser hatten es die prominenten Gefangenen: Das große Loch in der Mauer zwischen Kerker und Kapelle wurde während der Gefangenschaft des Erzbischofs Konrad von Hochstaden ausgebrochen, damit er der Messe beiwohnen konnte. Nicht versäumen sollten Sie einen Spaziergang am Rande des Rurtales, nur von dort sind die gewaltigen, von der Rur ausgewaschenen roten Felsentürme der Buntsandsteinschichten und die grandiose Lage von Burg Nideggen gebührend zu würdigen.

Nideggen ist Ausgangspunkt für drei empfehlenswerte Routen: die erste führt die Rur aufwärts nach Düren (s. S. 38), man kann von hier aus auch weiter nach Heimbach zur Rurtalsperre fahren (s. S. 39) oder über Schmidt und Konzen auf schöner Strecke Monschau erreichen (s. S. 42). Wer in Nideggen dem Rurtal weiter flußaufwärts folgt, gelangt bald an den schön gelegenen Stausee Obermaubach. Von Untermaubach (Jülicher Vasallenburg, 14. Jh.) führt die Straße nach **Kreuzau**; um 1300 hatte die Kölner Dombauhütte hier eine Kirche errichtet, von der sich in unveränderter Form der sterngewölbte Chor mit weit ausgreifenden Wasserspeiern und einem Wandtabernakel erhalten hat. In einem Fenster des nördlichen Nebenchores befindet sich das älteste erhaltene Glasgemälde des Dürener Raumes, auf dem in eleganten Linien eine Muttergottes dargestellt ist. An den Mittelschiffpfeilern stehen fünf niederrheinische Holzskulpturen vom Anfang des 16. Jh. Die Nähe des

NIEDERAU / LENDERSDORF / DÜREN

reichen Marktortes Düren und der fruchtbaren Börde ließen hier am Eifelrand im Mittelalter zahlreiche gut ausgestattete Kirchen entstehen. So auch St. Martin in **Drove,** eine dreischiffige Halle des 15. Jh. mit einem Glasfenster aus dem Jahre 1538 im nördlichen Seitenchor, das die figurenreiche Szenerie einer Kreuzigung mit einer Stadt im Hintergrund zeigt. Auf dem südlichen Seitenaltar ist die Skulptur einer kölnischen Muttergottes (um 1350) zu bewundern, die ihren Fuß auf einen Drachen setzt. Die vorzügliche Arbeit besitzt noch die gotische Farbfassung.

Weiter der Rur folgend, gelangt man nach **Niederau,** wo rechts eine Straße zur fast vollständig wiederaufgebauten Wasserburg Burgau führt. Den kurzen Weg sollte man nicht scheuen, denn hier steht endlich einmal eine große Anlage dieses hier so verbreiteten Typs, die sich nicht in Privatbesitz befindet. Die um einen mächtigen Wohnturm von 1390 entstandene Befestigung mit Haupt- und Vorburg wurde im letzten Krieg bis auf die Grundmauern zerstört, doch seit einigen Jahren von der Bürgeraktion »Rettet Burgau« Stück für Stück wieder aufgebaut. Ein hübscher Park ist entstanden, in dem die Burg inmitten von seerosenbedeckten Wassergräben liegt, ein Schloßcafé wurde eingerichtet, der alte Wohnturm hat wieder ein hohes Dach – eine seltene Gelegenheit, eine Wasserburg aus der Nähe und von innen zu studieren.

In Krauthausen muß man links über die Rurbrücke und dann ein Stück zurückfahren, um zur Pfarrkirche St. Michael in **Lendersdorf** (15. Jh.) zu gelangen. Bis heute weiß niemand, warum die Lendersdorfer um 1520 auf die eigenartige Idee verfielen, ausgerechnet im weit entfernten Lübeck einen großen Altar mit geschnitztem Schrein und gemalten Flügeln zu bestellen, anstatt sich an die näher gelegenen Produktionsstätten in Köln oder Antwerpen zu halten. Wie dem auch sei, jedenfalls machte sich der Lübecker Meister der Spätgotik, Benedikt Dreyer, an die Arbeit und schuf ein prachtvolles Werk, in dem die Skulptur des hl. Michael als Seelenwäger den Schrein mit einer Darstellung des Jüngsten Gerichts beherrscht. In meisterlicher Komposition werden in figurenreichen Reliefs die bewegten Szenen der makabren Höllenstrafen mit bratenden Menschen und höhnischen Teufeln und die statuarische Ruhe der Erlösung verheißenden Heiligen zusammengefügt. Die Gemälde der Altarflügel zeigen Darstellungen aus dem Leben Mariens, sie sind von deutlich geringerer Qualität. In der Taufkapelle sind die Reste eines Renaissance-Altars (1555) zu sehen. Auch in Lendersdorf gab es übrigens eine Hütte, in der Messing und Eisen verarbeitet und die 1819 von der Familie Hoesch übernommen wurde, die schon in Stolberg und Umgebung zahlreiche solcher Betriebe besaß. So gibt es hier ein fast adelig erscheinendes Hoesch-Haus, eine große Hofanlage mit zweigeschossigem Herrenhaus.

Die Stadt **Düren,** bereits 748 als villa duria und 774 als fränkische Königspfalz erwähnt, galt im Mittelalter als der »Augapfel« unter den Städten der Jülicher Lande. 1944/45 wurde sie nahezu dem Erdboden gleichgemacht, weshalb von der historischen Bausubstanz so gut wie nichts blieb; die ganze Stadt ist ein kompletter Neubau. In der modernen Pfarrkirche St. Anna befinden sich noch ein schönes spätromanisches Südportal, ein Renaissance-Chorgestühl (1563) und der gotische Holzschrein mit den Reliquien der hl. Anna. Das kostbare Anna-Reliquiar, eine Goldschmiedearbeit des 14. Jh., war 1501 in der Kirche St. Stephan in

Mainz gestohlen worden und konnte nach einem langwierigen Prozeß (1506 beendet) in Düren verbleiben. Es erhielt im 19. Jh. einen neugotischen Sockel, in dem sich Votivgaben befinden, wertvollstes Stück ist der sog. Annengürtel, eine spätgotische niederrheinische Arbeit aus Gold. Liebhaber expressionistischer Malerei werden sich den Besuch des Leopold-Hoesch-Museums nicht entgehen lassen.

Nicht ganz so schlimm wie Düren erging es den Orten in der Umgebung. So steht in **Binsfeld** noch eine spätgotische Hallenkirche mit einem hölzernen Kruzifix um 1530 über dem Hochaltar und einem großen Epitaph aus Schiefermarmor im Chor, 1636 für Johann von Binsfeld und seine Gemahlin aufgestellt. Berühmt ist die dort gelegene Burg, ab 1397 Lehen der Jülicher Herzöge und Bestandteil des Kranzes von Befestigungen um Düren gegen den von Köln beherrschten Zülpicher Raum. In der Jülicher Fehde brannte sie 1543 aus und wurde mit einer prachtvollen zweigeschossigen Loggia (Abb. 26) vor dem Palas wiederaufgebaut. Dieses Baumotiv, eigentlich der italienischen Renaissance entlehnt, erscheint hier in einer spätgotischen Gestaltung mit reicher Maßwerkverzierung, welche die ursprüngliche Bauidee in eigentümlicher Weise verfremdet. Der Burghof muß früher, als auch noch der Westflügel eine Loggia besaß (ein Feld der Maßwerkbrüstung ist erhalten), einer der schönsten und eigenwilligsten im ganzen Rheinland gewesen sein, in dem eine Loggia eine seltene architektonische Zutat war.

Wer von Düren schon bis Binsfeld gelangt ist, sollte auch die nächsten 2 km nach **Frauwüllesheim** nicht scheuen. Die reichen Hochadeligen des Kölner Stifts St. Maria im Kapitol besaßen hier einen Gutshof, auf dem sie 1300 eine große Kapelle (Abb. 24) errichten ließen. Natürlich ging der Auftrag dieses Bauherrn an die Kölner Dombauhütte, die hier ein Juwel gotischer Architektur in einer stilistischen Geschlossenheit von äußerster Konsequenz entstehen ließ. Es handelt sich um einen einschiffigen, kreuzrippengewölbten Bau, dessen Innenraum von schlanken Dienstbündeln gegliedert wird; die runden Bögen in der Wandfläche deuten auf geplante, aber nicht ausgeführte Seitenschiffe. Von bestechender Schönheit ist das dichte, filigranhafte Maßwerk der hohen Fenster, das besonders von außen, im Kontrast zu den glatten Mauerflächen, zu eindrucksvoller Wirkung gelangt; das Dachgesims darüber zieren originelle Wasserspeier, von denen einer in Gestalt eines grotesken Narren ausgeführt ist. So lohnt sich auch eine Besichtigung des Baus von außen, denn die Kirche ist nach mehreren Einbrüchen verschlossen worden, um die kostbaren vergoldeten Statuetten der hl. Drei Könige zu schützen. Die etwa um 1330 entstandenen Figuren in modischen Gewändern der Zeit und mit lebhafter Mimik gehören zu den besten Werken der Kölner Domchorplastik.

Wer von Nideggen weiter in die Eifel hineinfahren will, kann auf schöner Strecke durch das Rurtal Heimbach, Kloster Mariawald und die großen Stauseen erreichen.

Heimbach, malerisch im Rurtal zwischen einem Berghang und dem steilen Burgfelsen gelegen, überragt von den dunklen Höhen des Kermeter, besitzt eine der ältesten Burgen der Eifel (Farbabb. 9) – bereits für das Jahr 1016 ist eine Belagerung bezeugt. Seit 1207 durch Erbfolge mit dem Haus Jülich verbunden, teilte die Burg in Heimbach nun das Schicksal

HEIMBACH

Jülichs im Guten wie im Bösen. Im 14. Jh. großzügig ausgebaut, wird sie 1543 in der Jülicher Fehde wie Nideggen zerstört, desgleichen in den folgenden Kriegen; um die Jahrhundertwende war die Burg eine gefährliche Ruine, deren abbröckelnde Mauern in die Gassen des zu ihren Füßen liegenden Ortes stürzten. Vor einigen Jahren ist ein fast völliger Wiederaufbau abgeschlossen worden, wodurch erneut eine mächtige Burganlage das Ortsbild bestimmt. Was die Restauratoren aber auf die Idee verfallen ließ, in die homogene Erscheinung alten Mauerwerks aus Natursteinen völlig willkürliche Betoneinbauten einzufügen, wodurch auch die malerisch über den Felsen zur Rur hin thronende Palasfassade drei geradezu groteske Betonbalkone erhielt, mögen diese mit sich selbst abmachen. In der auf schmalem Bergrücken langgestreckten Anlage, die aus mehreren, von schwerbefestigten Toren mit Fallgattern getrennten Höfen besteht, befindet sich ein Café im inneren Burghof, die Innenräume der Burg sind nicht zugänglich. Man versäume nicht einen Gang unten um den Burgfelsen herum, wo eine parkartige Promenade am Ufer der Rur entlangführt. Der Ort Heimbach hat durch mehrere Stadtbrände, besonders in dem des Jahres 1687, sein mittelalterliches Aussehen verloren, doch gibt es noch hübsche Gruppen von Fachwerkbauten des 18. Jh. Am Hang gegenüber der Burg liegt die alte Pfarrkirche St. Klemens, geweiht 1725, deren Inneres auf den ersten Blick so kühl wirkt, daß man fast die qualitätvolle Ausstattung der Erbauungszeit übersehen könnte: ein eindrucksvoller, reich mit Blattsilber verzierter Hoch- und zwei Seitenaltäre sowie eine Kanzel in ihrer wiederhergestellten originalen barocken Farbfassung und ein Heiliges Grab mit hölzernen Figuren, eine niederrheinische Arbeit um 1500. Aus Mariawald stammt der größte Kunstschatz des ganzen Rurtales: ein riesiger Antwerpener Schnitzaltar, mit geöffneten Flügeln über 5,60 m breit und wohl das beste Stück dieser Art in der Eifel. Die flandrischen Werkstätten exportierten im 15. und 16. Jh. zahlreiche solcher Altäre in die Eifel, die keine heimischen Produktionsstätten dafür besaß; hinzu kommt, daß besonders das Jülicher Gebiet politisch und kulturell eher nach den Niederlanden orientiert war als zum näher gelegenen, aber verfeindeten Köln, dessen Künstler gemalte Flügelaltäre bevorzugten. Ähnliche Retabel wie hier in Heimbach finden sich in Klausen bei Wittlich, Münstermaifeld und Zülpich, Fragmente besitzen noch Adenau, Bleialf und Prüm – eine erstaunliche Anzahl, wenn man bedenkt, wieviele gotische Kircheneinrichtungen in der Eifel durch Krieg oder Barockisierung vernichtet wurden, und ein Hinweis darauf, wie groß ihre ursprüngliche Anzahl gewesen sein muß. Der Altar hier in Heimbach besteht aus einem dreigeteilten Schrein, einer Predella und gemalten Flügeln. Die vorzüglich komponierten Einzelreliefs zeigen in figurenreichen, dramatischen Szenen die Passion Christi, umrahmt von labyrinthisch verschlungenem Maßwerk, die Flügel tragen Darstellungen aus dem Marienleben. Das prunkvolle Stück ist vermutlich eine Arbeit aus der Werkstatt des sog. Meisters von Viborg vom Beginn des 16. Jh. Der Altar befindet sich seit Jahren wegen aufwendiger Restaurierungsarbeiten nicht am Orte, soll aber Ende 1984 wieder aufgestellt werden.

Heimbach ist der beste Ausgangspunkt für einen Besuch der großen Rur- und Urfttalsperren mit ihren zahlreichen Wassersportmöglichkeiten aller Art. Diese weitverzweigten Seen haben ein völlig neues, in der Eifel sonst nicht vorkommendes Landschaftsbild erzeugt:

Endlose, gewundene Wasserflächen erstrecken sich zwischen den bewaldeten Bergen, schmale Seitentäler haben sich in enge, fjordähnliche Buchten verwandelt, an denen die Bäume bis ans Ufer reichen und die reizvolle Atmosphäre großer, stiller Waldseen entsteht. Die beiden Talsperren rahmen die letzte Attraktion Heimbachs ein: den Kermeter, den mächtigen, steil abfallenden Gebirgsstock, der hinter der Burg aufragt. An ihr vorbei führt die Straße in Serpentinen hinauf, man hat während der Fahrt spektakuläre Ausblicke auf die Stauseen und die kühne Lage von Burg Heimbach. Am Burgtor beginnt auch ein Fußpfad mit Kreuzwegstationen, der zum wiedererstandenen **Kloster Mariawald** oben auf dem Kermeter führt. Der Anblick dieser Abtei in der tiefen Einsamkeit des Kermeterwaldes ist überraschend und eindrucksvoll: plötzlich eine weite Rodung zwischen den dichten Bäumen, eine Wiese, kleine Felder, ein Gemüsegarten und daneben die Mauern des Klosterbezirkes mit einer weißgetünchten Kirche. Diese Lage gibt einen seltenen Eindruck davon, wie die meisten Klöster des Mittelalters jahrhundertelang in entlegener Abgeschiedenheit existiert haben. Zu einer Zeit, in der es weder Straßen noch schnelle Verkehrsmittel gab, muß einem Reisenden nach Tagen oder Stunden einsamer und gefährlicher Waldwege ein solcher Ort wie ein kleines Paradies erschienen sein, ein der Welt abgewandter, ökonomisch und geistig in sich geschlossener Kosmos. Die Abtei wurde um 1480 von Zisterziensern gegründet und 1803 von den Franzosen aufgelöst; die kostbare Ausstattung – der gesamte Kreuzgang war mit bemalten Scheiben verglast, die Kirche besaß zwölf Altäre – wurde zerstört

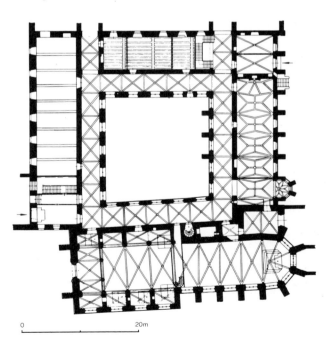

Mariawald, Grundriß des Zisterzienserklosters

oder in alle Winde verstreut, die unbewohnten Gebäude verfielen. 1860 kauften Trappisten die verödete Anlage und richteten darin ein heute noch weitergeführtes klösterliches Leben ein, weshalb die wiederhergestellten mittelalterlichen Bauten nicht zu besichtigen sind. Allein die Kirche ist zugänglich, ein 1887–91 unter Benutzung der alten Mauern errichteter einschiffiger Bau in gotischen Formen, der innen geprägt ist von lichter Weite und schmuckloser Strenge. Von Mariawald empfiehlt es sich, nicht die Straße nach Gemünd zu wählen, sondern in Richtung Schwammenauel den Kermeter in seiner ganzen Länge bis hinab zum Rurstausee zu durchfahren. Rechts und links der Straße sind Wanderparkplätze eingerichtet, von denen Rundwege durch den Kermeterwald mit seinen seltenen Farnen führen.

Fährt man von Nideggen oder von Düren in Richtung Monschau, so empfiehlt sich ein kurzer Umweg nach Simonskall im reizvollen Kalltal (Abb. 1). Der berühmten Lage **Monschaus** (Farbabb. 13; Abb. 27) tief unten im schluchtartigen Tal zwischen Fluß und Felsen, bekrönt von einer weitläufigen Burgruine, noch eine weitere Lobpreisung hinzuzufügen, ist eigentlich überflüssig. Ein Ort wie Monschau mit seinem vollkommen erhaltenen historischen Stadtbild, einem malerischen Gewirr schmaler Fachwerkgassen im engen, gewundenen Tal der Rur, sucht seinesgleichen, und wer ihn an einem stillen Tag von oben, von der am Hang verlaufenden Umgehungsstraße das erste Mal erblickt, wird ihn für die perfekte Kulisse eines monumentalen Historienfilms halten. Der Platz im felsigen Rurtal war selbst

Monschau

Römern und Franken zu unwirtlich, weshalb die Geschichte Monschaus erst zu Anfang des 13. Jh. mit dem Bau der Burg beginnt. Die Herzogtümer Brabant und Limburg schlugen sich lange mit den auf der Burg hausenden Valkenburgern, die den kleinen Ort Monschau 1352 zur Stadt erhoben, bis 1435 auch hier das mächtige Jülich seine Herrschaft antrat und die Burg zu einer Festungsanlage ausbaute. In der ohne Pardon geführten Jülicher Fehde brachten die Truppen Kaiser Karls V. sogar hier in die abgelegene Rureifel zu Füßen des Hohen Venn schweres Geschütz, nachdem Stadt und Burg allen Eroberungsversuchen standgehalten hatten. Damit war es unter dem Donner der Kanonen vorbei, die kaiserliche Soldateska stürmte durch die geschossenen Breschen und hauste in üblicher Manier. Damit wäre Monschaus Geschichte – ähnlich wie in Nideggen – eigentlich vorbei gewesen, wäre der katholische Rat der Stadt Aachen nicht 1598 zu der segensreichen Tat geschritten, seine protestantischen Tuchmacher aus der Stadt zu werfen. Diese wurden im feindlichen Jülich aufgenommen, wo sie sich vielerorts, so auch in Monschau, niederließen. Denn hier fanden die geschäftstüchtigen Fabrikanten, was sie brauchten: keinen Zunftzwang, das für Wäsche und Färbung der Tuche günstige kalkfreie Wasser der Rur, die Schafherden des kargen Venn als Wollieferanten und eine verarmte Bevölkerung, die als Arbeitskraft zur Verfügung stand. So begann die zweite Geschichte des Ortes, deren Glanzzeit das Monschau entstehen ließ, das noch heute fast unversehrt zu sehen ist, zugleich ein Lehrstück frühkapitalistischen Aufstiegs weniger reicher Familien unter Benutzung einer Arbeiterschaft, die selbst in der

1971, Christo verpackt Monschau

dünn bevölkerten Nordwesteifel nach Tausenden zählte. Die Tuchmacherfamilien bauten entlang der Rur repräsentative Häuser, in deren Kellern sie die Wollwäschereien und -färbereien betrieben, wozu sie das Flußwasser in Kanälen hindurchleiteten. 1726 betrat dann der Mann die Szene, der in kurzer Zeit den Monschauer Tuchen Weltruf verschaffte. Johann Heinrich Scheibler war als 15jähriger Lehrling in eine Tuchfabrik ins benachbarte Imgenbroich gekommen, heiratete mit 18 die verwitwete Tochter seines Lehrherrn und übernahm die Firma ihres verstorbenen Mannes. Nach 1730 begann er, feinere, spanische Merinowolle zu importieren, färbte sie nach einem von ihm ersonnenen, geheimgehaltenen Verfahren und war mit einem Schlage konkurrenzfähig gegen die besten englischen und französischen Tuche. Bereits 1762 beschäftigte er 4000 Menschen, deren Produkte ihn in kurzer Zeit so reich machten, daß er das berühmte »Rote Haus« zu Monschau in Auftrag geben konnte – eine Bürgerresidenz von solchem Prunk, daß die Ausstattung vieler Schlösser seiner Zeit dagegen verblaßt. An diesem Reichtum hatten auch die anderen vornehmen Familien Monschaus teil, die ebenfalls prächtige Häuser errichteten – wie Haus Troistdorff von 1783 (Laufenstr. 18) – und eine festgefügte Oberschicht bildeten, die Heirat nur untereinander zuließ. Wie jedoch die Lohnlisten zeigen, war das Leben der Arbeiter weiterhin von krasser Armut geprägt, Grundlage des Reichtums der anderen. Mit der Entwicklung der großen Maschinerie wurden auch in und um Monschau zahlreiche Fabriken gebaut, die heute fast alle verschwunden sind. Mit der französischen Revolution endete diese zweite Geschichte Monschaus mit einem Schlage: Nach der Annexion der linksrheinischen Gebiete forderten die französischen Behörden Lieferungen von ungeheurem Wert von den Monschauer Tuchfabrikanten, die nur mit wertlosen Assignaten bezahlt wurden. Der wirtschaftliche Ruin kam so plötzlich, daß das ökonomische Leben der Stadt jäh erlahmte und sie – halbverlassen – in einen Dornröschenschlaf fiel, aus dem sie erst in unseren Tagen durch den heftigen Kuß der Tourismusbranche wieder geweckt worden ist; Monschau lebt heute vom Fremdenverkehr.

Was bleibt dem Ort auch anderes übrig, gelten doch 244 seiner Häuser – ohne Burg und Kirchen – offiziell als Baudenkmal. So entstand ein gut konserviertes Fachwerkidyll, wie man es mit seinen über den schäumenden Fluß vorkragenden Häusern mit ihren verschieferten Wetterseiten, seinen Brücken und Plätzen, den Repräsentationsbauten der Tuchmacherfamilien, seinen Kirchen- und Burgtürmen schwerlich ein zweites Mal finden kann. Sehenswert ist die große Burgruine mit dem geschickt angelegten Torzwinger und dem mächtigen Batterieturm, der die Nordflanke deckte, sowie die am Hang gegenüber liegende Ruine des sog. »Haller«, eines ehemaligen Aussichtsturmes in die von der Burg nicht einsehbare nächste Talschleife. Von den Kirchen ist die besonders reizvoll direkt an der Rur gelegene evangelische Kirche einen Blick wert; ihre phantasievolle Barockhaube überragt die Dächer der Stadt, innen befinden sich eine Stuckdekoration im Stile Louis XVI und eine schöne Kanzel. Eine gute Barockausstattung mit einem prächtigen Orgelprospekt (vermutlich) aus Kloster Mariawald besitzt die »Alte Pfarrkirche«. Nach vielen Rundgängen durch Monschau darf man einen Besuch des *Roten Hauses* des Johann Heinrich Scheibler nicht versäumen. Das Haus präsentiert sich als unübertroffenes Beispiel gediegen-bürgerlicher

Prachtentfaltung, die freilich ihre adeligen Vorbilder nicht verleugnet. Das Glanzstück der Einrichtung ist die berühmte Treppe, die spiralförmig geschwungen wie aus einem Stück durch alle Stockwerke geht, ihre reich geschnitzte Rocaille-Brüstung zeigt in Reliefs Arbeitsvorgänge der Tuchfabrikation. Neben kostbaren Möbeln und Holzvertäfelungen sind besonders die feingliedrigen Stukkaturen des Großen Festsaales bemerkenswert, originellste Stücke der Einrichtung sind die vorzüglich gemalten Bildtapeten. Im »Herrenzimmer«, wo man sich zahlreichen Kopien von Tizian, van Goyen, Rembrandt und anderen gegenübersieht, wähnt man die Gemäldesammlung, die in einem solchen Hause natürlich nicht fehlen durfte. Erst auf den dritten Blick bemerkt man die optische Täuschung: Hier sind Bilder, vergoldete Rahmen, selbst die Nägelchen und Aufhänger mit kleinen Schattenandeutungen in illusionistischer Manier auf eine Leinwand gemalt – eine Gemäldegalerie aus dem adeligen Schloß als Bildtapete im bürgerlichen Salon. (Öffnungszeiten s. S. 340).

Sowohl von Heimbach als auch von Monschau gelangt man auf schönen Strecken nach Schleiden. Kommt man von Heimbach, so versäume man nicht einen Blick in die hübsch am Bach gelegene Pfarrkirche von **Olef**. Hier begegnet man einer zweischiffigen Hallenkirche (s. S. 218), sie besitzt außer ihren schweren Türen des 15. Jh. mit gotischen Beschlägen und einer Muttergottes um 1480 einen effektvollen barocken Doppelaltar (1726): Der vordere gibt in seiner Mitte den Blick auf den zweiten, weiter hinten im Chor stehenden, frei und bildet dessen plastischen Rahmen. Wer von Monschau nach **Schleiden** kommt, nehme den Weg über Dreiborn, wo die höchstgelegene Wasserburg des Rheinlandes steht.

Schleiden, 13. März 1593: Auf dem Schloß erwartet Gräfin Elisabeth von Manderscheid-Schleiden unruhig und mit besorgter Miene den angekündigten Besuch eines lieben Verwandten, des Grafen Philipp von der Mark mit seiner holden Gemahlin. Knapp zwei Monate vorher hatte sie schon einen Besuch dieses Herrn erlebt: Am 3. Januar war ihr Mann, Graf Dietrich VI., »nach höchster und lanckwiriger Leibschwachheit« auf Burg Kerpen (s. S. 188) gestorben, wenige Tage später hatte der Graf von der Mark, die unklare Erbsituation nutzend, die Burg überfallen und die trauernde Witwe verjagt. Sie hatte sich hierher nach Schleiden zurückgezogen und sah nun, ohne jede Unterstützung der ewig im Erbstreit liegenden anderen Linien der Manderscheider, erneut der Ankunft des Grafen Philipp entgegen. Ihre schlimmsten Befürchtungen bestätigten sich, als der Durchreisende mit elf Bewaffneten erschien und, statt nur die angekündigte eine Nacht zu bleiben, vorgab, länger auf seine Gattin warten zu müssen. Die erschien in der Tat wenige Tage später und brachte gleich noch eine Truppe mit. So verstärkt, fordert der Graf von der verschüchterten Witwe die Herausgabe des Archivs und der Waffen auf Burg Schleiden; als die Bediensteten zögern, werden sie von seiner Gattin angefahren: »Mein herr ist herr hie, sie, die fraw Wittib, ist nit herr hie.« Ein mutiger Schlosser, der sich angesichts des Befehls, die Tür zum Archiv aufzubrechen, Rat bei Doctor Philip Mockel in der Kanzlei holen will, erhält die gelehrte Antwort: »Wir heischen dir das gewölb nit uff thun, heischen dir es auch nit zulassen!« und gibt seinen Widerstand entnervt auf. Am 13. Mai ist auch die Gräfin Elisabeth soweit, sie überläßt ihr Residenzschloß ihren »Gästen« und zieht sich nach Kronenburg zurück. »Dem

SCHLEIDEN

Schleiden, 1831, Lithographie von N. Ponsart

tatkräftigen Grafen von der Mark gelang es, ein größeres Territorium zusammenzufassen«, lautet die Deutung solcher Episoden durch die offizielle Geschichtsschreibung.

So ging die große Burg in Schleiden den Manderscheidern verloren, die 1505–21 die prächtig ausgestattete Schloßkapelle im Bereich ihrer Vorburg hatten errichten lassen. Da die Bomben der Zweiten Weltkrieges das alte Ortsbild und das Schloß völlig zerstörten, ist diese Kapelle, größer als manche Pfarrkirche, allein den Weg nach Schleiden wert, denn die wiederaufgebaute Burg prägt zwar von weitem mit ihrer imposanten Erscheinung das Bild, doch kann man ihr aus der Nähe nichts mehr abgewinnen; in ihr befindet sich ein Internat. Die Schloßkirche ist der aufwendigste der zahlreichen Sakralbauten der Manderscheider. Der von außen unscheinbare Bau überrascht in seinem Inneren mit einer dunklen, stimmungsvollen Halle von drei Schiffen; weitgespannte Netz- und Sterngewölbe mit gotischen Rankenmalereien werden von grazilen, kapitellosen Achteckpfeilern getragen, aus denen hoch oben schirmartig die Gewölberippen hervorwachsen. Während die Westseite von der riesigen Orgel mit Rokokogehäuse (1770 von Ludwig König) bestimmt wird, ist die Ostwand die eigentliche Attraktion der Kirche: Dort fällt durch die hohen Maßwerkfenster rechts und links vom Chor vielfarbiges Licht in die Dunkelheit des Innenraums. Die Fenster enthalten vorzügliche Glasgemälde (Farbabb. 28) der Jahre 1533 und 1535, sie zeigen über den Figuren ihrer Manderscheider Stifter links die Anbetung der Könige und rechts die

Beweinung Christi. Die Szenen spielen in reichen Renaissancearchitekturen, man beachte besonders die beiden »Kostümfiguren« des knienden und des Mohrenkönigs mit Prunkgewändern in der Anbetungsszene. Ebenso bedeutend sind zwei Altarflügel, an beiden Seiten des Chorbogens aufgehängt, mit Tafelbildern des Abendmahls und der Ecce-Homo-Darstellung. Sie stammen von einem um 1800 abgerissenen spätgotischen Flügelaltar flämischer Herkunft; die Gemälde sind dem Ende des 15. Jh. in Brüssel tätigen Colijn de Coter, dem sog. Meister des Orsoy-Altares, zuzuordnen.

Folgt man von Schleiden aus weiter der Olef, so erreicht man kurz hinter Blumenthal (1512 errichtete einschiffige Pfarrkirche St. Brigida mit reich gestalteten Gewölben und ländlichen Skulpturen des 16. und 18. Jh.) den großen Stausee von Hellenthal in landschaftlich schöner Lage, anbei ein Tierpark. Von hier ist es nicht mehr weit nach **Reifferscheid,** der klassischen Burgsiedlung (Abb. 4), die neben dem Maler Fritz von Wille (s. S. 190) zahlreiche andere Künstler dazu bewegte, sie als malerischen Inbegriff der Eifel auf Bildern, Lithographien

Reifferscheid

REIFFERSCHEID

und Kupferstichen zu verewigen. Das alte Reifferscheid thront auf einer ummauerten ovalen Hügelkuppe, deren höchsten Punkt der mächtige runde Bergfried einnimmt, der einst, in massive Schildmauern eingebunden, auch die einzige gefährdete (Nord-)Seite der Anlage schützte. Er war der letzte zu verteidigende Ort der weitläufigen Burg, die mit zwei hintereinander gestaffelten Mauerringen zu seinen Füßen lag. Der äußere Bering öffnete sich mit einer doppeltürmigen Torburg zum Ort Reifferscheid, der eigentlich nur aus einer langgezogenen Straßenzeile aus Fachwerkhäusern besteht und mit seiner an die Burg anschließenden turmbewehrten Ummauerung die vorgeschobene Verteidigungslinie bildete. Am anderen Ende des Ovals, am Rande des steil abfallenden Hügelplateaus, steht die in den Befestigungsgürtel einbezogene Pfarrkirche mit einem Wehrturm am Chor; die ganze Anlage war von außen durch zwei mit vorspringenden Rundtürmen gesicherte Torbauten zu betreten, von denen der nördliche, das sog. Matthiastor mit spitzbogiger Durchfahrt, noch fast original existiert, das andere ist mit reizvollen Fachwerkaufsätzen überbaut.

Ungefähr diesen Anblick – nur mit einer noch intakten Burg – muß der stark befestigte Ort schon geboten haben, als am Nachmittag des 11. August 1385 die vereinigten Truppen der Städte Köln und Aachen, der Herzöge von Jülich und Brabant und zahlreicher Grafen und Ritter des Landfriedensbundes vor seinen Mauern erschienen. Die Herren von Reifferscheid, 1195 zuerst genannt, gerieten wie so viele kleine Eifeler Dynasten im Laufe der Zeit zwischen die Machtblöcke Köln, Jülich, Trier und Luxemburg und versuchten mit ständig wechselnden Bündnissen und kriegerischer Selbstbehauptung ihre Unabhängigkeit zu bewahren. Dabei brachten sie, bedingt durch die dauernde Gefährdung ihrer Existenz, kompromißlose Haudegen hervor, die weder Krieg noch Hinterhalt, Intrige oder fromme Stiftung scheuten, um ihre Zwecke durchzusetzen. Einer von ihnen war Johann V. von Reifferscheid (1358–1418). Seine dauernden Fehden erschütterten die Nordeifel so sehr, daß sich die zum »Landfriedensbund« zusammengeschlossenen Städte und Adeligen zu einem kostspieligen Kriegszug gegen den Reifferscheider entschlossen. So begann jene denkwürdige Belagerung des Burgdorfes, in dem sich Johann V. verschanzt hatte und bei der es nicht mit rechten Dingen zuging. Denn während sich die Truppen der Reichsstädte redlich strapazierten, um die Festung zu nehmen, hielten sich die von adeligen Herren gestellten Teile der Belagerungsarmee auffällig zurück. Wie die Führer des Aachener Kontingents mißtrauisch, aber der Wahrheit sicher sehr nahe, an den Rat ihrer Stadt schrieben, zeigten die adeligen Kampfgefährten offenbar wenig Neigung, die Burg ihres Standesgenossen zu erobern. So gelang es selbst nach neunwöchiger Belagerung nicht, die Mauern von Reifferscheid zu stürmen; ein sich ankündigender harter Eifelwinter brachte schließlich im Oktober 1385 beide Parteien zu einem Friedensschluß. Dieser beinhaltete höchst merkwürdige Passagen: So bekennt Johann V. die auf der Landstraße begangenen Frevel und erklärt formell seine Niederlage, muß sich aber lediglich verpflichten, den Herren und Städten des Landfriedensbundes für die Dauer von nur acht Jahren keinen Schaden mehr zu tun, außerdem werden alle Schadensersatzforderungen an ihn als erledigt betrachtet – was faktisch einem Sieg gleichkommt. Entsprechend macht Johann von Reifferscheid eine steile Karriere bei den Erzbischöfen von Köln und erbt 1394 unangefochten die Herrschaft Dyck bei Greven-

2 Hardtburg bei Stotzheim

◁ 1 Eifellandschaft bei Simonskall

3 Wehrkirche in Berndorf

4 Reifferscheid

5 Wasserschloß Satzvey

6 Aachen, Blick auf die Altstadt

7 Aachen, Rathaus

8 Aachen, Couven-Pavillon

9 Aachen, römischer Portikus »Am Hof«

10 Aachen, Dom, Thron Karls des Großen

12 Aachen, Dom, Blick in den Chor ▷

11 Aachen, Domschatz, Proserpina-Sarkophag

13 Schloß Merode

14 Kornelimünster, Kirche der ehem. Benediktinerabtei ▷

15 Nideggen, Pfarrkirche, romanisches Kapitell

16 Nideggen, Burgkapelle im »Jenseitsturm«

17 Kloster Wenau, spätromanische Kreuzigungsgruppe

18 Nideggen, Pfarrkirche, Madonna (um 1313)

19 Nideggen, Pfarrkirche

20 Nideggen, Dürener Tor ▷

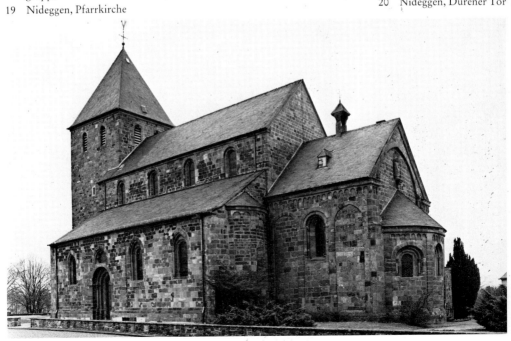

21 Kloster Steinfeld, Glasgemälde im Kreuzgang   22 Kloster Steinfeld, hl. Potentinus
23 Kloster Steinfeld, barocke Klostergebäude

24 Frauwüllesheim, Pfarrkirche (um 1300)   25 Kloster Steinfeld, Westwerk der Kirche

26 Burg Binsfeld bei Düren, Loggienhof   27 Monschau ▷

broich. Als sein Sohn Johann VI. auch noch die reiche Grafschaft Salm und das Territorium von Alfter erbt, war aus den kleinen Eifeldynasten das einflußreiche Herrenhaus der Grafen von Salm-Reifferscheid geworden, das nun immer seltener auf seiner entlegenen Stammburg residierte. Die große Anlage geriet so allmählich in Verfall, 1689 erschienen französische Truppen, die alle Wehrbauten in die Luft sprengten und die Burg endgültig in eine Ruine verwandelten, deren nach Mitte des vorigen Jahrhunderts hoch aufragende Mauern ein Pilgerziel romantischer Gemüter wurden. Die Kirche von 1489–91 wurde im 19. Jh. stark verändert und enthält eine mit Blendarkaden verzierte Hochaltarmensa und eine Sakramentsnische von 1480 unter dem mit Schlußsteinen verzierten Netzgewölbe; man beachte über dem rechten Seitenaltar die Kopie des Rubens-Gemäldes »Der Lanzenstich« (1620).

Die nahegelegene einsame **Wildenburg** (Abb. 37) wirkt mit ihrem winzigen ummauerten Burgdorf aus Fachwerkhäusern wie eine Miniaturausgabe von Reifferscheid. Hier steht eine noch gut erhaltene Burg auf schmalem, steil abfallendem Bergrücken. Ein Seitenzweig der Reifferscheider gründete sie im 12. Jh., 1335 wurde sie von den Jülichern im Zuge ihrer Expansionsbestrebungen gekauft und an die Herren von Palandt verliehen. Diese bauten die Burg 1556 zu einer der wenigen Befestigungen in der Eifel aus, die mit Bastionen und einem Batterieturm wirkungsvoll für einen Geschützkrieg hergerichtet wurden. Der malerische Eindruck der Anlage mit ihrem Torwächterhaus und dem ehemaligen Palas zwischen Türmen und Umfassungsmauern wird freilich etwas getrübt durch die Erinnerung an eine grauenvolle Episode des Jahres 1628. Damals versuchte der junge Herr auf Wildenburg, Marsilius III. von Palandt, seine Stellung aufzubessern, indem er die ihm nicht zustehende Blutgerichtsbarkeit ausübte und zum Beweis seiner neuen Befugnis drei Hexen foltern, strangulieren und verbrennen ließ. Dies verletzte die Rechte der Reifferscheider, die solches allein gedurft hätten und nun scharfen Protest einlegten. Wäre der Gegenstand nicht so entsetzlicher Natur, man könnte fast belustigt die Geschichte verfolgen, in der sich die Herren gegenseitig den Galgen abbauten und ihn zum Zeichen ihrer Ansprüche vor der eigenen Tür wieder aufstellten. Der Streit gerät hart an den Rand einer bewaffneten Auseinandersetzung und wird zu einem Politikum, das noch größere Herrschaften für sich zu nutzen wissen. Als Marsilius vier Wochen nach der ersten Exekution abermals fünf gefolterte Frauen der Hexerei überführt, schickt der Herzog von Jülich Truppen – nicht etwa, um dem Treiben ein Ende zu setzen, sondern um den Vollzug der bestialischen Hinrichtung vor den Reifferscheidern zu schützen, die ihn verhindern wollen. Diese Demonstration, daß Jülich auf dem von ihm gekauften Territorium keine Rechte anderer gelten lassen wollte, gelingt so gründlich, daß die Reifferscheider, von Jülicher Schützen in Schach gehalten, tatenlos zusehen müssen, wie an den fünf Unglücklichen die »Peinliche Hals- und Gerichtsordnung« des allerchristlichsten Kaisers Karl V. in brutale Praxis umgesetzt wird. Marsilius auf Wildenburg aber hatte sich so erfolgreich seinen Herren empfohlen, daß er bei den Jülichern noch »Fürstlicher Durchlaucht Rhatt, Cammerer, Ambtmann zu Deuren (Düren) und Norvenich« wurde. 1715 kaufte die Abtei Steinfeld die Wildenburg und baute den alten Palas innen zu einer Kirche um, in der mehrere Holzskulpturen verschiedener Jahrhunderte zu sehen sind.

KLOSTER STEINFELD

Weithin sichtbar ragen die Türme des **Klosters Steinfeld** über die gewellte Hochebene. Zwischen 1069 und 1073 in abgelegener Einsamkeit gegründet, entwickelte sich das seit 1126 mit Prämonstratensern besetzte Kloster rasch zu einem kulturellen Mittelpunkt der Nordeifel, dessen Äbte mehrere Tochterniederlassungen gründeten und während vieler Jahrhunderte eine einflußreiche Rolle im kirchen- und schulpolitischen Leben des Rheinlandes spielten. Im Gegensatz zu zahlreichen anderen Klöstern hatte Steinfeld nie eine Periode des Niedergangs zu verzeichnen, bis zu seinem plötzlichen Ende durch die französischen Revolutionstruppen wurden größere Bauvorhaben ausgeführt. Kurz vor dem Verfall retteten 1923 die Salvatorianer das säkularisierte Kloster und richteten darin ein Internat ein. So hat Steinfeld noch Bauwerke und Ausstattungsstücke verschiedener Jahrhunderte zu bieten und ist damit eine der bedeutendsten Kunststätten der Eifel.

In seltener Vollständigkeit haben sich die um drei Höfe gruppierten Klostergebäude des 17. und 18. Jh. erhalten (Abb. 23), die noch innerhalb einer alten, die ganze Abtei umziehenden Mauer liegen. Bedeutendster Teil der Anlage ist die 1142 begonnene und in wenigen Jahren vollendete Abteikirche, eine langgestreckte dreischiffige Pfeilerbasilika mit Querhaus im strengen gebundenen System der Hochromanik, gekrönt von einem achteckigen Vierungsturm; die Fassade bildet ein massiges, festungsartig abweisendes Westwerk (Abb. 25) mit zwei Rundtürmen. Das Innere der Kirche lebt von einem überraschenden Kontrast: Die Schwere der schmucklosen romanischen Architektur wird belebt durch das zarte Filigran der dekorativen spätgotischen Gewölbemalerei, den Frührenaissance-Arabesken an den Gurtbögen und der bewegten, aber feierlichen Barockausstattung. Der kunsthistorisch wichtigste Teil ist der in der Eifel nur so selten erhaltene Freskenschmuck. Das älteste Wandbild befindet sich in der Ursulakapelle – man betritt sie durch eine Tür im rechten Querschiff –, wo an der Ostwand ein romanisches Fresko aus der Zeit um 1170 zu sehen ist: Ein lebensgroßer Christus in der Mandorla mit schwungvoll geworfenem Mantel wird umgeben von Evangelistensymbolen, Engeln und der hl. Ursula mit dichtgedrängten Jungfrauen in langen Gewändern. Der rechte und der linke Vierungspfeiler wurden mit zwei großen gemalten Figuren der Muttergottes und des hl. Potentinus geschmückt; die vorzüglichen Gemälde sind im monumentalen Stil des ausgehenden 13. Jh. empfunden. Der gotischen Zeit gehört auch das Fresko der Kreuzigungsgruppe (1340) im südlichen Querschiff an. Die spätgotische Rankenmalerei vom Meister Hubert von Aachen (ca. 1515) bestimmt das ganze Gewölbe der Kirche, gemalte Grate heben die Architektur anstelle der fehlenden Gewölberippen hervor. Bemerkenswert sind die figürlichen Darstellungen an den Gurt- und Scheidbögen. »Rechts in der Vierung am südlichen Bogen sitzt über dem Kämpfer keck und dreist auf einem Säulenstumpf der Teufel... Er trägt in eine Schriftrolle die Namen der zerstreuten Beter ein und sucht mit verwegenem Blick neue Opfer. Ihm gegenüber schreibt ein Engel die Namen der Gerechten und Frommen auf...« (Pater Dörpinghaus im Klosterführer). Während man sich betroffen bemüht, alle Zerstreutheit fahren zu lassen, wird man von einem Blick in den Gurtbogen zum linken Querhaus abgelenkt. Dort beweist der Freskant, daß die beginnende Renaissance noch keine volle moralische Anerkennung besaß: Während die fünf klugen Jungfrauen »züchtig und ansprechend« in gotischen Gewändern

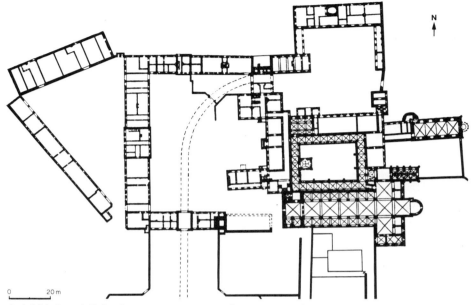

Steinfeld, Grundriß der ehem. Prämonstratenserabtei

einherschreiten, sind die fünf törichten Jungfrauen als »leichtfertige, oberflächliche Wesen in Renaissancetracht« dargestellt. Im ersten Gurtbogen des Langhauses ist ein ungemein dramatischer Engelssturz zu sehen. Besondere Aufmerksamkeit verdient auch das Chorgestühl, das unter Abt Johann von Altena (1468–83) aufgestellt wurde und im 17. Jh. neue Vorderwände erhielt. Aus dessen Entstehungszeit stammen die phantasievollen spätgotischen Figuren der Sitzbänke, stilisierte Pflanzen und Tiere, tanzende Teufel, groteske und phantastische Gestalten, die zum großen Teil satirische Tierfabeln darstellen. »Eine andere Figur zeigt den Fuchs in Mönchskleidung auf einer Kanzel. Er predigt Enten über die Verwerflichkeit des Stehlens, da sie oft auf fremdem Grund weiden. Ganz andächtig lauschen die dummen Dinger – denn das sind sie wirklich. Wie der Fuchs es selbst mit dem 7. Gebot hält, wie seine Heuchlermoral aussieht, das verrät die gemordete Ente, die ihm aus der Kapuze baumelt«, schreibt Pater Muth in einem humorvollen Artikel über das Chorgestühl und stellt fest, daß nur ein einziges Bild eine Tugend darstellt. »Zahlreicher sind die Laster vertreten: Die Faulheit wird versinnbildlicht durch einen Mann, der sich in einen Korb mit Eiern setzt... Ein Mann liebkost ein Schwein – Unzucht und liederliches Leben. Affe mit Apfel – Naschhaftigkeit... Schließlich das Bild einer allzu menschlichen Geste, die Götz von Berlichingen in ein geflügeltes Zitat verwandelte und die darum keiner weiteren Erklärung bedarf. Die Motive dieser Gestalten kultivieren keine erhebenden Gefühle, sie sind im Gegensatz zu den großen Gestühlen anderer Kirchen bescheiden, auf Moral und

KLOSTER STEINFELD

Alltag ausgerichtet«, kommentiert der Klosterführer diese wenig heiligen Darstellungen, doch man kann ihm nur zustimmen, wenn er schließt: »Aber die handwerkliche Arbeit ist bemerkenswert.«

Eher auf erhebende Gefühle zielt die prachtvolle Barockausstattung der Kirche, die gegen Ende des 17. Jh. entstand. Neben dem die ganze Apsis verdeckenden Hauptaltar, den vier Seitenaltären und der Wandvertäfelung der Seitenschiffe mit den aus ihr hervortretenden elf Beichtstühlen ist besonders die reich geschnitzte Kanzel ein gelungenes Stück. In Muschelnischen stehen am Kanzelpult die vier Evangelisten zwischen üppigem Knorpelwerk, den

Steinfeld, Prämonstratenserabtei, Stich um 1750

wuchtigen Schalldeckel schmücken Figuren der Kirchenlehrer und des Erzengels Michael. Das bedeutendste Teil der barocken Einrichtung ist zweifellos die Orgel, ein in den Rheinlanden kaum übertroffenes Meisterwerk der Orgelbaukunst, sowohl in bezug auf ihren Klang als auch in der Pracht des Gehäuses. Neben einigen Barockskulpturen blieben mehrere gotische Holzfiguren erhalten: Dazu gehören die Kreuzigungsgruppe in der Vorhalle (um 1500), zwei überlebensgroße Figuren der hl. Potentinus (Abb. 22) und Hermann-Josef (ein Mönch des Klosters, dessen 1701 errichteter Marmorsarkophag mit einer Alabasterfigur des Heiligen im Mittelschiff steht) sowie das subtile Vesperbild aus Tuffstein im linken Seitenschiff, ein Werk des kölnischen »Weichen Stils« um 1420.

Ein letzter Blick in Steinfeld sollte dem Kreuzgang (Abb. 21) gelten, den man durch den Eingang des barocken Hauptgebäudes oder durch eine Seitentür im linken Querschiff der Kirche erreicht. 1495–1557 errichtet, besitzt er ein quadratisches Brunnenhaus mit Sterngewölbe und einer eindrucksvollen romanischen Brunnenschale des frühen 13. Jh. aus vulkanischem Gestein, sie wird geschmückt von plastischen Blattbildern und Tierköpfen. Der kostbarste und kunsthistorisch wertvollste Schmuck des Klosters befand sich hier im Kreuzgang: Er war vollständig verglast und zeigte 269 farbenprächtige Glasmalereien. Sie entstanden zwischen 1527 und 1556 und entstammen einer Kölner Werkstatt der Frührenaissance, die auch den Kreuzganz der Abtei Mariawald bei Heimbach ähnlich aufwendig ausgestattet hatte. Hier wie dort sind sie jedoch verschwunden, in Steinfeld auf höchst rätselhafte Weise: 1785 wurden die Fenster wegen der Kriegswirren ausgebaut und versteckt. Bis heute weiß niemand, wie die Glasmalereien damals aus ihrem Versteck nahe der Michaelskapelle abhanden kamen, ebenso ungeklärt ist ihr Weg ins Victoria and Albert Museum in London, wo sie erst 1929 wiederentdeckt wurden und heute noch zu sehen sind. Die einzige Möglichkeit, sich in der Eifel noch eine Vorstellung von der überragenden Qualität dieser Arbeiten zu machen, bietet sich im nahegelegenen Schleiden: Die beiden großen Glasgemälde der Ostwandfenster in der Schloßkirche stammen aus derselben Werkstatt.

Von Steinfeld führt die Straße hinunter nach Urft und in das landschaftlich reizvolle Tal gleichen Namens. Eine schöne Strecke führt weiter nach Kall, doch sollte man zwischen Urft und Sötenich halten und den rechts der Straße ansteigenden Weg erklimmen: Dort steht auf steilem Fels die Ruine der Stolzenburg. Hinter dem klangvollen Namen verbergen sich heute zwar nur noch kümmerliche Mauerreste, doch handelt es sich um eine interessante Anlage, da sich im Felsen mehrere Höhlen befinden, die in die Befestigung einbezogen waren auch der Blick von hier oben lohnt den Weg.

Das Urfttal ist auch der richtige Ort, sich auf die Spuren der Römer in der Nordeifel zu begeben, denn das ein Stück flußaufwärts gelegene **Nettersheim** ist von mehreren bedeutenden Fundstellen umgeben. Eine davon ist der Beginn der römischen Wasserleitung nach Colonia Claudia Ara Agrippinensium, dem heutigen Köln. Man folge in Nettersheim den Hinweisschildern, die zum »Grünen Pütz« führen, wie die nach Fundstücken rekonstruierte Brunnenstube, die erste Quellfassung der über 90 km langen Leitung, genannt wird. Auf der einen Seite mündet eine etwa 80 m lange Sickerleitung mit einer feinen, als Filter

NETTERSHEIM

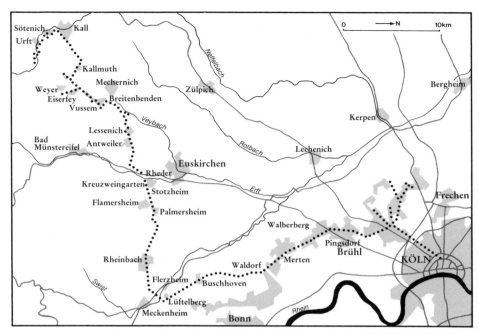

Verlauf der römischen Wasserleitung nach Köln

wirkenden Kieseinlage in die Brunnenstube, deren untere Werksteinfassung aus großen Sandsteinblöcken original erhalten ist, auf der anderen Seite beginnt der gewölbte Kanal in Richtung Köln. Die Wasserleitung, unterwegs noch durch zusätzliche Quellen gespeist, gehört zu den bedeutendsten technischen Leistungen der Römer nördlich der Alpen, wenngleich sie ein eher luxuriöses Bedürfnis erfüllte: Den Kölner Römern schmeckte das kalkhaltige Wasser hier aus der Sötenicher Kalkmulde einfach besser als das der näherliegenden Quellen; so flossen täglich an die 20 000 m^3 Wasser aus dem Eifelkanal in die großen Verteilerbecken am Rande des antiken Köln, das rund 300 m tiefer lag als der Brunnen im Urfttal. Die Leitung wurde im Laufe der Jahrhunderte an vielen Stellen zerstört, doch existiert ihr größter Teil noch unter der Erde. In der Nordeifel finden sich noch mehrere ausgegrabene Brunnenstuben (an die heute teilweise die moderne Wasserversorgung angeschlossen ist) und überall sichtbar gemachte Teilstücke der gewölbten Leitungsrinne, an der man an gefährdeten Stellen Einstiegslöcher für Kontrollgänge im Inneren entdeckte. Auch sonst haben die Römer die Nettersheimer Gegend sehr geschätzt, denn urftaufwärts befindet sich neben einer ehemaligen römischen Siedlung der gallo-römische Tempelbezirk »Görresburg« (Abb. 31) mit drei in den Grundmauern erfaßten Bauten und den Kopien von drei Denkmälern, die unter pilastergetragenen stilisierten Dächern je eine Dreiergruppe von

Relieffiguren der Matronae Aufaniae zeigen. Ein Stück weiter entdeckt man auf dem anderen Ufer der Urft die rätselhafteste römische Fundstätte der Nordeifel, den sog. »Steinrütsch«. Auf einer Wiese liegen hier halbbearbeitete mächtige Sandsteinblöcke, deren Funktion bis heute ungeklärt blieb; man vermutet einen römischen Werkplatz, an dem Steinmaterial für entferntere Bauten zugehauen wurde. Dagegen sprechen allerdings die ebenfalls dort getätigten zahlreichen Funde anderer Art, Keramik, Bronze- und Bleigegenstände und über 700 Münzen. Folgt man der Straße in Richtung Zingsheim, so stößt man »vor Hirschberg« auf ein weiteres Matronenheiligtum, wo ein sogenannter Umgangstempel mit kleiner Cella gestanden hat. An ihrem ursprünglichen Ort befinden sich ein Weihestein mit Giebel und Voluten und ein kleines Altärchen, beide mit unversehrten Inschriften. Sie sind Abgüsse der in Museen befindlichen Originale, die im 2. oder 3. Jh. beim Tempel aufgestellt worden waren. Bevor man Nettersheim verläßt, werfe man noch einen Blick in die einfache Pfarrkirche von 1783: darinnen befindet sich ein gotisches Chorgestühl aus Kloster Steinfeld mit ebensolchen originellen Schnitzereien. Neben dem Ort sind auf einem Anger römische Funde und ein Stück des Kanals der Wasserleitung ausgestellt.

Von Zingsheim aus kann man direkt nach Bad Münstereifel fahren. Man nimmt die Straße nach **Pesch**, kurz hinter dem Ort führt ein Waldweg von einem Parkplatz in etwa 20 Minuten zu den Resten einer einst großen Tempelanlage. Auch hier stand ein Umgangstempel zwischen mehreren kleineren Weihestätten; der ganze Bereich, in den Fundamenten noch gut zu erkennen, war von einer über 100 m langen Wandelhalle hofartig eingefaßt. Die dort verehrten Götter sind im Abguß eines Weihesteins vor dem ersten Tempel dargestellt.

Empfehlenswerter ist jedoch ein Umweg nach Bad Münstereifel, der noch an mehreren römischen Fundstätten und an der riesigen **Kartsteinhöhle in Eiserfey** vorbeiführt. Dazu biege man hinter Zingsheim nach Weyer ab; kurz nach diesem Ort bietet sich links neben der Straße eine höchst romantische Szenerie: Ein gewaltiger, efeubehangener Kalkfelsen ragt mit steilen Wänden aus dem Hochwald; in den porösen Gesteinsschichten sind durch Verwitterung mehrere weitläufige Höhlen entstanden, die zu den eindrucksvollsten Naturerlebnissen der ganzen Eifel gehören. Wenn man die große Höhle durch den zweiten Ausgang verlassen hat, empfiehlt sich der Weg auf das Kalkplateau hinauf, oben öffnet sich der Zugang zu einer weiteren Höhle. Das nach drei Seiten steil abstürzende Plateau war an seiner ebenen vierten Seite durch einen noch gut sichtbaren prähistorischen Wall mit vorgelegtem Graben geschützt, es fanden sich zahlreiche Siedlungsspuren.

Folgt man der Straße weiter nach **Vussem**, so trifft man dort auf den rekonstruierten Teil eines Aquädukts (Abb. 28), mit dem die römische Wasserleitung hier ein kleines Tal überbrückte; von den ehemals 13 Bögen sind zwei wiederhergestellt. Im Wald ist noch ein Einstiegsschacht in den Kanal erhalten. Im benachbarten **Kallmuth** liegt an der Straße nach Vollem unter einem Schutzhaus eine große, technisch sehr raffiniert angelegte Brunnenkammer des 2. Jh. n. Chr., aus der die unterirdische Wasserleitung einen weiteren Zufluß erhielt. Das Hangwasser konnte durch ein wasserdurchlässiges Fundament in die offene Kammer einsickern und floß erst durch ein Klärbecken, ehe es dem Hauptkanal zugeführt wurde. Wendet man sich von hier nach Bad Münstereifel, so wähle man die Straße über Breitenbenden, denn 2 km danach in Richtung Holzheim liegt ein aufgeschlossenes Stück der römischen Leitung direkt neben der Straße.

Von welcher Seite auch immer man sich **Bad Münstereifel** nähert, man trifft auf Mauern, Türme und Tore. Denn der Ort besitzt eine der bedeutendsten, vollständig erhaltenen Stadtbefestigungen im gesamten Rheinland. Der vielgerühmte Reiz Münstereifels liegt nicht in der Pracht einzelner Bauwerke, sondern im Zusammenspiel einer vielgestaltigen historischen Bausubstanz eines Handwerker-, Bauern- und Klosterstädtchens und dem geschäftigen Leben auf seinen kleinen Plätzen, Brücken und Gassen um die Kirchen und die große Burgruine: Man wird selten wieder einen Ort mit so viel mittelalterlicher Atmosphäre finden, der so wenig museal wirkt wie Münstereifel. Seine besondere Note hat das Stadtbild der Erft zu verdanken, die, von großen, teils erhaltenen Wassertoren hinein- und wieder hinausgelassen, durch den Ort rauscht und sich dabei erfolgreich Mühe gab, an jeder Ecke die malerischsten Winkel entstehen zu lassen. Münstereifel zeigt dabei mit den Wasserdurchlässen in der Stadtbefestigung, dem teils gemauerten Bachbett, den zahlreichen kleinen Brücken, den Treppen hinunter zum Wasser in sonst kaum noch vorfindbarer Weise die Verwachsenheit eines mittelalterlichen Stadtorganismus mit seinem fließenden Gewässer. Denn dieses war damals Bestandteil des täglichen Lebens, man brauchte es unter anderem als Waschplatz, als Tränke für das innerhalb der Mauern gehaltene Vieh und zum Waschen der Wolle in den Tuchmacherbetrieben, die dem Ort zeitweise einen gewissen Wohlstand bescherten.

Der Beginn der Münstereifeler Geschichte dokumentiert sich noch heute im Namen der Stadt. Als im Jahre 760 die Abtei Prüm gestiftet wird, gehört zu ihrem reichen Grundbesitz auch der Teil des Erfttales, in dem heute Münstereifel liegt. 830 gründet dort Marquard, der dritte Abt von Prüm, ein Kloster mit einer ersten Kirche, die 844 die Reliquien der Märtyrer Chrysanthus und Daria erhält. Bereits 893 wird die Tochterniederlassung »Novum Monasterium in pago Eifle situm« genannt und erscheint 1086 in der lateinischen Form ihres heutigen Namens: Monasterium in Eiflia – Münstereifel. Der Ort, der bald um das gegen 950 in ein Kanonikerstift umgewandelte Kloster entstand, erhielt 898 Markt- und Zollrechte und blieb von Prüm abhängig, das ihn von Schutzvögten verwalten ließ. Wie üblich betrachteten diese bewaffneten Herrschaften das zu Schützende bald als ihr Eigentum; nach langen Streitereien konnte sich Jülich gegen Kurköln durchsetzen und Münstereifel seinem Territorium einverleiben. Damit war ein wichtiger Stützpunkt in der Nordeifel gewonnen, der sogleich mit einer großen Burg und einer aufwendigen Stadtbefestigung gesichert wurde; Münstereifel blieb bis zum Einmarsch der französischen Revolutionstruppen 1792 bei Jülich. In der Stadtchronik des Toni Hürten, die ein einzigartiges Dokument der Geschichte einer Eifeler Kleinstadt darstellt, erfährt man so seltsame Episoden wie die des Jahres 1451, als die Stadt nach der Pest völlig verlassen war und auf dem von Gras und Sträuchern überwucherten Markt ein großer Hirsch erlegt wurde, oder von einer der katastrophalen Überschwemmungen, die die sonst so harmlos wirkende Erft zustande brachte: »Anno 1416 fiel bey nacht ein Wolkenbruch ernieder über der Statt Munster Eyffel, da die Leute schlieffen, reis ein gros theil der Mauren und Statt hinweg, ertrenckte viel Volkes und Viehes, die hernach ein Meil oben der Statt im Felde gefunden wurden, führte weg und verderbte ein großes Gut.« Durch die ganze Chronik zieht sich der Streit der Stadträte mit dem auf der Burg residierenden Jülicher Amtmann um Steuern und Erlässe, dauernd müssen die Mauerwächter ermahnt werden, ihr Amt sorgfältiger zu versehen und die Uhren pünktlich zu blasen. Man hört von den eigentümlichen Streitereien der konfessionellen Parteien nach der Reformation, als die Katholiken den Protestanten verbieten wollten, ihre Toten auf dem gewöhnlichen Kirchhof zu beerdigen, ein Streit, in dem sie sich besser geeinigt hätten, denn als zur Unterstützung der einen Partei spanische Truppen und zur Hilfe der anderen holländische erschienen, brandschatzten diese die Stadt um die Wette. Bei alledem müssen die Münstereifeler Ratsherren besondere Blüten bürgerlicher Tugend dargestellt haben, denn über sie erscheinen Klagen besonderer Art. Zu den Ratssitzungen wurde damals kostenlos Wein gereicht, doch als die Beschwerden nicht abreißen, daß es dadurch zu nicht näher beschriebenen, aber leicht vorstellbaren »Mißbräuchen« im Rate kam, wird beschlossen, daß die Herren künftig andere Präsente für ihre Anwesenheit erhalten sollen. Darüber entbrannte der nächste Streit, denn diese wurden von Räten nur zu gerne bei mangelhafter Gegenleistung kassiert. So heißt es am 10. März 1663: »Da im Senatu große Unordnung herrscht, daß es vorkommt, daß zur angesetzten Stunde der Ratssitzung um 8 Uhr, Ratsherren erst um halb neun Uhr, neun Uhr, halb 10 Uhr und zehn Uhr kommen und dabei ihr praesanta völlig genießen wollen, wird nun bestimmt, daß wer nicht um 8 Uhr oder spätestens eine Viertel Stunde nachher anwesend ist, dessen praesenta verfällt und von den Anwesenden verzehrt wird.« Als daher am 13. November 1678 die plündernden Truppen des französischen Sonnenkönigs auch Münstereifel besetzen, verlassen diese Hüter des Gemeinwohls konsequenterweise samt und sonders fluchtartig die Stadt und überlassen die Bevölkerung ihrem Schicksal; wäre nicht der mutige Stadtschreiber Horstgen gewesen, der immer wieder einen Aufschub der »Brandschatzung« erreichte, es wäre in Münstereifel kein Stein auf dem anderen geblieben. Auch hier erweist sich die Hürten-Chronik als ein subtiles Dokument von Ereignissen, von denen man sich sonst unter den Schlagworten »Kontribution« und »Fourage« kaum eine Vorstellung machen kann. Zuerst wurden die Truppen in den Häusern der Bürger, die Offiziere auf der Burg einquartiert, es mußten jedem einzelnen täglich große Mengen an Bier, Brot und Fleisch gestellt werden, wodurch die Vorräte der Bewohner in kurzer Zeit aufgebraucht waren. Alles, was sie noch beschaffen konnten, mußte den Soldaten zur Verfügung gestellt werden, während die eigenen Familien langsam verhungerten. (Genauso ging es übrigens auch zu, wenn »befreundete« Truppen versorgt werden mußten.) Sodann wurden unter Androhung von Brand und Demolierung der Häuser ungeheure Summen als monatlich zu entrichtende Kontributionszahlungen verlangt, die die Zurückgebliebenen schon nach kurzer Zeit nicht mehr aufbringen konnten. Um die Stadt vor dem Niederbrennen zu retten, wandten sich die Münstereifeler verzweifelt um Geld an die nach Köln geflohenen Ratsherren, die ohnehin die reichsten Bürger der Stadt waren – doch sie dachten nicht daran zu zahlen. Besonders arg wurde es, als die Offiziere in großem Stile begannen, die eigenen Taschen zu füllen und zusätzlich horrende Summen forderten, die den Titel »Verehrung des Herrn Offiziers« trugen. So kam Münstereifel in dieser Zeit völlig herunter, das große Kloster verfiel, die nachfolgenden Kriege verhinderten einen Wiederaufstieg, und als auch noch das Tuchmachergewerbe im vorigen Jahrhundert der Euskirchener Konkurrenz erlag, setzte eine völlige Verarmung ein, die bis weit in dieses Jahrhundert hinein anhielt. Erst der Aufstieg zum Kurort brachte Münstereifel wieder erträgliche Verhältnisse. Wie so oft in der Eifel ist es dieses Elend der letzten 200 Jahre gewesen, das, da die Mittel für Neubauten fehlten, zum Erhalt eines historischen Baubestandes beitrug, der heute die Touristen in Scharen anzieht.

Das bedeutendste Bauwerk der Stadt ist die ehemalige Kirche des heute verschwundenen Stifts, die *Pfarrkirche St. Chrysanthus und Daria*. In den Fundamenten der Krypta stecken noch die Reste der 830 von Abt Marquard von Prüm gegründeten ersten Kirche an diesem Platz, der jetzige Bau entstand im 11. und 12. Jh. Die Kirche stellt eine dreischiffige Pfeilerbasilika ohne Querschiff mit langgezogenem Hochchor über einer fünfschiffigen Krypta dar; ihr Äußeres wird bestimmt durch das mächtige Westwerk (Abb. 30), dessen Verwandtschaft mit St. Pantaleon in Köln nicht zu übersehen ist. Das Westwerk wird überragt von einem massigen, zweigeschossigen Mittelturm, um den sich drei Kreuzflügel legen, die innen durch Emporen in zwei Stockwerke geteilt sind; der westliche Kreuzflügel ist im Untergeschoß als gewölbte Vorhalle geöffnet, statt des fehlenden vierten schließt sich östlich das Langhaus an. Außen wird das Westwerk akzentuiert von zwei schlanken, viergeschossigen Treppentürmen. Betritt man die Kirche, so erblickt man zuerst im Mittelraum des Westbaus das eindrucksvolle Hochgrab (Abb. 34) des Grafen Gottfried von Bergheim, der um 1335 starb. Die drei Meter lange Tumba ist mit einer Arkatur mit krabbenbesetzten Kielbögen verziert, in den Nischen stehen Relieffiguren von männlichen und weiblichen Trauernden. Auf der Deckplatte befindet sich die langgestreckte Liegefigur des Verstorbenen mit einem reichgestalteten Baldachin über dem Haupte. Er trägt eine subtil gearbeitete Ritterrüstung, an der sich die beginnende Entwicklung der Rüstungen vom Kettenhemd zum Plattenharnisch erkennen läßt. Das Langhaus, unter einer schmucklosen Einwölbung des 12. Jh., besitzt an den Wänden über den Seitenschiffarkaden vier Marmorepitaphe des 16. und 17. Jh. Bedeutende Kunstwerke haben noch Chor und Krypta zu bieten: Im Hochchor ein reichgegliedertes Sakramentshäuschen (um 1480) mit Standfiguren der Kirchenpatrone unter Baldachinen, daneben Reste eines romanischen Freskenprogramms der Apokalypse (um 1100) und gotische Wandmalereien mit Kirchenvätern (Abb. 32). An der rechten Chorseite ist ein seltenes Stück zu bewundern: ein großer, reich mit figürlichem Schnitzwerk verzierter Dreisitz (Abb. 29) aus dem 14. Jh., der einen von Maß- und Rankenwerk überquellenden Reliquienkasten des 16. Jh. trägt. Das beste Kunstwerk der Kirche steht in der Krypta hinter dem formenreichen Eisengitter des 17. Jh.: eine schlanke, 68 cm große Madonnenfigur (Abb. 33) aus Nußbaumholz, die in ihrer elegischen Schönheit auf die französische Hofkunst der Jahre um 1320 weist. Der gleichen Werkstatt entstammt wohl die Statuette der hl. Daria, die aber im 19. Jh. als Apollonia entstellt wurde. In der Krypta ist außerdem der vergoldete Holzschrein (18. Jh.) mit den Gebeinen der Märtyrer Chrysanthus und Daria aufgestellt.

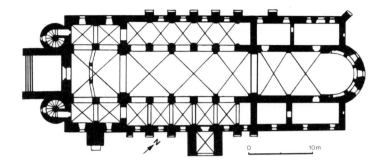

Bad Münstereifel, Grundriß der ehem. Stiftskirche

Hinter dem Chor, auf der gegenüberliegenden Seite des Klosterplatzes, steht das »*Romanische Haus*« an den Resten der Mauer des alten Immunitätsbezirkes. Eine dendrochronologische Untersuchung ergab, daß die Bäume für das beim Bau verwandte Holz im Jahre 1167 gefällt worden sein müssen; damals war das Haus eine repräsentative Wohnung eines Kanonikers des angrenzenden Stifts. Die Fenster sind durch Zwillingsarkaden mit eingestellten Säulen und Würfelkapitellen gegliedert, ein Teil des Kellers besitzt ein Tonnengewölbe. Der Bau stellt eines der wenigen erhaltenen romanischen Wohnhäuser nördlich der Alpen dar, heute befindet sich darin das sehenswerte Münstereifeler Heimatmuseum.

Auf der anderen Seite der Kirche, nicht weit vor dem Westwerk, steht das gotische *Rathaus* Münstereifels, ein malerischer Bau des 15. Jh. mit einer spitzbogigen offenen Laube, darüber große bemalte Stuckreliefs von zwei Gewappneten und zwei Löwen. Der linke Teil des Hauses wird bekrönt von einem Treppengiebel mit Ecktürmchen, davor steht ein alter Pranger. Blickt man vom Rathaus nach links die Straße hinunter, so schaut man auf die Fassade der ehemaligen Jesuitenkirche *St. Donatus* neben den zugehörigen Klostergebäuden mit dem »Gymnasium Sancti Michaeli«. Die ganze, um zwei Höfe gruppierte Anlage entstand in den Jahren 1652–74, die Kirche ist innen ein weiträumiger einschiffiger Saal, der von reich gestalteten hölzernen Netzgewölben überspannt wird. Bemerkenswert sind neben den Altären und der Kanzel aus der Erbauungszeit die seitlichen Emporen, die über schmalen Kreuzgewölben frei im Raum hängen. Der gotisierende Gesamteindruck ist typisch für die rheinischen Jesuitenbauten dieser Zeit, die im Zuge der Gegenreformation gezielt auf eine das – noch ungeteilte – christliche Mittelalter symbolisierende Architekturform zurückgriffen.

Wenn Sie vor dem Rathaus zur anderen Seite den Berg hinaufschauen, erblicken Sie Münstereifels einziges umstrittenes Bauwerk: eine große, rot gestrichene Stahlkonstruktion, die in Form einer Brücke über die Stadtmauer ragt. Während Sie den Weg hinaufsteigen, werden Sie sich sicher fragen, welche Bewandtnis es damit wohl haben möge. Das wissen die Münstereifeler auch nicht so genau: Ein symbolischer Brückenschlag zwischen alt und neu, heißt es leutselig von der einen Seite; ein grellfarbiger Einbruch des Modernismus in unsere schöne alte Stadt, kontert die erbitterte Gegenfraktion. Kunstphilosophisch gebildete Zeitgenossen möchten das Werk eher neutral als Ausdruck tiefen Ringens des Künstlers mit der Idee der Brücke gewertet wissen. Wie dem auch sei, jedenfalls haben Sie von hier einen guten Ausgangspunkt für den empfehlenswerten Gang um die mächtige Stadtmauer des 13. Jh., die mit ihren vier Torbauten (Abb. 43), 18 Wehrtürmen und der 1689 von den Franzosen zerstörten Burg noch immer das Wahrzeichen Münstereifels darstellt.

Das Städtchen an der Erft ist Mittelpunkt einer Landschaft von großer Schönheit, in die sich mehrere Abstecher lohnen. Neben der »römischen Eifel« um das Urfttal (s. S. 69) und der Kartsteinhöhle (s. S. 71) empfiehlt sich besonders die Strecke über Schönau nach Schuld ins mittlere Ahrtal (s. S. 123). In **Schönau** steht mit der Pfarrkirche St. Goar eine spätgotische dreischiffige Stufenhalle mit einem Westturm des 13. und einer ansprechenden Barockausstattung des 17. Jh.; ein neogotischer Erweiterungsbau um 1866 schließt sich östlich an. Ein Stück weiter in Mutscheid findet sich eine große Kirchenanlage, deren ältesten Teil eine zweischiffige Hallenkirche der Zeit um 1500 bildet; innen sind ein romanischer Taufstein (um 1200) und ein Sakramentsschrank (um 1517) bemerkenswert. Kurz vorher zweigt nach links den Hang hinauf eine Straße zum Ort **Mahlberg** ab, hinter dem sich die charaktervolle, sanft ansteigende Vulkankuppe des Michelsberges erhebt. Es handelt sich wie bei der Hohen Acht und der Nürburg um einen tertiären Basaltvulkan, dessen dicht bewaldeter Spitzkegel aus schwarzem, körnigem Eruptivgestein von einer großen Wallfahrtskapelle gekrönt wird. Der jetzige Bau entstand nach einem verheerenden Brand des Jahres 1836, der das gotische Gotteshaus bis auf den Chor vernichtete, dieser bezeugt mit seinem reich gestalteten Netzgewölbe noch heute die Schönheit der alten Kirche. Neben einigen bei Renovierungsarbeiten entdeckten Wandmalereien enthält die Kapelle eine in den letzten Jahren im Kunsthandel erworbene Ausstattung mit durchweg guten Stücken des Barock und des Rokoko. Es empfiehlt sich, für den Michelsberg ein wenig Zeit mitzubringen, denn seine Landschaft und die des nahen Buchenbachtales gehören zu den schönsten Ecken der Nordeifel. Ganz in der Nähe, bei **Effelsberg,** bietet sich der eindrucksvolle Anblick des größten beweglichen Radioteleskops der Welt, das wie eine unwirkliche Erscheinung mit seinem riesenhaften Parabolspiegel aus dem stillen Waldtal ragt. Nachdem 1942 zum ersten Mal britische Radarstationen Kurzwellenstrahlen von der Sonne empfingen, nahm die so geborene Radioastronomie einen kometenhaften Aufstieg, denn während des Zweiten Weltkrieges erwiesen sich Radiostrahlungen aus dem Weltall als Störung der Radarmessungen. Das 3200 Tonnen schwere Teleskop bei Effelsberg ist in der Lage, Strahlungen aus einer Entfernung von 12 bis 15 Milliarden Lichtjahren zu registrieren, es werden damit Quasare und Pulsare erforscht.

Nördlich von Münstereifel lädt die Steinbachtalsperre zum Bade, nicht weit entfernt steht bei Stotzheim die **Hardtburg** (Abb. 2). Sie liegt sehr romantisch tief im Walde wie auf einer Insel hinter wassergefüllten Gräben, die so breit wie ein kleiner See sind. An der erhaltenen weitläufigen Vorburg vorbei führt der Weg über eine Brücke in die mächtigen Ruinen der Hauptburg, die um 1340 von den Kölner Erzbischöfen als vorgeschobener Stützpunkt zwischen den stark befestigten Städten Münstereifel und Euskirchen des Todfeindes Jülich

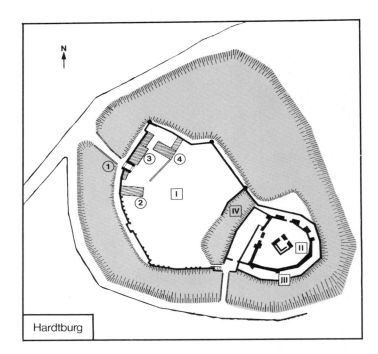

I Vorburg
II Kernburg
III Zwinger
IV Halsgraben

1 Ehem. Torturm
2 Fachwerkschuppen
3 Wohnhaus
4 Wirtschaftsgebäude

Hardtburg

ausgebaut wurde. Auf dem Wege dorthin kommt man durch **Iversheim;** in der Kirche St. Laurentius, einem romanisierten Saalbau der Jahre 1847–49, befindet sich die »Madonna mit dem schreibenden Jesukind«, eine um 1430 in Köln geschaffene vorzügliche Skulptur des »Weichen Stils« in ihrer originalen Farbfassung. Ein Stück außerhalb des Ortes, direkt neben der B 51, wurde vor wenigen Jahren eine mittlere archäologische Sensation ausgegraben: Bei Aushubarbeiten für eine Wasserleitung kam eine ganze römische Kalkfabrik zutage, von der ein Teil mit mehreren Brennöfen, unter einem Schutzhaus gesichert, samstags und sonntags von 10–17 Uhr zu besichtigen ist (jedenfalls vom 1. Mai bis zum 31. Oktober). Ein Archäologe rekonstruierte einen Kalkofen und nahm ihn in Betrieb, dadurch gelang die Erforschung der Methoden der römischen Kalkbrennerei. Mitten in Iversheim zweigt scharf links eine Straße nach Wachendorf und Lessenich ab, womit die reizvolle Burgenrundfahrt in der Münstereifeler Umgebung beginnt.

Der Grund für die zahlreichen Befestigungen dieser Gegend liegt darin, daß hier, entlang einer sich ständig ändernden Frontlinie, die Territorien von Jülich und Kurköln verzahnt waren. Viele dieser Burgen sind nur in Resten erhalten, andere wurden in Barockschlösser verwandelt. Betreten darf man sie alle nicht, doch sind sie in der Regel auch von außen sehenswert. Da es hier keine hohen Erhebungen für den Bau einer Gipfelburg mehr gibt, wurde häufig das reichlich vorhandene Wasser in den flachen Tälern zur Sicherung genutzt.

Burg Satzvey, Lithographie von J. Senff

So entstanden große Anlagen inmitten von kleinen Seen und breiten Gräben, die heute mit Parks und Gärten zwischen seerosenbedecktem Wasser sehr ansprechende Ensembles abgeben. Als erstes erreicht man in **Wachendorf** ein schönes Schloß, ehemals eine stark befestigte Burg mit runden Bastionen, wovon noch zwei im Park zu sehen sind; davor steht eine romanische Kapelle aus Bruchsteinmauerwerk. Nicht weit hinter Wachendorf überragt bei **Lessenich** der Rundturm der Burg Zievel (Abb. 46) die gewellte Felderlandschaft. Obwohl in die 1107 zuerst erwähnte und im 14. Jh. ausgebaute Jülicher Burg um 1661 ein Wohntrakt und um 1825 ein spätbarockes Herrenhaus eingebaut wurden, ist der mittelalterliche Wehrcharakter der Anlage noch gut zu erkennen. Neben dem Bergfried steht das alte Haupttor mit runden Flankierungstürmen; die hohe Burgmauer wird heute umgeben von einem prächtigen Englischen Garten. Das Paradestück romantischer Wasserburgen im Rheinland befindet sich in **Satzvey**. Ehemals lagen hier Vor- und Hauptburg auf zwei getrennten Inseln, der heutige Anblick wird bestimmt durch das reich gegliederte Herrenhaus mit Turm und der Torburg des 15. Jh. hinter der weiten Wasserfläche.

Ein bißchen schwer zu finden ist die ausgedehnte Festungsanlage der Burg **Veynau** (Abb. 42), sie gehört zum Ort Obergartzem, doch die Straße zu ihr zweigt kurz vor Wisskirchen hinunter ins Veybachtal ab. Zwei weitläufige, schwer befestigte Vorburgen mit Bastionen und Türmen sicherten das Vorfeld des rechteckigen Hochschlosses mit seinen Flankierungstürmen; ein effektvoller Wachtposten Jülichs für seine Besitzungen in der Eifel. Während die beiden Vorburgen 1708 von General Lacroy zerstört wurden, steht die Kernburg noch aufrecht – aber was für ein Anblick! Als wäre Poe seinem House of Usher hier begegnet, ragt dort ein riesiges, düsteres, seit Jahrzehnten unbewohntes Gemäuer empor, dessen Grundmauern vom dunklen Wasser eines breiten Grabens genetzt werden, von dem glucksende Kanäle unter dem Schloß verschwinden. Ganz im Gegensatz dazu präsentiert sich die zweiteilige Wasseranlage des malerischen Schlosses von **Eicks** im lieblichen Tale des Bruchbaches, nordwestlich von Kommern. Ab 1690 war hier unter Benutzung der Reste einer mittelalterlichen Burg ein Vierflügelbau mit quadratischen Ecktürmen hinter breiten Gräben entstanden (Farbabb. 25).

Hier ist die Burgenfahrt eigentlich zu Ende, obwohl noch in fast jedem umliegenden Dorf kleinere Schlösser, befestigte Hofgüter und Grabenanlagen von Wasserburgen zu finden sind. Jedoch darf man sich von Eicks aus nicht einen Besuch im benachbarten **Kommern** entgehen lassen. Dort liegt auf dem Kahlenbusch das Rheinische Freilichtmuseum, Landesmuseum für Volkskunde, wohl der einzige Ort, an dem noch die dörfliche und bäuerliche Bauweise des Rheinlandes der vergangenen Jahrhunderte unbeeinträchtigt zu bewundern ist. Einzelgehöfte, Weiler und ganze Dörfer sind in der Eifel, am Niederrhein, im Westerwald und dem Bergischen Land an Standorten, an denen ihnen die Zerstörung drohte, abgebaut und hier restauriert worden; jedes Haus wurde vom Kochlöffel bis zum Pflug im Stile seiner Zeit wieder eingerichtet. Im Ort Kommern selbst findet sich (wie auch im nahegelegenen Hostel) einer der schönsten und besterhaltenen Bestände von Fachwerkhäusern der Eifel des 17. und 18. Jh.; von einer mittelalterlichen Burg ragt noch ein großer Wohnturm des 15. Jh. auf, und in der Pfarrkirche (neogotisch) steht ein eindrucksvoller romanischer Taufstein mit Eckköpfen und Blätterdekor aus dem 12. Jh.

Hier in Kommern befindet man sich bereits im Gebiet der aus zahllosen kleinen Dörfern gebildeten Stadt **Mechernich**, die jahrhundertelang vom hier betriebenen Bleierzabbau gelebt hatte, der während seiner Blütezeit im vorigen Jahrhundert das schlimmste Arbeiterelend in den Rheinlanden hervorrief; das Gelände der stillgelegten, schon von den Römern betriebenen Gruben dient heute militärischen Zwecken. Hoch über dem Ort liegt inmitten eines ummauerten Friedhofs die alte Pfarrkirche St. Johann Baptist mit einem viergeschossigen Westturm des frühen 11. Jh., einem gotischen Chor und einem spätgotischen zweischiffigen Langhaus mit Resten von Wandmalereien der gleichen Zeit. Im angrenzenden Ortsteil Roggendorf steht in der neoromanischen Pfarrkirche ein einfacher mittelrheinischer Schnitzaltar (um 1500). Östlich des Ortskerns ragen bei Katzvey im Veybachtal die sog. »Katzensteine« (Abb. 55) auf, eindrucksvolle Buntsandsteinfelsen mit Spuren einer römischen Steinbruchtätigkeit.

WEGE IN DIE NORDEIFEL

Wer nicht von Aachen aus direkt durch das Kornelimünster-Ländchen in die Eifel gelangt, der durchfährt vom Köln-Bonner Raum die Zülpicher Lößbörde oder die Ville, bevor er sich den als dunklen Waldsaum den Horizont begrenzenden ersten Eifelbergen nähert. Obwohl man weder der Landschaft noch den Dörfern dieser Gegend das Prädikat »sehenswert« verleihen kann, bewegt man sich hier auf geschichtsträchtigem Boden. Zahlreiche der heute völlig bedeutungslosen Nester können auf urkundliche Erwähnungen weit vor der Jahrtausendwende verweisen; der Reichtum der fruchtbaren Börde ließ hier eine seltene Fülle romanischer Kirchenbauten und Wasserburgen aller Stilepochen entstehen. Wie die Eifel selbst könnte ihr Vorland eine Schatzkiste romanischer Architektur sein, wäre in den Jahrhunderten des Krieges nicht so vieles zerstört und zur Zeit der doktrinären Neogotik nicht so vieles verbaut worden. Dennoch führen die Straßen dieser einförmigen Landschaft durch etliche Orte, in denen die historische Bedeutung der Gegend noch in Kunstwerken, Befestigungen oder Stadtbildern deutlich wird. Um die wichtigsten zusammenzufassen, kann man zwischen drei Routen wählen: von Nörvenich nach Zülpich, von Lechenich nach Euskirchen oder durch die Ville und das Drachenfelser Ländchen nach Rheinbach. Für alle drei Strecken gilt jedoch ein bedauerlicher Gesichtspunkt: Schlägt man die Übersichtskarte eines Kunstarchivs auf, so ist die Gegend mit bedeutenden Bauten und Kunstobjekten nur so gespickt, doch zu sehen bekommt man herzlich wenig. Sämtliche Wasserburgen und -schlösser befinden sich in Privatbesitz und dürfen nicht betreten werden, die Kirchen sind fast alle verschlossen. Seltsamerweise gibt es im Buchhandel zahlreiche Kunstführer zu erwerben, die zu diesen Kunststätten führen und dabei in Beschreibungen selbst der Inneneinrichtung von Schlössern schwelgen, die man hinter den den Zutritt verweigernden Verbotsschildern kaum noch sieht. Ähnliches gilt für die Kirchen: Mit wenigen Ausnahmen, wie in Zülpich und Euskirchen, ist es purer Zufall oder erst nach langwierigen Nachfrageaktionen möglich, einen Blick ins Innere zu werfen. Bei aller verständlichen Furcht vor dem grassierenden Kunstraub bleibt es unangemessen, daß nicht einmal die einfachsten Lösungen des Besichtigungsproblems – z. B. ein Hinweis, wo der Schlüssel zu erhalten ist, oder eine einzige festgelegte Stunde am Wochenende, in der die Kirche offensteht – auch nur ins Auge gefaßt werden. So wird man hier nach der (meist erfolglosen) in jedem Dorf aufs neue anstehenden Fragerei – ob überhaupt, wenn ja, wer wann vielleicht – den Genuß an einer Kunstreise rasch verlieren. Immerhin ist die Besichtigung bei einigen kein Problem, und die großen Wasserschlösser geben auch von außen recht malerische Prospekte ab, weshalb man die Beachtung des einen oder anderen Hinweises dieses Abschnitts nicht bereuen wird.

Von Nörvenich nach Zülpich

Von der Autobahn Köln-Aachen gelangt man durch Blatzheim mit der charaktervollen Wasserburg Bergerhausen und der weniger anziehenden Kommandeursburg, vorbei an

Oberbolheim mit einer gotischen Saalkirche (gute Barockausstattung) nach **Nörvenich;** im 11. Jh. war der Ort Sitz eines mächtigen Grafengeschlechts, dessen Territorium sich Jülich im 12. Jh. einverleibte. Die in dieser Zeit (1177) zuerst erwähnte Pfarrkirche St. Medardus stellt heute einen dreischiffigen spätgotischen Hallenbau des 16. Jh. dar. Der schöne Innenraum ist geprägt von vier hohen Renaissancesäulen, die die reich gestalteten Netzgewölbe tragen; bedeutendstes Ausstattungsstück ist eine stehende Madonna des späten 14. Jh., ein Werk der »realistisch-bürgerlichen Vorstellungsweise der Parlerzeit« (R. Günther). Sehenswert ist ebenfalls die mitten im Ort gelegene Gymnicher Burg, ursprünglich ein zweiflügeliger Bau mit türmebewehrtem Hof aus dem 16. Jh., an dessen linkem Seitentrakt der prachtvolle Renaissance-Erker von Burg Konradsheim bei Lechenich kopiert wurde. 1723 baute man einen dritten Flügel an und kopierte die Kopie nochmals an der anderen Seite des Treppenaufgangs, wodurch die ländliche Burg heute eine reich gegliederte Schaufassade besitzt.

Der Name des nächsten Ortes, **Hochkirchen** (Abb. 38), bedarf keiner weiteren Erklärung, da hier auf einer Anhöhe über dem Neffelbach der massige Bau von St. Viktor das ganze Landschaftsbild beherrscht. Schon die Römer hatten diesen günstigen Platz für eine Ansiedlung gewählt, weshalb der gewaltige romanische Westturm des 12. Jh. unter Wiederverwendung römischer Ziegel entstand. Das Langhaus bildet eine zweischiffige Halle von edlen Proportionen; schlanke, achteckige Pfeiler tragen ein elegantes spätgotisches Gewölbe, das von feingliedriger, aber geradezu wildwuchernder Rankenmalerei verziert ist. Die Kirche besitzt eine qualitätvolle einheitliche Ausstattung des Jahres 1802 in deutlich an frühere Stilformen angelehnter Manier und einen monumentalen Kruzifixus des 16. Jh.; eine dem Pfarrhaus zugewandte Seitenpforte ist in der Regel geöffnet. Man beachte außen die 112 historischen Grabkreuze an der Kirchenmauer.

Die gotische Kirche St. Peter in **Gladbach** kann man gelegentlich durch das Turmportal betreten, wenn der Haupteingang geschlossen ist. Der düstere Innenraum wird bestimmt durch tiefgezogene, schwer lastende Gewölbe, zu denen die vorzügliche Rokokoausstattung des Chores in eigentümlichem Gegensatz steht. Gegenüber der Kirche stehen zwei große Bauernhäuser von 1716 und 1817, hinter dem Chor führt eine kurze Allee zu einem selten schönen Wasserschloß auf zwei Inseln. Bei **Müddersheim** befindet sich am Anfang der Schloßallee die einschiffige Gruftkapelle der Familie Geyr; durch ein kunstvolles Gitter kann man zahlreiche Epitaphe erblicken. Das Schloß, eine ehemalige Kölner Lehensburg im Grenzgebiet gegen Jülich, wurde 1718–20 inmitten schöner Parkanlagen in manieristischen Rustikaformen erbaut.

Bereits im 1. Jh. wurde in **Zülpich** eine römische Siedlung namens Tolbiacum an einem Knotenpunkt der Fernstraßen von Neuss und Köln nach Reims und Trier gegründet. Nach dem Zusammenbruch des Römerreiches erlangte der Ort unter den Franken eine zentrale Bedeutung: im Jahre 496 soll hier König Chlodwig die Alemannen vernichtend geschlagen haben und deshalb Christ geworden sein. 531 wird Zülpich erstmals von Gregor von Tours als ›civitas‹, als Stadt, erwähnt. In diesem Jahr hatte König Theuderich, ein Sohn Chlodwigs, den Thüringerkönig Hermanfrid dorthin eingeladen, um ihn während eines gemeinsamen

ZÜLPICH

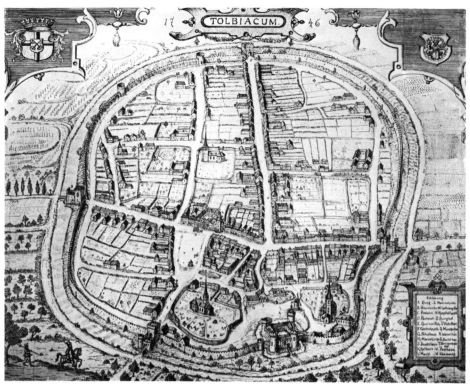

Zülpich, nach einer Vorlage aus dem Jahr 1746

Spazierganges auf der (noch römischen) Stadtmauer von derselben hinab zu Tode stürzen zu lassen. 925 siegt der Sachsenkönig Heinrich I. bei Zülpich in einer Schlacht gegen den lothringischen Herzog Giselbert, wodurch Lothringen dem (deutschen) Ostreich einverleibt wird. Nach der Jahrtausendwende entbrennt für lange Zeit ein mörderischer Kampf zwischen Kurköln und Jülich um die wichtige Stadt, den das Erzbistum, trotz einer katastrophalen Niederlage im Jahre 1267 am Marienholz bei Zülpich, letztlich für sich entscheiden kann. Wie Lechenich und Rheinbach wird die Stadt nun mit einer großen, in den Stadtmauerring einbezogenen Landesburg gegen den Konkurrenten gesichert. Im 30jährigen Krieg, den Raubzügen Ludwigs XIV. und durch die Bombenteppiche des Zweiten Weltkrieges völlig verwüstet, läßt das verschlafene Städtchen seine historische Rolle kaum mehr erahnen. Immerhin kann man die weitgehend erhaltene Stadtmauer mit den vier mächtigen Torbauten (Abb. 45) auf einem angenehmen Spaziergang umrunden, in der ehemaligen Landesburg, einem von hohen Rundtürmen flankierten Backsteinbau des 14./

15. Jh. residiert heute eine Schnapsfabrik. Die bedeutendsten Bauwerke des heutigen Zülpich liegen unter der Erde: das »Römerbad« und – gleich daneben – die Krypta von St. Peter. Diese Kirche war bis zum Zweiten Weltkrieg eines der schönsten Beispiele des sog. rheinischen Übergangsstils von der Romanik zur Gotik, heute ist sie ein Neubau, in dem noch einige erlesene Kapitelle der alten Kirche zu sehen sind. Die Krypta jedoch stammt noch aus der Zeit um 1060: Wenn man sie betritt, gliedert sich ihr Wald von Säulen und Pfeilern erst langsam zu zwei dreischiffigen Hallen mit je einem Altar im Osten. Im Kirchenschiff sind gleich zwei vorzügliche flandrische Schnitzaltäre zu sehen: ein riesiges Stück im zentralen Gemeinderaum mit vielen figurenreichen Reliefs und ein zweiter, aus der ehemaligen »Gasthauskapelle« hierher verbracht, dessen (geschlossene) Flügel ein großartiges Gemälde einer Anbetung der Könige vor einer phantastischen Ruinenlandschaft zeigen. Das benachbarte – und sehr besuchenswerte – Museum mit Funden aus u. a. römischer und fränkischer Zeit ist direkt über dem »Römerbad« (Abb. 41) erbaut worden, in das man hinabsteigen kann. Es handelt sich um eine selten vollständige Hypokaustenanlage (hypokaustum = von unten geheizt), in der der Feuerraum, die Ziegelsäulen des hohlen Bodens, das Frigidarium, Tepidarium und Caldarium sowie die Hohlziegel, in denen die Heißluft auch in den Wänden aufstieg, gut zu erkennen sind. Im Ortsteil Zülpich-Hoven steht auf dem Gelände des Krankenhauses Marienborn die ehemalige Zisterziensernonnenkirche St. Maria und Maximin; hinein gelangen Sie durch die Tür, an der es auch zur Anmeldung geht, dort folgen Sie den Schildern, die zur Kirche weisen. Der Bau stammt im Kern aus dem 11. Jh., aus dem sich der achteckige Turm mit acht gekuppelten Fenstern erhalten hat. Das einschiffige, flachgedeckte Langhaus wurde später dem imposanten Chorneubau des frühen 13. Jh. angepaßt und in steilen Proportionen erhöht. Die westliche Hälfte des Langhauses nimmt die obligate Nonnenempore ein, hier in spätgotischen Formen; ein erhaltener Flügel des Kreuzganges

Zülpich, Rathaus

(16. Jh.) wurde als südliches Seitenschiff eingebaut. Die Kirche ist berühmt für ihre thronende Muttergottes (unter der Empore), ein strenges Werk im Stile der französischen Monumentalplastik des 12. Jh. von suggestiver Frontalität, zweifellos die eindrucksvollste romanische Skulptur, die es in der ganzen Eifel zu sehen gibt (Farbabb. 29).

Wenn man sich von Zülpich in die bald beginnende Hügellandschaft der Nordeifel begibt, begegnen einem dort mit den Wasserschlössern Eicks (Farbabb. 25) und Satzvey (Abb. 5) gleich zwei besonders gelungene Exemplare dieser Gattung. Fährt man weiter nach Osten in die Rureifel, gelangt man nach **Wollersheim**, wo hinter der großen neuen die hochinteressante alte Pfarrkirche steht. An den romanischen Turm mit einer zum Langhaus geöffneten Kapelle im Obergeschoß, die die Tradition des für den Grundherrn bestimmten Westbaus aufnimmt, schließt sich ein klar gegliederter zweischiffiger Raum der Spätgotik an, der seit seiner kürzlich fertiggestellten Restaurierung zu den Glanzstücken dieses eigenwilligen Grundrißschemas im Eifelraum gehört. Wo sich einst ein karolingischer Königshof befand, steht heute das Dorf **Vlatten** mit einer breitgelagerten Pfarrkirche neben einem Bach hinter alten Bäumen. Der mächtige Westturm des 12. Jh. öffnet sich innen mit einer weiten Turmhalle unter Kreuzgratgewölben auf großen romanischen Ecksäulen zum basilikalen, flachgedeckten Langhaus mit langgestrecktem Chor des 13. Jh. Das beste Stück der Ausstattung ist eine ländliche, aber kunstvolle Holzkanzel des 17. Jh. aus dem Kloster Mariawald auf dem Kermeter. (Die Kirche ist meist geöffnet.) Nur wenige Meter entfernt stehen die Reste einer mittelalterlichen Wasserburg, die von einem riesigen Turm beherrscht werden, dessen Obergeschoß über schön verzierten Steinen auskragt.

Das nicht weit entfernte Dorf **Bürvenich** inmitten sanft gewellter, felderbedeckter Hügel ist ein Ort, in dem die Zeit stehengeblieben ist: Heute wie im Mittelalter ist hier die Kunst allein den Gläubigen vorbehalten, weshalb St. Stephanus, die Kirche eines ehemaligen Zisterzienserinnenklosters, verschlossen bleibt und man von dem kunstvollen Antwerpener Schnitzaltar (um 1520) mit Flügelgemälden aus dem Umkreis des Meisters von Linnich nichts zu sehen bekommt. Kurz vor Mechernich zweigt die Straße nach Berg ab, wo eine urtümliche mittelalterliche Wirtschaftsburg aus dem 14. Jh. steht.

Von Lechenich nach Euskirchen

Dieser Weg in die Eifel beginnt in **Erftstadt**. Sich hier nach einer Stadt umzusehen, ist müßig, da das Gebilde, das diesen Namen trägt, erst 1969 aus zahlreichen kleinen Gemeinden zusammengewürfelt wurde. Alle paar hundert Meter fahren Sie in Erftstadt aus Erftstadt hinaus und gleich danach wieder hinein; man achte auf die zweite Zeile der Ortseingangsschilder, die die alten Ortsnamen angeben – die einzige Möglichkeit, sich hier nach einer Karte zu orientieren, denn Erftstadt ist überall.

Der historisch bedeutsamste Ort dieser Gemeinde ist die alte Festungsstadt **Lechenich,** der am härtesten umkämpfte Platz zwischen Köln und Jülich, dessen Geschichte mehrere Belagerungen und Zerstörungen zu verzeichnen hat. Als nach wechselndem Kriegsglück

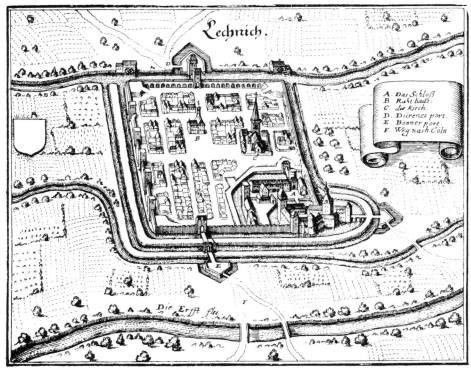

Lechenich, Stich von Merian aus dem Jahr 1646

Kurköln Sieger blieb, schritt Erzbischof Heinrich von Virneburg 1301 zum Bau einer großangelegten Befestigung, welche die schon gefährlich in der Nähe Kölns gelegene Stadt endgültig sichern sollte. So entstand eine planvoll angelegte Festung, bestehend aus der Stadt, die von einem rechteckigen Mauerzug mit zwei starken Toren umgeben war, und einer mächtigen Landesburg mit vier bis zu sieben Stockwerken hohen Türmen (einer davon ein breiter Wohnturm), die auf einer Insel hinter der von Gräben umzogenen Vorburg liegt. Trotz der Zerstörungen während der Franzosenkriege hat sich die Anlage der alten Stadt noch unverfälscht erhalten: Durch die beiden Tore gelangt man auf den großen Marktplatz mit dem neogotischen Rathaus, die Stadtmauern sind zwar niedergelegt, doch ziehen sich nach wie vor die breiten, wassergefüllten Gräben um den Ort. Die Kirche ist ein barocker Saalbau (1702), der 1864 im Stile der in Köln übermäßig geschätzten Neogotik innen und außen umgestaltet wurde. Höchst eindrucksvoll ist noch heute die Ruine der Landesburg, die man jedoch nur nach Voranmeldung betreten darf.

Zwei Kilometer nördlich von Lechenich liegt **Burg Konradsheim** (Abb. 44), die überall als eines der wichtigsten Zeugnisse rheinischen Burgenbaus gerühmt wird. Die Hauptburg auf einem künstlichen, von Wassergräben umzogenen Hügel stellt einen malerischen Bau mit Palas, zwei flankierenden Rundtürmen, einem prächtigen Renaissance-Erker und einer offenen Holzgalerie zum Hof dar. Sie ist in der Tat »nicht von ihrer Größe her, aber aufgrund ihrer stilistischen Durchbildung eine der bedeutendsten Wasserburgen unseres Raums« (B. Brinken). Südlich von Lechenich gelangt man nach **Friesheim**, das aufgrund seiner strategischen Lage einst ein befestigtes Dorf mit nicht weniger als fünf Burgen war. Erhalten haben sich die Redinghovener Burg auf einer Insel mit großer Vorburg und das Gräbensystem der sog. Weißen Burg; in der neogotischen Pfarrkirche (1877) befindet sich ein romanisches Taufbecken (12. Jh.) aus Blaustein mit Bestienreliefs und ein hölzerner Kruzifixus aus dem 14. Jh. Der neuen Pfarrkirche von **Niederberg** gegenüber liegt deren reizvoller kleiner Vorgängerbau, bei dessen Restaurierung im Jahre 1953 großflächige Fresken der Zeit um 1530/40 mit einem monumentalen Jüngsten Gericht freigelegt wurden, in denen sich die beginnende Renaissance bereits deutlich ankündigt. Wenn man Glück hat, ist ab 17 Uhr die Küsterin im benachbarten Pfarrhaus, die einem gerne die alte Kirche aufschließt. Über **Lommersum** mit seinem von Fachwerkhäusern des 18. und 19. Jh. gesäumten Dorfplatz und der Kirche mit vier flachgedeckten Jochen einer romanischen Pfeilerbasilika erreicht man sodann **Euskirchen**.

Jülich übernahm 1355 die Regierungsgewalt über das befestigte Dorf und baute Euskirchen mit Stadtmauern und Torburgen zu einer starken »Mithauptstadt« gegen die nahe gelegenen kurkölnischen Festungen Zülpich und Lechenich aus. Das mittelalterliche Stadtbild wurde im Zweiten Weltkrieg fast völlig zerstört, nur um die Pfarrkirche St. Martin hat sich ein Stück des alten Euskirchen erhalten. Dort steht noch ein Teil der Stadtmauer mit dem »Dicken Turm«; die Kirche daneben war ursprünglich eine große dreischiffige Pfeilerbasilika des 12. Jh. Von dem romanischen Bau haben sich das untere Turmgeschoß und die Mittelschiffwände erhalten, die sich mit mächtigen Rundbogenarkaden zu den Seitenschiffen öffnen, letztere und der Chor wurden gotisch umgebaut. Im Inneren ist ein guter Antwerpener Schnitzaltar (Abb. 47) der Zeit um 1520 bemerkenswert (Predella und Flügel neu), das formenreiche Sakramentshäuschen mit Figuren und einem Baldachin mit Passionsszenen ist ebenfalls spätgotisch. Neben dem Marmorepitaph des Heinrich von Binsfeld im Florisstil des 16. Jh. beachte man den romanischen Taufstein (Abb. 48) aus Namurer Blaustein mit Masken und Monstren, die prächtige Barockorgel, das Chorgestühl um 1450, das Holzkruzifix am Lebensbaum (14. Jh.) und die sog. »Euskirchener Madonna« im Südchor, eine Skulptur in originaler Farbfassung, die Tilman Riemenschneider zugeschrieben wird.

Bevor man sich auf den Weg zu den zahlreichen Wasserburgen der Euskirchener Umgebung macht, muß man noch zwei nahe gelegenen Kirchenbauten seine Reverenz erweisen, die im Rheinland ihresgleichen suchen. Da ist zunächst die große Pfarrkirche St. Georg in **Frauenberg**. Bauabschnitte vom 10. bis zum 15. Jh. ließen einen vielgestaltigen Baukörper mit romanischen und gotischen Teilen entstehen, dessen reich gegliederter Innenraum in überraschender und reizvoller Weise von den wiederaufgedeckten dekorativen Gewölbemalereien der Spätgotik vereinheitlicht wird. Erhalten haben sich außerdem ein Fresko (Abb. 39) mit der Darstellung des Weltgerichts und die gemalten Wappen seiner Stifter.

Frauenberg, Triptychon, Detail aus der Mitteltafel

Glanzstück der Ausstattung ist das Triptychon (Farbabb. 7), ein gemalter Flügelaltar des Meisters der Ursulalegende aus der späten Kölner Schule (um 1480). In seinem typischen lichterfüllten Kolorit zeigt sich die Vorliebe der Kölner Malerei für reine Farben, idealisierte Personen und ausgewogene Kompositionen; ein Meisterwerk ist die fast zeichnerisch dargestellte linke Stifterfigur, die in einer Rüstung vor den Heiligen kniet. Nicht weniger bedeutend ist das Kruzifix; das um 1160 entstandene Werk ist eine der wenigen romanischen Holzskulpturen, die in ihrer originalen Farbfassung überkommen sind. Man beachte außer einer thronenden Madonna des 14. Jh. noch den Taufstein aus Namurer Blaustein mit Masken, Löwen und Drachen (12. Jh.). Diese Kirche lohnt die Mühe, eine Besichtigung zustande zu bringen. Zu diesem Zweck wende man sich zurück zur einzigen Ampel des Dorfes und dort nach links. Einige Häuser weiter auf der rechten Straßenseite ist die Post untergebracht, und da in Frauenberg das Amt der Post und das des Küsters in einer Hand vereinigt sind, frage man in diesem Hause, nachmittags zu zivilen Zeiten wird man Ihnen gern die Kirche zeigen.

Ganz in der Nähe liegt am Rande des kleinen Dorfes **Elsig** die Pfarrkirche Hl. Kreuz, ursprünglich eine Basilika des 11. Jh., in spätgotischer Zeit in eine dreischiffige Halle umgebaut. Auch hier ergibt sich durch die einheitliche dekorative Gewölbeausmalung und ein reiches Freskenprogramm ein höchst malerischer Innenraum von seltener mittelalterlicher Originalität; bedeutendstes Ausstattungsstück ist ebenfalls ein gemaltes Triptychon (Abb. 40) mit Passionsdarstellungen vor weiten Landschaftshintergründen und perspekti-

Groß- und Kleinbüllesheim

visch gestalteten Architekturen. Auch hier ist die Kirche verschlossen, doch die Besichtigung einfach: Man läute an der Tür des gleich neben dem Kirchenportal gelegenen hübschen Pfarrhauses aus dem 18. Jh.

Von den zahllosen Burgen der Euskirchener Umgebung empfiehlt sich ein Blick auf die »Große Burg« in Kleinbüllesheim mit dem gotischen Torhaus und einem barocken Herrenhaus von Johann Conrad Schlaun; in Weidesheim kann man mit der Kleeburg ein besonders gelungenes Exemplar einer Wasseranlage des 16. und 18. Jh. bewundern.

Durch die Ville und das Drachenfelser Ländchen

Der schmale, langgezogene Höhenrücken der **Ville**, der etwa auf der Höhe von Rheinbach in die Kottenforstplatte übergeht und sich, an Bonn und Köln vorbei, weit nach Nordwesten erstreckt, teilt das Senkungsfeld der Niederrheinischen Bucht in die Zülpicher Lößbörde im Westen und die Kölner Ackerebenen im Osten. Während die Ville von Westen sanft ansteigt, fällt sie im Osten steil ab und bildet einen markanten Höhenrücken zum Rheintal. Ihr nördlicher Teil trägt den Namen Braunkohleville, ihr südlicher heißt Waldville. In der Tat trägt ihr Südteil zusammen mit dem Kottenforst ausgedehnte, prächtige Wälder, die im Naturpark Kottenforst-Ville zusammengefaßt sind und für die Bonner und Kölner eine Art erweiterten Stadtwald darstellen. Eine besondere Note hat die Landschaft durch die Rekultivierung der ausgebeuteten Braunkohlegruben erhalten. Da die Flöze im Tagebau ausgekohlt wurden, war hier das gesamte Deckgebirge abgetragen und riesige Löcher in den Boden gerissen worden; nach der Wiederaufforstung entstand in Teilen der Ville eine völlig neue, künstliche Landschaft von großem Reiz aus Seen und Wäldern, deren schönste Passagen zwischen Walberberg und Liblar liegen. Man kann sowohl am Ost- wie am Westhang der Ville entlangfahren, doch gilt für beide Routen, ebenso wie für das Drachenfelser Ländchen um den Wachtberg, daß hier von einer Kunstreise eigentlich nicht die Rede sein kann. Von der glanzvollen Kette von Wasserschlössern und Burgen, die sich dort entlangzieht, darf man nicht ein einziges betreten, manche sind in der Weite ihrer Parkanlagen, deren Betreten in der Regel ebenfalls verboten ist, nicht zu sehen.

Dem Osthang vorzuziehen ist der Weg am sanfteren Westhang der Ville, der in **Liblar** mit dem bekannten Schloß Gracht beginnt, einer Wasseranlage mit dreiflügeliger Vorburg und einer 1850–53 im Stile eines frühviktorianischen Schloßbaus veränderten Hauptburg – der Historismus hat hier im Rheinland manch seltsame Blüte hinterlassen. Das Schloß liegt eindrucksvoll in einer weiten englischen Parkanlage. Ein Glanzstück einer spätmittelalterlichen Wasserburg des 15. und 16. Jh. ist die vielgerühmte zweiteilige Wasseranlage bei **Heimerzheim;** hier ist es sogar möglich, den malerischen Bau auf einem Weg zu umrunden; die Achse des ehemaligen barocken Parks gibt den Blick auf die 13 km entfernte Ruine der Tomburg frei. Nördlich von Buschhoven ist am Rande des Kottenforstes ein Stück der römischen Wasserleitung freigelegt, im benachbarten Morenhoven ist wieder ein ansprechendes Wasserschloß zu sehen.

Wäre beides zu besichtigen, so könnten Schloß und Kirche von **Lüftelberg** ein anziehendes Kunstreiseziel sein, doch das Schloß, nach 1574 mit bei Hexenprozessen erpreßtem Geld errichtet, befindet sich wie üblich in unzugänglichem Privatbesitz. Die hoch am Hang darüber liegende Pfarrkirche St. Peter stammt aus dem 12. Jh. Die Wallfahrt zur hl. Lüfthildis (Grab in der Kirche) brachte viel Wohlstand in das Dorf, so daß der Bau um 1250 außen und innen in aufwendiger, sehr eleganter Weise gegliedert und verziert wurde und ein prachtvolles Zeugnis spätstaufischer Baukunst darstellt. Innen befinden sich ein romanischer Taufstein mit fünf Säulen und Kopfkapitellen, eine Kreuzigungsgruppe des 15. Jh. sowie mehrere Gemälde, Skulpturen und eine Reliquienbüste. Gegenüber, auf der anderen Seite des Swisttales, liegt unmittelbar zu Füßen der ersten ansteigenden Waldhänge der Nordeifel die alte Stadt **Rheinbach.** 1630 schreibt der Schöffe H. Löher über seinen Heimatort: »...hat rondt umb Wasser graben, hohe müren, 7 Thurn, 2 hohe Pforten, zwey burch Thurn, ein burch pfort und 2 hohe Kirch Thurn, von fernen vor eine grosse wehbahre Stadt an zu sehen.« Das muß Rheinbach damals auch gewesen sein, denn nachdem hier die Kölner Erzbischöfe nach heftigem Streit mit Jülich Sieger geblieben waren, bauten sie die Stadt zu einem stark befestigten Stützpunkt aus. Der besaß für sie große strategische Wichtigkeit, da er den Weg ins Ahrtal zu den dortigen kurkölnischen Besitzungen sicherte – schließlich befand sich das nahe, nicht minder bewaffnete Münstereifel in der Hand Jülichs. So entstand ähnlich wie in Zülpich und Lechenich eine der typischen Kölner Grenzfesten: eine ummauerte Stadt mit einer in den Bering einbezogenen Burg. Die unselige Politik der Kölner Erzbischöfe, die jahrhundertelang mit Burgund und Frankreich paktierten, um ihren schwindenden Einfluß gegen ihr eigenes Domkapitel und gegen die Bürger ihrer Bischofsstadt zu verteidigen, brachte den ganzen Schrecken der Franzosenkriege auch nach Rheinbach, da Kurköln jedesmal sein Territorium den marodierenden französischen Truppen freiwillig öffnete und dadurch die militärischen Gegenschläge der jeweiligen Feinde Frankreichs herbeirief. So wurde Rheinbach auch von Reichstruppen, Spaniern und Holländern um die Wette geplündert und gebrandschatzt, 1673 stürmte eine niederländische Armee die Stadt, hängte den Bürgermeister vor dem Tor auf und brannte Rheinbach vollständig nieder. So blieben von der alten Herrlichkeit nur die langgezogene, von schönen Fachwerkhäusern des 18. Jh. gesäumte Hauptstraße, ein paar Burgmauern und drei große Türme. Einer davon heißt Hexenturm, und der Name läßt nichts Gutes ahnen. In der Tat gehören die Hexenprozesse in Rheinbach zu dem Unfaßlichsten, was dieses Sujet zu bieten hat: »Umb an Gelt zu kommen« berief der Amtmann der Stadt höchstpersönlich zunächst den »Doctor Frantz Beurmann von Eußkirchen« und danach den noch schlimmeren Dr. Jan Möden als Hexenrichter zu einer einträglichen Zusammenarbeit nach Rheinbach. Sie suchten sich wohlhabende Mitbürger aus, die von den beiden Schlächtern auf der Folter oder auf dem Scheiterhaufen zu Tode gebracht wurden, derweil der Amtmann den Rechten seines Amtes nachging und die Vermögen der Verurteilten konfiszierte. So starben in den wenigen Jahren von 1631–36 neben zahlreichen Schöffen und ihren Frauen in den Orten Rheinbach, Meckenheim und Flerzheim 130 Personen auf der Folterbank oder im Feuer – ungefähr ein Fünftel der Bevölkerung, Rheinbach hatte damals etwa 500 Einwohner. Eine sympathischere Rolle spielte das Städtchen dagegen in der Zeit der Französischen Revolution: Von deren Idealen beseelt, riefen Rheinbacher Bürger unter Führung des Publizisten Johann Baptist Geich 1797 das »Freie Land Rheinbach« aus und erklärten alle an Adel und Klerus zu entrichtenden Lasten für nichtig. Außer dem sehenswerten Glasmuseum in Rheinbach sollte man noch die nahe gelegene, weithin sichtbare Ruine der **Tomburg** in Augenschein nehmen. Einsam im tiefen Wald ragt ein freistehender Basaltkegel, ein erloschener Vulkan, auf, der von einem gewaltigen, geborstenen Geschützturm zwischen verstreuten Mauerresten bekrönt wird. Die Burg wurde 1473 von Jülicher Truppen erobert, zerstört und nie wieder aufgebaut.

Das benachbarte Drachenfelser Ländchen, heute in der Gemeinde Wachtberg zusammengefaßt, trägt den Namen seines ehemaligen Landesherrn, des Burggrafen von Drachenfels aus dem Siebengebirge auf der anderen Rheinseite. Die Landschaft stellt eine leicht gewellte Hochfläche dar, die von niedrigen Kuppen einiger kleiner Vulkane belebt wird. In einem dieser Vulkane, dem Hohenberg bei Berkum, wurde schon von den Römern Trachyt abgebaut, derselbe Steinbruch lieferte 1829–75 das Material für die Vollendung des Kölner Doms und wird seitdem »Domkaule« genannt. Im Drachenfelser Ländchen kann man einige erlesene Wasserschlösser von außen betrachten. Zu empfehlen sind die eindrucksvolle, zweiteilige Anlage am Rande von Adendorf (17. Jh.) und die 1 km westlich gelegene mittelalterliche Burg Münchhausen, die zum Teil aus Gußmauerwerk erbaut ist, das aus der nahe gelegenen römischen Wasserleitung gebrochen wurde. In Arzdorf sind schöne Fachwerkhäuser, bei Berkum die Wasserburg Odenhausen (1560) zu sehen. Nicht versäumen darf man den Besuch der Wasserburg Gudenau bei Villip; sie gehört zu den größten und schönsten Exemplaren ihrer Gattung im ganzen Rheinland. Die Anlage geht auf das 13. Jh. zurück und bildet nach verschiedenen Umbauten ein höchst malerisches Gebäudeensemble. Brücken über breite Wassergräben verbinden die zwei Vorburgen mit der geschlossenen Hauptburg, die ausgedehnte Anlage mit einem reizvollen Park liegt in einer hübschen, von Bächen durchflossenen Talaue.

Das Ahrtal

Als Gottfried Kinkel im Februar des Jahres 1841, von schwerem Liebeskummer gebeugt, die Ahr hinaufwanderte und von dort »zur erschreckenden Einsamkeit der Hohen Acht« emporstieg, hatte er ein kathartisches Erlebnis: »Im Frühlingsbrausen schmolz der Winter weg; wilde milchweiße Gießbäche donnerten durch Felsrinnen herab, genährt von den tausend kleinen Bächen, die aus den lang abgesenkten Schneefeldern hervorrieselten. Ich wand mich oft mit der größten Anspannung meiner Kraft durch diese Schneefelder empor: Die rauhe Natur erquickte mich, und als ich im finsteren Nebel die Kuppe der Acht erstiegen und dreimal den Namen der Geliebten in die starre Felswildnis hinausgerufen hatte, da kehrte Jugendkraft und Jugendfeuer in mir zurück.« Mit diesem unsterblichen Zitat war die »große wilde Eifelnatur« endgültig fester Bestandteil der deutschen Literatur der Romantik geworden, der gewissermaßen die Wiederentdeckung des damals verarmten und verödeten Landes zu verdanken ist. Denn während zu dieser Zeit das benachbarte Rheintal bereits zu den berühmtesten Touristenattraktionen Europas zählte, in dem sich Dichter, Maler, Kupferstecher und Sagenforscher ein Stelldichein gaben, lag über den angrenzenden Höhenzügen der Eifel das Dunkel der Vergessenheit eines unbekannten, von Jahrhunderten des Krieges ruinierten Landes. Erst die Romantiker, allen voran keine Geringeren als Ernst Moritz Arndt, Karl Simrock und Gottfried Kinkel, wagten sich auf schwer gangbaren Pfaden in die damals fremde Bergwelt, fasziniert von der grandiosen vulkangeformten Landschaft und den überall sichtbaren Zeugnissen einer langen, versunkenen Geschichte. Zuvörderst war es das Ahrtal, das mit seinen bizarren Schluchten, den verwunschenen Burgruinen auf unzugänglichen Klippen und sicher nicht zuletzt mit einem erlesenen Wein die romantischen Gemüter zutiefst bewegte. Das Standardwerk seiner Zeit über das Ahrtal brachte 1845 Gottfried Kinkel in Bonn heraus, nachdem er mehrmals das ganze Tal auf schlechten Straßen und einsamen Fußpfaden von der Mündung bis zur Quelle in Blankenheim durchquert hatte. Kinkel (1815–1882) zeichnete sich – wie so viele Literaten seiner Zeit – durch die eigentümliche Mischung schöngeistiger und wissenschaftlicher Momente seines Schaffens aus. So gelang ihm die erste Erforschung der Geschichte des Ahrtales, und auch geologische Gegebenheiten waren ihm nichts Unbekanntes. Der von ihm hervorgehobene Wechsel im Landschaftsbild des Ahrtales ist darauf zurückzuführen, daß der Fluß in der lieblichen Landschaft der Eifeler Kalkmulden (s. S. 133) entspringt und bei Ahrdorf fast rechtwinklig in die aus unterdevonischem Gestein gebildete Schiefer- und Grauwackenzone eintritt, in das er sich in immer tieferen Schluchten eingesägt hat. In denen verleiht die extreme Schrägschichtung des Gesteins dem Landschaftsbild eine zusätzliche Dramatik, sie ist an den über hundert Meter hohen Felswänden eindrucksvoll zu studieren und rührt von der Faltung der kilometerdicken devonischen Meeresablagerungen während der variskischen Gebirgsbildung her. Mit dem Aremberg und der Landskron passiert der Fluß auch zwei mächtige Vulkane. Geologisch genaugenommen, ist das untere Tal das Herzstück der sog. Ahreifel, deren das Tal rahmende Hochflächen im Norden an den Münstereifeler Wald und im Süden an die Hoch- und Vulkaneifel grenzen. Von dort münden mehrere einsame Seitentäler ein, die wie das Liersbachtal und das des Kesselinger Bachs zu den schönsten Gegenden der Eifel zählen.

War das Ahrtal für die Romantiker die schmale Eingangspforte in die Eifel, so war es in den Kriegen der beginnenden Neuzeit das weit geöffnete Ausfalltor der Franzosen zur Rheinlinie. Im Mittelalter blieb das Tal aufgrund eindeutiger Machtverteilungen von den ständigen Kämpfen zwischen Köln, Jülich, Trier, Luxemburg und den kleineren Eifeldynasten weitgehend verschont: Nachdem der Graf von Are 1246 Altenahr und Ahrweiler dem Kölner Erzstift geschenkt hatte, baute das Bistum seine Machtstellung im unteren Ahrtal aus und räumte in kurzer Zeit mit allen benachbarten Widersachern auf. Ahrweiler wurde neben Bonn, Andernach und Neuss zur Mit-Hauptstadt von Kurköln ernannt und entsprechend befestigt, diese Machtpräsenz verleitete zumindest in dieser Gegend keinen Konkurrenten mehr, sich mit dem Erzbistum anzulegen. Ebenso unangefochten hielten die Grafen (später die Herzöge) von Aremberg die Stellung im mittleren, die Grafen von Blankenheim die ihre im oberen Ahrtal. Die Aremberger und Blankenheimer gehörten zu den wenigen Eifeldyna-

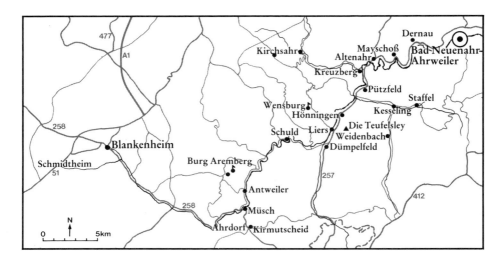

HEIMERSHEIM

Im Ahrtal, Eröffnungsblatt der Lithographienserie von N. Ponsart

sten, die sich nie einem der vier Großterritorien unterwerfen mußten. Doch als die Zeit der kleinen Adelskonflikte vorbei war und die großen europäischen Kriege begannen, hatte das Ahrtal als Durchgangsstraße im 30jährigen Krieg Entsetzliches zu leiden. Noch schlimmer kam es, als die Franzosen im dritten Raubkrieg Ludwigs XIV. die Grenze Frankreichs an den Rhein vorzuschieben versuchten und immer wieder das Ahrtal als Anmarschweg benutzten. Damals, besonders im Frühling 1689, ging das ganze Tal in Flammen auf, fast alle Burgen wurden erobert und zerstört oder von ihren reichsdeutschen Besitzern selbst in die Luft gesprengt, um zu verhindern, daß sie dem Feind als Stützpunkt in die Hände fielen.

Wenn man vom Rhein, von Sinzig aus, das Ahrtal (Abb. 54) bereist, so trifft man als erstes auf die 1969 entstandene Großgemeinde Bad Neuenahr-Ahrweiler, in die mehrere historisch eigenständige Orte inkorporiert sind. Der erste davon ist **Heimersheim**, unterhalb des mächtigen Basaltkegels der Landskron auf der anderen Ahrseite. Man nehme nach links die Brücke über den Fluß und fahre auf gerader Straße bis in die Ortsmitte, wo mit der spätromanischen Emporenbasilika St. Mauritius ein »Dokument der schönheitsfrohen Kultur des 13. Jahrhunderts« erhalten blieb, »die selbst an einer Dorfkirche wie dieser ihren künstlerischen Hochsinn nicht verleugnet«, wie Dehio ein wenig überschwenglich schreibt. Der 1960/61 angeschlossene moderne Erweiterungsbau hat mit seinen klotzigen Mauermassen zumindest dem Schönheitsfrohsinn der Westfassade den Garaus gemacht, doch innen entzückt die alte Kirche noch immer durch den Reichtum ihrer Architekturformen und vor allem durch die rekonstruierte farbige Ausmalung. Unter dem Einfluß der nahe gelegenen Kirche in Sinzig um die Mitte des 13. Jh. entstanden, außen mit Lisenen und Rundbogenfriesen verziert und von einem achteckigen Vierungsturm überragt, ist das hervorstechende

Merkmal im Inneren, daß sich über den beiden Seitenschiffen Emporen befinden, die sich mit farbig gefaßten Doppelarkaden unter einem runden Blendbogen zum Mittelschiff öffnen. Dies verleiht der Kirche ihre reiche Gliederung, die zusammen mit den überquellenden Formen von Pfeilern, Wandnischen, Runddiensten mit Laubwerkkapitellen und Vorformen von Maßwerkfenstern im Chor, Seitenchor und Querhaus das Gerücht von den schwer lastenden Mauern romanischer Bauten Lügen straft. Ebenfalls ein Meisterwerk spätromanischer Kunst sind zwei äußerst seltene Bahnen von Glasmalerei der zweiten Hälfte des 13. Jh. im Chor. In eher zeichnerischer Manier mit kräftiger Umrißgestaltung und mäßiger Farbschattierung sind die Ritterheiligen Georg und Mauritius sowie Verkündigung, Geburt Christi, Kreuzigung und Auferstehung zu sehen. Zu den besten Werken der in der Eifel vielbeschäftigten Werkstatt des Hans Ruprecht Hoffmann aus Trier (s. S. 308) gehört das Sandsteinretabel auf dem Hochaltar mit dem Kreuztragungsrelief in Alabaster. Nach 1599 von Erzbischof Lothar von Metternich zur Erinnerung an seine Eltern gestiftet, sind vor dem Relief zwei betende Figuren zu sehen, eine ein Ritter in prächtiger Rüstung, den Helm sorgfältig danebengestellt, kniend auf einem Kissen mit kleinen Troddeln – »elegant manieristische Feinarbeit« der Trierer Renaissance.

»Von Heimersheim zeigt sich die Landskron in der ganzen strengen Schönheit ihrer Umrisse, da sie hier dem Besucher nicht ihre breite Flanke, sondern ihre scharfe Stirn entgegenhält; ganz kegelförmig, mit völlig geraden Linien steigt sie aus dem Tal empor«, schreibt Gottfried Kinkel über den markanten Burgberg mit dem bedeutungsvollen Namen. Seine ebenmäßige Form rührt daher, daß es sich um einen 300 m hohen Vulkankegel handelt; die 1206 von Philipp von Schwaben im Kampf mit dem welfischen Gegenkönig Otto gegründete Burg wurde aus im Berg gebrochenen Basaltsäulen errichtet, deren Trümmer noch heute die Hänge bedecken. Nachdem der Staufer Friedrich II. 1214 die Burg belagert und den welfisch gesinnten Gerichwin von Sinzig bezwungen hatte, spielte die Landskron noch lange eine wichtige Rolle zum Schutze der zu ihren Füßen verlaufenden Heerstraße Aachen – Frankfurt; mit der Zeit wurde der ganze Berggipfel stark befestigt. 1677 niedergebrannt, wurde die Festung 1682 von Herzog Wilhelm von Pfalz-Neuburg so gründlich in die Luft gesprengt, daß heute nur noch wenige Ruinenreste aus dem gewaltigen Trümmerhaufen ragen. Immerhin sind in der Niederburg die Fundamente des staufischen Palas wieder ausgegraben, Tore und Treppen führen zu kühn über den Felsabstürzen gelegenen Wehranlagen. Trotz der relativ geringen Reste ist aber der Weg hinauf auf jeden Fall zu empfehlen, denn der Blick von dort oben sucht seinesgleichen. Vom Rheintal bis zu den dunklen Felsen hinter Walporzheim kann man schauen, unten liegen, von Rebenhängen eingefaßt, die Ahr und zahlreiche Orte wie Spielzeug zu Füßen des Festungsberges.

Ein wenig weiter links kommt eine weitere, allerdings niedrigere Basaltkuppe mit einem Aussichtsturm ins Blickfeld: der Neuenahr. Hier hatte Graf Otto in den Jahren 1222–1231 mit dem Bau einer Burg eine neue Linie der Grafen von Are-Nürburg gegründet, die später die einzig nennenswerten Gegner der Kölner Vorherrschaft im unteren Ahrtal wurden. 1372 war das Erzbistum die ewigen Fehden mit den Grafen leid; sie nahmen dabei entstandene Schäden im kurkölnischen Ahrweiler zum Anlaß, mit Truppen vor den Neuenahr zu rük-

BAD NEUENAHR/AHRWEILER

Ansicht von Ahrweiler und der Landskrone, Lithographie von N. Ponsart

ken. Nach zehntägiger Belagerung wurde die Burg erstürmt und ein für allemal zerstört. »Eine schaurige Stille herrscht auf dieser Höhe. Das ganz und gar vertilgte, nicht einmal in Trümmern aufbewahrte Leben der Vorzeit, das sich hier einst bewegte, faßt den Einsamen mit gespenstischem Schauder an«, schauderte es Kinkel bei seinem Besuch. Ganz so ist es heute nicht mehr, schon wegen des Krachs auf der das Ahrtal kreuzenden Autobahn, vor allem aber steht heute in der Nähe ein großer Ort, den es zu Kinkels Zeiten noch nicht gab: **Bad Neuenahr.** Denn erst nachdem 1856 die Heilquellen entdeckt und zwei Jahre später der Badebetrieb aufgenommen wurde, wuchsen die dortigen Dörfer Wadenheim, Beuel und Hemessen zu einem Ort zusammen, der sich 1875 mit dem klangvolleren Namen des alten Burgbergs zierte – Bad Wadenheim hätte nicht so gut geklungen. Das dort sprudelnde Mineralwasser und die alkalischen Thermen von 36 °C mit ihrer Anwendung bei Diabetes, Leber-, Darm-, Gallen- und Nierenleiden ließen das Bad rasch zu einem internationalen Kurort werden; ein Ruhm, zu dem das örtliche Spielkasino in nicht geringer Weise beitrug. Für den Kunstfreund gibt es dort wenig zu sehen; neben der Hauptstraße steht im Ortsteil Hemessen ein Heiligenhäuschen mit einer ausdrucksvollen Kreuzigungsgruppe aus Steinfiguren um 1536.

Wie die Legende berichtet, näherte sich im Jahre 1440 ein von der Wallfahrt nach Jerusalem heimkehrender Ritter der Stadt **Ahrweiler.** Beim Anblick der Türme und Mauern stockte sein Schritt, denn neben dem Ahrstädtchen, das ihm dem heiligen Jerusalem ähnlich

28 Vussem, römisches Aquädukt ▷

29 Münstereifel, ehem. Stiftskirche, Dreisitz   30 Münstereifel, ehem. Stiftskirche, Westbau
31 Nettersheim, römische Tempelanlage »Görresburg«

32 Münstereifel, ehem. Stiftskirche, Chorfresken
33 Münstereifel, ehem. Stiftskirche, Madonna (1320)
34 Münstereifel, ehem. Stiftskirche, Hochgrab (14. Jh.)

35 Fachwerkhaus in Blankenheim
36 Haus Windeck in Münstereifel
37 Wildenburg bei Reifferscheid ▷

39 Frauenberg, Pfarrkirche, Chorfresko
◁ 38 St. Viktor, Hochkirchen bei Nörvenich
40 Elsig, Triptychon in der Pfarrkirche, Detail

41 Zülpich, römische Badeanlage

42 Wasserschloß Veynau (Obergartzem)

43 Münstereifel, Werther Tor   44 Burg Konradsheim bei Lechenich
45 Zülpich, Stadttor   46 Haus Zievel bei Lessenich ▷

47 Euskirchen, Pfarrkirche, Antwerpener Schnitzaltar
48 Euskirchen, Pfarrkirche, romanisches Taufbecken

49 Kirmutscheid, Pfarrkirche, Gewölbefresko
50 Kirmutscheid, Pfarrkirche, Gewölbeschlußstein
51 Kirmutscheid, Pfarrkirche, Gewölbe

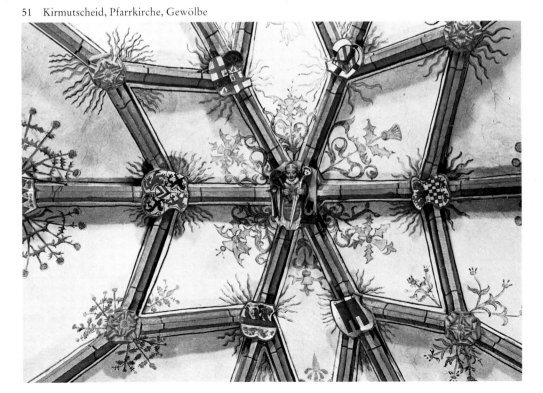

52 Burg Kreuzberg im Ahrtal
53 Kalvarienberg bei Ahrweiler
54 Im Ahrtal ▷

55 Mechernich, Katzensteine bei Katzvey

dünkte, gewahrte er einen »anmutigen Hügel«, der ihm als Darstellung Golgathas erschien. Er maß die Entfernung zwischen beiden, und es ergab sich, daß es vom Hügel zur Pfarrkirche »genau so weit als von dem Kalvarienberg in Jerusalem zu dem Prätorium des Pilatus war« (Rheinischer Antiquarius). Diese aufsehenerregende Entdeckung verbreitete sich wie ein Lauffeuer. Eine solche Übereinstimmung mußte ein Wink des Herrn sein, und so gelobte die Bürgerschaft, die Anhöhe dem Gekreuzigten zu weihen. Der anmutige Hügel trug im Volksmund den Namen »Kop« und obendrauf den Galgen des Hochgerichts, der nun schleunigst entfernt wurde. Die 1440 errichtete erste Kapelle konnte bald den Andrang der Wallfahrer nicht mehr fassen; 1630 gründeten die Franziskaner hier ein Kloster, dem 1664–1678 eine große neue Kirche angebaut wurde. 1802 wurden die Mönche von den Franzosen vertrieben, doch zogen 1838 die Ursulinen in die verlassenen barocken Klostergebäude, ließen sie 1897 abbrechen und durch gewaltige Neubauten im neogotischen Stil ersetzen, die noch heute stehen – der heimkehrende Ritter des 15. Jh. würde seinen anmutigen Hügel nicht wiedererkennen (Abb. 53). Erhalten blieb aus der Zeit der Franziskaner die barocke Kirche, 1897 um einen großen Schwesternchor mit einem die gesamte Stirnwand einnehmenden Fenster mit Rosette erweitert. Die gotisierende Kirche mit den Gewölberippen aus Holz ist bei kurzer Nachfrage an der Klosterpforte zu besichtigen; seit der Entfernung des neogotischen Inventars wirkt sie ein wenig kahl, doch besitzt sie (an der Altarwand) eine vorzügliche spätgotische Kreuzigungsgruppe mit lebensgroßen Figuren. Aus barocker Zeit sind noch sechs Holzfiguren erhalten, man beachte auch die Wappenscheiben von 1671/72 in den Fenstern. Vor allem aber befindet sich außen an der Nordwand der Kirche eine hohe Kreuzigungsgruppe, letzter Teil eines 1732 entstandenen Kreuzweges von 14 Stationen, der mit derben, aber sehr ausdrucksvollen großen Steinreliefs den Berg hinunter zur Ahrbrücke führt, wo er am Stadttor von Ahrweiler beginnt.

Hier steht man nun endlich vor der vielgerühmten Stadtbefestigung Ahrweilers, die mit der von Münstereifel und Oberwesel die besterhaltene des ganzen Rheinlandes repräsentiert. Fast vollständig steht noch der weitgezogene ovale Bering mit Türmen und Wallgraben. Die eindrucksvollsten Teile der bereits um 1248 begonnenen Anlage sind die vier mächtigen Stadttore (Abb. 56): Das Ahrtor, vor dem Sie, vom Kalvarienberg kommend, stehen, und das Niedertor sind mit vorspringenden halbrunden Flankierungstürmen geschützt, das Obertor besitzt an seinem großen Turmbau vier Ecktürmchen über einem Kleeblattbogenfries, vom Adenbachtor steht nur noch das alte Untergeschoß. Diese weitläufige Stadtbefestigung sicherte jahrhundertelang die Vormachtstellung Kurkölns im oberen Ahrtal; erst im 30jährigen Krieg wurde die Stadt gleich dreimal belagert, erobert und geplündert, die Truppen des französischen Sonnenkönigs steckten Ahrweiler am 1. Mai 1689 in Brand. Sie wurde beinahe vollständig eingeäschert, nur zehn Häuser blieben übrig.

Ein Raub der Flammen wurden damals auch das Dach und die Inneneinrichtung der Pfarrkirche St. Laurentius, um ein Haar wäre einer der bedeutendsten rheinischen Kirchenbauten der frühen Gotik zugrunde gegangen. Der 1269 begonnene Bau stellt die älteste Hallenkirche des Rheinlandes dar, die, zwar mit deutlicher Anlehnung an die spätromanischen Basiliken in Sinzig und Heimersheim, den Übergang zu einem neuen Bauschema

AHRWEILER

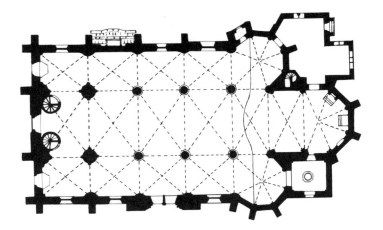

Ahrweiler, Grundriß von St. Laurentius

wagt. Die drei gleich hohen Schiffe bilden von außen gesehen einen kompakten Baukörper, nur im Osten belebt durch die dreischiffige Choranlage mit diagonal gestellten Seitenchören und im Westen überragt von einem im Unterbau nicht vorbereiteten Achteckturm, der unvermittelt über der Fassade aufsteigt, jede seiner acht Seiten wird von einem mit Spitzbögen verzierten Dreieckgiebel bekrönt. Bemerkenswert ist die Dachkonstruktion: während Mittelschiff und Hauptchor von einem längsgerichteten Satteldach einheitlich bedeckt sind, besitzt jedes einzelne Seitenschiffjoch ein eigenes Walmdach. Das Innere bietet mit seinen auf mächtigen Rundpfeilern ruhenden weitgespannten Gewölben einen sehr eindrucksvollen Anblick, doch wer eine von gleichmäßigem Licht durchflutete Hallenkirche erwartet hat, wie sie für die gleichzeitigen westfälischen Bauten dieser Art charakteristisch ist, sieht sich getäuscht. Denn diese für die damalige rheinische Kunst ungemein kühne Raumlösung wurde im Inneren auf eigentümliche Weise zurückgenommen, als wolle man sich vom bis dahin vorherrschenden basilikalen Schema doch nicht so weit entfernen. Denn die Kirche nimmt die Tradition der spätromanischen Emporen wieder auf, die, auf etwa halber Höhe der Seitenschiffe eingezogen, diese wieder deutlich vom Mittelschiff absetzen. Unter den Emporengewölben erscheinen die Seitenschiffe so niedrig und düster wie in einer Basilika. Da die Emporen außerdem nur in die drei westlichen der vier Seitenschiffjoche eingebaut sind, öffnet sich deren viertes in voller Höhe zum Mittelschiff, wodurch der Eindruck eines nicht vorhandenen Querhauses entsteht. Allein der Blick hinauf in die reich gestalteten Gewölbe der drei Schiffe, deren Scheitel auf derselben Höhe liegen, zeigt die Weite des Hallenraumes. Neben den schönen Blattwerkkapitellen der Pfeiler besitzt die Kirche als bedeutende Ausstattung einen reichen Freskenschatz des 14. und 15. Jh., der 1903 entdeckt und restauriert wurde. Nach Fertigstellung dieser Arbeit malte der Konservator Bardenheuer aber noch eine Anzahl flächendeckender Wandgemälde im historisierenden Stil seiner Zeit dazu, über deren künstlerische Qualität sich lange streiten ließe. Die alten Fresken befinden sich an den Stirnseiten der Emporenjoche und darunter an den Wänden der Seitenschiffe, ebenfalls alt sind die Bilder des linken Turmpfeilers, der östlichen Stirnfläche der Nordempore und der vegetabile Schmuck der Gewölbefelder. Aus den zahlreichen Bildern seien als bedeutendste hervorgehoben: das Jüngste Gericht (westliches Emporenjoch der Nordseite; Mitte 15. Jh.), der noch sehr zeichnerische Gnadenstuhl (Nordwand unter dem ersten Emporenjoch; 14. Jh.) und die Taufe Jesu mit vorhangtragenden Engeln und alten Abbildungen der Landskron, des Kalvarienberges und Ahrweilers neben dem Vorhang (Südwand unter dem zweiten Emporenjoch; spätgotisch, 15./16. Jh.). Als Beispiel der neuzeitlichen Fresken sei das Bild der St. Sebastianus-Schützengesellschaft (1918) an der Nordwand des Hauptchores erwähnt: Die Szene spielt zwar im Mittelalter, doch hat der Maler dort 30 bekannte Persönlichkeiten Ahrweilers portraitgetreu wiedergegeben, die zwischen Zinnen und Türmen mit Rüstungen und Schwertern das Bild bevölkern; ein Zeugnis jener eigentümlichen Haltung des Historismus, die perfekt beherrschte Imitation der Stile vergangener Epochen zur Repräsentation des Gegenwärtigen zu benutzen.

Weiter die Ahr aufwärts, gelangt man nach **Walporzheim** (dort das älteste Weinhaus des Ahrtales von 1246), »dem mittelalterlichen Walprechtishoven, das uralten Ruf wegen seiner Weinberge hat. Hier ist die edelste Lage des ganzen Ahrtales«, schreibt Kinkel, doch würden Dernau, Mayschoß und Altenahr heute sicher heftigen Protest gegen diese Behauptung einlegen, zumal deren Weinlagen den unbestreitbaren landschaftlichen Höhepunkt des Ahrtales bilden. »Gleich hinter Walporzheim treten wir nun in die engen Felsgeschiebe ein. Sie sind in ihren scharfen Formen so phantastisch, daß sie den träumenden Volksgeist zu düsterer wie zu heiterer Legende befruchten mußten«, schreibt Kinkel und charakterisiert die ungeheuren Felsen, die nun die Straße begleiten, als Erscheinungen, die mit ihren »Terrassen und Stützmauern noch mehr als alle bisherigen den Eindruck einer zertrümmerten Festung gewährten.« So gelangt man nach **Dernau**, dessen Augustinerinnenkloster Marienthal in Ruinen liegt. Die einschiffige und fünfjochige Kirche wurde nach 1689 erneuert und besaß gotisierende Gewölbe auf schönen Blattwerkkonsolen, jedoch befindet sich heute eine staatliche Weindomäne auf dem Gelände, weshalb es schwierig ist, die alte Klosteranlage zu besichtigen. Sie besaß immerhin eine bedeutende Barockausstattung, die jetzt in mehrere Dorfkirchen der Umgebung verstreut ist; wir werden ihr dort in Einzelteilen fast vollständig wiederbegegnen.

Von einem gewaltigen Burgfelsen wird **Mayschoß** überragt. Dort stand mit der Saffenburg die wohl älteste Befestigung des Ahrtales, denn ein Adalbert de Saffenberg wird bereits 1074 erwähnt. Beim Bau der Anlage war der Berggipfel durch zwei ins Gestein gehauene tiefe Gräben in drei Felsplateaus verwandelt worden, auf denen zwei hintereinanderliegende Vorburgen die große Hauptburg schützten. Der fortifikatorische Wert dieser mächtigen Anlage, die das ganze Tal zu sperren vermochte, war selbst nach Einführung der Feuerwaffen so groß, daß die Befestigung im 30jährigen Krieg hart umkämpft war. Zur Vermeidung weiterer Benutzung des befestigten Platzes durch den Gegner wurde die Burg 1704

Panorama der Umgebung von Altenahr vom Weißen Kreuz aus, Lithographie von N. Ponsart ▷

Ansicht der Burg Altenahr aus der Nähe des Tunnels, Lithographie von N. Ponsart

gesprengt. Daher sind heute hoch über Mayschoß nur noch die drei Felsen mit den trennenden Gräben zu sehen, oben findet sich noch überwuchertes Mauerwerk, das aber die alte Anlage noch erkennen läßt. So muß man sich in Mayschoß mit der Besichtigung der 1908 entstandenen Pfarrkirche begnügen, in der sich neben Resten der barocken Ausstattung aus Kloster Marienthal das Grabmal der Gräfin Katharina von der Mark befindet (1647). Die vorzüglich gearbeitete Tumba aus schwarzem belgischem Marmor zeigt die schöne Bildnisfigur der verstorbenen Gräfin, die jugendlich und schlafend im Hochrelief dargestellt ist. Stünde über dem Ort noch die Burg auf dem dreigeteilten Felsgipfel, es wäre ein Anblick, der selbst **Altenahr** den Rang abgelaufen hätte. Zu diesem unbestrittenen landschaftlichen Höhepunkt des Tales führt die Straße nun durch die eindrucksvollsten Felsschluchten, deren schönste Partien sich allerdings nur dem Fußgänger erschließen: An der Lochmühle und kurz vor Altenahr durchbricht die Straße zweimal die Felswände und schneidet damit zwei langgezogene mäandrierende Windungen des Flusses ab, die, vom motorisierten Verkehr unberührt, einen letzten Eindruck von der einsamen Wildheit der schroffen Landschaft geben.

Kurz bevor die Straße im Dunkel des Felsentunnels von Altenahr verschwindet, erscheinen wie eine Vision die Ruinen der Burg Are über den senkrechten Wänden der Schlucht. Auf der anderen Seite des Tunnels eröffnet sich der Blick auf den Ort mit seiner romanischen

Pfarrkirche, doch sollte der erste Weg auf den Burgfelsen führen, denn er (und sein Rundblick) sind die eigentliche Attraktion Altenahrs. Dazu benutze man einen Teil des »Rotweinwanderweges«, der übrigens schon unterhalb der Landskron in Bad Neuenahr beginnt und bis hierher führt; mitten in Altenahr folge man an der Straßengabelung etwa 30 m der Straße nach Bonn, dann zweigt rechts der Weg ab, der mit einer unmißverständlichen Rotweintraube gekennzeichnet ist. Bereits nach wenigen Minuten den Berg hinauf erreichen Sie die Gymnichsportz, eine halb im Wald und zwischen den hohen Felsen versteckte Torburg, die den Burgberg nach dieser Seite abriegelte. Folgen Sie diesem Weg noch ein paar Minuten, und Sie haben das klassische Ahrtal-Panorama vor sich. »... unter uns Altenahr, in Obstbäumen, Gärten, Kornfeldern versteckt, dicht vor uns aber die prächtigen Burgtrümmer, dahinter die phantastisch zerklüfteten Felsenhäupter, die das Tal von Altenahr so wunderbar und einzig machen. Dies ganze Labyrinth haben wir in einem Blicke vor uns. Es ist keine Stelle, welche den eigentümlichen Zauber der Ahr so tief und mächtig auf den Beschauer wirken ließe ...«, notierte Gottfried Kinkel hier oben, und wem es dort die Sprache verschlug, der griff zu Pinsel oder Stift: so wurde eben dieser Blick in zahlreichen Gemälden, Zeichnungen und Kupferstichen des vorigen Jahrhunderts festgehalten. Die Hochburg der Ruine Are umschloß ein unregelmäßiges Viereck, zu sehen sind Eck- und Tortürme sowie Wehrmauern und Palasreste aus dem 12. bis 15. Jh. Bemerkenswert ist die Ruine der rechteckigen Burgkapelle um 1200, ehemals eine zweistöckige Doppelkapelle mit einem Untergeschoß für das Gesinde, Reste des Kreuzgewölbes sind noch zu sehen. Die Burg bestand bereits im Jahre 1121 und war Sitz der Grafen von Are, die sie 1246 dem Kölner Erzbistum schenkten, das die Felsenkeller sofort als gefürchtetes Gefängnis für aufsässige Kölner Patrizier benutzte. Im Laufe der Zeit zu einer starken Festung ausgebaut, spielte sie noch in den Franzosenkriegen eine Rolle. 1690 wurde die Burg erst nach neunmonatiger Beschießung und Belagerung durch französische Truppen genommen und bis 1706 von diesen besetzt. Danach legte das Kölner Domkapitel eine Besatzung auf den Felsen, die sich jedoch zu einer derartigen Landplage entwickelte, daß Kurfürst Joseph Clemens 1714 die Burg erobern und in die Luft sprengen ließ.

Aus der Blütezeit der Grafen von Are stammt auch das zweite bedeutende Bauwerk Altenahrs. Zwischen den alten Häusern des Ortes schaut der gedrungene Vierungsturm einer dreischiffigen romanischen Pfeilerbasilika über die Dächer; bereits 1166 genannt, ist der Bau von eindrucksvoller Strenge, die auch durch die 1892 erfolgte dezente Erweiterung des Langhauses um 1½ Joche nicht verfälscht wurde. Hinter dem Säulenportal öffnet sich der fast schmucklose, klassisch gegliederte Innenraum: Niedrige, düstere Seitenschiffe, durch schmale Bögen auf mächtigen Vierungspfeilern vom erhöhten Mittelschiff getrennt, darüber schwere Gewölbe. Am Ende des rechten Seitenschiffes wurde die ehemalige Sakristei in eine chorartige Kapelle verwandelt. Der Hauptchor ist gotisch (1326) und zeigt figurale Motive an den Rippenansätzen. Man beachte den sechssäuligen romanischen Taufstein aus Basalt im linken Seitenschiff.

Außer dem Rotweinwanderweg versäume man nicht, auf dem unmittelbar den Ort überragenden Felsen diverse Aussichtspunkte mit grandiosen Panoramen aufzusuchen. Da ist

ALTENAHR / KREUZBERG / KIRCHSAHR

zunächst das Schwarze Kreuz und das Teufelsloch im Gipfel mit dem Blick eine halsbrecherische Felswand hinunter auf die Ahr, nicht weniger empfehlenswert sind der Bockshardt, das Horn und der Schrock; auf den Ditschhardt führt sogar eine Seilbahn. Falls Sie jedoch ein Freund stiller Betrachtung sind, sollten Sie Altenahr an Sonn- und Feiertagen weiträumig umgehen. Dann herrscht – zumal bei gutem Wetter – ein unerträglicher Rummel in den engen Gassen, garniert durch die chronische Autoschlange, die sich durch dieselben schiebt, und auch auf den Höhenwegen gibt es Gedränge, obwohl es bergauf geht. Bevor man Altenahr verläßt, werfe man noch einen Blick zurück zur Ruine der Burg Are. Durch die riesige, glatte Felswand daneben war bereits im vorigen Jahrhundert ein Straßentunnel gebrochen worden, der außer Kinkel auch seine Zeitgenossen tief beeindruckt hat. Der Kupferstecher Nicolaus Ponsart war von der Szenerie so hingerissen, daß er den »Vue de tunnel« gleich in mehreren Stichen festgehalten hat.

Nur zwei Flußwindungen weiter begegnet man einem weiteren Lieblingssujet der literarischen Ahrwanderer, damals gerade auf einer neuen Chaussee zu erreichen: Burg **Kreuzberg** (Abb. 52) auf steilem Felsen über dem Zusammenfluß von Ahr, Vischel und Sahr. 1340 erhielt Ritter Cuno von Vischerich von den Herren in Altenahr, den Kölner Erzbischöfen, die Erlaubnis zum Bau einer Burg auf dem Kreuzberg. Sie diente den Kölnern als zusätzliche Sicherung ihrer Besitzungen im Ahrtal gegen die dort beginnenden Eifelterritorien anderer Herren. Prompt wurde die Burg 1686 von den aus der Eifel ins Ahrtal vorstoßenden Franzosen erobert und gesprengt, um 1760 entstand die bescheidene heutige Anlage unter Benutzung eines gotischen Bergfrieds. Die Burg befindet sich in Privatbesitz und ist nicht zu besichtigen, dennoch lohnt sich der kurze Aufstieg, der auf der Rückseite des Felsens hinaufführt. Dort steht vor dem Burgtor eine Kapelle aus dem Jahre 1783 mit einer erhaltenen Ausstattung der Erbauungszeit, bemerkenswert die Skulptur einer sitzenden Madonna (kölnisch, um 1480) und drei schöne Reliquienmonstranzen um 1790.

In Kreuzberg zweigt die Straße ins liebliche Sahrtal ab, wo im kleinen Dorf **Kirchsahr** mit einem gemalten Triptychon (Farbabb. 27) der Kölner Schule eines der bedeutendsten Einzelkunstwerke der Eifel zu sehen ist. Der prachtvolle Altar steht in der winzigen Kirche des Ortes, die so klein ist, daß die Gewölberippen des Chores ausgebrochen werden mußten, um ihn aufstellen zu können. Daß er hierherkam, ist Johannes Cremer zu danken, 1750–97 Pfarrer zu Kirchsahr. Als Gastprediger wirkte er auf die Stiftsherren von Münstereifel so überzeugend, daß sie ihm einen Wunsch freistellten. Er wählte den großen Flügelaltar für seine kleine Kirche, von dem sich die Münstereifeler allerdings leichten Herzens trennten. Denn längst waren auch sie der grassierenden Barockmanie erlegen, hatten das gotische Triptychon abgebaut und durch ein zeitgenössisches Barockretabel ersetzt. So verschwand das kostbare Stück wie so viele seiner Art irgendwo in einem Schuppen, in dem es sicher zugrunde gegangen wäre, hätte es nicht die Bitte des Dorfpfarrers gerettet.

Die Kölner Malerschule liebt die gemalten Bildaltäre, im Gegensatz zu den von Figurenreliefs und Rankenwerk überquellenden Antwerpener Schnitzaltären, wie sie zahlreich in die Eifel exportiert worden waren. Von den drei berühmten Werken dieser bis heute in ihren einzelnen Künstlerpersönlichkeiten kaum faßbaren Schule, die sich in der Eifel befinden, ist vor dem Aachener Passionsaltar und dem Frauenberger Altar dieser hier in Kirchsahr der älteste. Entstanden zwischen 1400 und 1415, ist er noch ganz dem »Weichen Stil« verpflichtet; er zeigt in 19 Bildern das Leben und Leiden Jesu, jeweils neun kleinere rahmen die monumentale Kreuzigung auf der Mitteltafel. In diesen Bildern ist von der Spätgotik und ihrem harten Realismus noch kaum etwas zu spüren; edle Gestalten mit fließenden Bewegungen in prächtigen Gewändern bevölkern die Szenen, noch ganz in der idealisierenden Manier höfischer Kunst empfunden. Der Hintergrund der Gemälde ist fast durchweg aus traditionellen Goldflächen gebildet, vor denen sich die harmonisch komponierten Figurengruppen farbenprächtig abheben. Weder weitläufige Stadtarchitekturen noch tiefe Landschaftshintergründe sind zu sehen; die reale Welt, in die die Spätgotik das biblische Geschehen versetzt, ist noch ausgeschlossen, allein die Darstellung des Herrenleidens als höchstes Symbol mittelalterlicher Gläubigkeit beherrscht die Aussage des Altars. Man beachte auch die Rückseite der geöffneten Flügel, hier sind weitere Tafelbilder mit Heiligen und schaurigen Teufeln zu sehen.

Zu Kinkels Zeiten war eine Ahrreise in Kreuzberg gewöhnlich zu Ende: Die wildromantischen Partien des Tales waren vorbei, Weinhäuser kamen auch keine mehr, die Straße verdiente diesen Namen nicht, und so begab sich das beeindruckte Publikum auf die Rückreise. Nicht jedoch Kinkel. Er liebte das mittlere und obere Ahrtal ganz besonders und gab zahlreiche aufmunternde Hinweise zum Weiterwandern, was vor 150 Jahren in der Eifel

Burg Kreuzberg, Lithographie von N. Ponsart

freilich einem Abenteuerurlaub geglichen haben muß. So unbekannt, vereinsamt und verarmt war das Land damals, daß Kinkel minutiöse Beschreibungen der wenigen Übernachtungs- und Verköstigungsmöglichkeiten gibt, die zu beachten er dringend anrät, andernfalls der Weiterweg ein böses Ende nehmen könne. Die Eifel, die er noch vor Augen hatte, kann man sich heute kaum mehr vorstellen, obwohl das Land noch in diesem Jahrhundert als »Rheinisches Sibirien« verschrien war. Doch wenn in Dümpelfeld die große Durchgangsstraße nach Adenau die Ahr verläßt, versinkt das Tal noch heute in tiefer Einsamkeit, das kaum bekannte Stück zwischen Schuld und Müsch gehört daher zu den schönsten und anmutigsten Landschaften der ganzen Eifel. Doch vorher erblickt man in Pützfeld die hübsche Wallfahrtskapelle am steilen Berghang (1680/81, reiche frühbarocke Ausstattung).

In Pützfeld zweigt die Straße ins Tal des Kesselinger Baches ab, das geprägt ist von weiten Wiesen, umgeben von waldbedeckten Höhen. Hier ist der unbekannte Teil des Ahrgebirges, die bald abzweigenden Täler des Weidenbaches und des Heckenbaches führen auf alten, schmalen Straßen durch eine menschenleere Landschaft von melancholischer Schönheit hinein in die Hohe Eifel mit ihren Vulkanbergen; über Herschbach und Kaltenborn führt die eindrucksvollste Zufahrt zur Hohen Acht – auch Kinkel empfiehlt diese Route, freilich zu Fuß. Diese zweigt ab in **Kesseling,** das überragt wird von seiner großen Pfarrkirche auf einem Felsvorsprung. Der mächtige Ostturm mit den Vierpaßfenstern stammt noch aus dem 13. Jh., das weite, einschiffige Langhaus ist ein Bau von 1791. Der Innenraum der Kirche wird beherrscht von einem riesigen Barockaltar, mit dem es seine besondere Bewandtnis hat. 1695 entstanden, wurde er nämlich für die nahe gelegene Abtei Maria Laach angefertigt, wo er bis zur Aufhebung des Klosters auch stand. Ein farbig verspielter Barockaltar in der von strenger Romanik geprägten Basilika zu Laach? Allerdings, die repräsentative Pracht dieses Stils duldete keine Kompromisse, wer sie sich nicht leisten konnte, galt als arm und rückständig. Obwohl der große Altar hier in Kesseling zu den qualitätvollen Stücken gehört, ist die Vorstellung, er stünde in der Klosterkirche von Maria Laach genau dort, wo sich heute das seinetwegen abgebaute einzigartige Ziborium befindet, höchst befremdlich. Man beachte in der Kirche noch ein Weihwasserbecken aus dem 13. Jh. Auf keinen Fall versäume man in dieser Gegend einen Gang zum Wacholdergebiet auf dem Wibbelsberg bei Heckenbach, in dem meterhohe Wacholderstauden stehen.

Biegt man in Kesseling nicht in das Weidenbachtal und zur Hohen Acht ab, so trifft man einige Kilometer weiter auf das kleine Dorf Staffel mit der Kapelle St. Lüfthildis neben der Straße. Darinnen befinden sich eine schöne Madonnenfigur vom Anfang des 15. Jh. und ein origineller polychromierter Altaraufsatz mit figurenreichen Reliefs, in dessen Volutengiebel eine Anbetung der Könige zu sehen ist.

Doch zurück ins Ahrtal. Nur ein kleines Stück flußaufwärts liegt auf der anderen Talseite der Ort **Liers** an der Mündung des gleichnamigen Baches in die Ahr. Das dort beginnende Lierstal ist wohl das reizvollste der Seitentäler der Ahr, unter alten Weiden strömt der Bach durch liebliche Auen, umgeben von hohen Waldbergen, von denen die einsame Ruine der Wensburg aus den Bäumen schaut. Mit dieser kleinen, aber sehr geschickt angelegten Burg, die 1401 Kölner Lehen wurde, arrondierte das Erzbistum die Kette von Befestigungen um seinen Besitz im Ahrtal; die Wensburg wurde erst 1832 von ihrem damaligen Besitzer teilweise abgerissen.

In **Dümpelfeld** muß man rechts auf das Sträßchen in Richtung Schuld und Blankenheim abbiegen, das weiter der Ahr folgt; die große Straße geht nach Adenau und zum Nürburgring. Am Hang über Dümpelfeld steht die Pfarrkirche St. Cyriak aus dem späten 13. Jh. In der zweiten Hälfte des 15. Jh. wurde das Langhaus zweischiffig eingewölbt. Die drei Joche ruhen auf zwei runden Mittelpfeilern, die Kreuzrippengewölbe enden auf verschiedenartig ausgebildeten Konsolen, die unter anderem Köpfe und Traubendolden zeigen. Mit diesem Raumschema begegnet man in Dümpelfeld einem der nördlichsten Beispiele jener Kirchen, die als Erweiterung der klassischen Einstützenkirchen in der Nachfolge der Hospitalkirche von Kues entstanden (s. S. 200).

Ein Stück weiter hat sich die Ahr wieder tief durch senkrecht abstürzende Felsen gegraben, auf einem von ihnen liegt der Ort Schuld, an drei Seiten vom gewundenen Flußlauf eingeschlossen; die teils in den Fels gebauten Häuser werden eindrucksvoll vom romanischen Turm der zerstörten alten Kirche überragt. Bei Schuld nun beginnt jener wenig bekannte Teil des Ahrtales, den Kinkel besonders liebte, obwohl er beklagte, daß die Gegend mangels einer Straße völlig verarmt sei: »Stattdessen ist nun die oberhalb Schuld folgende Flußstrecke fast weglos. Der Fußwanderer beklagt das nicht, denn eben diesem Umstand verdankt er dort den stillsten Genuß einer höchst idyllischen Natur. Durch Wiesen, die von Waldhügeln eingefaßt sind, zieht sich das Flüßchen; eine Mühle, ein Maierhof, manchmal ein alterndes Dörfchen liegen da und dort in der milden Naturstille ...« Heute gibt es natürlich eine Straße, doch viel belebter ist es hier nicht geworden, und man kann Kinkels Beschreibung für die ganze Talstrecke bis Müsch für immer noch gültig erklären. Vor allem liegt hier einer der verwunschensten Orte, die man an der ganzen Ahr finden kann und den auch Kinkel mit romantischer Schwermut betrat: der düstere **Aremberg** mit den im dichten Wald versunkenen Resten einer prachtvollen Herzogsresidenz. In Antweiler zweigt die Straße dorthin ab und führt in steilen Windungen den Talhang hinauf. Oben angekommen, erblickt man ein altes Dorf, geduckt im Schatten einer mächtigen bewaldeten Bergkuppe, die der Landschaft wie aufgesetzt wirkt. In der Tat ist der Aremberg einer der größten tertiären Vulkane (s. S. 129) der Eifel, dessen eruptive Gewalt hier das devonische Grundgebirge durchschlagen und seinen charakteristisch geformten Basaltkegel auf die Hochfläche gesetzt hat. Die Gunst der Lage nutzend, bauten auf diesem Berg die 1166 genannten Herren von Arberg eine mittelalterliche Burg, zu deren Füßen im 14. Jh. ein mit Mauern und Türmen befestigtes Dorf entstand. Das heute noch existierende Haus derer von Aremberg hatte durch alle Jahrhunderte zwei Vorteile auf seiner Seite, die sie klug zu nutzen verstanden: erstens einen gewissen Reichtum, der aus ihren Erzbergwerken im nahe gelegenen Lommersum und Freilingen herrührte (in Antweiler und Ahrhütte erfolgte die Weiterverarbeitung), und das durch ihre unbedingte Treue zum deutschen Kaiserhaus erworbene Wohlwollen desselben, das ihnen 1549 den Aufstieg in die Reichsgrafschaft, 1576 den Fürstenstand und 1644 die Herzogswürde einbrachte. Entsprechend ihrer wachsenden Bedeutung bauten sie ihre Burg auf dem Aremberg zu einer so starken Befestigung aus, daß sie in der sog. Jülicher Fehde eine wichtige Rolle spielte; auch in den folgenden Jahrzehnten bewies sich die strategische Bedeutung des Platzes, und so schritten die Herzöge von Aremberg zum Bau einer großangelegten Barockfestung. Spätestens im Jahre 1670 bedeckte den ganzen Berg ein System spitzwinklig vorstoßender Bastionen mit verbindenden Kurtinen, Gräben mit Faussebrayes, Kasematten und Vorwerken; die mittelalterliche Burg blieb als Zitadelle inmitten der Anlagen bestehen. Die riesige Festung bot Hunderten von Soldaten Platz, die sogar eine Esplanade, eine Art Exerzierplatz, besaßen. In der Tat wagten die Franzosen es in den Raubkriegen Ludwigs XIV. zunächst nicht, den Aremberg anzugreifen, doch als der Herzog nach dem Frieden von Nijmegen 1679 die teure Garnison entließ, nahte das Verhängnis: In einer kalten Februarnacht des Jahres 1682 drangen französische Truppen in die unbewachte Festung ein und erbeuteten die enorme Menge von 46 Geschützen mitsamt reichem Kriegsmaterial. Sofort begannen die Franzosen, den Aremberg weiter auszubauen und zu einem Stützpunkt für 3000 Mann zu erweitern, doch unterlief ihnen bald ein Mißgeschick. Eine falsch angesetzte Sprengung zur Erweiterung des Brunnens brachte die Quelle zum Versiegen. Damit war der Berg wasserlos und als Festung unbrauchbar geworden, schon 1683 zogen die Franzosen wieder ab, nicht ohne vorher das gefährliche Bauwerk mittels Schießpulver zu demolieren, wo es ging. Damit war die militärische Geschichte des Aremberges vorbei; die zurückkehrenden Herzöge erbauten jedoch aus den Trümmern ein prächtiges Schloß. Es muß seinen besonderen Reiz dadurch gehabt haben, daß dabei die mächtigen Bastionen, denen die Sprengungen nichts anhaben konnten, in Terrassengärten verwandelt wurden, die nun den Berghang bedeckten, während darüber der weithin sichtbare Schloßbau thronte. Doch am 13. Oktober 1794 erschienen die ersten Soldaten der französischen Revolutionsarmee auf dem Aremberg, beschlagnahmten das Schloß, ließen es 1803 versteigern und abbrechen. Damit war das Leben auf dem Aremberg praktisch erloschen, denn wovon sollte ein auf der Grundlage der Versorgung eines herrschaftlichen Hofes entstandenes Dorf noch existieren, wenn es diesen nicht mehr gab? Auch Gottfried Kinkel, der einige Jahre nach den letzten Ereignissen die damals noch aufragenden Ruinen betrat, beklagte die bittere Armut der Bevölkerung nach dem Weggang der Herzöge und notierte: »Durch den öden Garten tritt man auf das Ruinenfeld. Der erst vor wenigen Jahrzehnten zerstörte Bau macht einen unbeschreiblich wehmütigen Eindruck: Man sieht es diesen Trümmern an, daß nicht ein kleines Raubnest, sondern ein Prachtpalast hier stand... Frage, wen du willst, von Leuten über dreißig Jahren; jeder wird dir von der Pracht dieses Baues erzählen und von seinem Schmerz, als er mit ganz unbegreiflicher Rohheit abgebrochen wurde... Manche berichten noch, wie sie als Kinder sich Tapetenfetzen und Porzellanplattierungen aus dem abgerissenen Gemäuer zusammengesucht, und andere erinnern sich des wehmütigen Tages, an dem der letzte selbständige Herrscher des Landes seinen Untertanen Lebewohl sagte... Der Flecken Aremberg aber, der zu den Füßen des Burgkegels am Ende des Parks liegt, auch einst blühend und auf den Landkarten noch trügerisch als ein ansehnlicher Ort hingezeichnet, ist zum elendsten Dorfe herabgesunken...«

Wer heute auf den stillen Ort mit dem von dunklem Wald bedeckten Berg zufährt, wird sich nicht vorstellen können, welches Leben hier einst herrschte. Außer in der Pfarrkirche, die einen bedeutenden Teil der Barockausstattung des Klosters Marienthal bewahrt, gibt es auf dem Aremberg nicht mehr viel zu sehen. Doch wer Sinn für den Genius loci hat, sollte den Weg hinauf nicht versäumen. Rechts und links der Auffahrt mit der alten Pflasterung erkennt man, daß der ganze Berg künstlich bearbeitet war, der Wald bedeckt ehemalige Gartenterrassen, verfallene Bastionen, Wälle, Gräben und Konterescarpen. Oben angelangt, führt der Weg noch über den tiefen Graben der mittelalterlichen Burg, an dem sich eine schöne alte Allee entlangzieht; der Schloßhof ist eine Wiese, umrahmt von mächtigen Rotbuchen, aus deren Wipfeln der einzige wiederaufgebaute Turm der herzoglichen Residenz schaut. Es herrscht tiefe Stille.

In Müsch ist dann der unbekannte Teil des Ahrtales zu Ende, denn von dort an begleitet die vielbefahrene Bundesstraße vom Nürburgring nach Blankenheim den Fluß. Man folge ihr jedoch ein Stück in Richtung Süden, ins Tal des Nohner Baches bis **Kirmutscheid.** Dort entdeckt man hinter hohen Bäumen auf einem an drei Seiten umflossenen Bergsporn ein reizvolles Bauensemble, denn der Ort besteht nur aus einer Kirche, einem alten Pfarrhaus (1709) und einer ehemaligen Schule (1829). Diese entlegene Kirche besitzt jedoch seit der Restaurierung ihrer gotischen Fresken einen der schönsten Innenräume der ganzen Gegend. Der schon von außen auffallend gegliederte Bau – der abschließende Polygonalchor ist viel höher als das Schiff – entstand im späten 15. Jh. und besitzt innen reich gestaltete Sterngewölbe mit prächtig bemalten Wappenschlußsteinen und eleganten Rankenmalereien; die Gewölberippen steigen aus vielfältigen Konsolfiguren auf (Abb. 49–51). Den Altar ziert ein Sandsteinrelief von erlesener Schönheit, es handelt sich um eine ausdrucksvolle Beweinung

Kirmutscheid, Gewölbefresken in der Kirche

BLANKENHEIM

Blankenheim, Lithographie von N. Ponsart

Christi, die erst 1949 in der Kirche entdeckt wurde. Im dahinter stehenden Barockaltar des 17. Jh. findet sich das gleiche Thema noch einmal in einer weniger qualitätvollen Arbeit.

Bald danach breitet sich nach einer letzten Talwindung das burgenbekrönte Panorama von **Blankenheim** aus, wo die Ahr unter einem Fachwerkhaus entspringt. Der Name der Herren von Blankenheim läßt sich von ihrer ersten Nennung im Jahre 1112 bis zu ihrer Flucht vor den Franzosen um 1794 in ununterbrochener Reihe verfolgen. Seit dem späten Mittelalter waren die Grafen mit den einflußreichen Manderscheidern verwandt; als deren Linien Manderscheid-Gerolstein und Manderscheid-Kail ausstarben, fiel den Blankenheimern ein gewaltiges Erbe zu, das sie zur größten selbständigen Territorialherrschaft der Eifel machten. Die Residenz dieser Grafschaft lag hier auf dem Burgfelsen über Blankenheim, wo ein glanzvoller Hof gehalten wurde. Doch im Jahre 1794 floh die letzte Gräfin von Blankenheim vor den anrückenden französischen Revolutionstruppen; die gräfliche Familie kehrte nie wieder zurück. Nun erging es dem herrenlosen Schloß wie dem in Aremberg: Von den Franzosen beschlagnahmt und auf Abbruch verkauft, wurden die kostbaren Sammlungen in alle Winde zerstreut, die Einrichtung herausgerissen, die weitläufige Burg demoliert. Auch der Ort teilte das Schicksal Arembergs, er verarmte völlig und kam so herunter, daß die preußische Regierung ihren 1816 gehegten Plan, Blankenheim zum neuen Kreishauptort zu machen, nach dem empörten Aufschrei der Betroffenen: »Nur nicht nach Blankenheim!« wieder fallenlassen mußte. Zur Begründung hieß es damals: »Die Wege nach Blankenheim führen durch stundenlange Heiden, keine Spur einer menschlichen Wohnung ist anzutreffen, sie führen über Berge durch unwegsame Wälder, sie sind beschwerlich und gefährlich.«

Von dieser Abgeschiedenheit ist heute freilich nichts mehr zu bemerken, eher das Gegenteil. Seit einigen Jahren ist eine umfassende Restaurierung des historischen Blankenheim im Gange, wodurch schöne Straßenzüge von ganz mittelalterlichem Gepräge wiedererstanden sind. Der alte Ortskern mit den Resten seiner doppelten Ummauerung hat daher viel Atmosphäre zurückgewonnen und lohnt einen ausführlichen Rundgang, die Besichtigung der Pfarrkirche mit ihrer erlesenen Ausstattung ist ohnehin obligatorisch. »In der Stadt selbst führt uns billig der erste Gang zur Quelle der Ahr ...«, erweist Gottfried Kinkel am Ende der Reise dem Flüßchen seine Reverenz. Folgt man seiner Aufforderung, so findet man sich mitten im Ort auf einem kleinen Platze zwischen Fachwerkhäusern wieder, wo die Ahr unter einem Quellhaus des Jahres 1726 aus einem viereckigen Bassin hervorquillt und in einem gemauerten Kanal das ganze Dorf durchfließt, vorbei an einer großen Steinfigur des hl. Nepomuk aus dem 18. Jh. Hier, von der Quelle aus, hat man den schönsten Blick des Ortes, denn die den Platz rahmenden Fachwerkhäuser (Abb. 35) bilden mit der hohen Pfarrkirche und der darüber aufragenden Burg eine höchst malerische Baugruppe. Auf steiler Treppe erreicht man das über dem Quellhaus gelegene Hirtentor (1404) des inneren Berings, einen dreigeschossigen Turm mit spitzbogiger Durchfahrt mit einem Wappenstein von 1512, an den ein großes Fachwerkhaus angebaut ist (Farbabb. 11); darin befindet sich ein Teil des örtlichen Museums. Durchschreitet man das Tor, gelangt man zum Georgstor des äußeren Berings, das einen Fachwerkaufbau und eine Figur des hl. Georg aus dem Jahre 1670 besitzt. Wendet man sich zurück, führt der Weg an schönen Barockhäusern vorbei, bevor man vor dem Portal des steil proportionierten Baus der Pfarrkirche steht. 1495–1505 vom Grafen Johann I. von Manderscheid-Blankenheim und seiner Gemahlin Margaretha gestiftet, stellt die Kirche einen schmalen und hohen einschiffigen Saalbau mit dreiseitigem Chorschluß dar. Innen fallen als erstes die großen Apostelfiguren aus Tuffstein auf, die Ende des 16. Jh. mit reichen Renaissance-Ornamenten den Konsolen der Gewölberippen vorgesetzt wurden, 1954–56 wurden die dekorativen spätgotischen Gewölbemalereien aufgedeckt und restauriert. Prunkstück der Kirche und einzigartig in der ganzen Eifel sind die drei zusammengehörigen Schnitzaltäre, nahezu unbekannte Meisterwerke der spätesten Gotik um 1545, denen die um 1870 entstandenen neogotischen Rahmen gottlob nicht geschadet haben. Die drei Altäre, die erst seit 1982 wieder gemeinsam zu sehen sind, stellen weder flämische noch kölnische, sondern niederrheinische Arbeiten dar und zeigen die dafür charakteristischen figurenreichen Kleinreliefs. Der Hochaltar enthält eine Kreuzigungsgruppe mit Klagenden und Kriegsknechten, darüber zwölf Apostel, darunter elf Propheten; der linke Seitenaltar zeigt mehrere Szenen aus dem Leben Marias, der rechte die Passion. Neben diesen vorzüglichen Werken, die aus der zerstörten Burgkapelle gerettet wurden, übersehe man die Kanzel (1616) und ihren originellen, in der Mauerdicke verlaufenden Aufgang nicht, ebenso sind die fünfsitzigen spätgotischen Chorstühle mit Miserikordien und Rankenwerk sowie das Kirchengestühl mit geschnitzten Fabeltieren in den Wangen einen Blick wert. Im Jahre 1616 wurde der Westturm erbaut, darunter ließ Gräfin Ursula eine zweischiffige

BLANKENHEIM

Ahrquelle in Blankenheim

Krypta als Begräbnisraum einrichten. Man beachte auf der oberen Empore eines der ältesten Orgelwerke des Rheinlandes (um 1660); die Kirche besitzt außerdem einen bedeutenden Kirchenschatz, darunter das berühmte Kopfreliquiar des hl. Georg (etwa 1450) aus vergoldetem Silberblech. Bleibt als letzter Gang der Weg zur Burg hinauf, die nicht einmal einen Schatten ihrer ursprünglichen Größe darstellt, Teile wurden im 20. Jh. als Jugendherberge wieder aufgebaut. Immerhin hat man von hier oben einen letzten schönen Blick hinunter auf die Ahr, die bald hinter einem gewundenen Waldhang verschwindet. Gottfried Kinkel gibt eine letzte Empfehlung: »Für den aber, der längs der Ahr zurückkehren möchte, sei noch dies zum Schlusse gesagt: Die Ahr ist an einzelnen Schönheiten so überreich, daß man aufwärts und abwärts ganz verschiedene Wege wählen und so die Gegend recht eigentlich doppelt genießen kann.«

Die Hoch- und Vulkaneifel

Obwohl Johann Wolfgang von Goethe ein guter Naturwissenschaftler war, erwies er der geologischen Forschung zu Anfang des vorigen Jahrhunderts einen Bärendienst: Nachdem durch die Entdeckung des vulkanischen Ursprungs der Basalte Schottlands durch Hutton (1785) der Streit zwischen Neptunisten und Vulkanisten ausgebrochen war, ergriff der Dichter Partei für die ersteren – obwohl er durch seine Bekanntschaft mit dem Vesuv während seiner »Italiänischen Reise« eines Besseren hätte belehrt sein müssen. Kernthese des neptunistischen Ansatzes war, daß die Erdkruste ausschließlich aus Meeresablagerungen aufgebaut sei, wogegen die Vulkanisten zusätzlich an die Entstehung von Gesteinen aus der glutflüssigen Tiefe des Erdinnern glaubten. Die ersten namhaften Gelehrten, die den Vulkanismus in Deutschland vertraten, waren keine Geringeren als Alexander von Humboldt und Leopold von Buch, doch hatten sie zunächst gegen die Fraktion der Neptunisten, geführt von G. Werner aus Freiburg und unterstützt von Goethe, keine Chance. Deren Position wurde erst durch den fränkischen Priester F. A. Jäger erschüttert, der 1803 die vulkanische Herkunft der Rhön-Basalte entdeckte. Mit den bahnbrechenden Arbeiten des Trierer Professors Johannes Steininger konnte schließlich jeder Zweifel am vulkanischen Ursprung der Eifeler Basaltlava beseitigt werden. Steininger verkündete 1853 das Ende der Kontroverse: »Nicht in Amerika oder in Italien und Südfrankreich allein, sondern auch in der Eifel, und in Betreff der deutschen Basalte vorzüglich durch die Eifel, wurde der Streit entgegengesetzter Meinungen geschlichtet, welcher so viele Jahre die Gebirgsforscher theilte.«

Tatsächlich war in dem zu Steiningers Zeiten entlegenen und verödeten Gebiet der Zentraleifel mit den letzten Ausbrüchen der Maarvulkane vor nur 10 000 Jahren eine der jüngsten Vulkanlandschaften Europas entstanden. Die Maare stellen allerdings nur eines – und zwar das letzte – Zeugnis des vulkanischen Geschehens in der Eifel dar, das im Zusammenhang mit der Auffaltung der Alpen und der Hebung des »Rheinischen Schildes« seinen Anfang nahm. In drei Phasen und im wesentlichen auf drei Gebiete beschränkt, öffneten die Eifeler Vulkane ihre Feuerschlünde, Teil der in weitem Bogen entlang alter Bruchlinien der Erdkruste um die Faltungszonen der Alpen aufflammenden Vulkanreihe, die vom Böhmerwald bis in die Auvergne reichten. Der älteste, der »tertiäre«, Vulkanismus der Eifel durchbrach die eingeebnete Oberfläche des abgetragenen variskischen Gebirgsrumpfes mit etwa 130 Ausbrüchen, die sich auf das Gebiet zwischen Kelberg und Adenau konzentrierten. Sie setzten der matt gegliederten Fläche der Hocheifel jene markanten Kegelberge auf, die heute die

VULKANISMUS

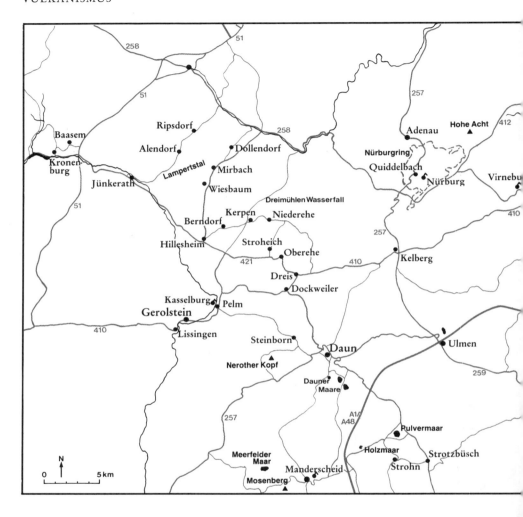

höchsten Erhebungen des Landes bilden: Die Nürburg steht auf einem tertiären Vulkan – 678 m hoch und ca. 33,5 Millionen Jahre alt –, die Hohe Acht ist 747 m hoch und ca. 38 Millionen Jahre alt. Weitere Berge dieser Art sind der majestätische Aremberg bei Antweiler, der die ganze Landschaft des oberen Ahrtales beherrscht, der Hochkelberg, der Selberg, der Tomberg bei Rheinbach und in der Hillesheimer Kalkmulde der Arensberg, fast alle bekrönt von prähistorischen oder mittelalterlichen Befestigungen. Diese meist aus Basalten gebildeten Vulkankuppen mit ihren dunklen Wäldern und Ruinen stellen das Innere des Kraters dar: Dort stehen die alten Schlotfüllungen, einst glutflüssiges Magma, zu hartem

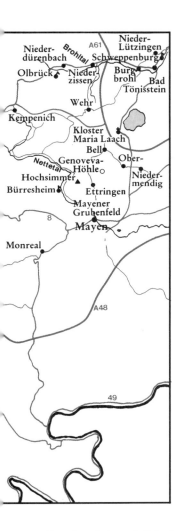

Gestein erkaltet, tief hinabreichend durch den kilometerdicken devonischen Untergrund bis in die Magmakammern. Die schrägen Kraterwände sind längst der Erosion zum Opfer gefallen.

Die jüngere und jüngste vulkanische Tätigkeit in der Eifel bezeichnet man als alt- und jungquartären Vulkanismus. Er konzentriert sich einerseits auf das Gebiet um den Laacher See und stellt außerdem den in der Fachliteratur berühmten »Westeifel-Vulkanzug« von Bad Bertrich bis nach Ormont. Aus diesen Vulkanen stammen die großen Lavaflüsse, die die Kraterwälle durchbrachen und zu gewaltigen Basaltfeldern erstarrten. Seit Jahrtausenden werden sie in der Eifel abgebaut, riesige verlassene Steinbrüche haben ungeheure Szenerien wie im Mayener Grubenfeld hinterlassen. Das Charakteristikum des quartären Vulkanismus in der Eifel aber sind die Maare, jene runden, teils mit Wasser gefüllten Kessel, die die Ausbruchstellen der letzten Vulkane Mitteleuropas markieren. Die Maarvulkane förderten – mit Ausnahme des Laacher Bimsvulkans – kaum noch Aschen, Schlacken und Lava, sie brachen als gewaltige Eruptionen glühender Gase durch das Deckgestein, das, durch die Ausbrüche zertrümmert, ausgeschleudert wurde oder in großen Schollen einbrach. Die etwa 45 Eifelmaare gelten in den geologischen Lehrbüchern der ganzen Welt als Musterexemplare dieses Vulkantyps in allen seinen Spielarten. Diese Maare – besonders wenn sie sich mit Wasser gefüllt haben, ein Vorgang, der mit ihrer vulkanischen Entstehung nichts zu tun hat – sind jedoch nicht nur in der naturwissenschaftlichen Fachwelt zur Berühmtheit gelangt. Die stillen, unbewegten Seen in der Weite des Kraterrunds haben bis heute ihre Betrachter zutiefst beeindruckt, auch wenn die ursprüngliche Erscheinung als fast unnatürlich runde Gewässer inmitten von kahlen, kaum bewachsenen Hängen durch die beklagenswerte Aufforstung der Kraterwände stark gelitten hat. Die Gemälde und Beschreibungen der Romantiker, die Mitte des vorigen Jahrhunderts auf abenteuerlichen Reisen die unzugängliche und

Eifelmaar, Gemälde von A. G. Lasinsky

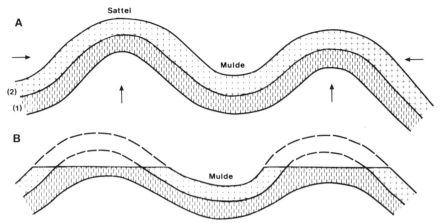

A Während der variskischen Gebirgsbildung wurden die unterdevonischen (1) und mitteldevonischen (2) Ablagerungen aufgefaltet und aus dem Meer herausgehoben.

B Durch die bald darauf einsetzende Abtragung und Verwitterung blieben die obenaufliegenden Kalk- und Dolomitgesteine nur in den Mulden erhalten.

fast vergessene Eifel wiederentdeckten, vermitteln noch einen gänzlich anderen, von bedrohlicher Fremdartigkeit geprägten Eindruck der Maarlandschaft.

Der Boden, auf den die Vulkane ihre mächtigen Kegel setzten oder in den sie die tiefen Kessel der Maare einsprengten, ist uralter Meeresboden, der Grund des über 350 Millionen Jahre alten großen Devonmeeres, das in den letzten Jahrmillionen seines Bestehens von einer absonderlich bizarren Tierwelt bevölkert war, die in diesem tropischen Meer in ungeheurer Artenvielfalt gedieh. Dieser Umstand verhalf der Eifel unter Geologen und Paläontologen ein zweites Mal zum Weltruhm: Kein namhaftes Museum der Welt, das auf Fossilien aus dem Devonmeer der Eifel verzichten könnte. Für Wissenschaftler und Sammler aus allen Kontinenten sind diese Fossilfundstellen – besonders jene um Gerolstein – ebenso seit über 100 Jahren ein internationaler Treffpunkt wie für Vulkanologen der »Lehrvulkan« des Mosenberges bei Manderscheid. Dabei ist es eher einem geologischen Zufall zu danken, daß die Fossilien erhalten blieben: Nachdem der devonische Meeresboden durch die variskische Gebirgsfaltung zu einem gewaltigen Gebirge – höher als die Alpen – aufgetürmt worden war, blieb das Gestein der Erosion ausgesetzt, die sich in einer Zeit mit wüstenartigem Klima so gründlich vollzog, daß das Gebirge schließlich bis auf seinen Rumpf zu einer mit Geröll bedeckten Ebene wenig über Meereshöhe abgetragen wurde. Weil sich aber von Mechernich bis Trier eine nordsüdlich verlaufende Bruchlinie der Erdkruste zieht, entlang derer sich mehrere Male im Laufe der Erdgeschichte der Boden absenkte, waren hier die fossilführenden Schichten des mittleren Devon in den Faltenmulden des alten Gebirges vor der Erosion geschützt. Es ist dies das Gebiet der sog. »Eifeler Kalkmulden«, die wegen ihrer wasser-

MARIA LAACH

durchlässigen, sich schnell erwärmenden Böden eine Flora tragen, wie sie sonst in Mittel- und Nordeuropa kaum ein zweites Mal vorkommt.

Mit der Hebung dieses abgetragenen Gebirgsrumpfes zur Hochebene des »Rheinischen Schildes« vollzog sich dann der vorletzte Akt der Landschaftsbildung der Eifel. Da diese Hochebene leicht gekippt war, bekamen die Flüsse Gefälle und gruben sich an deren Rand in tiefen Tälern ein, weshalb man an der Peripherie der Eifel weit mehr den Eindruck eines Gebirges hat als in ihrem Zentrum. Dort, in der Hoch- und Vulkaneifel, bildet das Land noch heute eine mattgegliederte, sanft gewellte Hochfläche, auf die sich die charakteristischen Kegel der Schichtvulkane aufsetzten und in die sich die tiefen Kessel der Maare einsenkten. Dies ist die eigentliche Zentraleifel, von der das folgende Kapitel handelt, eine eindrucksvolle Landschaft der weiten Linien und des sanft geschwungenen Horizonts, die nur dem wissenden Blick die packende Dramatik ihrer erdgeschichtlichen Entstehung verrät. Hier findet sich alles, was sich mit dem Begriff der Eifel verbindet: Fossilien und Vulkane, endlose Weiten tiefer Einsamkeit zwischen kleinen Fachwerkdörfern, überwuchertes Mauerwerk entlegener Burgruinen, verwunschene alte Steinbrüche, gewaltige Basaltlavafelder mit Bergarbeiterdörfern aus schwarzem Vulkangestein und jene Kraterränder, von denen der Blick in die Tiefe fällt auf die unbewegten Wasserflächen der Maare, direkt in die »Augen der Landschaft«.

Beginnen wir die Reise durch die Kernlandschaft der Eifel an ihrem berühmtesten Punkt: in **Maria Laach.** Der weitläufige Talkessel, vollständig umrundet von steilen Waldhängen, darinnen der See, an dessen Ufer die Türme der einsamen Klosterkirche aufragen – diese Szene war zur Zeit der deutschen Romantik berühmt, zumal die Abtei 1802 von den Franzosen aufgehoben worden war und der weitläufige alte Gebäudekomplex verlassen dalag. Neben anderen empfindsamen Gemütern zog es auch den Freiherrn von Stein und Johann Wolfgang von Goethe hierher; ein unsterbliches literarisches Denkmal hat dem einsamen See mit dem romanischen Münster aber Dorothea von Schlegel 1808 in einem vielzitierten Brief an ihren Mann gesetzt: »Gestern Abend im hellen Mondschein war ich wieder auf dem Laacher See... Die waldbewachsenen Felsen um den anderthalb Stunden langen und dreiviertel Stunden breiten Wundersee, die ganz deutlich noch die Spuren von vulkanischen Ausbrüchen zeigen, und der dichte Wald, die uralten Stämme, so daß aller Vergangenheit, die mir bekannt ward, und die ich mir denken kann, mir wie heute und gestern dagegen vorkamen. Dann mitten auf dem See die Tiefe, die den Augen ganz entschwindet, und die Sage, die hier einen ganz unergründlichen Abgrund angibt, der nie wieder eine Beute an das Licht des Tages sendet, und wo immer ein starker Wind geht, der die Wogen ziemlich hoch herantreibt. Dann die Abtei am Ufer mit der alten Kirche, die Menschenspur und Kunst, die uns wieder Beruhigung gibt und Staunen und Schrecken von der Seele löst. Alles das mußt Du selber sehen. Ich habe den besten Willen, es Dir zu beschreiben, aber es geht nicht...«

Die Kirche des Klosters S. Maria ad Lacum (Farbabb. 23) war von Anfang an als monumentales Bauwerk geplant. Als Pfalzgraf Heinrich II., der am Ostufer des Laacher Sees eine Burg auf einem Vulkanfelsen besaß, im Jahre 1093 die Stiftungsurkunde ausstellen ließ, hatte er keine geringeren Vorbilder als die Kaiserdome von Speyer, Mainz und Worms im Sinne. Schließlich sollte das Münster auch den repräsentativen Rahmen für die Grabstätte der pfalzgräflichen Familie abgeben. Beherrscht wird der gewaltige Bau von den beiden Turmgruppen im Westen und Osten, die sich wie zwei Burgen gegenüberliegen, verbunden durch die klaren Linien des basilikal abgestuften Langhauses. In dieser West- und Ostgruppe, beide mit eigener Choranlage, begegnen uns die großen Vorbilder: Den quadratischen Türmen aus Speyer, die das Oktogon des Vierungsturms einrahmen, stehen die runden Türme aus Worms und Mainz gegenüber, die den mächtigen Westturm flankieren und damit diesem Gebäudeteil einen fast wehrhaften Charakter verleihen.

Der einzige Zugang zur Kirche führt heute seitlich auf den großen Vorplatz vor dem Westwerk. Die geradezu suggestive Symmetrie dieses mächtigen Gebäudeteils wird noch betont durch die gleichmäßige Auflockerung der Mauermassen mittels verschiedener heimischer Baumaterialien vulkanischen Ursprungs. Die Wände aus graugelbem Tuff werden klar gegliedert durch Lisenen und umlaufende Bogenfriese aus blauschwarzem Lavagestein. Diese hoch aufgerichtete Fassade war es, die nach der ursprünglichen Planung des Bauwerks den Besucher empfing, denn das heute vorgelagerte Paradies, dieses Meisterwerk romanischer Kunst, ist eine wenig später errichtete Zutat; es gehörte nicht zum Projekt des Pfalzgrafen. In seinem Sinne führte der damalige Zugang zur Kirche den gegenüberliegenden bewaldeten Hang hinab, wo man, aus den Bäumen hervortretend, unmittelbar unter den aufragenden Türmen des Westwerks stand, das nur durch zwei seitliche Portale Eingang gewährte: Hier war der Idee einer Gottesburg auf dramatische Weise plastischer Ausdruck verliehen worden. Hinzu kommt, daß dieses Westwerk durch seinen wehrhaften Stil an den weltlichen Teilhaber des Bauvorhabens gemahnt: Wie bei anderen Bauwerken der frühen deutschen Romanik stand hier die Fürstenkirche im Westen der Priesterkirche im Osten gegenüber, verbunden durch das Langhaus, das der Mönchsgemeinde Raum gewährte. Mit dieser Anordnung der Bauteile offenbart sich das Laacher Münster als klassisches Beispiel der Kunst der salischen Kaiserzeit – und des in ihr aufbrechenden Gegensatzes von Kirche und Kaisertum.

Die Betonung des Westwerks als gewaltiger Fürstenbau war politisches Programm, seit um die Mitte des 11. Jh. der Streit um das Recht auf Einsetzung der Bischöfe (Investitur) Kaiser und Papst verfeindet hatte. Waren die ersten salischen Großbauten wie Hersfeld und Limburg an der Hardt noch von jener strengen Monumentalität, wie sie vom cluniazensischen Reformgeist gefordert wurde, so schlug sich nun die beginnende Auseinandersetzung in zwei gegensätzlichen architektonischen Konzepten nieder: Neben die fast asketische Romanik der Bauschule des von Cluny abhängigen Klosters Hirsau traten die großen Dome der salischen Kaiser in einem repräsentativen »Reichsstil«, der die Opposition gegen den weltlichen Machtanspruch der Kirche in augenfälligster Weise zur Geltung brachte. Hier entstanden Sakralbauten mit vielgliedrigen Turmgruppen und reichem bauplastischem Schmuck; der Dom Konrads II. in Speyer war das erste Beispiel dafür.

Maria Laach ▷

MARIA LAACH

Es genügt ein Blick auf das Laacher Münster, um seinen Stifter als Parteigänger des salischen Kaiserhauses zu erkennen. Der Pfalzgraf war ein Gefolgsmann Kaiser Heinrichs IV., der seit 1082 den Speyrer Dom einwölben ließ und während dessen Regierung seit 1081 der Dom zu Mainz entstand. In unmittelbarer Anlehnung an diese beiden Bauten, die gewissermaßen die architektonische Realisierung der ideologischen Positionen der Salier gegen das Papsttum darstellten, plante der Pfalzgraf die Kirche seines 1093 gestifteten Klosters. Das Laacher Münster stellt eine souveräne Vervollkommnung der salischen Bauidee dar: »... das reinste Zeugnis, das Deutschland vom Wollen der Salier, wenn auch verspätet, überhaupt hinterlassen hat«, lautet W. Pinders Einschätzung. Indes stimmt der Satz nicht ganz. Durch den frühen Tod des gräflichen Stifterpaares kam das Bauvorhaben ins Stocken, seine Fertigstellung zog sich über 120 Jahre hin, und erst unter Abt Albert (1199–1216) konnte mit der Vollendung des Westwerks letzte Hand an den Bau gelegt werden. Inzwischen hatte aber der »Umschwung des Stilgefühls« in der deutschen Romanik stattgefunden, den die Kunstgeschichte als Übergang von der salischen zur staufischen Baukunst kennt und der sich an mehreren Bauteilen des Laacher Münsters deutlich ablesen läßt. Die Kunst der Stauferzeit war geprägt durch eine Schmuckfreude, die sich besonders am Außenbau auslebte und zu einer stärkeren plastischen Durchformung des Baukörpers führte; die Mauern wurden belebt und gegliedert von säulengestützten Blendarkaden und »aufgebrochen« von umlaufenden Zwerggalerien: Die zweistöckige Kapelle von Schwarzrheindorf, der Dom zu Worms und natürlich St. Aposteln und Groß St. Martin in Köln sind vollendete Meister-

Maria Laach, Grundriß des Münsters

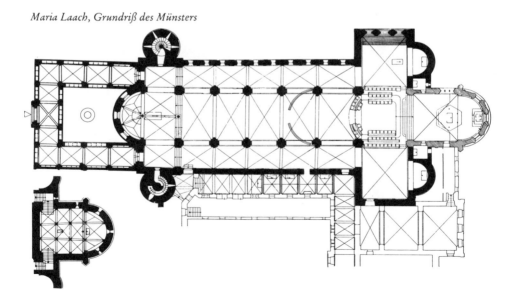

werke dieses Stils, dessen Zentrum im Rheinland lag. Auch in Maria Laach bricht am Ostchor die ältere Lisenengliederung, die noch die Westapsis bestimmt, über dem Sockelgesims ab, darüber erhebt sich nach Kölner Muster ein zweigeschossiges Blendarkadensystem, unten mit Halb-, oben mit Rundsäulen verstärkt. Die gleiche Aufgliederung findet sich an den beiden Obergeschossen der runden Flankierungstürme des Westwerks, wo die Blendbögen teils zu Dreipaßbögen geformt sind, auch die Zwerggalerie des westlichen Mittelturms verrät die staufische Bauperiode.

In diese letzte Zeit beinahe prunkvollen Formenreichtums der deutschen Romanik – in Frankreich baute man bereits gotische Kathedralen – fällt auch die Errichtung des dem Westwerk vorgelagerten Atriums, des sogenannten Paradieses. Wie bereits erwähnt, gehört diese Vorhalle nicht zum ursprünglichen Bauplan des Pfalzgrafen, sie nimmt daher mit ihren elegant geschwungenen Arkadenreihen dem Westwerk die beabsichtigte Wirkung eines in abweisender Strenge wuchtig aufragenden Baukörpers. Gerade in diesem Kontrast verleiht sie jedoch der Laacher Westfassade ihr einzigartiges Gepräge; hinzu kommt, daß solche Vorhallen, einst an zahlreiche mittelalterliche Kirchen angebaut, fast überall verschwunden oder verbaut sind, weshalb das original restaurierte Paradies in der noch existierenden sakralen Architektur ein Unikum darstellt. Man betritt die Vorhalle durch ein aus der Front heraustretendes prächtiges Portal mit vielfacher Gewändeabtreppung aus Säulen und Eckpfosten und reichgestalteten Blattwerkgirlanden in den Bögen. Der besondere Reiz dieses Wandelganges liegt in den ständig wechselnden Durchblicken durch die doppelsäuligen Arkadenreihen zum Innenhof und in der überquellenden Formenvielfalt der feingliedrigen Kapitellplastik. So beachte man gleich am Außenportal des Paradieses den Kapitellfries (Abb. 57–59); dort finden sich in der linken Zone zwischen Blattwerk und Fabeltieren die sog. »Haarraufer«, die sich um die Ecke des Kapitells herum streitend in den Haaren liegen, daneben eine Darstellung zur rechten Einstimmung des Gläubigen vor dem Kirchenbesuch: Dort notiert ein Teufelchen aufmerksam die peccata populi, die »Sünden des Volkes«, auf einer Pergamentrolle; durchschaut, registriert und schuldbeladen tritt man in die Vorhalle. Dort verfliegen die Gedanken an Sünde und Reue jedoch schnell beim genußvollen Anblick des südlichen Kirchenportals, eines unübertroffenen Meisterwerks der Bildhauerkunst der rheinischen Romanik: »In das bis an die Grenzen der Möglichkeiten einer Steinbearbeitung durchziselierte Rankenwerk mit seinen Blättern und Trauben sind Tiere hineinkomponiert, so ein auf der Lauer liegender Lindwurm unmittelbar am Kircheneingang; darüber schwebt eine Taube; phantastische, am Hals durch einen Ring aneinandergekettete Fabelwesen stellen zwei Vögeln nach«, schreibt Theodor Bogler dazu und bemerkt hintergründig zur Paradiesszene am linken Ende des Kapitellfrieses, wo die nackte Eva mit der teuflischen Schlange dargestellt ist, deren Kopf als Menschengesicht mit Narrenkappe erscheint: »Vielleicht hat der rheinische Humor das seinige beigetragen, den bitteren Ernst der Verführungsszene zu mildern.« Der Meister der Laacher Paradieskapitelle ist wie üblich unbekannt geblieben, doch muß er einer der ersten seiner Zeit gewesen sein. Ihm oder seiner Werkstatt lassen sich sicher weitere Arbeiten an der Andernacher Liebfrauenkirche, vermutlich auch in Kobern, Brauweiler und Lonnig nachweisen. Benannt hat man ihn nach einem im Kloster

MARIA LAACH

aufbewahrten Fragment eines den Löwen überwältigenden Samson; in der Kunstgeschichte trägt er den Namen »Laacher Samsonmeister«.

Betrit man nun durch eines der beiden Portale, auf die die Arme des Paradieses zuführen, den Innenraum des Laacher Münsters, so wiederholt sich in eindrucksvoller Weise das Erlebnis des Kontrastes zwischen dem spätromanischen Atrium und dem salischen Kirchenbau: Aus der lichten Vorhalle mit ihren kunstvollen und verspielten Formen tritt man hinein in das Dunkel des westlichen Querhauses; aus dem Seitenschiff in die Mitte gelangt, wird man der klaren Linienführung der streng nach Osten gerichteten Basilika gewahr. Schwere Pfeiler mit vorgelagerten Halbsäulen gliedern den hohen Raum, auf großen skulptierten Kapitellen ruhen die Gewölbe. Der Laacher Innenraum ist jedoch nicht mehr im gebundenen System der frühromanischen Kirchen erbaut. Allein die Vierung hält sich an die klassische Form des quadratischen Jochs, sonst bestimmen querrechteckige Gewölbe mit gedrückten Gurtbögen das Bild. Die Verwendung des ungebundenen Systems erlaubte dem Architekten jedoch eine optische Täuschung des von Westen eintretenden Betrachters: Die letzten drei Joche sind zusammen so lang wie die ersten vier, was vom Blickpunkt unter der Westempore nicht zu bemerken ist. So erscheint der Raum kürzer und damit der säulengetragene Baldachin und das Apsismosaik im Osten näher und kleiner (Abb. 60). Erst beim Durchschreiten des Raums beginnt er sich zu dehnen, das Ziborium des Hochaltars und das Mosaik in der Koncha wachsen zu monumentaler Größe an, zumal von der Vierung neun Stufen hinauf zum Altarraum führen. Zuvor sollte man aber dem Hochgrab des Stifters in der westlichen Apsis seine Aufmerksamkeit schenken. Der prächtige Steinsarkophag mit Maßwerkblenden und Fresken von Äbten und Mönchen wird bekrönt von der in Nußbaumholz geschnitzten Grabplatte mit der überlebensgroßen Gestalt des Stifters in einem Prunkgewand in der originalen Farbfassung der Entstehungszeit um etwa 1280. Dieses späte Entstehungsdatum – der Pfalzgraf war bald 90 Jahre tot – ist der Grund dafür, daß das Kirchenmodell, welches er als Stifter in den Händen hält, bereits frühgotische Züge trägt. Wahrscheinlich entspricht das Modell gotisierenden Umbauplänen dieser Zeit, die aber nur zu einem geringen Teil zur Ausführung kamen (z. B. die gotischen Fenster an den Wänden des Presbyteriums). Da die Kirche nach der Aufhebung des Klosters im Jahre 1802 fast ihre gesamte Ausstattung verlor, sind heute außer dem Pfalzgrafengrab und einigen Fresken vom Anfang des 16. Jh. an den Pfeilern alle anderen Ausschmückungen, besonders die beachtenswerten Fensterverglasungen, modern. Jedoch besitzt Maria Laach noch ein einzigartiges mittelalterliches Kunstwerk: durch das ganze Langhaus hindurch wird der Blick gefangen von einem eigenartigen Säulenaufbau, der den Ostchor beherrscht. Dies ist das berühmte Hochaltarziborium, jener in der Kunstgeschichte fast einmalige sechseckige Baldachin, der den Raum des Altars in sich abschließt, als stände dieser in der Kirche noch einmal in einem eigenen Gebäude. In der Tat ist das Ziborium ein kleines Bauwerk für sich: Sechs schlanke, schräggestellte Säulen mit reichen Kapitellen tragen die Last des steinernen Baldachins, einer in seltsam verschlungenen Formen durchbrochenen Kuppel. Das seltene Stück ist stilistisch kaum einzuordnen: Entstanden in den letzten Jahren des 13. Jh., ist es nicht mehr romanisch. Jedoch ist auch kaum etwas Gotisches an diesem formenreichen Werk zu erkennen, so daß Bogler mit Recht bemerkt, man möchte den Baldachin am liebsten als »spätromanischen Barock« bezeichnen. Wie man weiß, war das ganze Ziborium ursprünglich bemalt, unklar ist dagegen bis heute die Frage, ob die 1947 entfernte Zwerggalerie zwischen den Arkadenbögen und dem Giebelaufsatz zum originalen Entwurf gehört oder eine spätere Zutat ist. Wenn während einer abendlichen Messe in der abgedunkelten Kirche allein der indirekt beleuchtete Baldachin den Altar bekrönt, so wird noch heute die tiefe Eindrücklichkeit seiner liturgischen Funktion spürbar.

Ein letzter Gang im Laacher Münster führt hinab in die Krypta. In diesem ältesten Bauteil der ganzen Anlage begegnet dem Betrachter noch einmal das große Vorbild des Baus: Die hohen Basen und die glatten Schäfte der Säulen mit ihren massigen Würfelkapitellen erinnern an die Speyrer Domkrypta. In der Mitte der klar gegliederten dreischiffigen Laacher Hallenkrypta befindet sich unter einer Mosaikplatte das Grab des ersten Abtes des Klosters, des 1152 verstorbenen Gilbert. Man beachte die beiden einzigen skulptierten Kapitelle rechts und links vom Altar.

Neben der Klosterkirche ist der Turm der St. Nikolauskapelle an der Klausurmauer nach Südwesten einen Blick wert. Er stammt aus dem frühen 13. Jh. und war ursprünglich reich bemalt. Mit sparsamen Farben hat man vor einigen Jahren den gelungenen Versuch unternommen, den Eindruck einer polychromierten romanischen Fassade wiederzuerwecken.

Nicht nur um die vielgerühmte Lage des Klosters am See zu würdigen, empfiehlt sich ein Rundgang um denselben. Sei es auf einem Weg in Ufernähe oder besser durch einsame Wälder über den Kamm des langgezogenen Ringwalls, der, aus mehreren Vulkanen bestehend, den Laacher See umgibt, überall wird man von der friedvollen Schönheit und der Harmonie dieses Landschaftsbildes mit seinem markanten Bauwerk tief beeindruckt sein. Nur dem wissenden Blick werden sich dabei die Spuren jener ungeheuren Katastrophe erschließen, die von hier ausgehend vor nur 11 000 Jahren einen großen Teil der Eifel in eine unbewohnbare, verglühte Staub- und Aschenwüste verwandelt hatte. Bereits lange vor diesem Ereignis war das Gebiet um den Laacher See, der damals noch nicht existierte, Schauplatz einer lebhaften Vulkantätigkeit gewesen. Davon zeugen die erloschenen Basaltvulkane mit ihren Lavaströmen, die fast die ganze Umwallung des Sees bilden. Nicht weit vom Krater selbst erhebt sich der bewaldete Bergkranz des Krufter Ofens, von dem noch nicht restlos geklärt ist, ob er einen einzigen Vulkan mit einem riesigen Krater darstellt oder ob er aus mehreren besteht. Alle diese Vulkane waren aber längst erloschen, als der Laacher Bimsvulkan ausbrach. Wie alle Maarvulkane, die das vorläufige Endstadium des Eifeler Vulkanismus markieren, indem sie fast nur noch aus gewaltigen Gaseruptionen bestanden, brach auch hier in Laach ein sehr gasreiches Magma durch die Oberfläche. Im Gegensatz zu den anderen Maarvulkanen wurden hier aber riesige Mengen magmatischen Materials gefördert, das sich kilometerweit über die Landschaft ergoß: Bimsstein ist ein durch heftige Entgasung der vulkanischen Schmelzen so poröses Gestein, daß es zu Staub zerrieben noch Hunderte Kilometer entfernt niedergehen kann. Da die Auswurfmassen jedes Vulkans so

LAACHER BIMSVULKAN

geschichtet sind, daß die zuerst geförderten Aschen und Schlacken zuunterst liegen und die späteren daraufallen, also einen auf den Kopf gestellten Vulkanausbruch darstellen, hat man inzwischen den Gang der Laacher Katastrophe rekonstruieren können: Die Ausbrüche des Bimsvulkans begannen aus mehreren Schloten in der Gegend von Mendig und Fraukirch. Ascheströme zogen in Form von Glutwolken und kochenden Schlammströmen ins Nettetal und setzten den dortigen Traß ab. Dann durchbrachen die glühenden Gase den Boden des Laacher Beckens und rissen so viel glutflüssiges Gestein mit, daß sich eine heiße Schlammlawine in das Brohltal wälzte und es fast einebnete. Doch erst mit dem nun folgenden Auswurf hellgrauer Bimstuffe, der mit so ungeheuren Erschütterungen einherging, daß die zu hartem Basalt erstarrten Lavaströme der alten Vulkane zerbrachen, nahm dieses »prähistorische Pompeii« sein ganzes verheerendes Ausmaß an: Das Neuwieder Becken und die angrenzenden Gebiete wurden meterhoch zugeschüttet, um die Ausbruchstellen verschwanden Täler und Wälder. Die Eruptionen waren so heftig, daß Staubschichten aus dem Laacher Vulkan sich nach Norden bis zur Insel Rügen und nach Süden bis Grenoble ablagerten; ein älterer Vulkan, der auf dem Boden des Beckens gestanden hatte und von dem der Schlackenfels der »Alten Burg« ein Rest ist, wurde durch die Gewalt der Gasexplosionen fast vollständig weggesprengt. Mit den letzten ausgeworfenen Aschen haben sich die Förderschlote des Laacher Bimsvulkans dann selbst zugeschüttet. Noch heute kann man sich bei einem Gang durch das nahe gelegene Mendiger Grubenfeld eine Vorstellung von den riesigen Massen vulkanischen Materials machen, die hier alles unter sich begraben haben: Dort stehen noch haushohe Wände aus Aschen- und Bimsschichten (die, nebenbei bemerkt, ein Eldorado für Mineraliensucher sind). Das umliegende Land mit seiner reichen Vegetation muß überdies sehr plötzlich vom glühenden Bims verschüttet worden sein, denn noch heute findet man beim Abbau dieses Materials die aufrecht stehenden Hohlräume der Bäume der damals weitläufigen Wälder, erkennbar von der Wurzel bis zu den Ästen: Schneller, als ein verkohlter Baum stürzen konnte, waren die Wälder von den Auswurfmassen des Laacher Bimsvulkans bis in die Wipfel zugedeckt. Zurück blieb damals eine trostlose Landschaft, die zu einer verbrannten und von weißem Staub bedeckten Wüste geworden war; auch der Mensch wurde damals vom östlichen Eifelrand vertrieben: Man hat Lager- und Siedlungsreste ausgegraben, die unter den Bimsschichten des Laacher Vulkans lagen. Vermutlich durch das Volumendefizit, welches durch die Mengen des ausgeworfenen Materials in der Tiefe entstand, brach der aufgerissene Boden des Laacher Beckens tief ein und bildete den heutigen Kessel, in dem der See mit dem Kloster an seinem Ufer Platz findet.

Auf den Spuren dieser Ereignisse empfiehlt sich der erste der zahlreichen Abstecher zu Kunst und Geologie der näheren Laacher Umgebung. Fährt man vom Kloster hinauf auf den Kamm des Beckenrandes und folgt der Straße am Ort Wassenach vorbei in Richtung Burgbrohl, so gelangt man bald in ein kleines Bachtal, durch das sich die glühenden Schlammströme aus dem Laacher Vulkan hinunter ins Brohltal gewälzt hatten. Hier wie dort erkaltete der vulkanische Schlamm zu einem leichten, aber widerstandsfähigen Gestein, das als Traß bezeichnet wird. Schon von den Römern in riesigen Brüchen abgebaut, wurde er später zu einem der charakteristischen Bauelemente des niederrheinischen Mittelalters, wo er besonders als gut zu bearbeitender Gewölbestein geschätzt wurde. Parken Sie Ihren Wagen hinter Wassenach am Anfang des Waldweges, der genau gegenüber der Abzweigung nach Kell auf die Straße stößt, und nehmen sie den Weg links hinunter in den dichten Wald. Schon nach wenigen Metern befinden Sie sich in einer wildromantischen Schlucht, die von hochaufragenden weißgrauen Wänden aus Traßgestein gebildet wird. Bald wird sie so schmal, daß selbst der Bach kaum noch Platz findet. Auf markierten Pfaden führt von **Bad Tönisstein** ein sehr empfehlenswerter Weg durch die ganze Schlucht bis zum Laacher See, der auch die Ruinen des 1802 aufgehobenen und seitdem verfallenen Klosters Tönisstein berührt. Bei Bad Tönisstein mit seiner schon von den Römern geschätzten starken Natron-Lithium-Quelle (erhalten hat sich vom lebhaften Badebetrieb des 18. Jh. ein barocker Brunnentempel) erreicht die Straße das Brohltal, das hier in beiden Richtungen die romantische und bizarre Szenerie der von Höhlen durchzogenen alten Traßbrüche zeigt. Der heute fast erloschene Abbau hatte im 16. Jh. noch einmal eine ungeahnte Blüte erlebt, nachdem die Holländer entdeckt hatten, daß der Traß, staubfein zerrieben und mit Kalk vermischt, unter Wasser einen betonharten Mörtel bildet, wie sie ihn für ihre Deiche und Hafenanlagen benötigten.

Von Bad Tönisstein muß zu einem empfehlenswerten Umweg nach Burgbrohl geraten werden. Fahren Sie das Brohltal weiter hinunter durch die rechts und links der Straße sich entlangziehenden Traßbrüche. Bald erreichen Sie die in malerischer Lage über dem felsigen Tal vor dem dunklen Wald gelegene Schweppenburg, einst eine weitläufige mittelalterliche Befestigung, heute ein 1637–39 entstandener Spätrenaissancebau. Nach weiteren zwei Kilometern durch das hier landschaftlich besonders reizvolle Brohltal zweigt zwischen hohen Waldhängen links die Straße hinauf nach **Niederlützingen.** Die äußerlich unscheinbare Pfarrkirche St. Lambert und Katharina muß vor ihrem neuzeitlichen Ausbau innen eine ungewöhnliche Mischung aus einem strengen, klar gegliederten einschiffigen Bau und dem Formenreichtum einzelner architektonischer Elemente geboten haben. Die östlichen drei Joche des Mittelschiffs sind noch der originale Bau um 1300; dieses im Rheinland nicht häufige Beispiel bester Hochgotik zeigt Kreuzrippengewölbe auf dreifachen Runddiensten mit vielfarbigen Kapitellen aus Weinlaub und einer Muttergottes im Schlußstein. 1873 um Chor und Querhaus erweitert, wurden 1923 die Seitenwände aufgebrochen und zwei niedrigere Seitenschiffe angebaut, wodurch die Kirche einen basilikalen Grundriß erhielt.

Die Straße führt weiter über Lützingen hinunter nach **Burgbrohl,** wo nur noch das auf einem Felsplateau über dem Ort stehende ehemalige Schloß einen Blick wert ist. Am Schloß vorbei führt eine kleine Straße bergauf, am Ortsrand verwandelt sie sich in einen Feldweg, der in einer knappen halben Stunde hinauf zu den einsam gelegenen Bauernhöfen der in Ruinen dastehenden Propstei **Buchholz** führt. Man kann diesen Ort auch mit dem Wagen erreichen, indem man von der Verbindung Burgbrohl–Glees rechts nach Buchholz abbiegt, wobei man noch dem hübschen barocken Weinberghäuschen des Abtes Ambrosius Specht einen Besuch abstatten kann. Oben angekommen, wende man sich nicht an den Bauernhof, der direkt vor der Kirchenruine aus den heute verwahrlosten Propsteigebäuden des 17. Jh. besteht, sondern an den Hof rechts daneben. Der Besitzer erlaubt gerne den Weg zu einem fast abenteuerlichen Stück Kunstreise: Die nach einem Brand von 1952 vollkommen devastierte Kirche, zu der man sich den Weg über Gräben, durch Zäune und Bauschutt bahnen muß, war ein Meisterwerk romanischer Architektur. Bereits 1135 urkundlich erwähnt, wurde die dreischiffige Anlage im gebundenen System um 1200 durch eine Halbkreisapsis mit zwei Chortürmen erweitert; 1802 profaniert, verfiel sie. Liebhaber romanischer Kunst werden dem Bauwerk trotz seines traurigen Zustandes ihre Reverenz erweisen: Neben den Untergeschossen der Chorflankentürme, die in ihrer spätromanischen Außengliederung mit Rundbogenblenden und Lisenen mit Lonnig (s. S. 246) verwandt sind, steht noch das Chorquadrat mit Kreuzrippengewölben auf Eckdiensten und je drei Nischen in den Schildbogenfeldern, worunter sich die eigentliche Attraktion der Ruine befindet: ein prachtvoller umlaufender Blattrankenfries aus Stuck, ein ungewöhnlich feingliedriges Werk romanischer dekorativer Plastik. Wer noch mehr unbekannte Romanik im Brohltal sehen will, der fahre wenige Kilometer das Tal hinauf nach **Niederzissen.** Dort steht mit der Pfarrkirche St. Germanus eine 1250 geweihte dreischiffige Pfeilerbasilika mit mächtigem Westturm. Der außen schmucklose Bau überrascht im Inneren durch die 1970 freigelegte reiche Farbfassung der Erbauungszeit. Man beachte besonders die entlang den Graten gemalten Bandmuster, die Gewölberippen vortäuschen. Der 1965 angelegte Erweiterungsbau hat die alte Kirche fast unberührt gelassen.

Obwohl von Niederzissen eine direkte Straße zum Kloster Wehr mit seiner prächtigen Barockausstattung führt, empfiehlt es sich, das Brohltal noch drei Kilometer weiter nach **Niederdürenbach** zu fahren: Beherrschend thront dort die riesige Ruine der Burg Olbrück auf einem vulkanischen Phonolithkegel über dem Tal. Die ungewöhnliche Größe der Anlage erklärt sich daraus, daß die um 1100 von den Grafen von Wied begonnene Burg um 1190 der Kölner Lehenshoheit unterstellt wurde, die mehrere Lehensträger zuließ. So wurde Olbrück im 14. Jh. mit vier großen Wohnbauten für vier adelige Familien zur Ganerbenburg ausgebaut, entsprechend umfangreich fielen die Befestigungen aus. Durch diese Sachlage war die Burg geradezu prädestiniert, jahrhundertelanger Gegenstand heftigster Erbstreitigkeiten zu sein. 1689 von den Franzosen gesprengt und niedergebrannt, überragt allein der mächtige Bergfried unversehrt die zerbrochenen Fensterfronten der Wohnbauten; »einer der großartigsten wohnturmartigen Bergfriede des 14. Jh.«, wie Dehio bemerkt. Der 24 m hohe Bau erinnert mit seinen abgerundeten Ecken, dem vorkragenden Wehrgang und seinem Wohnkomfort an französische Donjons: Von den fünf Geschossen sind zwei tonnengewölbt, die restlichen besitzen doppelte Kreuzgewölbe; von oben hat man einen vielgerühmten Ausblick. Man beachte im Keller des ältesten, südlich gelegenen Palas das Fischgrätenmauerwerk aus dem 11. Jh. Zurück in Richtung Maria Laach gelangt man zum Kloster **Wehr.** Das mitten im Ort gelegene ehemalige Prämonstratenserkloster, Filiale von Steinfeld, empfängt den Besucher mit der langgestreckten Barockfassade der Propsteigebäude, gegliedert durch wechselnde Schichten aus hellem und dunklem Tuffstein. Auch die Kirche, fertiggestellt 1702, weist diese in den Niederlanden und am Niederrhein so beliebte Außen-

1 Herbst am Pulvermaar ▷

2 Münstermaifeld, ehemalige Stiftskirche, Hochaltar (Ausschnitt)
3 Münstermaifeld, Fresko am Pfeiler
4 Niedermendig, St. Cyriakus, frühgotisches Fresko

5 Nideggen, katholische Pfarrkirche, romanische Fresken in der Apsis

6 Neuerburg, Pfarrkirche, spätgotisches Gewölbe

7 Frauenberg, Pfarrkirche St. Georg, Mittelteil des Triptychons (mit Stifterfigur)

8 Altar in Driesch

9 Burg Heimbach

10 Blick auf Monreal

11 Blankenheim, am Hirtentor

17 Burg Eltz

24 Burg Wernerseck bei Plaidt

25 Schloß Eicks bei Kommern

26 Schönecken ▷

29 Zülpich-Hoven, ehemalige Klosterkirche, romanische Muttergottes ▷

27 Kirchsahr, Flügelaltar in der Kapelle (Ausschnitt)

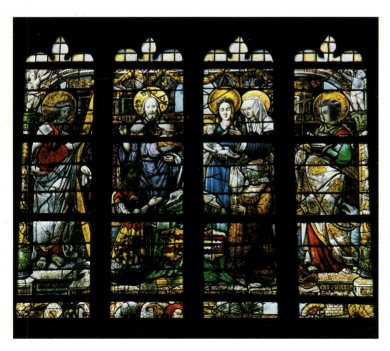

28 Schleiden, ehemalige Schloßkirche, Kirchenfenster (1535)

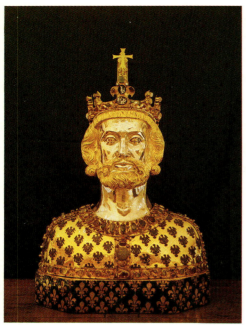

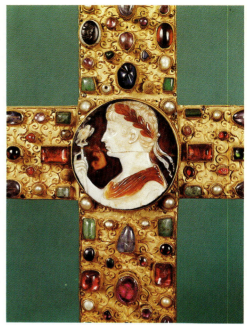

30 Aachen, Domschatz, Karlsbüste

31 Aachen, Domschatz, Lotharkreuz

32 Aachen, Dom, Stirnseite des Karlsschreins

33 Aachen, Dom, Ambo

34 Aachen, Dom, Blick in das Oktogon ▷

 35 Bocks-Riemenzunge
 36 Deutscher Enzian
 37 Scheiden-Wollgras

 38 Fransen-Enzian
 39 Astlose Graslilie
 40 Fliegen-Ragwurz

41 Gewöhnliche Kuhschelle
42 Arnikawiese
43 Helm-Knabenkraut

gliederung durch waagerechte Bänder auf. Das äußere Bild des Baus ist aber geprägt vom viergeschossigen Westturm der alten, um 1700 abgebrochenen Kirche: Um 1230 entstanden, ist dieser Turm mit einem Säulenportal und reicher Gliederung durch Lisenen, Blendfelder, Schallarkaden und ornamentierten Konsolsteinen ein Musterbeispiel rheinischer Spätromanik. Das dunkle Äußere der Kirche steht in effektvollem Gegensatz zur barocken Pracht im Inneren: In dem gotisierenden vierjochigen Saal mit Kreuzrippengewölben auf Pilastern mit formenreichen Blattkonsolen befindet sich eine der schönsten und einheitlichsten Barockausstattungen des Rheinlandes. Besonders die drei nach einem Plan angefertigten Altäre mit ihren farbigen Figuren sind Meisterwerke barocker Altarbaukunst. Auch von den zwölf lebensgroßen Apostelfiguren mit ihrer bewegten, ausdrucksstarken Gestik ist jede einzelne ausgiebiger Betrachtung wert; Kanzel und Kommunionsbank aus der gleichen Zeit ergänzen das Bild einer reichen Ausstattung von seltener stilistischer Geschlossenheit.

Von Wehr zu erreichen und nicht weit vom kurkölnischen Olbrück entfernt, hatte sich der Trierer Erzbischof mit seiner Festung in **Kempenich** gegen den Kölner Kollegen gesichert. Trotz der obligaten heftigen Erbstreitigkeiten spielte die Burg im Mittelalter eine wichtige Rolle, wovon die wenigen Mauer- und Grabenreste auf steil abfallendem Bergvorsprung kaum noch eine Vorstellung vermitteln. Sehenswerter ist die Pfarrkirche St. Philippus und Jakobus, ursprünglich eine große zweischiffige Halle unter dem Einfluß der Hospitalkirche in Kues. Drei achtseitige Mittelstützen aus Tuffstein tragen die Gewölbe mit mehreren skulptierten Schlußsteinen, die Rippen ruhen auf Figurenkonsolen mit Wappenschilden und Zunftzeichen. In neuerer Zeit wurde dieser alte Kern der Kirche mit Seitenschiffen und einem Querschiff regelrecht umbaut, so daß heute die spätgotische Halle baldachinartig das hohe Zentrum des nun weiträumigen Kircheninnern darstellt – eine denkmalpflegerisch gewagte, aber nicht mißlungene Anpassung.

Vom Laacher See ist es nicht weit zum nächsten Ausgangspunkt künstlerischer und geologischer Attraktionen ersten Ranges: zur Stadt Mayen. Auf dem Wege dorthin durchfährt man bereits bei Ettringen eine Landschaft, die geprägt ist von der klassischen Kegelform der auf die Hochfläche aufgesetzten Vulkankuppen; bei Mendig erreicht man eines der augenfälligsten und eindrucksvollsten Zeugnisse dieser erdgeschichtlichen Ereignisse: die riesigen verlassenen Steinbrüche, in denen seit Jahrtausenden Basalt abgebaut wurde.

Am besten begibt man sich aber zuerst nach **Mayen** selbst, in dieses historische Zentrum der alten Basaltlavaindustrie, dessen Bedeutung noch an den Resten seiner ausgedehnten Befestigungsanlagen abzulesen ist. Erbaut hatte die 1281 zuerst erwähnte Burg der Trierer Erzbischof Heinrich von Finstingen. Das Interesse, das das Bistum Trier so weit entfernt von seinem Sitz an der Befestigung des Ortes hatte, lag in der im 11. Jh. erfolgten Erwerbung des Reichshofes in Koblenz begründet. Damit war neben Trier ein zweites machtpolitisches Zentrum des Erzbistums entstanden, das nun in jahrhundertelangen Fehden um die Sicherung der Verbindungslinien zwischen beiden Städten bemüht war. Bereits 1291 erwirkte Erzbischof Boemund von Warnesberg die Stadtrechte für die im Talkessel – am alten Knotenpunkt der Eifelstraßen von Koblenz nach Trier – liegende Siedlung; als 1326 das Augusti-

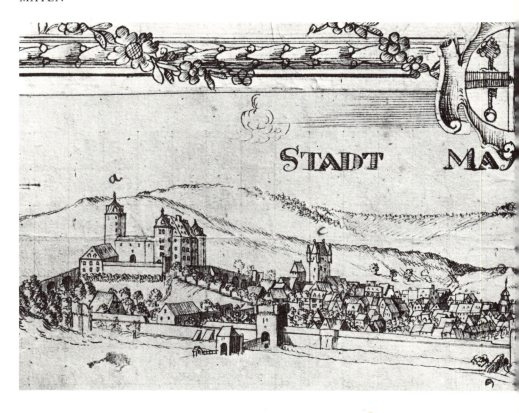

nerkloster Lonnig (s. S. 246) »intra muros de Mayene« verlegt wird, muß die großangelegte Stadtbefestigung weitgehend fertiggestellt gewesen sein. So wurde die mittelalterliche Stadt Mayen die endgültige Nachfolgerin der verschiedenen Siedlungen, die hier seit Jahrtausenden wegen des Basaltabbaus entstanden waren. Besonders zu der Zeit, als Mayen ein großer römischer Marktort war, gingen die Produkte des hiesigen Bergbaus in weite Teile der damals bekannten Welt bis nach Schottland; das versunkene römische Schiff, das in einem verlandeten Seitenarm des Rheins bei Straßburg gefunden wurde, war mit Mühlsteinen aus Mayen beladen. Mauerumgürtet und turmbewehrt, mit Bergbau und florierendem Töpfereihandwerk als jahrhundertelang sicherer ökonomischer Grundlage, wurden die Mayener Bürger selbstbewußt und bald bei allen feudalen Herrschaften der Umgebung gefürchtete Gegner, mit denen sich anzulegen sich in der Regel nicht auszahlte. Dem Grafen von Virneburg raubten sie die Ländereien aus, nachdem er während eines Konflikts mit dem Trierer Erzbischof Balduin mehrere Bürger des kurtrierischen Städtchens geplündert hatte; dem Ritter Rolmann von Bell verbrannten sie das Haus und machten es dem Erdboden gleich; schließlich wurden die schlagkräftigen Mayener sogar aufgeboten, um das Kloster

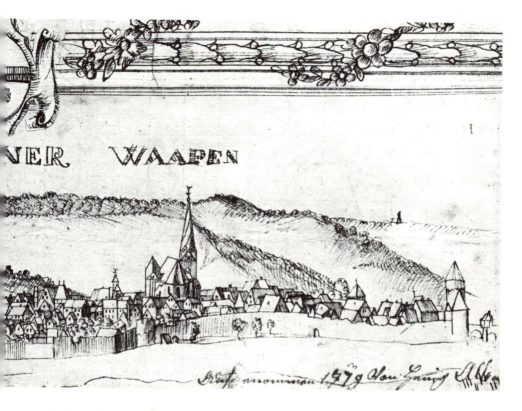

Maria Laach zu stürmen, in dem ungehorsame Mönche es gewagt hatten, ihren Prior abzusetzen. Das Jahr 1673 wird dann zum endgültigen Triumph bürgerlicher Mayener Wehrhaftigkeit: Unter dem Befehl des Marquis de la Trousse waren während der Kriege mit Ludwig XIV. 3500 Franzosen vor die Stadt gezogen. Der Übermacht standen zur Verteidigung nur 130 Mann trierische Miliz gegenüber – die Stadt schien verloren, hätten die Bürger nicht selbst zu den Waffen und die Bürgerinnen zu den Röcken gegriffen. Denn während die letzteren angeblich auf der Stadtmauer ein den Feind höchst verwirrendes Schauspiel geboten haben sollen, machten die Belagerten im Rücken der Franzosen einen Ausfall und fügten ihnen so große Verluste zu, daß der Marquis erschrocken seine Truppen wieder zurückzog. Die Geschichte ist übrigens in Mayen sprichwörtlich geworden. »Henne erüm hat Maye jewunne«, kommentiert der Volksmund doppelsinnig die rückwärtigen Ereignisse.

Wenige Jahre später jedoch war es mit dem Kriegsglück der Mayener vorbei. 1689 erschienen die Franzosen mit einer ganzen Armee vor der Stadt, die ohne Gegenwehr ihre Tore öffnete. Dennoch wurde sie an allen Ecken angezündet und zerstört. Am 11. Mai berichtete der Virneburger Amtmann seiner Herrschaft: »Die Stadt Mayen ist dergestalt zugerichtet, das, als vorgestern daringewesen, selbige ohn weinente Augen hab nicht anschawen konnen. Das meist Theil von den Häusern seindt geplundert, das Churfürstliche Schloß neben allen Thüren und Pforten gäntzlich verbrändt ...« Der blühende Mühlsteinhandel erlaubte der Stadt jedoch einen leidlichen Wiederaufbau, auch die rauchgeschwärzten Ruinen der Burg verwandelten sich um 1700 unter der Planung des Trierer Hofbaumeisters Philipp Josef Honorius Ravensteyn in eine barockisierte Neufassung der alten Anlage mit großem Ziergarten. All dies sank in der schrecklichen Bombennacht des 2. Januar 1945 in Schutt und Asche, als die Alliierten mit ihren Angriffen auf die Nachschublinien der Ardennen-Offensive auch Mayen zu 87 Prozent zerstörten. Trotz einschneidender Veränderungen und zahlreicher Neubauten ist es beim Wiederaufbau der Altstadt gelungen, den historischen Charakter Mayens an vielen Orten wiederherzustellen. So hat das Städtchen entlang seiner geschäftigen Hauptstraße, besonders aber bei den Stadttoren und um die Burg, wieder einige malerische Winkel zurückgewonnen.

Bei einem Rundgang besuche man zuerst die Burg. Von der Stadt aus betritt man sie durch das große Prunktor, das beim barocken Umbau von 1710 errichtet wurde. Die beachtlichen Werkstücke aus Eifeler Basaltlava (vorwiegend Mühlsteine aus römischer Zeit bis zur Gegenwart) gehören ebenso wie die riesige Grubenwinde (bis zur Einführung elektrischer Kräne war es eines der schwierigsten technischen Probleme des Basaltabbaus, die in der Tiefe der Steinbrüche behauenen tonnenschweren Blöcke nach oben zu bekommen) zum Bestand des in der Burg untergebrachten Eifelmuseums. Es zeigt neben den Abteilungen Geologie und Bergbau reiche Sammlungen aus Vor- und Frühgeschichte der Eifel, Volkskunst (Abb. 65) und als besondere Attraktion mehrere in allen Details ausgestattete Bauern- und Handwerkerstuben. Man beachte im Museum das große Stadtmodell, das Mayen vor seiner Zerstörung durch die Franzosen zeigt. Verläßt man den Burgfelsen, so gilt der nächste Blick der hier anschließenden Stadtmauer (Abb. 63) aus dunklem Säulenbasalt, deren Wehrgang auf den hohen Arkaden der Entlastungsbögen verläuft. Einst umzog die fast zwei Kilometer lange Mauer die ganze Stadt; verstärkt durch sechzehn Türme und vier Tore, jedes mit eigener Vorburg gesichert, trotzte sie jahrhundertelang erfolgreich jedem Feind. Erhalten haben sich weite Mauerzüge, besonders entlang der Nette, sowie zwei Türme und zwei Torbauten (Abb. 62), darunter das fünfgeschossige Obertor mit spätgotischen Ecktürmchen. Ebenfalls neben dem Burgfelsen ragen die 43 m hohen Türme der Herz-Jesu-Kirche auf. Beim Nähertreten muß man jedoch bemerken, daß der Bau nur von weitem als Kulisse taugt; es handelt sich um einen Neubau aus dem Jahre 1911, in einem vorwiegend neoromanischen Stilgemisch, der nicht zu den zurückhaltenden Werken seiner Zeit gezählt werden kann. Gleich unterhalb des Burgberges breitet sich stadtseitig der große Marktplatz aus, der geprägt wird von der reizvollen Barockfassade des 1717/18 erbauten alten Rathauses (Abb. 61). Folgt man der hier in den Marktplatz einmündenden Straße weiter, so erreicht man nach wenigen Schritten die Pfarrkirche St. Clemens. Bis zum Jahre 1784 befand sich hier mitten in der Stadt um die Kirche herum der alte Friedhof, auf dessen Gelände – ausgehend von einer fränkischen Holzkapelle um 600 – sich vier Vorgängerbauten der heutigen Kirche befanden. Der letzte war eine romanische Pfeilerbasilika, deren Turm mitverwendet wurde, als nach der 1326 erfolgten Verlegung des Augustiner Chorherrenstifts aus Lonnig der jetzige Bau als neue Klosterkirche begonnen wurde. Es entstand eine der ersten gotischen Hallenkirchen des Rheinlandes mit drei Schiffen zu je drei Jochen, ohne Querhaus, mit zwei polygonalen Chören mit gestuften Strebepfeilern; innen tragen schlanke Rundpfeiler das Kreuzrippengewölbe. Der mit der neuen Kirche erbaute Turm trägt das Wahrzeichen der Stadt: den eigentlich achteckigen spitzen Turmhelm, der sich durch einen Konstruktionsfehler zu einer schiefen Spirale gedreht hat. Man beachte innen das (restaurierte) zierliche Sakramentshäuschen vom Ende des 15. Jh. mit Maßwerk und Fialen sowie die sechs überlebensgroßen Heiligenfiguren auf geschnitzten Konsolen, entstanden um 1780/90, vom Autodidakten Heinrich Alken aus Mayen.

Der erste Abstecher von Mayen aus sollte dem Ort gelten, der jahrtausendelang die Bedeutung des Gemeinwesens begründet hatte: dem **Mayener Grubenfeld** (Abb. 64). »Fast drohend erhebt sich im Norden über Mayen der Ettringer Bellberg, ein mächtiges Kraterrund, das nach zwei Seiten von Lavaströmen aufgebrochen wurde und nun daliegt wie in seinen eigenen Laven ertrunken«, schreibt Friedrich Sauer über jenen Vulkan, dessen glühendes Gestein etwa drei Kilometer weit bis ins heutige Mayener Stadtgebiet geflossen war, ehe es zu Basalt erstarrte. Fast in seiner ganzen Länge war das hier leicht poröse und daher gut zu bearbeitende Material des Lavastroms seit Jahrtausenden abgebaut worden; diese heute weitgehend eingestellte Tätigkeit hat nun einen verlassenen Steinbruch von ungeheuren Ausmaßen hinterlassen. Nehmen Sie in Mayen die Straße in Richtung Ettringen, nach wenigen Kilometern führt sie auf einem hohen gemauerten Damm schnurgerade durch die alten Gruben. Wenn Sie dort anhalten und hinunterblicken, eröffnet sich Ihren Augen das grandiose Panorama einer Mischung aus Urweltlandschaft und Industrieruine: Am Rande der bizarren Felsabstürze stehen noch die alten Kräne, aus deren geborstenen Verkleidungen Drähte und Zahnräder quellen, während tief unten die zurückkehrende Vegetation diese künstliche Landschaft langsam in ein Gewirr romantischer Felsschluchten zu verwandeln beginnt. Höchst befremdlich ist die Vorstellung, daß der Abbau des Basalts im nahe gelegenen Mendiger Grubenfeld in ebensolcher Größenordnung wie hier unterirdisch erfolgte: Da der Laacher Bimsvulkan auch den Mendiger Lavastrom zugeschüttet hatte, war der Basalt von oben nicht mehr zugänglich. So wurden zylindrische Stollen durch die Tuffdecke getrieben, bis man auf das gesuchte Gestein stieß, das nun in immer größer werdenden Höhlen unter dem Schacht abgebaut wurde. Mit der Zeit entstand ein ganzes System riesiger unterirdischer Hallen, denen oben die Schächte mit den Grubenwinden nachwanderten. Erst als mit modernen Maschinen die Tuffdecke über dem Basalt großflächig abgeräumt werden konnte, begann der Tagebau, dessen aufgelassene Reste nun die einzigartige Szenerie der Grubenfelder bilden. Überragt werden die Steinbrüche vom zerbrochenen Kraterrand des Ettringer Bellberges. Die Kraterwände sind aus verbackenen Wurfschlacken aufgebaut und zeigen noch heute, nur von einem dürftigen Magerrasen bedeckt, ein Bild düsterer Kahlheit.

Folgt man der Straße über die Steinbrüche weiter, so gelangt man nach Mendig, einem Ort von auffallender Eigenart. Sein Erscheinungsbild ist geprägt von langen, schmalen Gassen zwischen schmucklosen Häusern aus dunklem Basalt, deren karge Uniformität den Betrachter an walisische Grubenstädte erinnert. In der Tat hat man hier – wie im benachbarten Ettringen – gewissermaßen die Arbeitersiedlungen des Mayener Grubenfeldes vor sich, deren Bewohner sich jahrhundertelang in den Steinbrüchen plagten. Daß diese Mühen sich nicht mit Wohlstand bezahlt machten, zeigt ein Blick in die alten Gassen, und es ist kein Geheimnis, daß die Arbeitsbedingungen in den Basaltbrüchen – mit schweren Hämmern bei jeder Witterung – die schlimmsten gesundheitlichen Folgen für die Grubenarbeiter zeitigten. Wo man des Trostes bedarf, ist die Kirche zur Stelle, und so erhielt der Ortsteil **Niedermendig** bereits um die Mitte des 13. Jh. eine romanische Basilika mit einer kostbaren Ausstattung, von der jedoch bis 1887 niemand eine Ahnung hatte. Danach entdeckte man einen weitgehend freskierten Innenraum, wie es ihn heute in der Eifel kein zweites Mal gibt: Über dem Triumphbogen nimmt ein dramatisch gestaltetes figurenreiches »Jüngstes Gericht« (Abb. 66) in zwei Zonen die ganze Wand ein; oben neben dem thronenden Herrgott blasen Engel die Posaunen des Gerichts, darunter werden die Seligen heimgeführt, während die Verdammten über steile Felsen in die Tiefe gerissen werden. An den Obergaden beider Langhauswände sind die zwölf Apostel unter Rundbögen zu sehen, getrennt durch gemalte Säulen mit Kapitellen, an der Südwand neigen sich jeweils zwei im Gespräch einander zu. Auf die Darstellung des hl. Jakobus d. Älteren beziehen sich die Bilder der Pilgerszenen und über dem ersten Pfeiler der Südwand der Reiterkampf zwischen einem heransprengenden Kreuzritter und fliehenden Sarazenen (Farbabb. 4), zweifellos die überraschendste Darstellung des ganzen Freskenprogramms. Weitere Bildfolgen mit den Themen Taufe, Buße und Barmherzigkeit finden sich in den Laibungen der Arkaden und in den Seitenschiffgewölben, ferner ein hl. Nikolaus aus dem 14. Jh. und eine hl. Anna Selbdritt um 1470. Der größte Teil der Fresken stammt aber aus der Zeit um 1300 oder früher, sie weisen den fast zeichnerischen Stil der frühgotischen Malerei auf; meisterhaft sind die ausdrucksstarken Gesichter der Verdammten unter dem listig triumphierenden Teufel und die expressive Gestik des Reiterkampfes gelungen. Man beachte den züngelnden Drachen im Bild der hl. Margaretha links vom Chor. Weiter befinden sich im Innern der wohlproportionierten Basilika im klassischen gebundenen System mit runden Arkadenbögen auf quadratischen Pfeilern schöne Kapitelle, ein Weihwasserbecken und eine Altarmensa in der Südapsis, all dies romanisch, während der Sakristeianbau, zu betreten durch eine niedrige Tür in der südlichen Chorwand, ein kleines Gewölbe in zierlichsten gotischen Formen besitzt. Noch bevor man einen Begriff von den Schätzen in St. Cyriakus hatte, widerfuhr der Kirche ein eigentümliches Schicksal: Als sie Mitte des vorigen Jahrhunderts der wachsenden Gemeinde zu klein wurde, errichtete Vincenz Statz, der führende Vertreter historischer Stile im Kölner Raum, daneben einen weitläufigen Neubau im neogotischen Stil und bezog die romanische Basilika vollständig als südliches Seitenschiff in die neue Kirche ein. Dort blieb ihre Bausubstanz zum Glück fast völlig unangetastet, heute ist sie auch äußerlich durch hellen Verputz und einen eigenen Turm vom großen, dunklen Neubau abgesetzt. Man kann daher die alte Kirche direkt durch das romanische Portal mit den umlaufenden Rundstäben, die anstelle von Kapitellen verknotet sind, betreten oder durch das Hauptschiff des (im übrigen sehr gelungenen) neogotischen Neubaus gehen. Dabei beachte man den gemalten spätgotischen Flügelaltar dort an der Südwand, er zeigt eine Beweinung Christi, auf den Flügeln Kreuztragung und Auferstehung. Die Szenen spielen vor weiten Landschaftshintergründen mit Städten und Burgen in der Ferne und deuten auf einen Meister der niederrheinischen Schule zu Kalkar.

Auch der Ortsteil **Obermendig** besitzt eine stattliche, weithin sichtbare Pfarrkirche, die der hl. Genoveva geweiht ist. Ursprünglich eine gotische Stufenhalle mit romanischem Westturm, wurde sie 1879 von Friedrich v. Schmidt (nach dessen Plänen auch der Turmhelm des Wiener Doms und das dortige Rathaus erbaut wurden) durch ein Querschiff und drei östliche Joche erweitert, wobei das Mittelschiff hochgezogen wurde und sich die Kirche in eine Basilika verwandelte. Im heute wieder geschlossen wirkenden Innenraum befinden sich im alten Teil der Kirche schöne Figurenkonsolen, im Chor ein ausnahmsweise sehenswerter neogotischer Hochaltar und im nördlichen Querschiff das Genovevakreuz aus Basaltlava aus dem Jahre 1462 mit einer Nische unter einem gotischen Kreuz, in der die Reliquien der Heiligen aufbewahrt werden. (Genovevalegende s. S. 243.) Außen kann man an der Nordseite der Sakristei unter einem gewölbten Vorbau hinter zwei gotische Bögen eine plastische Ölbergszene mit ausdrucksstarken Figuren aus der Zeit um 1500 sehen.

Sowohl von Mendig wie auch direkt von Mayen führt eine Straße nach **Ettringen.** Wenn man kurz hinter dem Ort auf die Hochfläche gelangt, sieht man sich umstellt von drei großen, düsteren Vulkankegeln, dem Hochsimmer, dem Sulzbusch und dem Hochstein. Diese drei landschaftsbeherrschenden Berge stellen mit ihrer geradezu klassischen Kegelform eines der eindrucksvollsten Vulkanpanoramen der Eifel dar. Der Hochsimmer ist mit 587 m der höchste Vulkan des Laacher-See-Gebiets. Besteigt man den dortigen Aussichtsturm, kann man erkennen, daß man mit dem Berg den sichelförmigen Rand eines gewaltigen Kraters bestiegen hat, der durch ausfließende Lava nach Süden aufgebrochen wurde. Keinesfalls unterlassen darf man eine Besteigung des rechts der Straße gelegenen Hochsteins, in dessen Felsen sich die sagenumwobene Genoveva-Höhle befindet (Genovevalegende s. S. 243). Wenn der Weg kurz unterhalb des Gipfels einen rechts aus dem Wald ragenden Felsen mit einer Aussichtskanzel berührt, sind Sie am Ziel: Unterhalb der Kanzel öffnet sich zwischen knorrigen, alten Bäumen das große schwarze Loch des Höhleneingangs im dunklen Fels. Dies ist neben dem Nerother Kopf und den Eishöhlen bei Birresborn eine der schaurig-schönsten Szenerien, die Sie in der Eifel finden können. Betritt man die gut zu begehende Höhle, die etwa 20 m weit in den Berg hineinführt, so erkennt man ihren künstlichen Ursprung: An der Decke sind noch zwei freigehauene, aber nicht abgelöste Mühlsteine zu sehen. Jahrhundertelang war dieser Ort Gegenstand der geheimnisvollsten Geschichten, die auch Carl Wilhelm Nose hierherlockten. 1790 beschrieb er seinen Besuch, bei dem ihm ein Förster die Höhle zeigte; der erzählt ihm, »... daß man aus ihr nach einer Stunde Weges in einen Keller des Schlosses Bürresheim gelangen könne, und daß nachher die sogenannten

Schloß Bürresheim ▷

BÜRRESHEIM

Heinzelmännchen diese Höhle bewohnt hätten, dem sey aber jetzt nicht mehr so.« Derart eingestimmt, trat Nose in das dunkle Innere, doch konnte er sich beruhigen: »Übrigens war es besonders kühl in dieser Höhle; an verschiedenen Orten, der heißen Witterung ohngeachtet, fand sich noch Eis, von mephistischen Dämpfen hingegen nichts.«

Wenige Kilometer nordwestlich von Mayen befindet sich einer der bedeutendsten kunsthistorischen Schätze der Eifel: das vieltürmige Schloß **Bürresheim** (Farbabb. 18; Abb. 74) mit seiner berühmten Innenausstattung aus mehreren Jahrhunderten. Die Lage des Schlosses auf einem Felsrücken in einer Bachschleife in der tiefen Abgeschiedenheit des von hohen Waldhängen umgebenen Nettetals ist unvergleichlich. Als 1921 Marie Louise von Renesse, letzte im Schloß residierende Gräfin, mit ihrem Automobil in einen Pferdewagen fuhr und dabei ums Leben kam, war dies das traurige Ende eines fast achthundert Jahre währenden ununterbrochenen feudalen Lebens auf Bürresheim. Zurück blieb ein Ensemble von Wehr-, Wohn- und Repräsentationsbauten vom 12. bis zum 17. Jh., überquellend von Ausstattungsstücken, die von vielen Generationen seiner Bewohner zusammengetragen und gehütet worden waren. Die Baugeschichte Bürresheims ist überdies ein eigentümliches Zeugnis dafür, wie hier, im Grenzgebiet von Kurtrier und Kurköln, die keineswegs geistlich ausgetragenen Machtinteressen beider Erzbistümer aufeinandertrafen: Nachdem Heinrich, der zweite namentlich bekannte Besitzer der Burg (sie wurde 1157 erstmals erwähnt), um 1190 seinen Besitz an den Kölner verkauft hatte, erwarb um 1281 auch der Trierer Erzbischof einen Teil der Anlage. Nur allzu verständlich, daß bei den expansiven Gegensätzen der beiden Fürstentümer kein gemeinsamer Ausbau stattfand; seitdem gab es eine Kölner Burg auf dem niedrigen Felsen über dem Zusammenfluß von Nette und Nitz, und – nicht einen Steinwurf entfernt – eine trierische Hälfte, die sich jahrhundertelang völlig getrennt gegenüberstanden. An verschiedene Edelgeschlechter verliehen, wurde die Anlage im 13. bis 16. Jh. als Ganerbenburg ausgebaut, bis sich seit 1473 die Familie von Breitbach nach nicht unbeträchtlichen Streitereien um 1659 als Alleinbesitzer durchsetzen konnte. In verschiedenen Bauphasen wurde unter denen von Breitbach der trierische (Ost-)Teil der Burg ausgebaut. 1698–1700 überbrückte man die letzte Lücke zur alten Kölner (West-)Burg durch den »Kapellenbau«; erst jetzt erhielt Bürresheim das Aussehen einer geschlossenen Gesamtanlage, die es im Mittelalter nicht war; dadurch, daß heute die ehemalige »Kölner Burg« in mächtigen Ruinen liegt, an die sich unmittelbar der prächtig ausgebaute Ostteil von Bürresheim anschließt, ist dem historischen Gegensatz der beiden Burghälften wieder augenfällig zur Geltung verholfen worden.

Vorbei an dem 1683 angelegten und 1952 rekonstruierten barocken Terrassengarten, betritt man das Schloß durch ein Burgtor, hinter dem der Weg ansteigend durch den tunnelartigen Gang des »Kanonenweges« in den Burghof führt. Zwei Fallgatter sowie Gußlöcher im Gewölbe und Schießscharten im Mauerwerk sollten einem Angreifer bereits hier den Garaus machen. Der Burghof mit einer spätgotischen Fassade, den Arkaden der Sommerküche, dem romanischen Bergfried, dem barocken Prunkportal und den malerischen Fachwerkgiebeln von Vogts- und Amtshaus bildet ein Kleinod der deutschen Burgenarchitektur. Hier beginnen die Führungen durch das Schloß; in den Fluchten von Sälen, Zimmern und

Gängen begegnet der Besucher einer unerschöpflichen Fülle an Ausstattungsstücken von der Spätgotik bis zum Barock. Die kunsthistorisch wertvollsten Teile der gesamten Einrichtung sind zwei Rundscheiben im Erkerfenster des »Marschallzimmers« im spätgotischen Palas, überaus seltene Stücke profaner Glasmalerei um 1490 (Abb. 67). Ihre Entwürfe werden dem anonymen »Meister des Hausbuches« zugeschrieben; im süddeutschen Raum berühmt, wirkte er auch in Mainz, wo der Bruder des Johann von Breitbach Domherr war. Auf den beiden Scheiben sind die Wappen des Johann und seiner Frau Loretta von Schöneck zu sehen, eingefaßt von Liebesgartenszenen und verschlungenem Geäst mit Tieren und grotesken Figuren. Einzig bedauerlich in Bürresheim, daß man die hochinteressanten Ruinen der unmittelbar anschließenden »Kölner Burg« nicht betreten darf. Um sie zumindest von außen zu sehen, müssen Sie vom Schloßparkplatz links und kurz darauf abermals links fahren, dann folgen Sie nach wenigen Metern dem Wegweiser Mayen-Nitztal. Nur ein kurzes Stück Straße, und es eröffnet sich der höchst romantische Anblick des alten Brückentores zur Nette, verschlossen und mit Efeu behangen, daneben das malerische ehemalige Jägerhaus aus dem 18. Jh. An dieser Stelle führte über eine verschwundene Zugbrücke der Weg in die Westburg, direkt auf die mächtigen Flankentürme der Schildmauer zu. Hier verliert Bürresheim den lieblichen Charakter, den es von der anderen Seite hat und wird wieder zu dem hochaufragenden, düster-drohenden Wehrbau, der es jahrhundertelang war.

Auf vielen anderen Wegen, aber auch hier von Bürresheim aus über die schmale Straße durch das landschaftlich sehr reizvolle Welschenbachtal nach Kirchwald und weiter über Langenfeld nach Jammelshofen, läßt sich eine weitere klassische Eifellandschaft erreichen: die Hohe Eifel, das dicht bewaldete Bergland um Hohe Acht und Nürburg bis hinüber zum Hochkelberg. Hier finden sich die höchsten Erhebungen der Eifel, die als Bergkegel mit markanten Felskuppen das Land überragen. Es sind die ältesten Vulkanruinen der Eifel, denn dieses Landschaftsbild ist geprägt vom sog. tertiären Vulkanismus, der vor Dutzenden von Millionen Jahren begann: »Wollte man ein Menschenleben als Maßstab heranziehen, so könnte man mit aller Vorsicht sagen: die Tertiär-Vulkane der Hohen Eifel sind Mumien; die Maare hingegen gerade geborene Kinder«, schreibt W. Helmes. Entsprechend dem langen Zeitraum, in dem sie am Werke sein konnte, hat die Erosion von diesen Vulkanen nur den harten Kern übriggelassen: Verschwunden sind die Kraterwälle, die Tuffhüllen und Lavaströme; was sich dort als markante Felskuppe aus der Landschaft hebt, sind die zu Stein erstarrten, einst glutflüssigen Schlotfüllungen der uralten Vulkane, »die wie mächtige Stämme hinunterreichen bis in die Magmakammern« (F. Sauer). Einer der etwa 130 bekannten Eruptionspunkte des tertiären Vulkanismus ist ein mächtiger Stumpf aus Säulenbasalt, auf dem sich die **Nürburg** erhebt. Bereits um 1150 wurde hier, auf dem »mons nore«, am Grenzpunkt zwischen Kurköln und Kurtrier von Graf Ulrich von Are eine Burg erbaut, 1290 fiel sie an das Kölner Erzbistum, das sie 1530–45 zu einer stark befestigten Anlage mit 400 m langen Umfassungsmauern, mit Zwingeranlagen und zahlreichen vorspringenden Rundtürmen erweitern ließ. Als eine der stärksten Festungen der Eifel wurde sie 1689 von den Franzosen angegriffen und fiel erst nach heftiger Belagerung – angeblich nur durch Verrat. Prunkstück

NÜRBURG/ADENAU

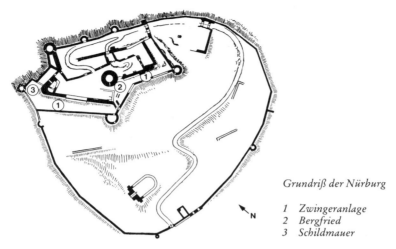

Grundriß der Nürburg
1 Zwingeranlage
2 Bergfried
3 Schildmauer

der heute sorgfältig restaurierten Ruine ist zwischen dem Palas und der schildmauerartig verstärkten Ringmauer der alten Kernburg der runde, noch vier Geschosse hohe Bergfried. Der mächtige Bau überrascht im Inneren durch ein sechsteiliges Rippengewölbe über spätromanischen Konsolen; in der Mauerdicke führen Treppen in die oberen Geschosse und hinauf zur Aussichtsplattform, von der man fast die gesamte Eifel überblickt – schon für die Römer ein Grund, hier oben eine Niederlassung zu errichten, wie man aus vielen Funden auf dem Burgberg weiß.

Eine ähnlich gute Sicht hat man von der Hohen Acht, mit 746 m der höchste Berg der Eifel. Es ist ein alter Basaltschlot, der als fast 80 m hohe Felskuppe das durchschlagene Grundgestein aus Schiefer überragt.

Durchzogen wird die einsame Landschaft der Hohen Eifel von einer der berühmtesten Rennstrecken der Welt: dem Nürburgring. 1925 begonnen und in nur 20 Monaten fertiggestellt, war dieses Projekt eine Pioniertat des Straßenbaus. Die rund 28 km mit 174 Kurven und Steigungen bis 17% kann heute jeder befahren, der sich traut; gegen eine Gebühr kann man bei Nürburg, Breidscheid oder Müllenbach auffahren (s. S. 342). Für den Rennsport wurde 1984 eine neue, nur noch 4,5 km lange Strecke in Betrieb genommen.

Von der bis ins Jahr 922 zurückreichenden Geschichte **Adenaus** ist heute nur noch wenig zu sehen. Am Marktplatz steht als letzter Rest der einstigen Fachwerkherrlichkeit des früheren kurkölnischen Amtssitzes ein Ensemble stattlicher Fachwerkbauten um 1630. Die alte Pfarrkirche, die bis ins 10. Jh. zurückreichte, wurde im Zweiten Weltkrieg zerstört, erhalten ist nur der merkwürdige, achteckige ehemalige Ostchorturm. Im Inneren des Neubaus ist jedoch der mächtige sechsseitige romanische Taufstein sehr sehenswert; polychromiert, mit Säulen und angearbeiteten Kapitellen einer der eindrucksvollsten seiner Art in der Eifel. Ebenfalls aus dem alten Bestand stammt der figurenreiche spätgotische Altarauf-

Ansicht von Monreal

VIRNEBURG / MONREAL

satz, eine flandrische Arbeit vom Anfang des 16. Jh. Er besteht aus mehreren neu gefaßten szenischen Reliefs, drei weitere Skulpturen stammen aus demselben Altar.

Nimmt man von Mayen aus die Bundesstraße zum Nürburgring, so kreuzt man bei **Virneburg** abermals das hübsche Tal der Nitz, die bei Bürresheim in die Nette mündet. Mitten in dem kleinen Ort erhebt sich über den Dächern die Ruine der Stammburg der Grafen von Virneburg, eines der bedeutendsten Adelsgeschlechter der Eifel, dessen Blütezeit im 14. und 15. Jh. lag, als das Haus Bischöfe von Köln, Mainz und Münster stellte. Von der einst weitläufigen Anlage auf der steilen Anhöhe, die an drei Seiten vom Nitzbach umflossen wird, haben sich nur wenige romantische Ruinen erhalten, nachdem auch diese Burg 1689 von den Franzosen zerstört worden war. Aufrecht steht noch der älteste Teil, eine drei Meter dicke und achtzehn Meter hohe Schildmauer, sowie Reste von Palas und Türmen und eines Torbaus mit Pechnase. Im Dorf beachte man das Amtshaus des 18. Jh. am Burgaufgang sowie das alte Zehnthaus aus dem 17. Jh., noch mit einem Strohdach gedeckt.

Entschieden mehr von Macht und Ansehen der Virneburger ist noch im nahe gelegenen **Monreal** zu erblicken. Dieser Ort ist der Inbegriff Eifeler Fachwerkromantik (Farbabb. 10). Im engen Elztal gelegen, ziehen sich schmale Gassen zu beiden Seiten des Baches entlang; umgeben von waldreichen Höhen und überragt von der alten Pfarrkirche und zwei Burgruinen, ist der malerische Anblick des Dorfes schwer zu überbieten. Einst umgeben von Stadtmauern mit Türmen und Toren, die über zwei noch erhaltene Steinbrücken über die Elz den Berghang hinauf zu den beiden Burgen führten, muß Monreal im Mittelalter den Anblick einer imposanten Befestigungsanlage geboten haben. Der Ort war somit eines jener typischen Burgstädtchen, wie sie in der Eifel so oft um die Sitze der örtlichen Dynasten erbaut wurden – doch zeugte die Errichtung einer so stark befestigten Anlage nicht gerade von friedlichen Absichten. So erfolgte bereits die Gründung der »Großen Burg« im Jahre 1229 auf fremdem Territorium: Graf Herrmann III. von Virneburg hatte sie auf dem Gebiet seines Bruders erbaut, und die unvermeidliche Fehde mußte durch einen komplizierten Vergleich geregelt werden. 1334 legte sich Graf Heinrich II. mit dem mächtigen Trierer Erzbischof Balduin an und überfiel von Monreal aus die kurtrierische Stadt Mayen. Von den respektlosen Mayenern und dem Erzbischof gleichzeitig bedrängt, mußten die Virneburger Monreal als Trierer Lehen anerkennen. Als das Grafengeschlecht 1545 ausstarb, gelang es dem Erzbistum nach heftigem Streit mit den eigentlich erbberechtigten Manderscheidern, die ganze Grafschaft als erledigtes Lehen einzuziehen, Monreal wurde Sitz eines trierischen Amtes. Im 30jährigen Krieg wurde der Ort 1632 von den Schweden verheert, in ihrem planmäßigen Zerstörungskrieg erschienen 1689 die Franzosen und legten einen Großbrand, dem beide Burgen und fast das ganze Dorf zum Opfer fielen. Dennoch gelang Monreal im 18. Jh. durch die Tuchindustrie ein Aufschwung, wovon noch heute die große Zahl überaus stattlicher Fachwerkhäuser mit ihren hohen Giebeln, vorkragenden Obergeschossen und verzierten Türen und Eckbalken zeugt. Im Ort führen noch heute nur die drei alten Bogenbrücken über die Elz, alle in mittelalterlicher Bruchsteinmauertechnik ausgeführt. Während die obere und untere Brücke die Stadtmauern trugen und schmucklos blieben, steht auf der mittleren, befahrbaren Brücke das berühmte Löwendenkmal aus Basaltlava. Um einen acht-

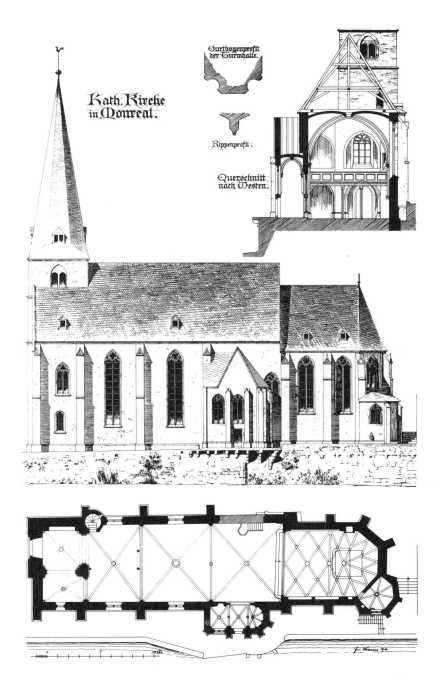

eckigen gotischen Pfeiler mit vier Runddiensten sitzen vier naturalistisch gestaltete Löwen, jeder in einer anderen Haltung. Dieses Zeugnis ritterlicher Kultur – das Denkmal soll früher vor der »Großen Burg« gestanden haben – findet in der rheinländischen Kunst keine Parallele und stellt in seiner plastischen Durchbildung eine vorzügliche bildhauerische Arbeit dar. Gegenüber auf derselben Brücke steht der meistbenutzte Vordergrund für ein Monreal-Foto: die bemalte Sandsteinfigur des hl. Nepomuk aus dem Jahre 1803 (Abb. 75).

Von der kleineren der beiden Monrealer Burgen, dem sog. »Rech«, hat sich nur ein eleganter Turm mit vier runden Eckürmchen auf einem Rundbogenfries mit geschweiften Konsolen zwischen den Trümmern der Umfassungsmauern erhalten. In der mächtigen Ruine der gegenüberliegenden »Großen Burg«, umgeben von tiefen Gräben und einer dreieckigen Vorburg, befindet sich die sechseckige ehemalige Burgkapelle aus dem 13. Jh. Mitten zwischen den zerstörten Wohngebäuden der Burg ragt auf einer Felskuppe der 25 m hohe, runde Bergfried auf, in seinen 3 m dicken Mauern führt eine düstere Treppe zu den einzelnen Stockwerken.

Das kunsthistorisch bedeutendste Zeugnis, das die Virneburger Grafen hinterlassen haben, ist aber die große gotische Pfarrkirche unten im Ort. Der langgezogene Bruchsteinbau mit Westturm und hoch ansetzenden Strebepfeilern steht direkt neben der Elz. Durch eine kreuzrippengewölbte Turmhalle gelangt man in den weiten einschiffigen Innenraum; die Gewölbe seiner drei Joche ruhen auf Laubkapitellen über gebündelten Wanddiensten und auf Maskenkonsolen mit ausdrucksstarken Gesichtszügen. Im Chor steht unter einem formenreichen Netzgewölbe ein großer neogotischer Hochaltar aus dem Jahre 1876, der aber nicht zu den schlechtesten Schöpfungen seiner Zeit zählt. Original gotisch ist dagegen der schöne Sakramentsschrein an der nördlichen Chorwand, mit vielfältig gegliederten Baldachinen, Fialen und krabbenbesetzten Maßwerkbögen, darinnen die Steinfiguren der beiden Johannes. Die architektonische Kostbarkeit der Kirche ist die zierliche Heiligkreuzkapelle, die sich durch einen breiten Spitzbogen zum Kirchenschiff öffnet. Der schmale Bau mit seinem ⅝-Chor unter einem Gewölbe mit verzierten Schlußsteinen auf reich geschmückten Blattwerkkapitellen hat eine Raumwirkung von eindrucksvoller stilistischer Geschlossenheit, die auch von den (sehr gelungenen) neugotischen Glasmalereien in den Maßwerkfenstern nicht beeinträchtigt wird. Man beachte mehrere Skulpturen aus spätgotischer und barocker Zeit, besonders den hl. Severus mit dem Weberschiffchen in der Hand (um 1750); hier dürfte die damals in Monreal prosperierende Weberzunft ihren Einfluß geltend gemacht haben. Am östlichen Ortsende ist noch die Friedhofskirche St. Georg (1460) einen Besuch wert.

Von der Gegend um Mayen und den Nürburgring zieht sich das Kernland der Eifel weit nach Westen zur Landschaft der Kalkmulden. Auf dem Weg dorthin führen alle großen Straßen durch **Kelberg**. Einziges Zeugnis der ins Jahr 1195 zurückreichenden Geschichte des Ortes ist die Pfarrkirche St. Vincentius und Nikolaus mit ihrem romanischen Westturm in einer alten Friedhofsanlage. Im Inneren der im wesentlichen neugotisch gestalteten Kirche, die sich im Grundriß jedoch am spätgotischen Vorgängerbau (einer zweischiffigen Hallenkirche) orientiert, beeindruckt ein Kruzifix aus dem 15. Jh., das in seiner strengen Stilisierung fast modern wirkt. Ein vorzügliches Beispiel qualitätvoller Volkskunst ist das sog. »Osterkreuz« aus dem Jahre 1696; bei genauerem Hinsehen zeigt es drei höchst originelle Szenen aus der Auferstehungsgeschichte, umrahmt von Voluten, Fruchtwerk und Engelsköpfen. Man beachte auf dem Friedhof den achtseitigen Baldachinbau auf hohen Säulen, darunter das Friedhofskreuz (1708), sowie mehrere alte Grabsteine mit eindrucksvollen volkstümlichen Darstellungen des Gekreuzigten.

Von Kelberg aus kann man direkt den Weg in die klassische Vulkanlandschaft nach Ulmen oder Daun wählen. Wer nach Gerolstein will, dem sei in Dreis ein Umweg über Niederehe –Kerpen–Hillesheim empfohlen, der neben der sehr reizvollen Landschaft der Kalkmulden einige bedeutende Sehenswürdigkeiten bereithält.

Bei **Dreis,** wo man im Ortskern von einem Gasthaus mit dem vielversprechenden Namen »Vulkanstuben« empfangen wird, liegt der gleichnamige Weiher, ein um 1800 abgelassenes Maar mit Mineralquelle. Dieses gereichte dem kleinen Ort, zumindest in Fachkreisen, zur Berühmtheit: In den Tuffen, die das Maar umgeben, kommen mehrere Mineralien vor, besonders die als »Olivinbomben« bekannten vulkanischen Auswürflinge, die vermutlich aus großer Tiefe stammen. In Dreis selbst ist das Schultheißenamtshaus (1579) mit dem runden Treppenturm und den Resten der vier Ecktürmchen nur einen flüchtigen Blick wert; der nächste Ort jedoch, **Oberehe,** besitzt mit seinem kleinen, burgenartigen Schloß eine Besonderheit: 1698 anstelle eines wehrhaften Vorgängerbaus errichtet, steht hier eines der seltenen erhaltenen Exemplare eines barocken Eifeler Landschlößchens, das der obligaten Zerstörung durch die Franzosen entgangen ist. Obwohl Privatbesitz und nicht zu betreten, sollte man auch dem Äußeren des ungewöhnlichen Gebäudes mit seinem großen doppeltürmigen Torbau und dem Blick in den Hof mit der reizvollen Schloßfassade – beides in der restaurierten alten Farbfassung – seine Aufmerksamkeit schenken. Kurz hinter Oberehe biegt man rechts von der B 421 zum Ortsteil Stroheich in Richtung Niederehe ab. In Stroheich beachte man die kleine gotische Dorfkirche mit den schönen Maßwerkfenstern. Neben der Tür steht ein ausdrucksvolles Wegkreuz. Im Inneren befinden sich ein skulpturengeschmückter Barockaltar, ein mit Rankenmalerei verziertes Chorgewölbe und vor allem das gotische Fresko der Südwand des Chores; eine realistisch nachempfundene Kreuzigungsgruppe oder besser Kalvarienbergszene, da auch die beiden Schächer rechts und links von Christus am Kreuze hängen, dazwischen die Gestalten der Maria und des Johannens in klagenden Gesten. Wenn die Kirche verschlossen sein sollte, ist die Besichtigung dennoch kein Problem: durch das niedrig ansetzende Nordfenster des Chores sind alle Sehenswürdigkeiten der Kirche mit einem Blick zu erfassen.

Wenige Kilometer weiter stößt man in **Niederehe** auf das höchst reizvolle Bauensemble eines kleinen barocken Klosters mit einer romanischen Kirche. Das romantische Ahbachtal und seine Seitentäler waren schon früh besiedelt, auch Niederehe wird bereits Mitte des 10. Jh. in einem Vertrag des Prümer Klosters als »Hiea« erwähnt. 1136 wird nicht weit entfernt die Burg Kerpen gebaut; die Söhne und Töchter des zweiten Besitzers, Heinrich I. von Kerpen, gründen 1175 in Niederehe ein Kloster für adelige Jungfrauen nach der Augustinerregel. Das neue Kloster hatte einen hoffnungsvollen Beginn: Durch reiche Schenkun-

Niederehe, Chorgestühl des ehem. Augustinerinnenklosters (um 1530)

gen gelangten die Nonnen zu großem Grundbesitz mit hohen Geldrenten, selbst Weinberge in Ahrweiler konnten sie ihr eigen nennen. So viel Wohlstand schien jedoch die weltlichen Bedürfnisse der adeligen Klosterfräulein allzusehr zum Leben zu erwecken, Peter Kees berichtet von einem stetigen »Absinken der Klosterzucht« und vor allem über eine immer ärger werdende finanzielle Situation. Die Nonnen beginnen im 15. Jh. gar, sich über ihre reichlichen Einkünfte hinaus bei den Pfarrern der Umgebung zu verschulden. So geht es bis zum Jahre 1505, als das Kloster »durch Oede, Brand und unordentliche Regierung in Wüstung gekommen« und der Abt von Steinfeld und die Grafen von Manderscheid-Blankenheim nicht länger zusehen mögen: Das Nonnenkloster wird kurzerhand aufgehoben und als Heimstatt von Prämonstratensermönchen neu eröffnet. Diesmal gab man dem Kloster neben der ökonomischen auch eine reichhaltige ideelle Absicherung: Der Hochaltar wurde außer der hl. Trinität und der Jungfrau Maria den 10 000 Märtyrern geweiht, der Nebenaltar dem hl. Nikolaus, der hl. Maria Magdalena und den 11 000 Jungfrauen. Bei so viel geistlicher Oberaufsicht konnte der erwünschte Erfolg nicht ausbleiben: Die Klosterfinanzen konsolidierten sich rasch, und es gab bis zur Auflösung des Klosters durch Napoleon (1803) keine Beanstandungen mehr.

Wenn man heute die Kirche betritt, begegnet man zuerst einer Reminiszenz an die adligen Klosterjungfrauen des frühen 13. Jh.: Unmittelbar hinter dem Portal befindet man sich unter einer tiefgezogenen, zweischiffigen Pfeilerhalle; von mächtigen Viereckpfeilern getragen, nimmt hier die ehemalige Nonnenempore das ganze westliche Joch der Kirche ein. Aus dem Dunkel dieses niedrigen Gewölbes hinaus weitet sich der Blick in die klare Gliederung der schmalen, langgestreckten Klosterkirche mit der reich geschmückten romanischen Apsis. Der einschiffige Bau mit seinen vier Jochen und dem polygonalen Chorabschluß, über 33 m lang und nur 6,50 m breit, gegliedert durch schwere, spitzbogige Gurte auf profilierten Kämpfern über kräftigen Wandpilastern, ist noch der originale Bau aus der Zeit um 1200. Neben den beiden östlichen Jochen erstreckt sich ein schmales Seitenschiff, das den ältesten Teil der ganzen Klosteranlage darstellt: die sogenannte »ahle Kirch«, der erste Kirchenbau der Nonnen aus der Gründungszeit um 1175, über dem sich der Glockenturm mit gekuppelten Schallfenstern erhebt. Die fünfseitig geschlossene Apsis ist durch schmale Rundbogenblenden und Säulendienste mit Kelchkapitellen in Form schlanken Blattwerks gegliedert; unter dem Apsisgewölbe verläuft ein schöner spätromanischer Tierfries (Abb. 69). 1904 ist im Chorjoch und in der Apsis die originale Farbfassung der Erbauerzeit wiederentdeckt und später restauriert worden. Von den Resten der gotischen Ausstattung sind neben einem 1964 freigelegten Fresko des hl. Leodegarius im Seitenschiff besonders das Chorgestühl (Abb. 71) und vier Kirchenbänke der Zeit um 1530 sehenswert. Die mit reichen ornamentalen und sehr originellen figürlichen Schnitzereien geschmückten Sitzgelegenheiten stehen heute auf der Nonnenempore. Von der Ausstattung des 17. und 18. Jh. beachte man außer einigen Skulpturen ein überlebensgroßes ehemaliges Triumphkreuz an der Nordwand, die schöne Orgel und die Reste des überaus kunstvollen schmiedeeisernen Chorgitters (1643), das heute den Emporenabschluß bildet. Ein Kunstwerk von bedeutendem Rang besitzt die Kirche mit dem 1625 errichteten Hochgrab des Grafen Philipp von der Mark und seiner Gemahlin, gearbeitet aus schwarzem belgischem Marmor; es steht heute im Seitenschiff. Ob der Graf, der dort in lebensgroßer, fast vollplastischer Figur zu sehen ist – »in eleganter Pose, über der Rüstung ein mit Hermelin besetzter Mantel« (Kees) –, ein so ritterlicher Charakter war, wie es diese idealisierte Darstellung glauben machen will, wird die Geschichte der nahe gelegenen Burg Kerpen noch zeigen.

Nahe Niederehe befindet sich ein naturkundliches Kuriosum, das beweist, wie sehr die gestaltenden Kräfte der Eifel-Geologie noch immer am Werke sind: der **Dreimühlen-Wasserfall,** der sich im Laufe der letzten 70 Jahre selbst aufgebaut hat und damit auch weiterhin beschäftigt ist. Da er überdies in einer der landschaftlich reizvollsten Passagen des Ahbachtales liegt, kann der Abstecher nur empfohlen werden. Fahren Sie von Niederehe 1,5 km zurück, bis Sie die Straße Nohn-Stroheich kreuzen. Hier biegen Sie ab in Richtung Nohn und erreichen nach wenig mehr als 1 km einen linker Hand gelegenen Parkplatz. Wenige Meter oberhalb desselben weist ein Schild mit der Aufschrift »Wasserfall« ins Ahbachtal, das sich neben der alten Nohner Mühle zwischen großen Kalkfelsen verheißungsvoll öffnet. Nach einer Viertelstunde zu Fuß erreichen Sie den Dreimühlenfall. Aus dem Kalkmassiv, das das Ahbachtal begrenzt, treten hier mehrere stark kalkhaltige Quellen aus. Als 1912 die (inzwischen wieder stillgelegte) Bahnlinie Dümpelfeld–Jünkerath erbaut und oberhalb des Baches trassiert wurde, faßte man die Quellen zusammen und leitete sie in einer Rinne zum

KERPEN

Rand des Felsens, wo das Wasser zu Tal floß. Durch die starken Kalkabscheidungen wuchs an dieser Stelle in nur 70 Jahren eine 5 m hohe und 11 m lange Kalkmauer, über die das Quellwasser jetzt in den Ahbach stürzt. Grund für dieses ungewöhnliche Tempo sind die großen Laubmoospolster, die den Felsen herabhängen. An ihnen bildet sich Kalksinter, über den ganzen Felsen hinweg sind die verkrusteten Triebe dieses Cratoneurum commutatum im Gestein sichtbar. Wenn Sie den Wasserfall auf schmalem Weg oberhalb umgehen, finden Sie keine 200 m weiter rechts im dichten Wald die zwar spärlichen, aber höchst romantisch gelegenen Ruinen der Burg der Herren von Drimollen.

Im Vordergrund ein liebliches kleines Wiesental, dahinter, den Hang hinansteigend, die zerklüftete Ruine, beides in hellem Sonnenlicht, das zwischen den Mauern weißblühende Bäume aufleuchten läßt, während auf der Höhe des Burghügels aus dunklem Fichtenwald der riesige Bergfried mit seinen Zinnen bis in die düster dräuenden Wolken eines zerissenen Gewitterhimmels zu ragen scheint: so sah der Maler Fritz von Wille die Burg **Kerpen,** die er seit 1911 bewohnte. Wer von Niederehe hierherfährt, passiert dabei genau den Punkt, von dem aus dieser bekannteste aller Eifelmaler den Blick auf die Burg festhielt. Mehr noch als auf dessen Gemälde wird von hier aus deutlich, wie der gewaltige romanische Turm das ganze Landschaftsbild beherrscht.

1136 wird in einer Urkunde des Klosters Prüm zum ersten Mal ein Herr von Kerpen, Sigisbertus, genannt. Als 1173 von einem »novum castrum de Cherpene« die Rede ist, ist die heute als große Ruine existierende Burg in Kerpen gemeint. Zur romanischen Kernanlage gehörte neben dem Palas und einer ausladenden Umfassungsmauer der Bergfried, 9 × 9 m im Quadrat und mit 3 m dicken Mauern.

Bereits im 14. Jh. durch neue Wohn- und Torbauten, Zwingmauern und Flankierungstürme erweitert, erhielt die Anlage kurz nach 1500 durch Dietrich IV. von Manderscheid-Schleiden mit dem Bau der Kapelle und einem neuen Schloßgebäude ein repräsentatives und vorerst endgültiges Aussehen. Doch mit dem Übergang der Herrschaft Kerpen an das Haus Manderscheid im Jahre 1506 gingen die friedlichen Zeiten zu Ende. Selbst im Spätmittelalter war für die kleinen Eifeldynasten der Grundbesitz die einzig nennenswerte Form von Reichtum, und so entbrannte der Streit um jedes Stück Land, jede Burg und jedes Dorf mit äußerster Heftigkeit. Selbst ein Ausschnitt aus der Kerpener Geschichte zeigt diese für so viele Eifelburgen typischen Ereignisse. Dietrich IV. übertrug die Burg seinem jüngeren Sohn Franz und nach dessen Tod 1548 seinem älteren Sohn Dietrich V. Die Erben des Franz sahen sich um ihre Ansprüche geprellt und begannen einen langwierigen Prozeß um den Besitz von Burg und Dorf. Daß beide Söhne Ehefrauen aus dem Geschlecht derer von der Mark genommen hatten, beendete den Erbstreit mit einem Gewaltakt, denn da hatten sie in ein Haus eingeheiratet, in dem andere Sitten üblich waren, als vor Gericht zu gehen: Als Dietrich IV. im Januar 1593 auf Burg Kerpen starb, eilte Graf Philipp von der Mark herbei und besetzte am Abend des 6. Februar im Handstreich die Burg, wobei die dort noch weilende trauernde Witwe des Manderscheiders in seine Gewalt kam. 1679 übernahmen die Löwenstein-Wertheimer die Burg. Inzwischen hatte aber das Reichskammergericht 1674 Kerpen

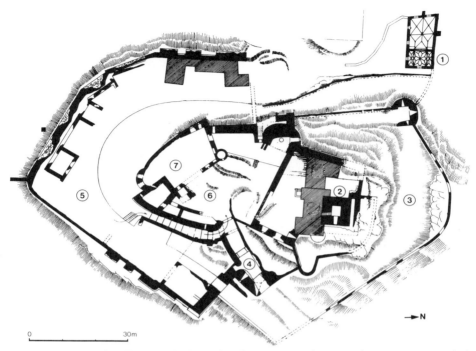

Burg Kerpen, 1 Burgkapelle; 2 Bergfried; 3 Halsgraben; 4 Osttoranlage; 5 Vorburg; 6 unterer Burghof; 7 spätgotischer Palas

den Herzögen von Aremberg zugesprochen. Indes war ein Spruch des Reichskammergerichts eine Sache, ob man ihn hinter den dicken Burgmauern gelten lassen wollte, eine andere: So weigerte man sich, die Burg dem Herzog Philip Franz von Aremberg herauszurücken. Dieser rief luxemburgische Truppen zu Hilfe, die sie für ihn besetzten – und die Gelegenheit wahrnahmen, gleich als ungebetene neue Herren zu bleiben. So rückten schließlich noch münsterische Verbände vor die Mauern, die die Luxemburger aus der Burg warfen. Die Freude über den endlich gewonnenen Besitz dauerte allerdings nur wenige Jahre. Im Zuge der Reunionskriege erschienen 1682 französische Truppen und sprengten die Befestigungswerke, 1689 zerstörten sie die Burg vollständig. Allein der romanische Bergfried ragte noch aus dem riesigen Trümmerfeld. 1911 erwarb der Eifelmaler Fritz von Wille Wohnhaus und Ruine und fügte einen Atelierbau an. Seit 1968 befindet sich in den Baulichkeiten ein Landschulheim. Mit Ausnahme der Innenräume darf aber die ganze ausgedehnte Anlage besichtigt werden.

Gottlob nicht in Ruinen, präsentiert sich die ehemalige Burgkapelle noch heute als ein kleines Juwel gotischer Architektur und barocker Ausstattung. Es handelt sich um eine sogenannte Einstützenkirche in der Tradition der Hospitalkirche von Kues (s. S. 200). Der sechseckige Sockel der zentralen Säule, die das ganze Gewölbe der zweischiffigen Halle trägt, ist mit einem Weihwasserbecken und einer schildtragenden Relieffigur geschmückt. Neben dem reichgestalteten Sterngewölbe des Chores mit seinen bemalten Schlußsteinen ist das verschiedenartige Maßwerk der Fenster beachtenswert. Die beiden Emporen sind neuzeitliche, den Charakter des Innenraumes durchaus betonende Zutaten. Die drei Altäre mit ihren Gemälden, Säulen, korinthischen Kapitellen, geschnitztem Blatt- und Knorpelwerk und den zahlreichen figürlichen Engelsdarstellungen gehören ebenso wie die Kanzel zu den besten Beispielen ländlichen Barocks, die in der Eifel noch zu finden sind. Man beachte in der Wand die große eiserne Takenplatte mit einer Kreuzigungsgruppe zwischen Wappen; das seltene Stück stammt aus der ersten Hälfte des 16. Jh. und kam aus der zerstörten Burg Daun hierher.

Einen Spaziergang aber darf man in Kerpen nicht auslassen. Hinter der östlichen Toranlage führt ein Weg unterhalb des Bergfrieds den schmalen Rücken des Höhenberges hinauf. Dort liegt, noch in Sichtweite des großen Turms, einsam und in schönster Eifelnatur unter einer hohen Basaltsäule das Grab des Malers Fritz von Wille (1860–1941). Hätte er es selbst erblickt, er hätte es unverzüglich zum Gegenstand eines seiner zahlreichen tief empfundenen und farbenprächtigen Eifelgemälde erkoren. Obwohl die Eifel zu seiner Zeit als inspirativer Ort malender Künstler längst entdeckt war – besonders in der Düsseldorfer Kunstakademie gab es eine regelrechte Eifelmode –, gelang es keinem anderen, die mit den Jahreszeiten wechselnden Stimmungen dieser Landschaft so einzufangen wie Fritz von Wille. Unübertroffen seine Eifeler Naturdarstellungen mit den fast impressionistischen Blumenwiesen, begrenzt vom dunklen Wald, gesäumt vom tiefgelben Ginster; von höchster Romantik seine Bilder überwucherter Ruinen unter bewegtem Himmel mit wechselndem Licht. Die Begeisterung des Publikums für gerade dieses Sujet – immer wieder wurde gelber Ginster im Grün von Wiese und Wald verlangt – veranlaßte ihn schließlich zu der verdrossenen Bemerkung: »... Die Leute wollen nun mal immer wieder Rührei mit Spinat.« Große Bilderzyklen von ihm sind noch in den Kreisverwaltungen von Daun und Wittlich zu sehen.

Bevor sich die Straße nach Hillesheim senkt, führt sie auf einer Anhöhe durch **Berndorf**, wo oberhalb der neuen Pfarrkirche in beherrschender Lage die alte Wehrkirche St. Peter (Abb. 3) das vielgestaltete Relief der Hillesheimer Kalkmulde weit überblickt. Der eindrucksvolle altertümliche Bau bietet innen wie außen das seltene Bild einer strengen, fast schmucklosen Dorfkirche ohne jede moderne Zutat. Schlicht sind die gotischen Gewölbefresken, in fast naiver Art ein Firmament mit Sternen zwischen bemalten Schlußsteinen des Netzgewölbes darstellend. Weiter stellen die spätgotische Sakramentsnische im Chor, die profilierten Portalgewände und die grotesken figuralen Konsolsteine, auf denen die Gurte des Turmhallengewölbes ruhen, die einzigen, jedoch markanten Ausschmückungen dar.

Wer sich mittels Lektüre verschiedener Kunstführer auf einen Besuch Hillesheims vorbereiten will, der wird spätestens an dem auffordernden Sternchen in Dehios Beschreibung bemerken: nach **Hillesheim** fährt man wegen der Mauer. Stadtmauern oder deren Ruinen finden sich in der Eifel noch an vielen Orten, einige mögen länger oder höher sein als diese, doch nirgendwo ist das Bild zinnen- und turmbekrönter mittelalterlicher städtischer Wehrhaftigkeit so imposant wie hier. Neben dieser Mauer und den erlesenen alten Ausstattungsstücken der Pfarrkirche ist aber die größte Attraktion des Städtchens neuesten Datums: Nach dem 1964 beschlossenen und bis heute durchgeführten Sanierungsverfahren der durch Kriege und Brände verwüsteten Altstadt wurde der Ortskern mit viel Geschmack in eine überraschende Mischung historischer und kontrastierender moderner Architektur verwandelt. Sehr angenehm die großen Plätze mit ihren Brunnen, Cafés und Geschäften, funktionell wie die alten Marktplätze angelegt und auch als solche genutzt, umsäumt von engen Gassen, die mit ihren restaurierten Häuserfassaden wieder ganz mittelalterliche Atmosphäre gewonnen haben.

Doch zurück zur Mauer. Ob Sie den erhaltenen Teil auf Treppen und Wehrgängen beschreiten oder ihn unterhalb des Felsens von außen betrachten, Sie werden sich fragen, wie der kleine Ort zu einer so großangelegten Befestigung gekommen ist. Bei seiner ersten hochmittelalterlichen Erwähnung erscheint der Ort im Besitz der Herren von Reifferscheid-Wildenburg, die sich bereits in der für alle kleinen Eifeler Dynasten typischen Klemme zwischen den umgebenden mächtigen Territorialherrschaften befinden. So gibt 1272 Gerhard III. von Wildenburg sein »Hildesheym« für 200 trierische Denare den Luxemburgern zu Lehen. Doch bereits 1318 wird ein Teil des Ortes Gegenstand einer Verpfändung, bei der die Grafen von Jülich als keineswegs uneigennützige Bürgen ihre Hände im Spiel haben. Als ihnen 1332 auch noch der andere Teil gegen ein Darlehen von 1000 Mark in die Hände fällt, schien für Jülich die Möglichkeit, sich zwischen Köln und Trier bis in die mittlere Eifel auszudehnen, zum Greifen nahe. Wilhelm V. spricht nur ein Jahr später bereits von »seinen« Bürgern zu Hillesheim. Doch dann kam alles anders. Als eben jener Wilhelm bei der Niederschlagung der Erhebung seiner Söhne 1352 Hilfe benötigte, bot Erzbischof Balduin von Trier ihm diese großzügig an – gegen eine Verpfändung u. a. Hillesheims für die horrende Summe von 10000 Gulden. Und schon damals zeigte sich die verheerende Wirkung des Kredits: da die Jülicher die Schuldverschreibung nicht einlösen konnten, ließ der Trierer die Stadt besetzen und sich von den Bürgern als neuer Herr huldigen. So wurde Hillesheim der am weitesten nach Norden vorgeschobene Stützpunkt des Erzbistums Trier zwischen lauter potentiellen Feinden. Entsprechend baute man den Ort – unter Benutzung einer älteren Stadtmauer – zu einer starken Festung aus und richtete darin ein Amt ein. Damit waren die unruhigen Zeiten fürs erste vorbei, und der Ort gelangte zu einem für Eifeler Verhältnisse beachtlichen Wohlstand. Daß das Volk jedoch auch in friedlichen Zeiten seines Lebens nicht froh werden konnte, dafür sorgte die Obrigkeit. Der große Turm an der Südwestecke wurde als »Hexenturm« ein Ort des Grauens: In den nur sechs Jahren zwischen 1587 und 1593 wurden allein im Trierischen an die 2000 Hexen verbrannt, von den unzähligen, die zur Erpressung von Geständnissen oder Beschuldigungen durch die Hände der Folterknechte des erzbischöflichen Landes gingen, ganz zu schweigen. Die ganze Ungeheuerlichkeit dieses monströsen Irrsinns zeigt dabei ein Zahlenvergleich: Während Hillesheim mit etwa 300 Einwohnern einer der größten Orte der Eifel war, wurden in dem dünnbesiedelten Gebiet 2000 Menschen hingerichtet – jeder zweite oder dritte Mitmensch vom Teufel besessen! Als

HILLESHEIM

während des 30jährigen Krieges auch noch die Pest wütete (1637) und eine Hungersnot eintrat, sank die Einwohnerzahl von Hillesheim 1651 auf knapp 100, die umliegenden Dörfer waren nahezu entvölkert. Obwohl die große Stadtmauer ein letztes Mal 1647 einen Ansturm lothringischer Truppen abwehren konnte, war es nun bald auch um sie geschehen.

In den kurz nach Beendigung des 30jährigen Krieges ausbrechenden Raubkriegen Ludwigs XIV. erschienen 1689 die Franzosen in Hillesheim, sprengten Tore, Türme und Mauern und zündeten die ganze Stadt an, die vollständig niederbrannte. Kurz nach dem Wiederaufbau lagerte 1705 im Spanischen Erbfolgekrieg eine englische Armee vor Hillesheim, die einen erneuten Brand verursachte und – obwohl verbündet – dabei die Stadt überfiel und plünderte. Der Schrecken der Ereignisse spricht noch aus dem Bericht des Amtsverwalters: »Alles, was die Eingesessenen retten wollten, war durch Maroden gestohlen, geplündert... viele Eingeborene tot blessiert, durch Brand geschädigt, die ganze Stadt bis auf Pfarrhaus, Kirch und noch ein Haus abgebrannt. Das arme Städtlein!« Das war das Ende des alten Hillesheim. Ein Wunder, daß überhaupt etwas von der historischen Substanz übrigblieb. Neben dem, was davon durch die gelungene Sanierung in das heutige Ortsbild einbezogen wurde, sind die hauptsächlichen Sehenswürdigkeiten die Pfarrkirche und die besagte Mauer. Letztere stellt einen Rest der einst umfangreichen Befestigung dar, die die Stadt in einem unregelmäßigen Fünfeck umschloß und mit zwölf Türmen verstärkt war. Der heute wieder begehbare Wehrgang verläuft auf großen, pfeilergestützten Rundbogenarkaden, sein originaler mittelalterlicher Plattenbelag ist zum Teil erhalten. Über den Wehrgang können der »Burgundische Turm« an der Westecke und der berüchtigte Hexenturm betreten werden.

Der Vorgängerbau der heutigen Pfarrkirche St. Martin war eine um 1500 errichtete zweischiffige Einstützenkirche. Von Zerstörungen und Bränden ohnehin arg mitgenommen, wurde sie 1851 abgebrochen, um dem Neubau der jetzigen Kirche Platz zu machen. Diese war bereits 1852 vollendet und stellt einen großen Saal in klassizistischem Stil mit halbrunden, in gleicher Breite des Schiffs ansetzendem Chor dar. Die kühle Atmosphäre des flachgedeckten Saalbaus wird durch einige farbige, detailreiche Ausstattungsstücke aus dem alten Vorgängerbau in glücklicher Weise bereichert, als fände das Gesamtkonzept der Stadtsanierung hier sein sakrales Pendant. Um ein Haar wären die kostbaren alten Ausstattungsstücke alle verlorengegangen, da sie, ebenso wie der Grundriß der Kirche, den Trierer Bischöfen mißfielen: »Geschmacklos« lautete deren Urteil. So wurden die Altäre ab 1865 alle abgebaut oder übermalt und blieben nur mehr zufällig erhalten – der schöne Seitenaltar wurde 1875 »im Keller des Schulhauses unter dem Schutt« wiedergefunden! Das bedeutendste Kunstwerk aus der alten Kirche ist der Sakramentsaltar in der Mitte der Chorwand. 1602 vom Trierer Erzbischof und Kurfürsten Lothar von Metternich gestiftet, stellt er eine vorzügliche Arbeit der Spätrenaissance dar. Sie stammt höchstwahrscheinlich von dem bekannten Bildhauer Hans Ruprecht Hoffmann, der von 1569 bis 1619 in Trier arbeitete; zumindest ist der Altar ein Stück aus seiner Werkstatt, wie die große Ähnlichkeit der Reliefs mit der sicher seiner Hand zugeschriebenen Arbeit am Toraufsatz der Trierer Domkanzel beweist. Der Altar ahmt die antike Form eines dreiteiligen Triumphbogens nach. Zwischen den vollplastischen, kannelierten korinthischen Säulen und den ornamentierten seitlichen Pilastern befinden sich drei perspektivisch gestaltete Nischen, in denen figurenreiche Reliefs die Szenen von Geburt, Kreuzigung und Auferstehung Christi wiedergeben, vervollständigt durch eine Himmelfahrt im Giebelaufbau. Dieser wird flankiert von einem St. Martin zu Pferde und dem Drachentöter. Mit dem typischen Selbstbewußtsein eines Renaissancefürsten hat der Erzbischof Lothar von Metternich mehrmals sein Wappen am Retabel anbringen lassen. An der Ostwand der Kirche steht heute der nur wenig später (1609) vom kurtrierischen Kellner Matthias Deckler für seine verstorbene Gemahlin gestiftete Seitenaltar, der wahrscheinlich ebenfalls von Hans Ruprecht Hoffmann oder aus seiner Werkstatt stammt. Das Retabel zeigt vor einer perspektivischen Hintergrundarchitektur das Relief einer sehr liebenswürdigen Verkündigungsszene (Abb. 73): Von rechts stürzt der Engel in den Raum, als käme er zu spät, ihm gegenüber eine jungfräuliche Maria in faltenreichem Gewand, über den stürmischen Erzengel offenbar ebenso erschrocken, wie über die Botschaft. Beide Altäre sind aus Sandstein, sie wurden nach aufgefundenen Farbresten neu polychromiert. Als letztes Werk der Renaissance befindet sich gegenüber dem Seitenaltar ein Ölgemälde aus dem Jahre 1610 mit einer Marienkrönung. Gestiftet wurde es von demselben Matthias Deckler und seiner zweiten Frau. Von den barocken Ausstattungsstücken ist neben dem großen Gabelkruzifix und der Pietà (beides 1662) besonders die ehemalige Kanzel aus dem gleichen Jahr zu erwähnen. Sie dient heute – leicht verändert – auf den Stufen des Chores als Ambo. Pilaster mit Knorpelwerk und Engelsköpfen trennen vier Felder, in denen die Steinfiguren der Evangelisten mit ihren Symbolen zu sehen sind. Daneben steht der schöne Osterleuchter, er war früher die von Weinreben mit Blättern und Trauben umrankte gedrehte Tragsäule der Kanzel. Ein bedeutendes Kunstwerk besitzt die Kirche noch in der nach zahlreichen Veränderungen wieder restaurierten Orgel mit dem prächtigen barocken Gehäuse (1772). Es ist ein Werk der berühmten Orgelbauer-Familie Stumm aus Sulzbach im Hunsrück, die aus den fünf Generationen ihrer Tätigkeit als bestes Stück die große Barockorgel in der Benediktinerabtei Amorbach im Odenwald hinterließ.

In und um Hillesheim finden sich noch zahlreiche alte Wegkreuze. Hervorzuheben sind besonders das »Ablaßkreuz« an der Straße nach Oberbettingen (um 1500) sowie die Bildstöcke an der Straße nach Lommersdorf und in Buch, beide frühes 17. Jh. Im Ort steht ein schöner Bildstock in der Neutorstraße aus dem Jahre 1656.

Die Hillesheimer Kalkmulde besitzt ebenso wie die benachbarten Dollendorfer und Blankenheimer Kalkmulden eine unerschöpfliche Vielfalt geologischer Phänomene und landschaftlicher Schönheiten, dazu noch einige Orte von künstlerischer und historischer Bedeutung, die ein weiteres Umsehen in dieser Gegend sehr empfehlenswert machen. Beginnen wir aber ganz in der Nähe von Hillesheim. Beim kleinen Ort Walsdorf liegen der Goßberg, die Ruine eines quartären Schichtvulkans, und die »Schilierwiese«, das trockene Walsdorfer Maar, eines der größten in der Eifel. Interessanter noch sind die tief im Wald gelegene sog. »Schwedenfeste« und die Mühlsteinhöhle, alte Mühlsteinbrüche mit Ablösestellen der Mühlsteine, die fertig in die Felsen geschlagen und dann erst abgelöst wurden. Beide großen Höhlen sind mit einer starken Taschenlampe gut zu begehen, doch benötigen Sie eine Wanderkarte, um sie zu finden. Nördlich der Straße Walsdorf–Zilsdorf liegt die größte

ARENSBERG / MIRBACH

Attraktion der Gegend: der geheimnisvolle Arens- oder Arnulfusberg mit dem geologisch hochinteressanten verlassenen Steinbruch. Angeblich war der Vulkankegel Standort der verschwundenen Burg Spielberg, auch eine alte Wallfahrtskapelle befand sich bereits 1182 dort, sie wurde jedoch im 19. Jh. abgerissen; vereinzelt finden sich noch Reste der Kreuzwegstationen. Nur von weitem wirkt der **Arensberg** flach und unauffällig, nach seiner belebten Vergangenheit liegt er heute in tiefster Einsamkeit und birgt in sich die dramatische Szenerie des aufgelassenen Basaltsteinbruchs. Um ihn zu besichtigen, fahre man von Walsdorf nach Zilsdorf, dort biege man kurz hinter dem Ortseingang nach links in die »Basaltstraße« ein. Diese kann man bis zur Schranke am Waldrand befahren, von dort sind es wenige hundert Meter auf dem Schotterweg des Steinbruchs hinauf, bis sich ein großer Stollen öffnet. An dessen anderem Ende steht man überrascht auf dem Grund eines tiefen Felsenkessels. Hier befinden Sie sich direkt im Basaltschlot des alten Vulkans, in dem die aufsteigenden glühenden Lavamassen stehenblieben und beim Erkalten die charakteristischen Basaltsäulen bildeten, deren eckige Abbruchstellen man noch überall an den Wänden des Steinbruchs sehen kann. An der Ostwand des Kessels ist eine von Sammlern geschätzte Mineralienfundstelle.

Im kleinen Dorf **Mirbach** stehen zwei Bauwerke, die zu den kuriosesten kunsthistorischen Objekten der Eifel gehören: die 1902 erbaute große Erlöserkapelle in neoromanischem Stil und – ein Jahr jünger – eine künstliche Burgruine. Die Bewandtnis, die es mit der Entstehung dieser beiden seltsamen Baulichkeiten hat, entbehrt nicht einer gewissen Komik, Herbert Wagner hat in seinem Mirbach-Band aus den »Rheinischen Kunststätten« mit zurückhaltender Ironie den Bauherrn und seine beiden Werke so treffend gewürdigt, daß wir seinen Ausführungen folgen wollen.

Es begann alles so um das Jahr 1200, als die Herren von Mirbach – neben einem weitverstreuten Besitz – auch im gleichnamigen Ort zwei Bauernhöfe ihr eigen nannten. Abgesehen davon, daß die Mirbacher daher ihren Namen haben, wäre dies eine absolut folgenlose Tatsache geblieben, zumal die Familie, die im Spätmittelalter die Eifel verließ, beide Höfe im Jahre 1595 verkaufte. Hier könnte die Geschichte schon zu Ende sein, wenn nicht knapp 300 Jahre später der junge Ernst von Mirbach eher zufällig mit seinem Vater die Eifel bereist hätte. Den Knaben hatte bereits die Ritter- und Ruinenschwärmerei der wilhelminischen Zeit gepackt. So schreibt er über seinen ersten Besuch in Mirbach: »Daß auch unsere Vorfahren hier gewohnt hatten, erfüllte mich mit hohem Stolze, und mir schien das Ritterleben und die Burgen in romantischem Zauber verklärt. Ich betrat den geweihten Boden meiner Ahnen auf einer Wiese an alten, ein bis zwei Meter hohen und starken Mauerresten...« Die hat er denn auch gleich für die Ruinen der Stammburg derer von Mirbach gehalten und war von dieser Ansicht nicht mehr abzubringen. Zum Manne gereift, besuchte er das kleine Eifeldorf immer häufiger, kaufte dort größere Ländereien zusammen und entschloß sich endlich, dortselbst anstelle der baufälligen kleinen Kapelle aus der Zeit um 1500 einen repräsentativen Neubau errichten zu lassen. Dies fiel ihm um so leichter, als er neben seinem Amt als Oberhofmeister der späteren Kaiserin Auguste Viktoria auch Vorsitzender des äußerst rührigen Evangelischen Kirchenbauvereins war, der u. a. auch die Erlöserkirche in Jerusalem und die Kaiser-Wilhelm-Gedächtniskirche in Berlin gebaut hatte. Dieser Kirchenbauverein hatte es sich zur Aufgabe gemacht, als neuen künstlerischen Impuls den neoromanischen Stil durchzusetzen und die Mosaikkunst wiederzubeleben. In diesem Sinne fiel die Gestaltung der Erlöserkapelle aus, die Ernst von Mirbach 1902 als »Denkmal unseres Geschlechts« zu bauen begann. So eigentümlich der Gedanke erscheinen mag, daß ein hoher politischer Beamter im Schatten des aufziehenden Ersten Weltkrieges kein größeres Problem als das seiner genealogischen Repräsentation hatte, für seine Begriffe befand er sich auf der Höhe des Zeitgeistes: Der Kaiser selbst nahm lebhaften Anteil an seinem Vorhaben, gehörte doch gerade die Beschäftigung mit vergangener deutscher Größe auf allen kulturellen Gebieten zum ideologischen Rüstzeug der kommenden Auseinandersetzung mit dem damaligen Erbfeind im Westen (weshalb auch die – kunsthistorisch unhaltbare – Wiederbelebung des romanischen als »altdeutschem Style« keineswegs zufällig war).

Wenn man heute die Kirche betritt, ist man in gewissem Sinne überwältigt. Es fragt sich nur, in welchem. Schon von außen gibt sich der Bau mit dem mächtigen halbrunden Chor, dem Vierungsturm, den verwinkelten Treppen, Portalen und Türmchen und dem großen, mit Blattornamenten reich verzierten Portalgewände des Haupteingangs ein monumentales Gepräge. Innen empfängt den überraschten Besucher eine unerschöpfliche Vielfalt goldglänzender Mosaiken in figuralen und ornamentalen Darstellungen. Hier ist auf einen Blick fast alles versammelt, was die Formenwelt der Romanik hervorgebracht hat: Säulen, Kapitelle, Rundbogenarkaden, umlaufende Friese, profilierte Portalgewände, ein Tympanon, Engelsmosaiken mit byzantinischen Reminiszenzen und vieles mehr. Edelste Materialien fanden Verwendung: der Altar – gestiftet von Kaiser und Kaiserin – aus weißem Sandstein, die Säulen des Antependiums aus Cipolinomarmor, die Türen des Tabernakels aus schwarzem Eichenholz mit Bronzebeschlägen und Edelsteinen auf weißem Leder, die Kanzel ruht auf einem geduckten Löwen aus Sandstein. Fast alle diese Werke – auch die Orgel – wurden von namhaften Kunstprofessoren der Jahrhundertwende geschaffen und gestiftet. Und überall ist der Freiherr von Mirbach anwesend: Neben dem Eingang befindet sich eine Konsole in Form einer Darstellung seines Kopfes, aus den bunten Kirchenfenstern leuchtet sein Wappen, hinter der rechten Galerie von Doppelsäulen aus Labrador öffnet sich die Familienloge, in den Mosaiken tauchen Lieblingsblumen und -sprüche von Familienmitgliedern auf. Man muß zugeben, daß es schwierig ist, über ein neoromanisches Bauwerk von solcher Konsequenz ein kunstkritisch gerechtes Urteil zu fällen. Trotz gefälliger Einzelstücke – der Charakter des Nachgemachten und Übertriebenen, des zum Zwecke der Repräsentation Überladenen haftet dem Bauwerk an. Diese Architektur hatte sich von den technischen Möglichkeiten ihrer Zeit – die in der verachteten »Ingenieurbauweise« mit Stahl und Glas ihren adäquaten Ausdruck gefunden hatte – ebenso abgehoben wie die Werte, die sie verherrlichen sollte, von den wirklichen Grundlagen der damaligen Gesellschaft. Deren feudale Ideale von Ahnenreihe bis Kaisertreue waren längst durch die Realität des Kapitalismus blamiert. Industrie, Fabrikarbeit, Ausbeutung, Profit und der daraus resultierende Erste Weltkrieg um die Vorherrschaft der Kolonialmächte ließen wenige Jahre später das Kaisertum mit einem Schlage verschwinden. Es dürfte im gesamten Einflußbereich dieser

Kunstströmung nur wenige andere Kirchen geben, in der die steingewordene Zwiespältigkeit dieser Mischung aus Ideologie und Kunst so bis in die kleinsten Details erhalten ist wie hier in Mirbach.

Doch dem Bauherrn war dieses großangelegte Denkmal seines Geschlechts längst nicht genug. So machte er sich an die Mauerreste, auf denen als Kind sein Ahnenstolz erwacht war und von denen er beschlossen hatte, es seien die letzten Ruinen einer Burg. Eine solche hat es aber in Mirbach nie gegeben. Daher schaffte man aus anderen (echten) Ruinen schön bearbeitete Steine, Gewölberippen und Fenstereinfassungen hierher und baute sie ein. Obwohl nun von originalem Bestand nicht die Rede sein konnte, schrieb Ernst Freiherr von Mirbach unbeirrt: »So steht die Burg unserer Ahnen, nicht im Traum, sondern in Wirklichkeit vor uns...« So ist diese »Burgruine« ein eigenartiges Zeugnis, wie sehr sich bei einem geschichtsbegeisterten Schwärmer Traum und Wirklichkeit vermischt hatten. Die Stammburg seiner Phantasie erblicken Sie, wenn Sie vor dem Hauptportal der Kirche links hinauf schauen. Sie liegt dort sehr stimmungsvoll unter Bäumen.

Wenn Sie schon in Mirbach sind, sollten Sie sich auf keinen Fall die landschaftliche Schönheit des Wacholdergebietes im Lampertstal und um Alendorf entgehen lassen. Beide – zusammen mit der Fossilienfundstelle in einem aufgelassenen Lehrsteinbruch – sind von hier aus auf einer kurzen Rundfahrt zu erreichen. Dazu begeben Sie sich zuerst nach **Dollendorf**. Dort befinden sich in der Kirche zwei barocke Seitenaltäre und eine Kanzel aus der gleichen Zeit, ebenso eine Orgel aus dem Jahre 1679. Empfehlenswert ist es, vom Ort aus dem alten Kreuzweg mit sieben Fußfällen und einer Kapelle zu folgen, gestiftet 1701 vom Kölner Domherrn Maximilian Philipp, Graf zu Manderscheid-Falkenstein. Die Kapelle ist ein achteckiger Zentralbau, sie steht wahrscheinlich in einem alten römischen Tempelbezirk, wie überhaupt Dollendorf Mittelpunkt einer großen Römersiedlung gewesen sein muß. Der Kreuzweg führt vom Dorf hinüber zum Ortsteil Schloßthal, wo die Burgruine der Herren von Dollendorf steht, zuerst erwähnt um 1077. In Dollendorf wählen Sie nun die Straße nach Ripsdorf. Diese kreuzt nach kurzer Strecke das Naturschutzgebiet Lampertstal und erreicht – schon von wacholderbestandenen Hügeln gesäumt – bald den gleich neben Straße und Parkplatz gelegenen Steinbruch im Hang des Hönebergs. Die hier zutage tretenden mitteldevonischen Kalke sind Teil des ca. 370 Millionen Jahre alten Meeresbodens des großen Devon-Meeres. Die Riffkalke sind vorwiegend aus Korallen und dickschaligen Stringocephalen aufgebaut. Die Fossilienfundstelle ist noch recht ergiebig und läßt alte Geschichten glaubhaft erscheinen, daß die Sammler der Jahrhundertwende, auf dem Feld einem Pflug folgend, so viele schöne Stücke fanden, daß sie nicht wußten, wie sie sie mitnehmen sollten. Auf jedem dritten Stein, den Sie hier genauer betrachten, kann man wie zarte Federzeichnungen Dendriten (keine Pflanzenabdrücke, sondern Eisen-Mangan-Ausscheidungen) erkennen, bei mehr Glück finden Sie Schnecken und Korallen.

Auf dem Wege nach Alendorf erreichen Sie kurz hinter dem Steinbruch **Ripsdorf**. Dort steht eine weißgetünchte Kirche mit roten Fenstereinfassungen und einem wuchtigen Westturm. Sie besitzt einen schönen zweischiffigen Innenraum, der in gotisierenden Formen gehalten ist, obwohl er erst 1667 sein heutiges Gesicht erhielt. Die Kirche gehört damit zu den letzten, die auf die in der Eifel verbreitete Tradition der zweischiffigen Anlagen zurückgreift, deren Ausgangspunkt die Hospitalkirche in Kues war. Die damals neu eingezogenen Gewölbe verweisen nur dadurch auf ihre Entstehung zu barocken Zeiten, daß sie auf zwei toskanischen Säulen ruhen, eine höchst elegante Variation des spätgotischen Themas. Man beachte die restaurierte alte Farbfassung des Raumes, die barocke Kanzel und die Masken, auf denen die Gewölberippen stehen.

Auch der Besuch **Alendorfs** beginnt mit dem einer Kirche. Es ist die eindrucksvolle Agathakapelle, ehemalige Pfarrkirche, rechts oberhalb der Straße gelegen, noch bevor Sie den Ort erreichen. Die Kirche mit dem fensterlosen Westturm wurde 1494 gestiftet, das Schiff bildet einen netzgewölbten Saalbau, im Chor befinden sich dekorative Gewölbemalereien und eine Sakramentsnische aus der Erbauungszeit. Wenn die Kirche verschlossen sein sollte, entschädigt Sie dafür ein Blick hinüber auf den wacholderbestandenen *Kalvarienberg*, die eigentliche Attraktion Alendorfs. Ein Kreuzweg mit sechs Stationen, errichtet gegen Ende des 17. Jh., führt von der Agathakapelle zum gegenüberliegenden Berg, auf dem das Schlußkreuz steht.

Dieser Kalvarienberg ist ein einzigartiger Ort. Er bewahrt in einer Weise, wie sie in der Eifel kein zweites Mal zu finden ist, die Erinnerung an jene Zeit, als weite Teile des Landes von Wacholderheiden bedeckt waren (Abb. 79). Nach den Jahrhunderten von Krieg und Ausplünderung, Pest und Hungersnöten griff die Bevölkerung zu den letzten Ressourcen: Die Wälle der Maare wurden aufgegraben, um nach dem Abfließen des Wassers den Torf als letzte Einnahmequelle aus dem Boden zu kratzen; um die Öfen der Eisenindustrie in Gang zu halten, wurden die Wälder abgeholzt, und selbst für karge Äcker, die rasch wieder verödeten, wurden weite Gebiete gerodet. So verschwand der Wald fast gänzlich aus dem Eifeler Landschaftsbild, über die kahlen Hügel zogen riesige Schafherden, das einzige, was auf den Magertriften und Schiffelheiden noch wirtschaftlich nutzbar war. Allein im Kreise Prüm gab es 1830 über 50000 Schafe, die mit ewig hungrigen Mäulern dafür sorgten, daß der Wald nicht wiederkam, denn sie fraßen fast alles – die große Wacholderzeit begann, denn er allein wurde von den Schafen gemieden. So verwandelte sich die Eifel für lange Zeit in eine Graslandschaft, die sich erst durch die systematische Aufforstung unter der preußischen Regierung wieder veränderte. Heute ist die Zeit des Eifelwacholders vorbei. Nur in mehreren, weit verstreuten kleinen Naturschutzgebieten ist er noch in größerer Anzahl zu finden, doch auch dort ereilt ihn schon sein Schicksal, vom zurückgekehrten Wald überwachsen, des Lichts beraubt und verdrängt zu werden: Schon wachsen auch im Alendorfer Wacholdergebiet die Kiefern. Doch die Vorstellung, daß der Blick von diesem Berge wie vor 150 Jahren in eine Landschaft ginge, die, soweit das Auge reicht, das gleiche karge, einsame Gepräge hat wie der Kalvarienberg selbst, läßt die alten Beschreibungen verstehen, in denen von der Eifel immer als einer Landschaft voller Trauer und Elegie die Rede ist. Und als die Maare noch tief unten in kahlen Kraterwänden lagen, bevor sie durch die Aufforstung eher den Charakter von Waldseen erhielten, müssen sie noch ganz die suggestive Wirkung einer fremdartigen Naturerscheinung an sich gehabt haben, wie sie heute nur noch in den Eifelgemälden der Romantiker zu finden ist. Auf dem Alendorfer Kalvarienberg, dieser einsamen

LAMPERTSTAL/KRONENBURG

Wiesenlandschaft mit ihrem Teppich kleiner Blumen zwischen den verstreuten Wacholderbüschen, durchzogen vom Passionsweg mit seinen verwitterten Steinkreuzen, verdichtet sich diese Vergangenheit des Landes ein letztes Mal zu einem Erlebnis von tiefer Eindrücklichkeit.

Östlich von Alendorf zieht sich fast bis zur Ahr das langgestreckte Naturschutzgebiet **Lampertstal** hin. Auch hier finden sich großflächige Wacholderbestände, meist bereits vom Kiefernwald überragt; auf den Hochflächen am Rande des Tals wachsen wunderbare alte Rotbuchenwälder. Unter Naturfreunden beruht der Ruhm dieses Gebietes aber auf der außerordentlichen Artenvielfalt, die auf dem Kalkmagerrasen (Kalktriften) der Trockentäler, in denen das Wasser rasch im durchlässigen Kalkgestein versickert, sowie an den thermophilen Säumen gedeihen (s. S. 321). Auf vielen Wegen ist das landschaftlich äußerst reizvolle Naturschutzgebiet auch von Ripsdorf, Mirbach und Dollendorf zu erreichen. Sollten Sie aus dieser Gegend nach Blankenheim fahren, empfehlen wir von Ripsdorf aus die schmale, aber landschaftlich schöne Straße über Nonnenbach.

Ein letzter Abstecher von Hillesheim aus führt nach **Kronenburg.** Dazu durchfahren Sie das obere Kylltal; von der bewegten römischen und mittelalterlichen Geschichte der am Wege

Kronenburg, Stich von Merian

liegenden Orte Jünkerath, Glaadt und Stadtkyll ist leider so wenig erhalten, daß ein Aufenthalt kaum noch lohnt.

Ein Besuch Kronenburgs dagegen gehört in mancherlei Hinsicht zu den Höhepunkten einer Eifelreise. An diesem Ort verdichten sich landschaftliche, historische und künstlerische Charakteristika dieses Landes wie an kaum einem anderen (Farbabb. 12; Abb. 77). Der abseits gelegene kleine Ort hat, durch keinen Neubau berührt, das Aussehen eines jener typischen Burgenstädtchen bewahrt, wie sie in der Eifel viele kleine Adelige um ihre Stammburgen entstehen ließen. Von diesem Typus gab es zahlreiche Exemplare in der Eifel, doch außer in Reifferscheid und vielleicht Neuerburg ist er nirgendwo so gut erhalten wie hier. Hinzu kommt, daß auch die unmittelbare Umgebung der alten Siedlung kaum verbaut ist, so daß auch die Lage dieses Ortes in der Landschaft sich dem Betrachter noch wie im Mittelalter darbietet. Als Kronenburg 1277 in einer Urkunde der Abtei Stablo-Malmédy zum ersten Mal erwähnt wird, gehört es zur Herrschaft der damals mächtigen Edelherren von Dollendorf. Diese schlugen sich 150 Jahre lang wechselweise auf Luxemburger, Jülicher und Kölner Seite und konnten im 14. Jahrhundert nicht verhindern, daß sich auch noch Trier Rechte in der Herrschaft Kronenburg einkaufte. Angesichts der unübersichtlichen finanziellen und juristischen Abhängigkeiten schien es da die politische Klugheit doch eher zu gebieten, sich dem immer mächtiger werdenden Haus Luxemburg anzuschließen und dessen Lehenshoheit endgültig zu akzeptieren: Ein Schritt mit eigentümlichen Folgen, wie sich noch zeigen wird. Im Jahre 1327 trennt sich von den Dollendorfern eine eigene Kronenburger Linie ab. Diese stirbt 1414 mit dem Ritter Peter aus, einem Haudegen in eigener und luxemburgischer Sache, der die Kronenburger zu höchstem Ansehen bringt, aber trotz dreier Ehen keinen männlichen Erben hinterläßt. Damit ist die Rolle der Kronenburg als Residenz zu Ende. Sie wird fortan von Amtsmännern wechselnder Eigentümer verwaltet und ist für diese höchstens wegen der in der Umgebung aufblühenden Eisenindustrie von Interesse.

Während seiner Zugehörigkeit zu verschiedenen Herrschaftsbereichen bleibt Kronenburg aber letztlich luxemburgisch. Als daher der deutsche Kaiser Karl V., gleichzeitig Herzog von Luxemburg, 1555 die Niederlande seinem Sohn Philipp II. von Spanien übergibt, bildet Kronenburg mitten in der Eifel eine spanische Enklave, wodurch es im Volksmund den Namen »Spanisches Ländchen« erhielt. 1715 finden die bis dahin nicht abreißende Kette von Kriegen und die ständig wechselnden Besetzungen des Ortes durch Holländer, Lothringer, Spanier, Franzosen und Kaiserliche ihr Ende, und das Land erholt sich langsam. Geradezu einen wirtschaftlichen Aufschwung nimmt die Gegend, als die Franzosen 1794 das linksrheinische Gebiet besetzen und die Eisengruben Stadtkylls und Dahlems intensiver ausbeuten – die Besatzer haben sich noch lange bester Erinnerung bei der Bevölkerung erfreut. Den endgültigen Niedergang erlebt Kronenburg dann unter seiner Zugehörigkeit zu Preußen (seit 1819): In mehrere neugeschaffene Verwaltungsbezirke zerrissen, verliert das Gebiet seinen wirtschaftlichen Zusammenhang, an neue Absatzmärkte wird es nicht angeschlossen, so daß zur Mitte des Jahrhunderts sogar die beiden eisenverarbeitenden Hütten schließen müssen. Ohne Verdienstmöglichkeiten, von Hunger und Mißernten geplagt, verläßt ein großer Teil der Einwohner Kronenburg und die Umgebung – im Jahre 1800 gab es in

KRONENBURG

Kronenburg 600 Einwohner, um 1900 sind es nur noch 350. Wie so oft in der Eifel ist es diese leidvolle Verödung, der wir heute einen fast musealen Erhaltungszustand des Ortes verdanken, auf dem unser touristisches Auge mit so viel Wohlgefallen ruht.

Wie seit Jahrhunderten betritt man Kronenburg durch das spitzbogige Nordtor. Es stammt aus dem 14. Jh., als die kleine Bürger- und Handwerkersiedlung unterhalb der Burg mit einem zusätzlichen Mauerring in die Befestigung eingegliedert wurde. In den geschlossenen Straßenfronten aus alten Häusern, deren Rückwände in die Ringmauer einbezogen sind und die straßenwärts hübsche Außengliederungen und Fachwerkaufsätze zeigen, verdient die Nr. 22, das Haus Pallandt mit seinem Wappen an der Fassade, besondere Beachtung. Vor dem zweiten Tor, das den bürgerlichen vom feudalen Teil des Ortes trennte, steht ein langgestrecktes Fachwerkhaus. In dessen Erdgeschoß, unter einem großen Gewölbe, ist 1625 ein zweites Stadttor gebrochen worden, welches aber nur über eine Treppe zu erreichen war und einen kürzeren Weg ins Tal ermöglichen sollte. Gleich hinter dem Mitteltor befindet sich links der kleine Friedhof, auf dem sich ein barockes Kreuz aus dem 17. Jh. erhebt. Dahinter an der Mauer steigt jene schmale, halsbrecherisch steile Treppe empor, die man von allen Kronenburg-Ansichtskarten kennt. Sie führt zu einer Stube, in der ehemals die Ratsversammlungen abgehalten wurden. Der darüber aufragende Kirchturm war als Wehrturm in die Umfassungsmauer einbezogen, wie auf dem Stich von Merian um 1620 deutlich zu sehen ist. Zur engen Straße hin zeigt nun eine schöne alte Holztüre an, daß Sie vor der größten Attraktion Kronenburgs stehen: der Pfarrkirche St. Johannes (Abb. 78) mit einem der bedeutendsten spätgotischen Innenräume der Eifel: Ein einziger, in der Mitte stehender Pfeiler trägt die vier reich geschmückten Gewölbe. Dies ist eines der seltenen Exemplare der sogenannten »Einstützenkirchen«, deren eindrucksvolle Klarheit der Raumproportionen in vollkommenem Gegensatz zu den aus der romanischen Bautradition herrührenden dreischiffigen basilikalen Kirchenräumen mit ihren unregelmäßigen Durchblicken in niedrigere Seitenschiffe steht: die Einstützenkirchen werden von Götz nicht zu Unrecht als originale Zentralraumschöpfung der Gotik bezeichnet. Die Herkunft der eigentümlichen Bauweise hat die Forschung ebenso intensiv beschäftigt wie die Frage, welcher Umstand eine solche Kirche in einer so abgelegenen Herrschaft wie Kronenburg hat entstehen lassen. Man ist sich heute weitgehend darüber einig, daß die Wurzeln dieses zweischiffigen Grundrißschemas einerseits in den großen Hallenkirchen der Bettelorden zu suchen sind: Diese Entwicklungslinie nahm mit der Jacobinerkirche in Toulouse (Baubeginn 1260) ihren Anfang; mit den zweischiffigen Hallen dieser Predigerkirchen wählte man gezielt eine Architektur, in der die Kanzel von jeder Stelle der Kirche aus gut sichtbar war. Andererseits läßt sich eine vergleichbare architektonische Tradition über die ebenfalls von einem Pfeiler getragenen Kapitelsäle und Sakristeien der Klöster verfolgen. Zu erster Blüte gelangte diese Grundrißform im Böhmen des 14. Jahrhunderts, von dort lassen sich Ausstrahlungen nach Schlesien und in die Slowakei sowie im 15. Jahrhundert ins nahe gelegene Nieder- und Oberösterreich feststel-

56   Ahrweiler, Stadttor »Ahrtor«   ▷

57, 58, 59   Maria Laach, Paradiesportal, Details des Kapitellfrieses

60   Maria Laach, Mittelschiff mit Ziborium ▷

61 Mayen, Rathaus   62 Mayen, Stadttor
63 Mayen, Genovevaburg mit Stadtmauer

Im Mayener Grubenfeld

65 Mayen, Heimatmuseum, Hinterglasmalerei hl. Michael und hl. Martin
66 Niedermendig, Pfarrkirche St. Cyriakus, Jüngstes Gericht (Ausschnitt)

67 Schloß Bürresheim, spätgotische Glasmalerei (1490)

69 Niederehe, ehem. Klosterkirche, spätromanischer Tierfries im Chor

70 Niederehe, ehem. Klosterkirche, Kreuzabnahme 71 Niederehe, ehem. Klosterkirche, Chorgestühl

72 Baasem, Pfarrkirche, Altardetail
73 Hillesheim, Pfarrkirche, Verkündigungsrelief

74 Schloß Bürresheim

75 Monreal, im Vordergrund Statue des hl. Nepomuk ▷

76 Holzmaar
77 Kronenburg
78 Kronenburg, Pfarrkirche
79 Wacholderheide ▷

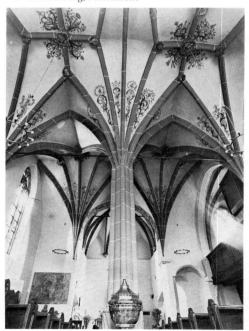

80 Ruine Ober- und Niedermanderscheid

len, wo sie besonders von der Stethaimer Schule zu höchster Vollendung gebracht wurde. Nun fragt es sich, wie diese von den weltläufigen geistigen und künstlerischen Zentren der Gotik tradierte Bauform ihren Weg in die davon so weit abgelegene Eifel fand. Zur Zeit der spätesten Gotik läßt sich nämlich an Saar und Mosel sowie in der Eifel ein auffallender Ballungsraum des Grundrißschemas der zweischiffigen und der Einstützenkirchen feststellen. Allein 37 Einstützenkirchen ließen sich nachweisen, 17 davon sind noch erhalten. Diese mit keiner lokalen Tradition in Einklang zu bringende Bauidee ist ein Import des Kardinals Nikolaus Cusanus nach Kues an der Mosel. Wo genau er auf seinen Visitationsreisen durch halb Europa der Vorlage dieser ihn offenbar faszinierenden Grundrißform begegnete, ist unbekannt – wahrscheinlich war es aber der von Stethaimer aufgeführte Hallenchor der Franziskanerkirche in Salzburg, wo Cusanus im Frühjahr 1451 auf einer Provinzialsynode weilte. Noch im gleichen Jahr begann er mit dem Bau der Hospitalkirche St. Nikolaus in Kues bei Bernkastel und errichtete damit den ersten Einstützenraum in den alten Rheinprovinzen. Das hohe Ansehen, das der Kardinal und das Hospital genossen, wird der raschen Verbreitung dieses bis dahin einmaligen Grundrißschemas ebenso förderlich gewesen sein wie die Tatsache, daß so einflußreiche Herrschaften wie der Erzbischof von Trier und die Manderscheider ein Besetzungsrecht des Hospitals besaßen. So war es auch ein Manderscheider, Graf Cuno von Manderscheid-Schleiden, der den Bau in Kronenburg initiierte; seine Gemahlin Mathilde, Gräfin von Virneburg, ließ ihn 1492 beginnen. In 16jähriger Bauzeit gedieh die Pfarrkirche St. Johann Baptist in Kronenburg zu dem Exemplar einer Einstützenkirche, das von allen erhaltenen in seiner Gewölbefiguration die größte Ähnlichkeit mit ihrem Vorbild, der Hospitalkirche in Kues, aufweist. In typisch spätgotischer Manier steigen elegant geschwungen die Gewölberippen ansatzlos, ohne trennende Kapitelle und Kämpfer aus dem Mittelpfeiler und den Wanddiensten empor; die zierliche Rankenmalerei in den Gewölbefeldern ist zwar erst wenige Jahrzehnte alt, paßt sich aber sehr geschmackvoll der Architektur an. Beim Blick hinauf beachte man die schönen Gewölbeschlußsteine, auf denen Wappen, symbolische Darstellungen und in Form kleiner Figuren mehrere Heilige zu sehen sind. Besonders originell ist dabei der Eligius gelungen, vor seiner Missionstätigkeit Münzmeister König Chlothars II. und daher mit Hammer, Amboß und Prägestock ausgestattet. Ebensolches Interesse verdient der Schlußstein mit dem Steinmetzzeichen des Baumeisters, hinter dem er sich (vermutlich) mit einer kleinen Selbstdarstellung der Nachwelt präsentieren wollte. An weiteren gotischen Ausstattungsstücken ist zunächst der Altar (um 1500) mit dem Relief eines Maßwerkfensters und einer Taube bemerkenswert, sodann steht auf dem linken Seitenaltar eine steinerne Pietà (um 1530), geschlagen aus einem einzigen Stück. Dahinter befindet sich an der Wand ein großes Fresko des Drachenkampfes mit dem hl. Georg, kein Meisterwerk der gotischen Malerei, aber interessant durch die älteste Darstellung der Kronenburg im Hintergrund. Entschieden bessere Arbeiten sind die 1952 aufgedeckten Fresken der klugen und törichten Jungfrauen am Triumphbogen. Aus späteren Zeiten stammen die große Kreuzigungsgruppe im Chor (17. Jh.) und eine barocke Madonna im rechten Seitenschiff (18. Jh.). (Die Öffnungszeiten der Kirche sind recht vielfältig: vom 1. Mai bis 31. Oktober: Sonntag, Dienstag und Donnerstag von 10–12, Freitag

15–17 und Samstag 16–19 Uhr; vom 1. November bis 30. April: Sonntag 10–12, Freitag 15–17, Samstag 16–19 Uhr.)

Einige Schritte weiter endet die Straße unterhalb der Burgruine in der ehemaligen Vorburg. Hier steht seit dem Jahre 1766 das stattliche Amtshaus für den gräflichen Verwalter. Nachdem die Herrschaft Kronenburg 1719 für 120 000 Gulden an die Blankenheimer Grafen verkauft worden war, begann es dem eingesetzten Amtmann Lafontaine auf der baufälligen Burg zu ungemütlich zu werden; so wurde auf sein Drängen hin das neue Burghaus errichtet. Dies war das jähe Ende seiner Karriere: Weil die Kosten jeden Voranschlag weit überstiegen, wurde er fristlos entlassen. Die Familie Faymonville, die 1769 den Posten übernahm, residierte hier bis vor wenigen Jahren. Deren letzter Vertreterin, dem allseits bekannten Nettchen Faymonville, ist es im wesentlichen zu verdanken, daß Kronenburg in den vergangenen Jahrzehnten nicht vollends in Vergessenheit geriet: Sie verwandelte das große Amtshaus in eine Herberge für Wanderer und Landschaftsmaler und begründete einen ersten bescheidenen Tourismus in dem abgelegenen Ort.

Die einzige gelinde Enttäuschung Kronenburgs ist die Burgruine. Den Stich von Merian, auf dem ein gewaltig aufragendes Bergschloß zu sehen ist, vor Augen, findet man nur ein überwuchertes, ausgedehntes Trümmerfeld, das wenige noch aufrecht stehende Mauer- und Turmreste überragen. Wenn man genauer hinsieht, wird man zu seinen Füßen noch Fenster- und Portalumrahmungen finden, ein Zeichen, daß die Ruine stockwerketief von den eigenen Trümmern verschüttet ist; der Blick von dort oben lohnt jedoch den Weg hinauf.

Man versäume keinesfalls einen Spaziergang auf sehr reizvollen Wegen auf die umliegenden Höhen: Der Anblick des isoliert liegenden Burgdörfchens inmitten der weiten Landschaft, mit dem Kylltal zu Füßen, sucht seinesgleichen. Von Kronenburg empfiehlt sich ein Besuch des gleichnamigen Stausees, in dem gebadet, geangelt und gesegelt werden darf, auch der Rundweg um den See bietet ein angenehmes Landschaftserlebnis.

Den Kunstfreund wird es freilich vorher noch von Kronenburg aus nach **Baasem** ziehen. Dort steht ein weiteres – und ungleich größeres – Exemplar einer zweischiffigen Kirche der oben beschriebenen Tradition. Hier in Baasem bestimmen aber vier Pfeiler das Bild, sie tragen weitläufige und aufgrund der Rekonstruktion ihrer farbigen Fassung ungemein prächtige Netz- und Sterngewölbe mit figürlichen Schlußsteinen. Ursprünglich war die Kirche von Baasem ein einschiffiger Bau in romanischen Formen, was sich an dem massiven Westturm mit seiner Blendbogengliederung aus dem 12. Jahrhundert noch gut erkennen läßt. Beim spätgotischen Umbau um 1500 machte sich neben dem ästhetischen noch ein konstruktiver Vorteil der zweischiffigen Kirchen bemerkbar: Man konnte den Grundriß des vorhandenen romanischen Schiffes beibehalten, errichtete statt einer niedergelegten Wand die vier Pfeiler und baute daran ein weiteres, gleich großes Kirchenschiff an. Dadurch entstanden zwei schmalere Gewölbe, die jedes auf das Mauerwerk einen geringeren Seitenschub ausübten, als es ein vergrößertes, weitgespanntes mit erheblich stärkerer Schubwirkung getan hätte. Dafür wären weitreichende bauliche Maßnahmen, besonders eine ausreichende Verstärkung der Außenwände, erforderlich gewesen – was für die kleinen Gemeinden nicht zuletzt auch eine finanzielle Frage war. Neben der beeindruckenden Wirkung des

Innenraums der Baasemer Pfarrkirche übersehe man nicht den schönen Steinaltar im linken Schiff aus dem Jahre 1625 in Formen der späten Renaissance mit seinem figurenreichen Relief (Abb. 72) über der Madonnenskulptur.

Doch nun nach Süden, zum weltberühmten Paradestück der Eifeler Kalkmulden: nach Gerolstein. Wer von Hillesheim dorthin fährt, versäume nicht einen Blick auf den 554 m hohen Rockeskyller Kopf zwischen dem gleichnamigen Ort und Dohm. Der Vulkan ist durch einen gewaltigen ehemaligen Steinbruch angeschnitten, der eine düster-romantische Szenerie hinterlassen hat; der Ort wird als Mineralienfundstelle geschätzt. Auch in Rockeskyll stand eine spätgotische Einstützenkirche, die jedoch um 1840 in einen zweischiffigen Bau mit zwei Mittelstützen verwandelt wurde – immerhin blieb die Bautradition gewahrt.

Wer gleich von Dreis nach Gerolstein will, halte in **Dockweiler:** Dort steht oberhalb der Straße die Pfarrkirche St. Laurentius, ein malerischer Baukomplex, fast verdeckt von großen alten Bäumen. Der Ursprung der Kirche liegt bereits im 11. Jahrhundert, im 12. Jahrhundert wurde sie zu einer dreischiffigen Basilika umgebaut. Von diesem Bau hat sich der romanische Chor erhalten, er besteht aus einem quadratischen Joch mit Kreuzgratgewölben und fünfseitiger Apsis mit einem Halbkuppelgewölbe. Innen und außen ist er mit Rundbogenblenden gegliedert – hierin der Außengliederung des Chores der Klosterkirche im nahe gelegenen Niederehe verwandt. Der wohlproportionierte dreischiffige Innenraum in markanter Farbfassung zeigt heute gotische Formen; man beachte die reliefierten und bemalten Schlußsteine des Gewölbes und die ungemein leutseligen Engelsgesichter, die die Konsolen der Gewölberippen bilden.

Um die Jahrhundertwende hatte **Gerolstein** stets im Herbst seine Hochsaison. Die damaligen Touristen vergnügten sich jedoch nicht bei einer Traubenkur oder bei mildem Wetter im herbstlich gefärbten Wald; selbst bei schneidendem Wind standen sie geduldig am Rande steiniger Äcker und warteten, bis der Bauer mit seinem langsamen Ackergaul zum Pflügen kam. Zog sich der Himmel zu und es begann auch noch zu regnen, war die Freude unter den Wartenden besonders groß. Kaum hatte sich der Pflug in den Boden gesenkt, folgten ihm diese merkwürdigen Urlauber Furche um Furche, jeden ausgepflügten Stein, von dem der fallende Regen rasch das Erdreich abwusch, sorgfältig begutachtend. Hier waren keine Schatzgräber am Werk, dennoch waren dies keine gewöhnlichen Steine, die die Erde dort freigab. Schon bald hatten die Sammler so viele davon aufgelesen, daß sie keine mehr tragen konnten, und wenn sie sich dann am Feldrand einen ersten Eindruck von der Ausbeute verschafften, lagen dort am Boden Trilobiten, Korallen, Seelilien, Armfüßler, Muscheln und Schnecken in der bizarren Formenvielfalt einer vor 350 Millionen Jahren untergegangenen Tierwelt. Die Äcker um Gerolstein stellen nicht nur im übertragenen Sinne ein Meer von Fossilien dar, denn hier liegt der mitteldevonische Meeresboden, gebildet aus den kalkhaltigen Resten unzähliger Meerestiergenerationen, nur wenige Zentimeter unter der kargen Ackerkrume. Und nicht nur dort: Das Wahrzeichen Gerolsteins, die steil aufragenden Felswände der Munterley sind ebenso wie der benachbarte Auberg und die Hustley Reste eines einst gewaltigen Korallenriffs, dessen ehemalige Ausdehnung auf 120 km geschätzt wird. Hier um Gerolstein und seine Korallenbänke muß sich das Leben in diesem warmen

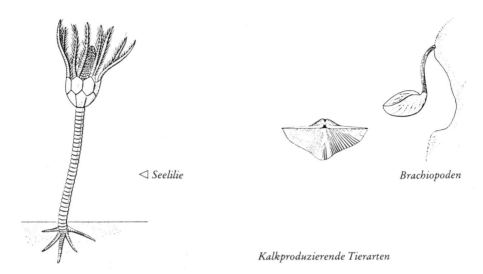

◁ Seelilie Brachiopoden

Kalkproduzierende Tierarten

Urmeer des Mitteldevon in ungeahnter Blüte entfaltet haben, unter Bedingungen, wie sie heute nur in der Südsee anzutreffen sind. Und nur hier, im Gebiet der Eifeler Kalkmulden (s. S. 133), haben sich die fossilführenden Ablagerungen in solcher Reichhaltigkeit erhalten, daß diese Zeit in der Geologie auch als »Eifelstufe« bezeichnet wird. Die Fossilienfundstellen um Gerolstein genossen Weltruf, die großen Museen aller Kontinente zierten sich mit Fundstücken vom Fuße des Aubergs, aus dem Mühlenwäldchen, vom Dachsberg, von der Barley bei Pelm. Jahrzehntelang folgten Paläontologen von Rang und Namen gebeugten Hauptes dem schweren Pflug auf den berühmten »Krebsfeldern von Gees«, die die absonderlichsten Versteinerungen von Trilobiten freigaben.

Heute ist das Fossiliensammeln sehr viel schwieriger geworden, trotz der geologischen Exkursionen, die die Kurverwaltung von Gerolstein unter sachkundiger Führung anbietet. Der Grund liegt nicht darin, daß die Fundstellen etwa erschöpft wären, das sind sie höchstens an der Oberfläche. Doch läßt sich die Methode der Jahrhundertwende – einfach einem Pflug zu folgen – kaum noch anwenden, da die von Sammlern gesuchten steinigen Äcker heute nicht mehr bewirtschaftet werden und mit Gras zugewachsen sind. Wie also in die Tiefe des Erdreichs bis zu den fossilführenden Schichten gelangen? Entweder durch mühsames Graben oder indem man natürliche oder künstliche Aufschlüsse des Gesteins aufsucht, wie etwa Böschungen oder Schürfe alter Wege, Steinbrüche oder Bachbetten. Hier sind als Fundstellen der Hang des Willersberges nördlich der B 410 zu empfehlen (Korallen und Armfüßler), »Auf Scheid« bei Lissingen sowie rechts und links des alten Weges nach Salm, ebenso die noch heute aufgewühlten Krebsfelder bei Gees (Trilobiten), der Kasselburger Weg am Fuße der Hustley und das Tal des Berlinger Baches (Crinoiden, Korallen). Besondere Aufmerksamkeit sollte der Interessierte den Aktivitäten des Straßenbaus widmen, da hier völlig neue, bisher unberührte Schichten angeschnitten werden können: »Hinter manchem Bagger geht heute ein Doktorand der Paläontologie!« (F. Sauer). In den markantesten Zeugen der urgeschichtlichen Vergangenheit der Gerolsteiner Gegend, den aufragenden Felsen des Korallenriffs, finden sich jedoch keine Versteinerungen. Zwar sind die Strukturen ihrer Erbauer den Wänden des Riffs noch anzusehen, doch hat ein chemischer Prozeß das Gestein verändert. Man streitet sich darüber, ob schon im Meerwasser oder erst später durch den Regen das Calciumcarbonat der Kalkfelsen partiell ausgewaschen und das Magnesiumcarbonat angereichert wurde. Jedenfalls fand eine Umkristallisation des Gesteins zu Dolomit statt, in dem die Formen der Fossilien verloren gingen. Gerolstein wird somit von Dolomitfelsen überragt.

Einen besonderen Reiz – und zusätzlich geologische Attraktionen – erhält die dortige Landschaft dadurch, daß auch die Gerolsteiner Kalkmulde vom Westeifel-Vulkanzug gekreuzt wird, der hier einige markante Erscheinungen hinterlassen hat. Deren bekannteste ist die Papenkaule, ein Vulkan, der den großen Felsen der Munterley an einer Bruchlinie des Dolomitmassivs durchschlagen hat und auf dessen Rücken einen ovalen Krater mit geschlossener Umwallung hinterließ. Der Vulkan ist deshalb in seiner Form so lehrbuchhaft erhalten, weil die nach den Gasausbrüchen aufsteigende Lava nicht durch den Krater nachstieß, sondern durch die Klüfte und Höhlen des uralten Korallenriffs schon vorher einen seitlichen Ausweg fand. So floß das glühende Gestein aus der Nordwand des Felsens und bildete dort erkaltend charakteristische Schweiß- und Wurfschlackenmauern, die die Ausbruchstelle kraterartig umschließen. Dieser Ort wird die Hagelskaule genannt. Ein mächtiger Lavastrom entquoll ihr und floß bergab in den Einschnitt zwischen Munterley und Auberg. Dort ergoß er sich ins Kylltal, wo er den Talgrund auf einer Länge von über 800 m bedeckte. Dann erkaltete er und erstarrte zu Basalt. Heute steht auf seiner Ostkante die Erlöserkirche, neben der Straße nach Lissingen und entlang der Eisenbahn erkennt man ihn als fast 3 m hohe Wand. Dieser Ausbruch der Papenkaule – die nahe gelegene Hagelskaule ist nur die Förderstelle des Vulkans – gehört den jungquartären vulkanischen Ereignissen an, die erst vor etwa 10000 Jahren zu Ende gingen. Dieses dramatische Geschehen spielte sich nur wenige 100 Meter vom Buchenloch entfernt ab, einer großen Höhle, die ebenfalls in der Nordwand der Munterley liegt. Als der Maler Eugen Bracht in den 80er Jahren des vorigen Jahrhunderts einen Feuerstein am Fuße des Felsens entdeckte und mit der Ausgrabung der 36 m tief in den Berg reichenden Höhle begann, fanden sich neben Knochenresten von Eisfuchs, Höhlenbär und Mammut – während der Eiszeiten war die Eifel zwar nicht von Gletschern bedeckt, doch herrschte ein arktisches Klima – auch Spuren des Mousterien-Menschen, also der Rasse des Neandertalers. Der sicher nur sporadische Aufenthalt dieser altsteinzeitlichen Sammler und Jäger in der Buchenlochhöhle wird auf etwa 30000 v. Chr. geschätzt, damals existierten die Papenkaule und ihr Lavastrom also noch nicht. In den zahlreichen, für Dolomitgestein typischen Höhlen der Munterley haben bis zum Beginn einer kontinuierlichen Besiedlung der Kalkeifel immer wieder durchziehende Steinzeitmenschen Schutz und Unterkunft gesucht, wie sich aus den Funden der Vorgeschichtsforscher ergab. Diese drei Orte – die aufragenden Felstürme des devonischen Korallenriffs der Munterley, der Trockenkrater der

GEROLSTEIN

Papenkaule und die Buchenlochhöhle, die sich in schaurig-schöner Szenerie im tiefen Wald zwischen Felswänden öffnet – sind auf gut markierten Wegen auf einem weniger als einstündigen Spaziergang zu erreichen, der zwischen den Häusern am Hang unterhalb der Felsen seinen Ausgang nimmt.

Beginnend mit den ersten Bewohnern des Buchenlochs, kann Gerolstein also auch ohne Fossilien und Vulkane auf eine lange, von Menschen gemachte Geschichte zurückblicken. Als ältestes erhaltenes Zeugnis für eine dauerhafte Besiedlung wurde gleich eine prähistorische Großanlage ausgemacht: der Ringwall der Dietzenley, vermutlich am Beginn der Bronzezeit, also vor knapp 4000 Jahren, angelegt. Dieses Zeugnis der Siedlungsgeschichte bildet eine eindrucksvolle Synthese mit der geologischen, denn die Dietzenley ist ein altquartärer Vulkan, der mit 617 m die höchste Erhebung des Gerolsteiner Landschaftsgebietes bildet. Während seine Kraterwände längst verwittert sind, blieb die erstarrte Schlotfüllung erhalten und bildet heute eine aus senkrechten Basaltfelsen den Berg überragende imposante Vulkankuppe. Den Fuß dieser Naturfestung umzieht in weitem Bogen eine langovale Steinmauer aus mächtigen Blöcken, die heute jedoch völlig zusammengestürzt ist. Aus zahlreichen Fundstücken ergab sich die Vermutung, daß die Anlage bis in spätrömische Zeit als Fluchtburg gedient hat. Die Wege hinauf zweigen von der Landstraße Gerolstein – Büsch ab. An klaren Tagen ist der Blick von dort oben superb.

Die nächsten sichtbaren Zeugnisse der Vergangenheit gehören bereits der keltisch-römischen Kultur an. Eine der wichtigsten Tempelstätten dieser Zeit ist der sog. »Judenkirchhof« auf der Hustley, nur 400 m östlich der Papenkaule. In der nie systematisch ausgegrabenen und noch heute von schatzsuchenden Touristen durchwühlten Anlage standen zwei Umgangstempel. Einer war dem Herkules geweiht, von dessen zerschlagener Steinskulptur noch Reste entdeckt wurden; der zweite gehörte der keltischen Göttin Caiva. Verstreut über die ganze Kultstätte, die noch weitere Gebäude und eine Umfassungsmauer aufwies, fanden sich zahlreiche Münzen und Knochen von Tieropfern; besonders beliebte Devotionalien der keltisch-römischen Bevölkerung waren Bronzeschmuck und kleine Götterfiguren, die den Amateurarchäologen im Volksmund die Bezeichnung »Püppchensucher« eintrugen. Diese interessante Anlage ist heute jedoch teilweise unter Wiesen und Wald verborgen, vereinzelt finden sich alte Mauerzüge sowie römische Ziegelreste und Scherben. Das Eindringen der Franken bereitete der römischen Kultur – wie überall in der Eifel – auch hier in und um Gerolstein ein gewaltsames Ende. Das völlige Fehlen von Bodenfunden über fast 300 Jahre läßt auf eine starke Dezimierung, wenn nicht sogar auf eine Ausrottung der eingesessenen Bevölkerung schließen. Erst aus späterer fränkischer Zeit fanden sich Grabanlagen. Der Name Gerolstein erscheint dagegen erst im Jahre 1115 in einer Urkunde des Stifts Münstereifel, in der ein Gerhard, Herr zu Blankenheim, Schleiden, Kasselburg und Gerolstein genannt wird. Dieser Gerhard wird als Stammvater des Hauses Blankenheim angesehen, während dessen Regierungszeit auf einem steilen Dolomitfelsen gegenüber der Hustley eine mächtige Burg entstand, zu deren Füßen sich bald ein Burgdorf im Tal ausbreitete. In einem ungewöhnlichen Akt mit großer Urkunde verlieh Kaiser Ludwig der Bayer 1336 »den bescheiden leuten zu Gerhardstein« mit »kaiszerlicher Gewalt« die Stadtrechte. Da diese das

Recht der Bewehrung des Ortes mit Mauern und Toren einschlossen, bauten die Blankenheimer Gerolstein zu einer starken Festung mit einer Straßensperre des Kylltales aus, die ihre Besitzungen gegen Süden schützen sollte. Nur 17 Jahre später trat der von ihnen befürchtete Fall ein: der Erzbischof Balduin von Trier, der bereits einen großen Teil der Südeifel in seine Abhängigkeit gebracht hatte, griff mit einem Heer die Stadt an. Trotz einer längeren Belagerung gelang es ihm jedoch nicht, Gerolstein zu erobern. Dieser Sieg über den mächtigen Kurfürsten hat wesentlich dazu beigetragen, daß die Blankenheimer als eine der wenigen Eifeler Dynasten ihre Unabhängigkeit wahren konnten. Die Stadt prosperierte in den nächsten zwei Jahrhunderten und gelangte durch Marktrechte und Landwirtschaft zu einem gewissen Wohlstand, der Sebastian Münster in seiner Kosmographie zu der berühmten – und sicher etwas schöngefärbten – Beschreibung anregte: »Umb Manderscheid und Geradstein möcht es zu Sommerszeiten vergleichet werden Italiae seiner Sommerfrüchten halber; dann bringt es Malven, Cucumern (Gurken), Krausen-Lattich und dergleichen Welsche Früchte.«

In den großen Kriegen des 17. und 18. Jahrhunderts fand auch die Stadt Gerolstein ihr gewaltsames Ende, wovon noch heute die Ruinen der Löwenburg zeugen. Die Geschichte ihrer Zerstörung ist eine so unselige Mischung aus kaltblütiger Großmachtpolitik, untertäniger Feigheit und feudaler Niedertracht, daß sie einen tragischen Opernstoff hergegeben hätte.

Heute liegen die Ruinen der Burg recht romantisch unter hohen Bäumen auf einem großen Felsplateau oberhalb des alten Stadtkerns, das nach drei Seiten steil ins Kylltal abbricht. Nur von Westen war das Burggelände ebenerdig zu betreten, dort schützte eine noch erhaltene 35 m lange und 11 m hohe Schildmauer den Zugang. Dahinter lag eine Vorburg mit Wirtschaftsgebäuden, die durch einen tiefen, natürlichen Felsspalt von der eigentlichen Kernburg getrennt war. Von den Stadtmauern, die, vom Burgfelsen ausgehend, den Ort umzogen, ist fast nichts mehr erhalten.

Durch die Zerstörungen des Jahres 1691 und zwei Großbrände (1703 und 1784) ist das mittelalterliche Stadtbild Gerolsteins unwiederbringlich vernichtet worden. Das einzige Gebäude von kunsthistorischem Rang, das sich kein Besucher entgehen lassen sollte, ist daher neueren Datums: die Erlöserkirche im Ortsteil Sarresdorf, erbaut 1911–13, unmittelbar neben den Ruinen der römischen »Villa Sarabodis«. Dieses Jubiläumswerk des Berliner Evangelischen Kirchenbauvereins, sein 100. und letztes Projekt, stellt den monumentalen Höhepunkt des Historismus in der Eifel dar. Bevor man das gewaltige Bauwerk betritt, muß man sich jedoch fragen, wie in der katholischen Eifel ein evangelischer Kirchenbauverein dazu kommt, zu einer Zeit, da die Architektur längst die Schwelle der Moderne überschritten hatte, eine Kirche im Stile eines byzantinischen Zentralbaus zu errichten.

Auch die Eifel war 1815 mit der Bildung der Rheinprovinz ein Teil des preußischen Staates geworden, dessen meist protestantisches Beamtentum hier seinen Einzug hielt und im Laufe der Jahre kleine Gemeinden bildete. Da es für die neue Konfession keine Kirchen in der Eifel gab und man sich mit provisorischen Betsälen behelfen mußte, packte den Freiherrn von Mirbach, der nicht weit von Gerolstein entfernt seine große Erlöserkapelle hatte errichten

GEROLSTEIN

lassen (s. S. 194), das Bedürfnis nach einem Ausgleich. Für diesen Kirchenproporz gelang es ihm, die Aufmerksamkeit des Berliner Evangelischen Kirchenbauvereins – im Vorstand: der Freiherr von Mirbach – bei seiner Suche nach einem würdigen Jubiläumswerk für seinen 100. Bau auf die winzige protestantische Gemeinde Gerolstein–Jünkerath zu richten. Kaiser Wilhelm II. war von dieser Idee seines Kirchenbauvereins – Protektorat des Vereins: Kaiserin Auguste Viktoria, Oberhofmeister der Kaiserin: der Freiherr von Mirbach – sehr angetan, konnte er doch auf diese Weise seiner Aufgabe als Schirmherr der evangelischen Kirche des Reiches effektvoll nachkommen, indem er gerade eine kleine Diasporagemeinde mit einem so überaus prunkvollen Gotteshaus ausstattete. Auf welche Weise er sich bei diesem Vorhaben auch der Repräsentation des Kaisertums und des Hauses Hohenzollern befleißigte, wird sich noch zeigen. Bauplanung und Ausführung wurden dem Berliner Architekten F. Schwechten übertragen, der auch die Kaiser-Wilhelm-Gedächtniskirche in der Reichshauptstadt erbaut hatte. Er war ebenso wie der Freiherr von Mirbach und der ganze Kirchenbauverein ein konsequenter Vertreter der Verwendung sog. »historischer Stile«: In Deutschland stehen klangvolle Namen wie Schinkel, Gärtner und Klenze für diese Entwicklung. Gehorchte die Vielfalt der imitierten Stilrichtungen zunächst noch dem ungeschriebenen Gesetz, den Stil auszuwählen, der die Zweckbestimmung eines Bauwerkes schon in seiner Fassade auszudrücken vermochte (»architecture parlante«), und diesen so exakt wie möglich zu kopieren – so gab es in Köln einen Erlaß, neue Kirchen nur im gotischen Stil zu errichten, da er besonders geeignet sei, religiöse Gefühle zu erwecken –, machte sich bald eine völlige Willkür breit. Durch die Adaption immer neuer vergangener Stile durch das Bildungsbürgertum traten griechische, römische, byzantinische Elemente hinzu, eine China- und sonstige fernöstliche Moden trieben ihre Blüten, und bisweilen entstanden völlig neue Mischungen wie der sog. »Rundbogenstil« in Deutschland. Gegen Ende des Historismus nach der Jahrhundertwende hatte sich der Gebrauch der perfekt beherrschten Stilvielfalt in immer oberflächlichere und theatralischere Formen gesteigert. Die ins Pompös-Kolossale gewachsenen Dimensionen stehen in keinem Verhältnis mehr zur Funktion des Bauwerks, so werden griechische Säulenfassaden gleichermaßen Theatern, Postämtern und Bahnhöfen vorgeblendet; die exakte Stilnachahmung wich völlig der willkürlich zusammengestellten Mischung verschiedenster Elemente zur Erzielung bestimmter Effekte.

Ein solches Werk, auf dem letzten Höhepunkt historischer Prachtentfaltung, ist auch die Erlöserkirche in Gerolstein. Betritt man ihre Vorhalle, so wird man trotz der edlen Baumaterialien – Wände mit einer Verkleidung aus Cipolinomarmor, Gewölbe mit leuchtend blauen Mosaiken – nicht auf das höchst eindrucksvolle Erlebnis des Kirchenraumes vorbereitet. Unter der Orgelempore hervortretend, stehen Sie dort unter der gewaltigen Kuppel, die, vollständig mit Goldmosaiken bedeckt, im Glanz der 240 Lichter des großen Kronleuchters erstrahlt, der in der Mitte des Raumes herabhängt. Die Kuppel ruht auf ebenfalls mosaikverzierten Rundbögen, die von acht massigen Granitsäulen getragen werden. Obwohl der Grundriß eigentlich die Form eines Kreuzes mit verkürzten Kreuzarmen zeigt, ist es diese großartige Kuppel, die der Kirche den Charakter eines Zentralbaus verleiht. Erst auf den zweiten Blick bemerkt man, daß auch hier der »Maskenball der Stile« in vollem Gange war. Neben dem byzantinischen Gesamteindruck erweckt das große Apsismosaik einer Himmelfahrt Christi griechische Assoziationen; die Motive des Fußbodens aus Mettlacher Platten sind eindeutig der römischen Kunst entliehen, wogegen die Außengliederung der Kuppel mit einer Zwerggalerie romanisch ist. Geradezu kurios sind jene Details, die offensichtlich auf den direkten Einfluß des Förderers dieses Bauvorhabens, Kaiser Wilhelm II., zurückgehen. Mußte man schon in der Vorhalle das Konterfei des Kaisers mit Gemahlin als seltsame Bereicherung der würdevoll-altchristlichen Atmosphäre empfinden, die hier beschworen werden sollte, so erblickt man im oberen Teil der Kuppel einen Kranz von ornamentierten Medaillons, in denen der Kaiser Glanz, Glorie und Konfession seines Hauses in historischen Dimensionen gefeiert wissen wollte: Neben Martin Luther, Melanchthon, Bonifatius, Willibrord, König Pippin, Barbarossa und Wilhelm I. erblickt man auch Karl den Großen, der mit seinem mosaizierten Schnurrbart einer wilhelminischen Majestät verdächtig ähnlich sieht.

Die Verbundenheit des Kaisers mit diesem Bauwerk erwies sich auch in seiner persönlichen Teilnahme am Eröffnungsgottesdienst. Damals setzte er eine noch heute gezeigte Weihinschrift in die Bibel der Erlöserkirche und datierte sie mit dem 15. Oktober 1913. Dieses Datum wirft zwar nicht auf das Bauwerk, jedoch auf seinen großen Förderer ein bezeichnendes Licht: Nur wenige Monate später begann unter seiner entscheidenden Mitwirkung der Erste Weltkrieg. Denn während sich seine Majestät an ihren verspielten Historienbauten mit ihren unheiligen Versatzstücken vergangener Größe ergötzte, in deren Tradition er sich durch ihre stilistisch zusammengewürfelte Darstellung – Martin Luther auf byzantinisch! – sehen wollte, rollten aus den qualmenden Fabriken seiner Rüstungsindustrie jene Kanonen, die bald das millionenfache Sterben auf den Schlachtfeldern übertönen sollten. Nach dem Ende dieses Krieges war es mit dem Kaisertum ebenso vorbei wie mit dem Evangelischen Kirchenbauverein und der ganzen Glorie der wilhelminischen Ära. Damit war auch die Zeit der historischen Stile vorüber, Bauten wie die Erlöserkirche in Gerolstein wurden nie wieder errichtet. Somit ist diese Kirche, zusammen mit der im gleichen Geiste gebauten Erlöserkapelle in Mirbach, ein seltenes kunsthistorisches und zeitgeschichtliches Dokument.

Von der Kirche führt ein neoromanischer Säulengang hinüber zum Museum der Villa Sarabodis. Die unmittelbar anschließenden Ruinen einer villa rustica, also eines der zahlreichen römischen Landsitze in der Eifel, wurden im Jahre 1907 bei den Vorbereitungen zum Bau der Erlöserkirche entdeckt. Die Anlage dürfte im 1. Jh. nach Christi entstanden und recht luxuriös ausgestattet gewesen sein, wie das aufwendige Heizsystem (hypocaustum), Funde von bleiernen Abflußröhren der Badeanlage und Reste von Glasfenstern beweisen. Die Villa mit ihren zahlreichen Räumen war bis zur Mitte des 4. Jh. bewohnt, dann fand sie ein gewaltsames Ende – die aufgefundenen Mauerreste waren von ein Meter hohem Brandschutt bedeckt. Besonders rätselhaft geblieben ist bis heute die Entdeckung von 27 Gräbern in den Ruinen (eines davon ist im Museum zu sehen). Die darin befindlichen Skelette von jungen Männern, wahre Hünen von über zwei Metern Größe, wiesen alle die gleichen Verletzungen auf: ein zerschlagener rechter (Schwert-)Arm und eine zertrümmerte rechte

Schädeldecke. Ob hier eine Hinrichtung stattgefunden hat und ob der Tod der 27 Männer etwas mit der Zerstörung der villa rustica zu tun hat, ist unbekannt. In dem gut sortierten Museum befinden sich neben einer Fossiliensammlung zahlreiche Funde aus der Villa Sarabodis und von der römisch-keltischen Tempelstätte »Judenkirchhof« auf der Hustley. Das Museum, die Ruinen der Villa Sarabodis und die Erlöserkirche werden zusammen während täglicher Führungen gezeigt.

Fährt man die Sarresdorfer Straße in Richtung Lissingen nur wenige hundert Meter weiter, so erblickt man rechts neben der Straße das ebenfalls besuchenswerte Kreisheimatmuseum. Es ist im alten Sarresdorfer Pfarrhaus aus dem Jahre 1545 untergebracht, das schönste mittelalterliche Gebäude, das es in Gerolstein noch zu sehen gibt, leicht zu erkennen an dem Votivaltar mit Heiligenfiguren aus der Zeit um 1600, der in den Giebel des Hauses eingemauert ist. Drinnen befindet sich neben heimatkundlichen Ausstellungsstücken eine vorzügliche geologische Sammlung.

Folgt man der Straße am Fuße des turmartigen Felsens des Aubergs entlang noch weiter, kommt nach einer großen Windung der Kyll das Dorf **Lissingen** in Sicht. Seine Silhouette wird geprägt vom malerischen Baukomplex der ehemaligen Wasserburg, die eigentlich aus zwei zusammengebauten Burgen besteht. Wohl schon im 11. Jh. begonnen, erhielt der Bau mit seinen beiden Burghäusern, ihren Innenhöfen und dem gemeinsamen großen Wehrturm im 16. und 17. Jh. sein heutiges Aussehen.

Gerolstein und seine Umgebung sind heute eines der Zentren des Tourismus in der Eifel. Weltbekannt wurde der Name des Ortes in diesem Jahrhundert durch sein Mineralwasser, das schon den Römern bekannt war. Die reichhaltigen Kohlensäurevorkommen der Gegend gehen auf den Vulkanismus zurück – erkaltendes Magma sondert bei Abkühlung unter 400° Kohlensäure ab, die sich mit dem Grundwasser verbindet – und versorgen aus zahlreichen Quellen mehrere Großbetriebe. Mit über 200 Millionen Flaschen Mineralwasser jährlich überrundet der Ort alle anderen deutschen Brunnenstädte. Auf dem jedes Jahr stattfindenden »Gerolsteiner Sprudelfest«, jeweils am ersten Sonntag im September, kann das Getränk geradezu berauschende Wirkung entfalten.

In der nächsten Umgebung Gerolsteins befinden sich mit den Eishöhlen bei Roth und der Kasselburg bei Pelm noch zwei Sehenswürdigkeiten, die Sie nicht auslassen sollten. Obwohl die Eishöhlen bei **Roth** eine lokale Berühmtheit darstellen, werden sie wenig besucht, liegen in tiefer Abgeschiedenheit und sind schwer zu finden. Man nehme die Straße zur Villa Sarabodis und zweige in Richtung Roth auf der Straße zwischen Auberg und Munterley ab. Im Ort muß man die Kirche umfahren, wo ein kleiner Wegweiser das Befahren einer sonst gesperrten Werkstraße zur Vulkansandgrube gestattet. Spätestens vor deren unasphaltierter Einfahrt muß man den Wagen abstellen, der Fußweg zu den Höhlen führt rechts an der riesigen Sandgrube vorbei den Berg hinauf in den dichten Wald, der den Vulkankegel des Rother Kopfes bedeckt. Auf halber Höhe bietet sich kurz vor dem verfallenen Maschinenhaus ein grandioser Blick in den tiefen Kessel der Lavagrube, die in weiten Linien die feine Schichtung der Auswurfmassen sichtbar macht. Kurz danach beginnt der Berggipfel jenes wildromantische Landschaftsbild zu zeigen, das für die uralten, verlassenen Mühlsteinbrüche der Eifel charakteristisch ist. Der Rother Kopf ist ein Schweißschlackenberg, er besteht also aus jenem betonharten Material, das entsteht, wenn riesige Lavafetzen ausgeschleudert werden, die nicht in der Luft erkalten, sondern glühend zu Boden fallen und zu grobkörnigen Konglomeraten verbacken. Um Abbauflächen für die großen Mühlsteine zu gewinnen, wurde der Berg mit künstlichen kleinen Schluchten durchzogen und tiefe Schächte und Trichter eingegraben, die bis heute, vom Hochwald überragt und vom Unterholz überwuchert, schaurig-schöne Szenerien entstehen ließen. Mitten in der Düsternis öffnen sich die schwarzen Löcher der Höhlen, denen ein eisiger Hauch entströmt. Entstanden sind sie durch einen teilweisen Zusammensturz des einst offenen Tagebaus, der aber auch schon so tief in den Berg geführt hatte, wie es die Höhlen heute tun. Mit gutem Schuhwerk, einer starken Taschenlampe oder besser einer Pechfackel können die Höhlen gefahrlos begangen werden. Deren große Attraktion, die Eisbildung im Sommer, wird man allerdings nicht mehr finden. Sie entstand dadurch, daß die einströmende warme Außenluft in der Höhle abkühlte und verdunstend als Reif an den Wänden niederschlug, der zu Eis wurde. Seit durch den benachbarten Abbau des vulkanischen Materials das Gefüge des Berges erschüttert wurde, ist in der Höhle eine schwache Luftzirkulation entstanden, die einen Temperaturaustausch ermöglicht. Seitdem findet keine Eisbildung mehr statt.

Bevor man diesen Ort verläßt, sollte man unbedingt noch die Vulkansandgrube betreten. Obwohl industriell entstanden und von weitem häßlich, bieten diese riesigen Gruben mit ihren Aschenwänden und Bergen von Wurfschlacken eine Szenerie von überwältigender und beklemmender Fremdartigkeit. Hier wird der vollkommene Gegensatz des vulkanischen zu allem anderen geologischen Geschehen, das Gestein in Jahrmillionen unter den verschiedensten Einflüssen hat entstehen lassen, sichtbar: Das Meer aus rötlicher und schwarzer Asche, in dem Sie hier stehen, verrät unmittelbar seine Herkunft aus den Feuerbergen.

Oberhalb des Dorfes Pelm, nicht weit von der Papenkaule entfernt, hat ein zweiter Vulkan den Rücken des Dolomitmassivs durchschlagen. Auch hier am Kasselburger Hahn ist ein Teil des Magmas seitlich aus den Felsen hervorgebrochen und in großen Brocken den steilen Hang hinabgestürzt; als Blocklava findet man sie bis zur Talsohle. Oben am Rande des Felsen hat das erkaltende Magma einen großen Basaltstock gebildet, auf dem sich heute die mächtigen Ruinen der **Kasselburg** erheben. Die weitläufige Anlage besteht aus Bauteilen romanischer bis spätgotischer Zeit. Nach der letzten großen Erweiterung durch das Erzstift Trier in der 2. Hälfte des 15. Jahrhunderts lag die eigentliche Kernburg wie eine eigene Zitadelle im weiten Rund der Vorburg und der Zwingermauern; drei stark befestigte Tore waren zu nehmen, um ungebeten hineinzugelangen. Der dreigeschossige Palas muß einen prachtvollen Rittersaal enthalten haben, von dem noch riesige Kamine und Fenster mit Sitznischen zeugen. Angebaut ist eine große Kapelle. Mit Tortürmen, Zwingern, Flankierungstürmen und Ausfallpforten ist die ganze Anlage ein Lehrstück eines ausgeklügelten Befestigungssystems des Spätmittelalters; die Berühmtheit der Kasselburg beruht jedoch auf dem großen Doppelturm, der mit 37 m Höhe die Ruinen überragt und das ganze Landschaftsbild beherrscht. Dies ist einer der bedeutendsten Türme der deutschen Burgenarchi-

KASSELBURG

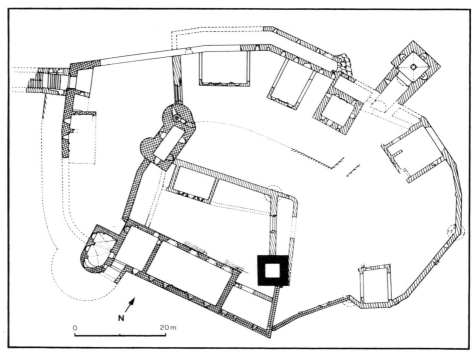

Grundriß der Ruine Kasselburg

tektur; in seiner Grundform rechteckig, bewehrt mit zwei vorspringenden runden Halbtürmen, enthält der linke größere davon die Wendeltreppe. Nachdem seine ursprüngliche Funktion als Torturm aufgegeben und das Portal vermauert worden war, wurde er auf neun Geschosse aufgestockt und als Wohnturm großzügig ausgebaut, bekrönt von hohen Zinnen, die auf dem charakteristischen spitzbogigen Fries ruhen, der von umlaufenden Kragsteinen in Form von Doppelkonsolen getragen wird.

Zunächst im Besitz der Herren von Blankenheim, dann des Erzstiftes Trier, gerät auch die Kasselburg in die Fehden der Erbstreitigkeiten des Hauses von der Mark, das sich 1611 der Burg bemächtigt. Wie in Kerpen (s. S. 188) muß auch hier der Bischof von Münster als Bevollmächtigter die Burg von seinen Truppen besetzen lassen, danach dient sie ab 1681 als Kaserne der Herzoglich Arembergschen Artillerie. Von den Franzosen sicher nicht unbeschädigt gelassen, wird die Kasselburg 1744 als »modo verfallen« bezeichnet, es drohte der völlige Untergang der großartigen Ruinen. Der Anstoß zu ihrer Rettung kam Mitte des vorigen Jahrhunderts aus unerwarteter Richtung. Damals hatte die Bahn noch einen Service, von dem man heute nur träumen kann: Als die Rheinische Eisenbahngesellschaft die Strecke

Köln–Trier durch die Eifel fertiggestellt hatte, spendete sie – »um den Reisenden etwas zu bieten« – 1000 Taler zur Restaurierung des damals schon berühmten Turms.

Heute ist die Kasselburg weit über ihre architektonischen Besonderheiten hinaus bekannt wegen des weitläufigen Adler- und Wolfsparks (s. S. 344), der zum Teil in ihr und um sie herum angelegt worden ist.

Begibt man sich nun aus dem Gerolsteiner Raum hinunter nach Süden, so gelangt man in das Herzstück des Westeifel-Vulkanzuges, weltberühmt durch seine einzigartigen Maare; die Namen Daun und Manderscheid sind Synonyme für Höhepunkte eindrucksvollster Vulkanlandschaft und zugleich Zentren der Eifeler Geschichte.

Als sich die Herren von Dune im 10. Jh. auf dem fast senkrecht abfallenden Felsen aus Säulenbasalt im heutigen **Daun** ihre Stammburg errichten, beginnt ihr Aufstieg zur Macht; 1107 stiftet Benigna von Daun das Kloster Springiersbach, 1158 avancieren sie zu Ministerialen des Erzbischofs von Trier, kurz darauf erreichen sie unter Kaiser Konrad III. die begehrte Reichsunmittelbarkeit. In der Folgezeit stellt die Familie einen bekannten Haudegen während der Kreuzzüge, gründet mehrere Nebenlinien und kann Bischöfe von Worms und Köln vorweisen, ehe sie mit Aegidius von Daun, genannt »der tolle Gilles«, den Höhepunkt ihrer Macht in der Eifel überschreitet. Die Geschichte vom Aufstieg und Fall dieses Aegidius, überdies eine der kuriosesten Episoden des Kampfes der beiden Erzbistümer Köln und Trier um ihren Einfluß in der Eifel, endet, wie bei so vielen Eifeler Dynasten, mit einem Kriegszug des Trierer Erzbischofs Balduin zur Arrondierung seines Herrschaftsgebietes zwischen Koblenz und Trier. Noch 1352 in Fehde mit dem Kölner Erzbischof Wilhelm, erfährt er ein Jahr später, während er die Eroberung Gerolsteins plant, daß der Kölner die Dauner Burg belagert. Sofort läßt Balduin seine Truppen dorthin weiterziehen, und in einer seltsamen Allianz erobern die beiden Gegner gemeinsam, durch einen Verrat begünstigt, die stark befestigte Burg auf dem steilen Felsen. Beide Erzbischöfe schließen einen Vorvertrag über die Teilung der Beute, doch gelingt es der geschickten Diplomatie Balduins, daß Daun bald darauf ihm allein von Kaiser Karl IV. verliehen wird – obwohl Daun in der Diözese Köln liegt; der Amtsbruder und Waffengefährte ist also der Geprellte. In den folgenden Jahrhunderten kurtrierischer Amtssitz, wurde die Burg in den Raubkriegen Ludwigs XIV. 1689 von den Franzosen gesprengt, der Zweite Weltkrieg zerstörte den Rest mitsamt dem Ort und der romanischen Pfarrkirche fast völlig. Wenig ist daher sichtbar geblieben von der ereignisreichen Geschichte Dauns; noch überragt der steile Burgfelsen den freundlichen Ortskern, doch trägt er neben dem vom Trierer Hofbaumeister Ravensteyn 1712 errichteten Bau des ehemaligen Amtshauses und einer 1865–67 gebauten neugotischen Kirche nur noch geringe Reste der imposanten mittelalterlichen Anlage: Neben dem Außentor mit einem Wächterhaus sind ein Basteiturm und Teile der Ringmauer erhalten, in deren östlicher Partie ein verwittertes Marmorrelief eingemauert ist; die strategisch günstige Lage des Basaltfelsens hatten schon Kelten und Römer genutzt. Antik ist auch der Sockel des originellsten Kunstwerkes in Daun. Neben dem alten Landratsamt steht auf einem römischen Steinquader mit Jagd- und Opferszenen die bekannte gußeiserne Bacchusfigur, die drall und behäbig auf einem Faß sitzt. Kaum einer weiß jedoch, daß dieses Standbild ein alter Ofen ist, 1591 hergestellt und ein Meisterwerk der Eifeler Eisenindustrie: Das Faß war die Feuerung, ein Loch im Rücken der weinseligen Figur diente als Rauchabzug. Auch die Pfarrkirche St. Nikolaus, einst eine romanische Pfeilerbasilika, blieb von den Zerstörungen des 2. Januar 1945 nicht verschont, erhalten hat sich der Westturm mit frühgotischem Rundbogenportal und die über einer Mittelsäule gewölbte Krypta aus dem 13. Jh. Man beachte in der Kirche eine thronende Muttergottes, eine ländliche Arbeit des 14. Jh., und in der Turmhalle einen Totenschild des Grafen Philipp Ernst von Daun, auf Kupfer gemalt.

Die vielgerühmte Landschaft um Daun gehört in der Tat zu den schönsten Gegenden in der Eifel, und das nicht nur bei den Maaren. Diese jedoch bilden die charakteristischsten Naturschöpfungen der Eifel, und die vier eng beieinanderliegenden Maare bei Daun stellen ein einmaliges vulkangeformtes Landschaftsbild dar. Die modellierenden Kräfte des Vulkanismus haben hier drei große Sprengtrichter hinterlassen, das Gemündener Maar, das Weinfelder oder Totenmaar und das Schalkenmehrener Doppelmaar, wovon eines verlandet ist und das andere noch mit Wasser gefüllt ist. Die erlöschende Kraft des Eifeler Vulkanismus

Am Weinfelder Maar, Gemälde von Fritz von Wille, um 1900

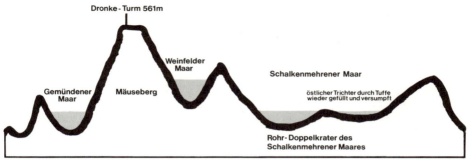

Maare, Querschnitt

zeigt sich hier daran, daß es bei den Ausbrüchen nicht mehr zur Förderung von Aschen, Schlacken und Lavaströmen kam; vorbei war die Zeit der Schichtvulkane, die sich als Kegel aus magmatischem Material auf das Grundgebirge aufsetzten, also sog. »positive Reliefformen« bildeten. Die Ausbrüche der Maarvulkane waren langsam beginnende, sich steigernde Eruptionen glühender Gase, die nur noch wenig vulkanisches Material förderten; durch Einsturz des Deckgebirges über ausgeblasenen Hohlräumen entstanden dann tief eingesenkte Trichter im Grundgestein, also »negative Reliefformen«. Mit unbewegten Wassern gefüllt, umgeben von düsteren, sand- und ascheverschütteten Trichterwänden, müssen die Maare vor der Rückkehr der Vegetation und der planmäßigen Aufforstung zutiefst fremdartige und bestürzende Panoramen geboten haben, ein Anblick, an den heute noch am ehesten das **Weinfelder oder Totenmaar** (Farbabb. 15) erinnert. Der Blick über das dunkle Gewässer in weitem Rund, eingefaßt von kahlen, ginsterbestandenen Hängen, auf die schwere, geduckte Kirche des mit der Pest untergegangenen Dorfes Weinfeld, die zwischen alten Grabkreuzen einsam auf dem Rand des Trichters steht, hat zu allen Zeiten die Betrachter zutiefst beeindruckt. Die Melancholie dieses Ortes fand in Sagen und Legenden, wie der von der versunkenen Burg auf dem Grund des Maarsees, und in zahlreichen romantischen Gedichten und Gemälden ihren Ausdruck. Die Weinfelder Kirche, ehemals die Pfarrkirche des im 16. Jh. verschwundenen Dorfes, besitzt noch den Turm und den kreuzrippengewölbten Chor des 14. Jh. Nur durch einen schmalen Sattel getrennt, liegt tief unterhalb des Totenmaares das **Gemündener Maar** inmitten seiner hohen, bewaldeten Trichterwände. Der fast kreisrunde See ist dadurch sehr idyllisch gelegen, im Sommer belebt ein reger Badebetrieb einen Teil des sonst einsamen Waldufers. Wiederum von gänzlich anderem Charakter präsentiert sich das **Schalkenmehrener Maar** (Abb. 68), in dessen weitläufigem Kessel neben dem See ein vermoortes älteres Maar und ein Dorf mit der dazugehörigen Landwirtschaft eine ausgesprochen ländliche Szene geschaffen haben. Die Wanderung um die drei Maare und über die sie trennenden schmalen Sättel mit immer wechselnden Ausblicken auf die runden Gewässer ist sehr empfehlenswert.

In unmittelbarer Nähe Dauns gibt es mit der Kirche in Steinborn und der Burgruine auf dem Nerother Kopf noch zwei weniger bekannte Ziele, die man nicht auslassen sollte. In **Steinborn** entspringt mitten im Dorf eine sehr wohlschmeckende Kohlensäurequelle; nach dem erquickenden Trunk aus dem Sauerbrunnen begebe man sich zur Kirche, am Hang über dem Ort in einem alten Kirchhof gelegen. Der ursprünglich spätromanische Bau sticht heute als ein kleines Juwel gotischer Architektur aus den zahlreichen Dorfkirchen der Gegend hervor. Anfang des 16. Jh. wurde sie in eine Einstützenkirche nach dem Vorbild der Hospitalkirche in Kues (s. S. 200) verwandelt, die nach ihrer letzten Restaurierung und farblichen Neufassung die ganze Eleganz und Harmonie der von einem Pfeiler getragenen Innenräume zurückgewonnen hat. Aus einer achteckigen kapitellosen Mittelstütze aufsteigend, verzweigen sich die Rippen des reichen Netzgewölbes, übersät mit figürlichen und bemalten Konsol- und Schlußsteinen in zahlreichen verschiedenen Motiven. Die Fresken in den Gewölbefeldern zeigen seltsamerweise musizierende Landsknechte, die aus großen Blüten hervorwachsen. Unbedingt beachten sollten Sie das prächtige römische Kapitell, das nun neben dem zentralen Pfeiler als Weihwasserbecken steht. Ein ebenso auffallendes Stück ist die Holzempore aus dem 16. Jh., von denen es in den Eifelkirchen nur noch ganz wenige gibt. Ebenso selten sind inzwischen die alten Bauernhausformen mit einem Wohnteil über gewölbtem Stall geworden, von denen sich im Dorf noch einige erhalten haben. Nur 2 km nördlich von Steinborn liegt sehr idyllisch im Tal des Pützbaches ein Ort mit dem vielversprechenden Namen **Waldkönigen;** in der Tat wird er überragt von den prächtigen Wäldern des Ernstbergs, dem mächtigsten der zahlreichen Vulkanberge der Umgebung. Höchst eindrucksvoll sind auch hier die Spuren eines überwucherten, verlassenen alten Mühlsteinbruchs. Auf der Suche nach geeignetem Gestein ist hier eine heute noch begehbare Höhle 200 m weit in den Gipfel des Lavaberges getrieben worden.

Den Höhepunkt wildromantischer Landschaftsbilder der Eifel bildet aber der nahe gelegene **Nerother Kopf:** Man fahre von Steinborn südlich ins direkt anschließende Neunkirchen, dort biegt ein wenig versteckt eine schmale Straße nach Neroth ab. Wenn nach etwa 2 km linker Hand ein die Landschaft dominierender dicht bewaldeter Vulkan in geradezu klassischer Kegelform ins Blickfeld rückt, biege man links in einen der den Hang hinaufführenden Schotterwege ab. Nach kurzem Weg über weite Wiesen gelangt man an den dunklen, scharf abgrenzenden Waldsaum, und es ist, als betrete man hinter ihm eine andere Welt. Steil führt nun der Weg bergauf im Dämmerlicht eines riesigen Buchenhochwaldes. Weiter oben bricht der Waldboden auf, und Felsblöcke aus schwarzem Vulkangestein ragen heraus, zwischen denen man plötzlich vor der großen Ruine eines Burghauses steht. Nur wenige Schritte weiter auf dem Gipfel eröffnet sich eine phantastische Szenerie: Übersät von gewaltigen Felsbrocken, klammert sich hier ein Labyrinth von Wurzeln hoher Bäume an das Gestein, als hätten sie die Blöcke in ihren vielgliedrigen Klauen. Beinahe unwirklich heben sich aus dem Gewirr von Felsen und uralten Baumwurzeln im spärlichen Licht die Ruinen einer weitläufigen Ringmauer und eines Wohnturmes hervor, die, aus schwarzem Gestein erbaut, der Düsternis der Szene in nichts nachstehen. Doch der eindrucksvollste Anblick steht noch aus, bis man sich den Ruinen nähert: Als ein unheimliches schwarzes Loch öffnet sich direkt unter der Mauer eine riesige Höhle, als stünde man vor den Pforten der Unterwelt. Daß die Burg an diesem schaurig-schönen Ort ausgerechnet den Namen Freudenkoppe trägt, mag man als Widerspruch empfinden. Viel Freude hat sie ihrem luxemburgischen Gründer, dem blinden König Johann, auch nicht gemacht, denn bereits sechs Jahre nach ihrer Entstehung (1340) mußte auch der Luxemburger hier seine Stellung vor der Konkurrenz aus Trier räumen; Erzbischof Balduin organisierte von hier aus seinen Kampf gegen die Grafen im nahe gelegenen Daun.

Man kann von Daun aus direkt in die von zahlreichen Maaren geprägte Landschaft um Gillenfeld und das Pulvermaar fahren, empfehlenswerter ist eine Rundfahrt über Manderscheid, den Mosenberg und Gillenfeld nach Ulmen, die die letzten Höhepunkte der Vulkaneifel zusammenfaßt.

Sowohl auf einer schönen Straße wie auf einer reizvollen Wanderung durch das Tal der Lieser gelangt man von Daun nach **Manderscheid**. Wer dessen ungemein einladendem Ortsbild widerstehen kann, folge dort den Hinweisschildern zu den Burgruinen. Wenige Meter nach dem Ortsende, gerade wo die Straße sich ins Liesertal senkt, liegt links ein Parkplatz. Von dort eröffnet sich ein geradezu atemberaubender Blick auf die gewaltige Ruine der Niederburg unten im Tal. Folgt man von hier dem kurzen Weg hinunter, so schiebt sich langsam eine zweite Burg ins Blickfeld; an der Spitzkehre der Straße angelangt, ist das Bild dann vollständig: Vor Ihnen liegt das grandiose Manderscheider Burgenpanorama der zwei auf steilem Felsen hintereinandergestaffelten Ruinen, einer der eindrucksvollsten Anblicke mittelalterlicher Wehrarchitektur, die sich in Deutschland finden lassen. Zugleich stellen diese beiden Burgen eine martialische Variation des nun schon bekannten Themas dar: dem Kampf um die Macht in der Eifel zwischen den sie umgebenden Großterritorien, hier zwischen Trier und Luxemburg, denn die Lieser, die die beiden senkrecht abstürzenden Burgfelsen trennt, war die Grenze zwischen den beiden Fürstentümern. Die Oberburg und die Ortschaft Manderscheid gehörten zu Kurtrier, die größere Niederburg mit der stark befestigten Talsiedlung zu Luxemburg: So haben sich die Wächter auf den beiden gegenüberliegenden Turmriesen jahrhundertelang mißtrauisch ins Auge geblickt – und das mit gutem Grund. Die bereits 973 genannte Oberburg – somit eine der ältesten in der Eifel – lag auf einem Gebiet, das die Karolinger dem Kloster Echternach geschenkt hatten. Diese hatten auf der Niederburg hausende Vögte eingesetzt, da sich die Ausübung der Blutgerichtsbarkeit für die geistlichen Herren nicht zierte. Mit diesen Agenten ihrer Macht hatten sie aber zugleich ihre Konkurrenten geschaffen: Aus den Vögten wurden Herren von Manderscheid, Lehensleute des Grafen von Luxemburg, die bald die geistliche Hoheit über die nun zum Bistum Trier gehörende Oberburg nicht mehr anerkennen wollen. Zusammen mit den Luxemburgern unterliegen sie im Kampf mit Albero von Trier und bauen nun ab 1147 die ihnen verliehene Niederburg zu ihrem Stammsitz aus. Noch einmal erobert Richard von Manderscheid mit der Hilfe Heinrichs von Luxemburg die strategisch wichtige Oberburg, doch müssen sie sich 1160 der Belagerung durch Erzbischof Hillin von Trier ergeben. Seitdem bildete die Oberburg einen der Stützpunkte der weltlichen Macht des Erzbistums gegen Luxemburg, dem die Festung der Manderscheider fast auf Steinwurfweite als dauern-

MANDERSCHEID

Manderscheid, Ansicht der beiden Burgen, Stich von Merian aus dem Jahr 1647

des Ärgernis gegenüberlag. So schritt der erfolggewohnte Trierer Erzbischof Balduin auch hier zur Tat: 1346 begann er die Belagerung der Niederburg, doch nahm das Unternehmen ein ungewohntes Ende. Nach Avenarius hielt sich die Burg zwei Jahre, fünf Monate und 15 Tage, dann mußte der Versuch, die Manderscheider in die Knie zu zwingen, aufgegeben werden. 1427–28 wurde die Niederburg unter Dietrich II. schließlich zu einer großangelegten Befestigung mit Vorburg und ummauerter Talsiedlung ausgebaut, die 1618 von Erzherzog Albrecht, dem katholischen Statthalter der spanischen Niederlande, erobert wurde, weil die Manderscheider versucht hatten, in ihren Landen den Protestantismus heimisch zu machen; seitdem verfiel ihre Stammburg. Inzwischen war das Grafengeschlecht durch die Gründung der drei Linien Schleiden, Blankenheim und Kail zu einem der mächtigsten Häuser der Eifel aufgestiegen, das 1780 ausstarb. Bald darauf erschienen die französischen Revolutionstruppen und machten der Herrschaft des Adels in der Eifel ein endgültiges Ende.

Die beiden Burgen von Manderscheid (Abb. 80) sind noch heute eindrucksvolle Zeugen ihrer bewegten mittelalterlichen Geschichte. Aus diesem Grunde darf man keinesfalls den etwa 20-minütigen Rundgang auslassen, der beide Burgen verbindet und knapp oberhalb des erwähnten Parkplatzes bei der Pension Talblick von der Straße abzweigt. Der Weg führt auf schmalem Grat zunächst zur Oberburg; zwischen zerklüfteten Felsen eröffnet sich der Blick auf eine großartige Szene: tief unten die Schluchten, die die Lieser um die beiden Burgfelsen herum gegraben hat, rechts hebt sich das helle Gestein der Niederburg als markante Silhouette vor dem dunklen Wald ab, während zur Linken langsam der Koloß des romanischen Bergfrieds der *Oberburg* aus den Baumwipfeln wächst. Nach deren 1673 erfolgter Zerstörung durch die Franzosen ist es dieser fünfgeschossige Turm zwischen zerstörten Ringmauern, Tor- und Gebäuderesten, der das Bild der Ruine bestimmt. Der Bergfried gehört fast unverändert dem 1166 erfolgten Neubau der Burg nach ihrer Eroberung durch Erzbischof Hillin an. Der Turm ist auf einem ungewöhnlichen rautenförmigen Grundriß mit 9 m Seitenlänge errichtet, das letzte Geschoß besitzt halbkreisförmig vorspringende Rundtürmchen. Der sorgfältig gemauerte Brunnen reichte über 80 m tief hinunter bis auf die Talsohle

Burgruine und Ort Niedermanderscheid 1 Torhaus 2 Burgkapelle 3 Zwingermauern 4 Burgmannenhaus 5 Palas 6 Wohnturm 7 Bergfried 8 Mantelmauer 9 Dorfbefestigung mit Toren von Niedermanderscheid

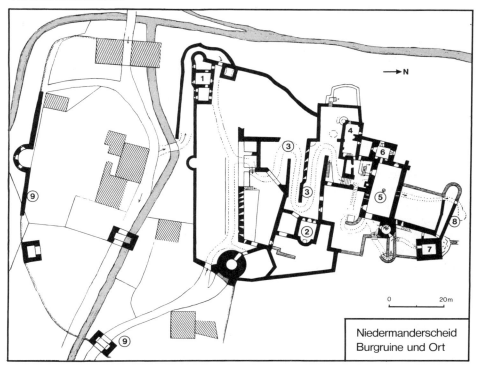

der Lieser. Dorthin führt nun auch der Weg zur *Niederburg,* wobei von hier aus die ganze Kühnheit der Anlage deutlich wird: Wie im Modell einer Idealburg liegt der Bergfried an der höchsten Stelle, um ihn stürzen die Felsen senkrecht ins Liesertal, auch sinnfällig der letzte Zufluchtsort der weitläufigen Burg. Unten angekommen, bietet sich vor der großen Sperrmauer, die das ganze Tal abriegelte, ein anderer Anblick: Hier wächst wie ein unbezwingbarer Berg Mauer um Mauer den Felsen hinauf. Dieses charakteristische Bild der Niederburg entsteht dadurch, daß der weniger steil abfallende Südhang des Burgfelsens, gegen den sich einzig ein Angriff richten konnte, durch mehrfach hintereinandergelagerte, jeweils eine Felsterrasse höher stehende Zwingmauern gesichert war, durch die sich der Burgweg durch mehrere Tore und an Türmen vorbei hinaufwand bis zur alten Kernanlage. Dort führt eine in Fels gehauene Treppe zur Zisterne und zur Ruine des romanischen Palas mit dem Rest einer achteckigen Säule vom gotischen Umbau, darunter zwei Kellergeschosse mit großen Tonnengewölben. Auf der letzten Gebäudeterrasse des Burgfelsens erhebt sich noch 18 m hoch der Bergfried des 12. Jh. Vor der Burg liegt die bis heute kaum erweiterte kleine Ortschaft Niedermanderscheid, umgeben von den Resten ihrer türmebewehrten Ummauerung aus der Zeit um 1437.

Man mag sich darüber streiten, ob sich in der Umgebung von Daun oder von Manderscheid die landschaftlich schönsten Schöpfungen des Eifeler Vulkanismus finden, eine Wanderung über den **Mosenberg,** der als einer der klassischen »Lehrvulkane« der Geologie gilt, ist für jeden Besucher unerläßlich. Eng beieinander finden sich hier alle wichtigen Erscheinungen des quartären Vulkanismus: Schichtvulkane, Lavaströme, Kraterseen und ein Maar – auch der geologisch weniger Interessierte wird dieses vielfältige Landschaftsbild zu schätzen wissen. Die Straße führt von Manderscheid in Richtung Bettenfeld durch das romantische Tal der Kleinen Kyll hinauf zu einem links gelegenen Parkplatz. Von dort sind es nur wenige Minuten hinauf zum Windsborn, dem besterhaltenen und schönsten Vulkankrater der Eifel, mit einem runden See zwischen hochaufragenden, schwarzen Schweißschlackenmauern. Am Windsborn befindet man sich allerdings schon mitten im Gang des vulkanischen Geschehens, welches mit vielzitierten »plutonischen Paukenschlägen« lange vor dessen Entstehung ein wenig südöstlich begann. Die Urheberschaft durch eine musizierende Gottheit ist natürlich nicht die Wahrheit über den Ursprung des Mosenbergs. Diese Landschaft hat ein anscheinend langsam nach Nordwesten wandernder Magmaherd hinterlassen, der im Quartär im Laufe von wenigen hunderttausend Jahren (nach F. Sauer) mit fünf Eruptionen das devonische Grundgebirge durchschlug. Die ältesten Ausbrüche schufen die beiden südlichen Schichtvulkane der Mosenberggruppe. Während der nördliche der beiden kaum noch zu erkennen ist, dokumentiert der hufeisenförmige Wall des südlichen Kraters die gewaltige Energie dieses Ausbruchs noch heute: Ein breiter Lavastrom entquoll dem Förderschlot, durchbrach den bereits aufgeschichteten Schlackenring und floß in dem damals schon bestehenden Horngraben bis zum Tal der Kleinen Kyll. Dort staute sich die Lava und hinterließ Basaltgestein von bis zu 30 m Mächtigkeit. Hier, im unteren Teil des Horngrabens, befindet sich die sog. »Wolfsschlucht«, ein enges Tal, das den Basalt durchschnitten hat, heute erweitert durch einen lange aufgelassenen Steinbruch. Dies ist ein

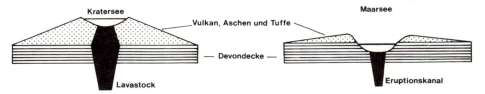

Schematische Darstellung zur Unterscheidung von Krater- und Maarseen

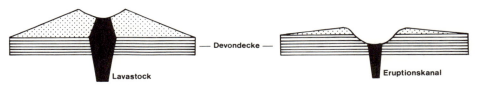

Schematische Darstellung zur Unterscheidung von Schichtvulkanen und Maaren

besonderer Ort: Nicht nur wird der geologisch Interessierte die schlanken Basaltsäulen bewundern, die sich der Kontraktion beim Erkalten der Lava verdanken, die wildromantische Szenerie würde jeden Bühnenbildner zu Webers »Freischütz« vor Neid erblassen lassen. Auf dem Gang zurück zu den beschriebenen Kratern ist an dem unteren Weg, der westlich am Mosenberg vorbeiführt, ungefähr unterhalb des Gipfels noch eine in die Schlacken eingelagerte 2 m dicke Lavabank zu sehen, etwas weiter ein fast senkrecht stehender Basaltgang.

Der nächste Ausbruch des Mosenberg-Vulkans ließ wenige hundert Meter nordwestlich, gleich neben der Straße von Manderscheid nach Bettenfeld, einen rundum geschlossenen Wall aus Schlacken und Lapilli mit kleinen Lavaanteilen entstehen. Die vulkanische Energie hatte bei der Entstehung des Windsborn schon abgenommen, es wurde noch magmatisches Material gefördert, das so heiß herausgeschleudert wurde, daß es mit feineren Bestandteilen fest verschweißte. So wurden die bizarren Formen der südlichen Kraterwand kreiert, in der man auch im Flug durch die Luft verformte und zusammengeklappte Wurfschlacken entdecken kann. Es ist jedoch nicht mehr, wie beim südlichsten Krater der Mosenberggruppe, zum Ausbruch eines Lavastroms gekommen. Der Windsborn ist, obwohl er oft so genannt wird, kein Maar, sondern ein Schichtvulkan mit Kratersee. Auch beim unmittelbar nordöstlich an den Windsborn anschließenden Hinkelsmaar ist der Name irreführend. Die Fördertätigkeit der Magmakammer hatte erneut abgenommen, doch liegt auch hier das Maarbecken in einem flachen Schlackenring, der den Wall des Windsborn angeschnitten hat – ein Beweis, daß das Hinkelsmaar jünger ist.

Fährt man vom Mosenberg zurück in Richtung Manderscheid und biegt unten im schluchtartigen Tal der Kleinen Kyll links ab zum **Meerfelder Maar,** so befindet man sich nach einem kurzen Stück gewundener Straße im weiten Rund eines gewaltigen Kessels. Mit hoch aufragenden Wänden ist er so groß, daß er neben dem See noch einem Dorf und

Feldern Platz bietet; hier hat man es nun wirklich mit einem Maar im geologischen Sinne zu tun. Nach der Entstehung des Hinkelsmaars hat die verlöschende Kraft des Magmaherdes im Erdinnern hier noch einmal mit einer Serie von Gasexplosionen den größten Maartrichter der Eifel in das devonische Grundgestein gerissen, in das bereits ausgehöhlte Tal des Meerbaches hinein. Die Tufflagen um das Maar bestehen fast ausschließlich aus fein zerriebenem devonischem Gestein – darin findet sich als charakteristischer Auswürfling Olivin –, das im Süden bis zum Mosenberg verfrachtet wurde. Da diese Sande auch in das Hinkelsmaar eingeweht wurden, konnte mittels der Pollenanalyse das Alter des Meerfelder Maares auf ca. 11 500 Jahre festgesetzt werden. Wie bei vielen Maaren besteht auch in Meerfeld ein auffallendes Mißverhältnis zwischen der Größe des Kessels und der geringen Menge des ausgeworfenen Gesteins. Dies erklärt sich höchstwahrscheinlich aus dem nachträglichen Einbrechen und Abrutschen von Gesteinsschichten unterhalb der Oberfläche. Der See, der sich im Maarkessel gebildet hat, ist im Laufe der Jahrtausende von Schwemmland des Meerbaches und durch menschlichen Eingriff zur Gewinnung von Ackerland zurückgedrängt worden. Der verbliebene Rest ist ein reizvoller und im Sommer gern besuchter Badesee.

Auf dem Weg von Manderscheid nach Ulmen (man nehme nicht die Autobahn) gelangt man nach **Gillenfeld, in** dessen Umgebung sich zahlreiche Maare verschiedensten Charakters befinden. Noch vor dem Ort stößt man auf das liebliche Holzmaar (Abb. 76) mit seinem Teppich blühender Seerosen und seinen botanischen Raritäten in der Verlandungszone der Ufer. Nur durch einen Waldstreifen getrennt, liegt wenige hundert Meter nordwestlich das Dürre Maar, ein blühendes Hochmoor, das die Umrisse des verlandeten Sees noch deutlich gegen die Wiesen und Felder der Umgebung abgrenzt. Nochmals ein kurzes Stück Weges in der gleichen Richtung bietet sich der eigentümliche Anblick der Hütsche, ein ebenfalls vermoortes Maar, das mit nur 70 m Durchmesser das kleinste aller Eifelmaare ist – geradezu niedliche Dimensionen, wenn man bedenkt, daß auch dessen Ursprung der Ausbruch eines – winzigen – Gasvulkans war.

Von ganz anderen Ausmaßen ist dagegen das imposante **Pulvermaar** (Farbabb. 1) östlich von Gillenfeld, ein kreisrunder See mit 700 m Durchmesser, umgeben von steilen Trichterhängen, die von einem großen, lichterfüllten Buchenwald bestanden sind. Die vielgerühmte »azurblaue Quellenwasserklarheit« dieses Maarsees kommt daher, daß er von unter dem Wasserspiegel liegenden Quellen eines alten Tales gespeist wird, in das sich der Ausbruch des Pulvermaarvulkans eingesprengt hat. Wenn man von Gillenfeld die Straße in Richtung Immerath zum Pulvermaar wählt, so erblickt man gerade, wenn links der helle Maarsee durch die Bäume schimmert, rechts neben der Straße einen kleinen, dicht bewaldeten Berg. Dies ist der Schlackenkegel des Römerberges, hinter dem sich eine der seltsamsten Erscheinungen der Vulkaneifel verbirgt: das Strohner Maarchen, dessen ovaler Kratersee von einem üppigen Hochmoor vollständig bewachsen ist. Scharf grenzt sich das Dunkelgrün des bemoosten Pflanzenteppichs vom Gelb eines das Oval umlaufenden Kornfeldes ab.

In Ulmen ist noch einmal alles versammelt, was den Reiz der Eifeler Vulkanlandschaft ausmacht: ein tief eingesenkter Maarkessel, darinnen ein See und ein Dorf, dessen Fachwerkhäuser bis an das Wasser gebaut sind, überragt von einer Kirche und umrundet von hohen Hängen, auf der einen Seite steil und bewaldet, gegenüber sanft abfallend und mit Wiesen bedeckt. Und was man mit einem Vulkan alles anfangen kann, zeigt die das malerische Bild vervollständigende Burg Ulmen: Ihre Erbauer haben sie direkt auf den Kraterrand gesetzt und so das steil abfallende Gelände geschickt genutzt. Die heute in Ruinen liegende Wehranlage, die einst aus einer Ober- und Niederburg bestand, war seit etwa 1150 der Stammsitz der Ritter von Ulmen. Deren bekanntester Vertreter, Heinrich von Ulmen, war Teilnehmer an jenem unseligen 4. Kreuzzug, in dem die christlichen Heerscharen Konstantinopel überfielen; er brachte aus der geplünderten Stadt bedeutende Kunstschätze aus der Hagia Sophia mit, von denen sich noch ein Teil in der Laurentiuskirche zu Bremm an der Mosel befinden. In der Pfarrkirche St. Matthias, einem in das alte Dorf gut eingepaßten Neubau von 1905, der einen großen zweischiffigen Hallenbau der Spätgotik nachahmt, befinden sich noch einige vorzügliche Kunstwerke aus der abgebrochenen Vorgängerkirche. Neben dem spätgotischen Sakramentshäuschen besticht vor allem der Renaissance-Altar aus der Nachfolge des Hans Ruprecht Hoffmann mit seinen figurenreichen reliefierten szenischen Darstellungen. Hinter dem mächtigen sechssäuligen Taufstein aus Basaltlava, einem eindrucksvollen frühgotischen Werk des 13. Jh. mit Wappen der Ritter von Ulmen, steht das 1605 errichtete Grabmal des Ritters Philipp Haust von Ulmen mit einer großen Figur in einer Rüstung; daneben, am Aufgang zur Empore, hängt der dazugehörige Totenschild.

Das Ulmener Maar ist eine der beliebtesten Badegelegenheiten der ganzen Gegend, denn die Temperatur seines Wassers nimmt nach der Tiefe zu. Die warme Quelle, die den Maarsee speist, ist ein letztes Zeugnis der Zeit, als in der Eifel das glutflüssige Erdinnere an die Oberfläche trat.

Die südliche Voreifel

Die weite Landschaft zwischen Koblenz, Wittlich und dem Moseltal, die sich südlich an die Hoch- und Vulkaneifel anschließt, zeigt gegenüber dieser einen charakteristischen Wechsel im Erscheinungsbild: Anstelle des vielfältigen Reliefs aus Maaren und Vulkankuppen, bewaldeten Bergen und Felsen bestimmen hier flachwellige Hügellandschaften das Bild. Deren intensive landwirtschaftliche Nutzung verleiht ihnen mitunter monotone Züge, doch kann zu bestimmten Jahreszeiten und bei geeigneten Lichtverhältnissen der weite Blick über die sanft gewellten, endlos sich aneinanderreihenden Felderkarrees mit kleinen eingestreuten Dörfern einen unverwechselbaren Reiz besitzen. An das in dieser Hinsicht besonders typische Maifeld (Abb. 86) zwischen Koblenz und dem Elztal schließen sich südwestlich die ähnlich gestalteten Kaisersescher, Lutzerather, Öfflinger und Littgener Hochflächen an, wobei die letzten beiden bereits die Wittlicher Senke umschließen. Erst hier unten bringen der Kondelwald und die steil abfallenden Moselberge Bewegung in die Landschaft. Dennoch besitzt gerade diese einförmige Gegend einige Partien von großer Schönheit: Die Hochflächen werden zerteilt von mehreren stark mäandrierenden Tälern, an deren steil abstürzenden Hängen sich innerhalb weniger Meter geradezu dramatische Wechsel des Landschaftsbildes erleben lassen. Die einsamen, tief eingekerbten Waldtäler von Elz, Endert, Ueß und Lieser gehören zu den landschaftlichen Glanzpunkten der Eifel, die, von Straßen nur gekreuzt und selten ein Stück begleitet, nur zu erwandern sind und daher dem Kaffeefahrten-Tourismus bis heute völlig unbekannt geblieben sind.

Ebenso wie die Fruchtbarkeit des Maifeldes schon früh zahlreiche Bauerndörfer hat entstehen lassen, so hat die Abgeschiedenheit der Täler die Mönche hierher gelockt; daher befinden sich in der südlichen Voreifel bedeutende dörfliche und klösterliche Kirchenbauten wie in Mertloch, Driesch, Münstermaifeld und Springiersbach. Auch an Burgen hat es in der Gegend nicht gefehlt; zwar ist nur eine einzige von ihnen unversehrt geblieben, doch die gehört zu den berühmtesten, die es überhaupt gibt: Burg Eltz, die türmereiche Ganerbenburg auf dem Felsen im tiefen Wald mit ihrer vollständigen Innenausstattung, ein Pilgerziel der Burgenromantiker aus aller Welt.

Die mittelalterliche Geschichte dieses südlichen Eifelteils ist bestimmt von seiner Nähe zur Mosel – und damit von dem politischen Interesse Kurtriers, zwischen seinen beiden Machtzentren Koblenz und Trier und entlang der Verbindungswege freie Hand zu haben. So ziehen sich die Fehden zwischen den Trierer Bischöfen und den zäh um ihre Unabhängigkeit ringenden kleinen Rittergeschlechtern wie ein roter Faden durch die Vergangenheit dieses Landstrichs. Neben diesen eher romantischen Episoden hat die Nähe zu Rhein und Mosel – und damit zu den Heerstraßen des 30jährigen Krieges und der Raubkriege Ludwigs XIV. – dem Land aber zu Beginn der Neuzeit ein unbeschreibliches Elend beschert. Besonders das fruchtbare Maifeld als Quartier nutzend, plünderten es die Armeen von Freund und Feind so gründlich aus, daß es auf Jahrzehnte verödete und fast die ganze Bevölkerung zugrunde ging. Zerstört ist daher vieles, doch haben sich in den wiederaufgebauten Dorfkirchen mitunter erstaunliche Kunstschätze erhalten: dazu gehört der Bassenheimer Reiter,

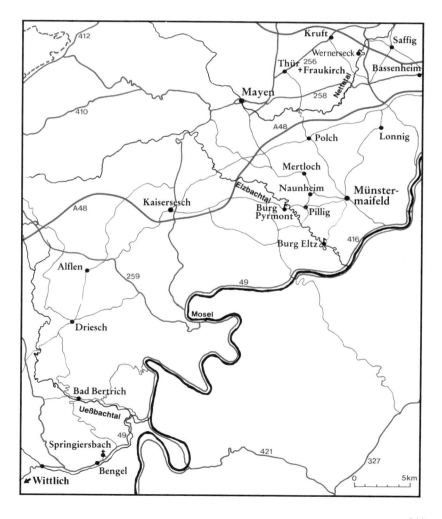

FRAUKIRCH BEI THÜR

eine der bedeutendsten Schöpfungen der deutschen Plastik des 13. Jh., ebenso wie der formenreiche Chor der ehemaligen Klosterkirche zu Lonnig, ein klassisches Beispiel rheinischer Spätromanik.

Bester Ausgangspunkt für eine Fahrt durch das Maifeld und zur Burg Eltz ist die Stadt Mayen. Von dort führt der Weg zuerst zu einem der eigenwilligsten und überraschendsten Werke, die die Volkskunst der Eifel hervorgebracht hat: dem großen Hochaltar in der bis in frühkarolingische Zeit zurückreichenden Wallfahrtskirche St. Maria, bekannt unter dem Namen **Fraukirch bei Thür**. Dieser Altar ist eine Berühmtheit, kein Buch über die Eifel verzichtet auf seine Abbildung, doch ihn zu finden, ist ein Kunststück. Fahren Sie von Mayen aus in Richtung Mendig/Kottenheim. Achten Sie an jeder Straßengabelung im Zweifelsfall auf die Hauptrichtung Kottenheim, an der Straßenkreuzung, an der ein Schild nach links in den Ort hineinweist, fahren Sie jedoch geradeaus weiter nach Thür, welches ebenfalls links neben der Straße liegenbleibt. Kurz hinter Thür zweigt eine schmale Landstraße nach rechts ab, auf dem Schild sind die Orte Ochtendung und Reginarisbrunnen angegeben. Wenn Sie diese Straße nehmen, kommt nach etwa 2,5 km – kurz hinter den Gebäuden des Reginarisbrunnens – rechts der Straße eine Gruppe von hohen, alten Bäumen in Sicht, die wie eine Insel inmitten der weiten Felder liegt; zwischen den Baumwipfeln schauen ein Dachreiter und ein stattliches Gehöft hervor. Fahren Sie weiter, bis Sie fast an diesem Anwesen vorbei sind, dann biegen Sie rechts auf eine unbeschilderte, asphaltierte kleine Landwirtschaftsstraße ab. Nach 200 Metern geradeaus befinden Sie sich wie in eine andere Zeit versetzt unter rauschenden Baumkronen zwischen der alten Kirche und einem gegenüberliegenden Barockgebäude, dem Frauenkirchhof. Dort an der Türe läuten Sie und erhalten den Schlüssel zur Kirche.

Wenn Sie dann die kleine Eisentüre neben dem Chor aufgeschlossen haben und eintreten, stehen Sie unmittelbar unter dem hochragenden Altaraufbau, der bis hinauf in das Gewölbe reicht. Er trägt in der Mitte, umgeben von gedrehten Säulen, reichem Knorpelwerk und Engelsfiguren, ein großes polychromiertes Steinrelief, das in szenischer Darstellung dramatische Ereignisse zeigt: Von einer Burg aus sprengt eine Reiterschar durch einen Wald mit hohen Bäumen und grünen Wipfeln, ein Priester in vollem Ornat weiht eine Kapelle, und der ganze untere Teil des Reliefs ist in martialischer Detailtreue der Vierteilung eines Verurteilten gewidmet. Dies ist die Darstellung von mehreren ineinanderkomponierten Szenen der Genovevalegende, die ihren Ursprung hier im Maifeld hat; die Fraukirch soll an jenem Orte stehen, an dem die Heilige in der Wildnis gelebt haben soll. Der 1664 aufgestellte Altar freilich sieht die Ereignisse im Stile seiner Zeit; das ungewöhnliche Werk erweist sich auf den ersten Blick als eine höchst originelle volkstümliche Arbeit: Keine vergeistigten Figuren in ausgewogenen Kompositionen wie auf den Reliefaltären des Hans Ruprecht Hoffmann und seiner Werkstatt, sondern bockende Pferde und vierschrötige Knechtsgesichter blicken den Betrachter an, hier herrscht das Bemühen um die wirklichkeitsgetreue Darstellung der legendären Ereignisse vor, wie ein bäuerlicher Wallfahrer seiner Zeit sie sich hätte vorstellen können. Selbst die Hörner des Rindviehs, das an den Seilen zerrt, die gleich den Bösewicht

Fraukirch mit Grabmal, Stich, um 1830

zerreißen werden, sind nicht vergessen worden; bis in die kleinsten Details ist die zeitgenössische Kleidung der Personen ausgearbeitet, von den Knopflöchern eines Wamses über wehende Hutfedern und Helmbüsche, kurze Pumphosen und fließende Gewänder bis zu den kunstvoll geflochtenen Mähnen der Pferde sind alle Einzelheiten der damaligen Mode festgehalten (Farbabb. 19). Hier siegt ein vordergründig-farbenfroher Realismus über jede ikonographische Tiefsinnigkeit.

Die Genovevalegende, die rührende Geschichte von der zu Unrecht verstoßenen Pfalzgräfin, ist weit verbreitet; Dichter, Maler und Musiker der Romantik haben sich des Stoffes angenommen, und selbst Robert Schumann komponierte eine »Genoveva-Ouverture«. Ihren Ursprung hat die Legende aber hier im Mayengau, und es sind mehrere Niederschriften aus dem 15. Jh., besonders diejenige des Johannes von Andernach, bekannt. Danach lebte Genoveva zur Zeit des Bischofs Hydulf von Trier, den die Historiker im 8. Jh. ausfindig gemacht haben, und war die schöne, tugendhafte Gemahlin des Pfalzgrafen Siegfried. Als dieser sich zu einem Heerzug gegen die Heiden rüstete, ergriff er bezüglich seiner geliebten Gattin entsprechende Maßnahmen, »um jeden unerlaubten Umgang zu vermeiden, den er wegen ihrer Schönheit und da sie keine Kinder hatten, befürchtete« (E. Nick). Liebe macht schließlich nicht blind, und so bestimmte er den trefflichsten seiner Ritter, Golo, zur Aufsicht über die Gräfin. Kaum hatte sich Pfalzgraf Siegfried entfernt, entbrannte Golo in treuloser Liebe zu seiner Herrin und versuchte mit schändlichsten Methoden, ihrer habhaft zu werden. Indes widerstand Genoveva allen seinen Werbungen und schenkte alsbald einem Sohn das Leben, den sie in der Nacht vor der Abreise ihres Gemahls von diesem empfangen hatte. Als nun die Nachricht von der bevorstehenden Rückkehr des Pfalzgrafen eintraf, geriet der Ritter Golo in eine unangenehme Lage, da er die Aufdeckung seiner Absichten befürchten mußte. So ritt er zum Grafen und hinterbrachte ihm die verleumderische Meldung, seine Gemahlin habe während seiner Abwesenheit – ausgerechnet – mit einem Koch ein Kind gezeugt. Der Pfalzgraf, ganz ein liebender Ehemann, ist sofort bereit, diese schäbige Geschichte über seine Frau zu glauben, und gibt dem Golo den Auftrag, Weib und Kind umzubringen. Die Diener, die die Tat ausführen sollen, kalkulieren jedoch mit ihrem Seelenheil und wollen das Blut einer Unschuldigen nicht auf sich laden, so bringen sie die Gräfin und das Kind an einen Ort, wo wilde Tiere das traurige Geschäft für sie erledigen sollen. Doch da geschieht Genovevas wundersame Errettung. Die Stimme der Jungfrau Maria ruft ihr zu: »O meine Freundin! Ich werde dich nicht verlassen!«, und alsbald erscheint eine Hirschkuh und nährt den Knaben. Sechs Jahre und drei Monate sind vergangen, als Hörnerklang durch den Wald schallt und der Pfalzgraf mit seinem Jagdgefolge, eben diese Hirschkuh verfolgend, auf das elende Reisiglager der Genoveva trifft. Nach reichlichem Zögern erkennt er seine totgeglaubte Gemahlin wieder und, durch das Wunder ihrer Errettung überzeugt, schenkt er ihrer Erzählung Glauben, was nun freilich den Golo das Leben kostet: Er wird ergriffen und geviertelt. Das ist die Geschichte der heiligen Genoveva, die nicht eher bereit war, den Ort des Wunders zu verlassen, bis er geweiht worden war. Bei ihrem Tode ließ der Pfalzgraf dort eine Kirche errichten, wo er seine Gemahlin begrub; dies war ein Vorgängerbau der Fraukirch, in der Sie gerade stehen – als im Jahre 1951 Grabungen in der Kirche stattfanden, stellte man fest, daß die Fundamente des Mittelschiffs von einer frühkarolingischen Saalkirche stammen, also aus der Zeit des Bischofs Hydulf, der in den alten Niederschriften der Genovevalegende genannt wird. Darüber hinaus entdeckte man unter dem karolingischen Hochaltar und im Chor drei Gräber aus dieser Zeit, deren Gebeine bereits 1260 als Reliquien ausgestellt wurden. Um 1900 noch vorhanden, sind sie auf ungeklärte Weise verschwunden – die alte Kirche ist also mindestens so interessant wie ihr Altar. In romanischer Zeit erweiterte man den Bau zu einer dreischiffigen Basilika, wenig später kam ein frühgotischer Chor hinzu; 1718 wurden jedoch der Westturm und 1829 die beiden Seitenschiffe wegen Baufälligkeit abgebrochen und die Arkaden vermauert. In der heute also einschiffigen Kirche beachte man die fünfteiligen spätromanischen Fächerfenster im vierjochigen Langhaus, die Kelchkapitelle über Bündeldiensten und die spätgotische Sakramentsnische im Chor sowie den eindrucksvollen Doppelgrabstein aus dem 14. Jh., der in der Südwand eingemauert ist. Ursprünglich war dies die Deckplatte eines großen Hochgrabes im verschwundenen rechten Seitenschiff, auf der ein Mann in Ritterrüstung und eine Frau dargestellt sind, wahrscheinlich ein später aufgestelltes Stiftergrab mit dem Pfalzgraf und seiner Gemahlin.

Hier, bei der Fraukirch, befindet man sich bereits in der Pellenz, dem noch vom Vulkanismus geprägten Landstrich, der dem Maifeld nördlich vorgelagert ist. Im Gegensatz zur Vulkaneifel gilt jedoch für die Landschaft der Pellenz, daß sie nicht unbedingt einen Touristen anlocken könnte. Sie stellt eine endlose, geschwungene Ebene dar, auf der sich ein

Felderkarree an das andere reiht; die einzige, jedoch markante Abwechslung bilden auch hier die charakteristischen Vulkankegel, die sich auf die Fläche gesetzt haben. Doch sind hier fast alle Vulkane in Lavasandgruben verwandelt worden und stark zerstört, wie man überhaupt in der Pellenz an jeder Ecke auf die Spuren des Abbaus vulkanischen Materials stößt, da die ganze Gegend meterhoch vom Ausbruch des Laacher Bimsvulkans (s. S. 141) verschüttet worden war. Hier wie auf dem Maifeld wird die Sicht durch die großen Vulkanberge des Laacher-See-Gebiets begrenzt, die besonders an klaren Tagen in düsterer Erhabenheit das endlose Feldermosaik überragen. Doch auch wenn Ihnen die Landschaft nicht zusagt, ist sie wegen einiger künstlerischer Meisterstücke eine kurze Rundfahrt wert.

Beginnt man im nahe der Fraukirch gelegenen Ort **Kruft**, so sieht sich der an »historischen Stilen« Interessierte dort der riesigen Pfarrkirche St. Dionysius und Sebastian gegenüber, errichtet 1911/12 in neobarocker Manier. Der eindrucksvollen Gesamtwirkung der reich ausgestatteten, weiträumigen Kirche steht die ausladende, figurengeschmückte Altarfassade mit Aufsätzen von 1772 und '76 in nichts nach. Herausstechende Einzelstücke sind der große romanische Taufstein mit achtseitigem Becken und vier Doppelsäulen vom Anfang des 13. Jh. sowie das farbenprächtige Tafelbild einer Kreuzabnahme aus der Mitte des 16. Jh. In typisch spätgotischem Realismus spielt die figurenreiche Szene vor einem tiefen Landschaftshintergrund; das vorzügliche Werk stammt übrigens nicht aus einem Vorgängerbau der Kirche, sondern wurde 1828 im Handel erworben. In der Nähe befindet sich der Bahner Hof, ein mit doppeltem Graben und Mauern befestigter Gutshof der Barockzeit.

Von Kruft führt die Fahrt weiter über Plaidt nach **Saffig**, wo der erstaunte Kunstfreund einem Werk Balthasar Neumanns gegenübersteht. Nach dessen Plänen führte der ebenfalls im Süddeutschen wirkende Johannes Seiz von 1738–42 den Bau aus, bei dessen Anblick man sich nach Franken versetzt fühlt: Mit ihrem lisenengegliederten Äußeren, dem Turm, auf dem eine doppelte welsche Haube thront, den geschwungenen Volutengiebeln und den Pilastern des Hauptportals könnte die Kirche genauso am Main stehen. Die originale Innenausstattung wurde um 1900 ein Opfer der besonders im Rheinland grassierenden Manie der Verwendung »historischer Stile«: Bis auf den Taufstein und einige Bildwerke wurde sie entfernt und diese Perle der barocken Baukunst in der Eifel durch eine neoromanische verunziert. Diesen Stilbruch hat man gottlob vor kurzem wieder behoben, indem zwischen 1960 und 1970 aus verschiedenen Orten eine komplette barocke Ausstattung zusammengekauft wurde, die heute mit Beichtstühlen, Tabernakel, mehreren Altären und Gestühl wie aus einem Guß zusammenpaßt und dem Innenraum in gelungener Weise sein geschlossenes barockes Gepräge zurückgegeben hat. Man beachte die kleine Orgel mit verziertem Gehäuse und den geschnitzten Christuskopf (um 1500) im Tabernakel. Auftraggeber dieser in der Eifel einmaligen Kirche war der Graf von Leyen, der durch seine Gemahlin Maria Sophia von Schönborn Beziehungen zum fränkischen Raum hatte. Hier in Saffig besaß er zudem ein Barockschloß; es ist bis auf wenige Reste verschwunden, doch im Park befinden sich noch reizvolle Reste der Wasserspiele und ein schöner Gartenpavillon.

Nur ein kleines Stück weiter liegt der Ort **Bassenheim**, der um die Kirche herum noch ein hübsches Ortsbild mit schönen Fachwerkhäusern bewahrt hat. Doch in diese Gegend verschlägt es Reisende normalerweise nicht, nur so ist zu erklären, daß man sich stundenlang in die Betrachtung des berühmten ›Bassenheimer Reiters‹ vertiefen kann, ohne daß ein weiterer Besucher vorbeikommt. Diesem Reliefbild des hl. Martin zu Pferde, der mit einem Schwerthieb seinen Mantel für den Bettler teilt, verleiht selbst der in seinen Bewertungen so strenge Dehio das Prädikat »einzigartig« und fährt fort: »... das um 1239 (Mainzer Lettner) entstandene Werk des Naumburger Meisters gehört zu den größten schöpferischen Leistungen deutscher Klassik der Stauferzeit.« Das wahrscheinlich aus dem Mainzer Dom stammende und heute im linken Seitenschiff stehende Meisterwerk wurde erst 1935 wiedererkannt, sein Standort in einer um 1900 errichteten neogotischen Kirche macht es zugleich zu einem Lehrstück in Stilkunde: Man vergleiche die unübertreffliche Eleganz der Bewegung von Reiter und Pferd, das die höchsten Ideale staufischen Rittertums verkörpernde schöne Antlitz des hl. Martin, die ganze monumentale Dramatik der Szene mit dem langweiligen neugotischen Altar im rechten Seitenschiff. Auf einen Blick wird hier der ganze Unterschied zwischen originaler mittelalterlicher Kunst als lebendigem Ausdruck ihrer Zeit und deren geistloser neuzeitlicher Wiederholung als historisierende Attitüde sichtbar.

Von Bassenheim fährt man am besten zurück nach Plaidt, von wo es durch das Nettetal über Ochtendung nach Lonnig weitergeht. Im Nettetal passiert man dabei die landschaftsbeherrschenden Ruinen der **Burg Wernerseck** (Farbabb. 24; Abb. 103), die ab 1402 vom Trierer Erzbischof Werner von Falkenstein als eine der vorgeschobenen Festungen gegen das kurkölnische Andernach errichtet wurde und somit eine der letzten rheinischen Höhenburgen darstellt. Es entstand eine fünfeckige Hauptburg mit einem gewaltigen Bergfried, der Wohn- und Wehrturm in einem war. Bemerkenswert sind der sechsteilige, rippengewölbte Erker im zweiten Geschoß, der die Altarnische des Kapellenraums darstellt, und die Kamine in drei Obergeschossen. Das außergewöhnlich starke Mauerwerk war bereits für eine Belagerung mit Feuerwaffen eingerichtet.

Nach wenigen Kilometern gelangt man in das abgelegene **Lonnig**, ein kleines Bauerndorf, das von einem prachtvollen Bauwerk überragt wird. Es ist der Chor des 1326 endgültig nach Mayen verlegten Augustinerstifts; die heute verschwundene Stiftskirche, ein runder Zentralbau, muß einen imposanten Anblick geboten haben, denn allein der übriggebliebene Chor ist so groß, daß er heute als Pfarrkirche des Ortes dient (Abb. 83). Der etwa 1225 errichtete Bau prunkt im ganzen Formenreichtum rheinischer Spätromanik; aus hellem Tuffstein errichtet, ist die gesamte Mauerfläche von Schmuckwerk aus dunklem Basalt überzogen, den unteren Teil gliedert ein Bogenfries auf vorgelegten Pilastern, den mittleren große Blendbögen auf Säulen mit kunstvollen Kapitellen, während der ganze obere Teil von einem umlaufenden Plattenfries und einer Zwerggalerie mit zierlichen Säulchen gebildet wird – trotz des Reichtums auch sorgfältig gearbeiteter Kleindetails ein Werk von eindrucksvoller Monumentalität. Von den ursprünglich zwei Türmen der Stiftskirche ist der nördliche erhalten; er hat fünf Geschosse und zeigt strengere und schlichtere Formen.

Von ganz gegensätzlicher Art, doch ebenso unerwartet, präsentiert sich das nächste romanische Bauwerk der Gegend: die St. Georgskirche in **Polch** auf dem 1806 angelegten Friedhof. Vor der Pfarrkirche im Ortskern, einem monströsen Historienbau aus dem vorigen

Jahrhundert, nehme man die Straße nach Münstermaifeld, kurz hinter den letzten Häusern beginnt der besagte Friedhof, wo man unter den hohen Bäumen die niedrige Kirche fast übersehen könnte. Hier steht eine frühromanische Pfeilerbasilika mit quadratischem Chor und einem Turm um 1200 – Romanik en miniature, möchte man meinen, wenn man im Inneren die winzigen Dimensionen der drei Schiffe gewahrt: niedrig, massig, schmucklos und würdevoll, von einem gänzlich anderen Raumempfinden als die mit Formen überladenen großen neoromanischen Machwerke. Die Pfeiler der vier Arkadenbögen zu den Seitenschiffen sind so niedrig, daß man sich den Kopf stoßen könnte, doch ist es gerade dieser Eindruck unverfälschter dörflicher Romanik, der ihr ein für die Eifel einmaliges Gepräge verleiht. Man beachte ferner die romanische Hochaltarmensa, die hübschen kleinen Barockaltäre und den römischen Grabstein im Sturz des Eingangs im südlichen Seitenschiff; diese Türe ist in der Regel geöffnet.

Nur drei Kilometer weiter steht in **Mertloch** mit der Pfarrkirche St. Gangolf ein Prunkstück einer romanischen Basilika von ausgewogenen Proportionen, bereichert um reizvolle gotische Ausstattungsstücke. Gegen Ende des 12. Jh. entstanden und ursprünglich flachgedeckt, erhielt das Mittelschiff Anfang des 13. Jh. vier Gratgewölbe zwischen breiten Gurten, das östliche Joch besitzt einen hängenden Schlußstein. Als die Seitenschiffe im 15. und 16. Jh. umgebaut und durch Arkaden zum Chor geöffnet wurden, entstand im nördlichen, in der heutigen Taufkapelle, ein Kleinod gotischer Architektur: Das reiche Netzgewölbe wird von vollendet schönen Engelskonsolen getragen, der Schlußstein zeigt Christus als Schmerzensmann. Die Herkunft der erlesenen Arbeiten ist zweifellos in Koblenz zu suchen, gefertigt von einer Werkstatt in der Nachfolge des Nikolaus Gerhaert, deren Wirken man im nahe gelegenen Münstermaifeld wiederbegegnen wird. Das originellste Stück der Ausstattung ist die spätgotische Kanzel, polygonal über achteckigem Fuß, die in ihrem Mittelfeld, umgeben von verschlungenen Inschriftenbändern, Christus wie einen mahnenden Pfarrer als Kanzelprediger zeigt, obwohl derartige liturgische Möbel zu seiner Zeit noch gänzlich unbekannt waren. Das seltene Stück, einzig den ähnlichen Kanzeln in St. Goar und Moselweiß verwandt, ist wohl ebenfalls der Koblenzer Kunst des 15. Jh. zu verdanken; wahrscheinlich stammt es aus der Werkstatt des Hermann Sanders um 1465. Man beachte in der Kirche weiter zwei Heilige Gräber, eines aus dem 14., das andere aus dem 15. Jh., eine ländliche Anna Selbdritt, Mitte 15. Jh., und eine als Gnadenbild bekleidete Muttergottesbüste, eine kölnische Arbeit vom Anfang des 16. Jh.

Bevor es nun endgültig zum Münster im Maifeld geht, kann man unterwegs noch einen Blick in die Kirche von Kollig werfen (an den Bänken von 1731 Wangen mit volkstümlichen Menschen- und Affenköpfen); auch die stattliche Pfarrkirche St. Firminus in Pillig aus dem Jahre 1772 lohnt einen kurzen Halt, da sich in ihr das seltene Stück einer runden Kanzel in klassizistischen Formen befindet (Ende 18. Jh. von Michael Alken aus Mayen). Auf jeden Fall aber sollte man sich von Pillig zur **Burg Pyrmont** (Abb. 102) begeben auf einer kurzen Fahrt, die mit einem überraschenden Erlebnis verbunden ist: Den gleichförmigen Anblick des Maifeldes noch vor Augen, findet auf wenigen Metern ein vollkommener Wechsel der Landschaft statt. Steil fällt die Straße ins Elztal ab, schroffe Felswände treten hervor, und im

MÜNSTERMAIFELD

Talgrunde wird die Szene beherrscht von der düsteren Majestät der Burg Pyrmont mit ihrer hohen Palasfront und dem großen, runden Bergfried. Über die steinerne Bogenbrücke mit ihrer Kapelle und dem bäuerlichen Reliefbild überquert man die Elz und steigt hinunter zur Fachwerkmühle, wo man erst am Mühlteich gewahrt, daß das Flüßchen unter den Bögen der Brücke schäumend einen Wasserfall hinunterstürzt – als hätte jemand alle liebenswürdigen Klischees idyllischer Landschaftsromantik an diesem Ort zusammengetragen. Dieser Blick lohnt jede Anfahrt, auch wenn die Burg Pyrmont Privatbesitz und leider nicht zu besichtigen ist.

Wenn man nun endlich von Naunheim hinüberfährt nach **Münstermaifeld,** so mag einem das Städtchen an einem nebligen Herbstmorgen oder an einem dunstigen Sommertag erscheinen wie eine Vision des Mittelalters: Über den geduckten, den Hang hinaufgebauten Häusern erhebt sich das gewaltige Westwerk der ehemaligen Stiftskirche. Auf dem höchsten Punkte des Maifeldes gelegen, beherrscht diese Turmgruppe die ganze Landschaft, über vierzig Kilometer im Umkreis bis weit in den Hunsrück hinein ist sie sichtbar. Vielleicht mag sogar der berüchtigte General Boufflers etwa von der Erhabenheit dieses Baus verspürt haben, als er im Jahre 1690 mit seinen Truppen vor die Stadt rückte, die kurz darauf nur deshalb in Flammen aufging, weil er sie auf seinem Einsatzbefehl mit Münstereifel verwechselt hatte. Dieses Fanal war indes nur das schreckliche Ende einer Zeit unbeschreiblichen Elends, das mit jahrelangen Truppeneinquartierungen während des 30jährigen Krieges begonnen hatte. Gar der Gedanke, daß das große Münster die Kirche eben jenes Stifts war, dessen Pröpste die Hochgerichtsbarkeit besaßen und auch hier zwischen 1626 und 1652 eine Serie von grauenvollen Hexenprozessen veranstalteten, läßt die jüngere Geschichte des Städtchens in keinem glücklichen Lichte erscheinen. Die Regelung, die den Besitz eines vom Satan Besessenen nach dessen Feuertod dem Landesherrn zufallen ließ, war für alle weltlichen und geistlichen Herrschaften ein Grund, das mörderische Treiben der Hexenjäger mit einem wohlwollenden Auge zu betrachten.

Dabei hatte das Stift durchaus bessere Tage gesehen. Bereits im 6. Jh. war Münstermaifeld ein Zentrum der Mission der südlichen Eifel, und mit den im 9. Jh. erwähnten »fratres in loco sancti Martini« zogen Kultur und Bildung in die Weiten des »Meynefelds«. Mit einem Geramnus wird im Jahre 1052 der erste Propst des Stiftes genannt, das nun einen raschen Aufschwung nahm und bald so reich und mächtig wurde, daß es wagen konnte, dem Papst zu trotzen. Der hatte oft genug versucht, die Stellung des Propstes von Münstermaifeld, die mit hohen Einkünften verbunden war, seinen Günstlingen in der Kirchenhierarchie zukommen zu lassen. Doch die Kanoniker dachten nicht daran, sich solche Verfahrensweisen gefallen zu lassen, und wählten mehrmals Gegenpröpste, was schließlich zur Exkommunizierung des ganzen Stiftskapitels führte. Während der nicht enden wollenden Konflikte mit dem Papst standen bedeutende Persönlichkeiten dem Stift als praepositus (= Propst) vor; der bekannteste dürfte Nikolaus von Kues, genannt Cusanus, gewesen sein, einer der angesehensten Gelehrten seiner Zeit. Nachweislich hat er hier in Münstermaifeld seine noch heute für die Sozialwissenschaften so aktuelle Schrift »De docta Ignorantia« verfaßt. Nachdem es im Jahre 1515 dem Erzbischof von Trier gelungen war, die Pfründe des Propstes

81 Münstermaifeld, ehem. Stiftskirche, Flügelgemälde des »Goldaltars« (um 1520)

82 Kyllburg, Kreuzgang im ehem. Stift
83 Lonnig, Pfarrkirche, romanische Apsis
84 Neuerburg, Burg
85 Burg Eltz, Innenhof ▷

87 Münstermaifeld, Rathaus (1609)
◁ 86 Im Maifeld
89 Bad Bertrich, »Kleines Kurhaus«

88 Münstermaifeld, ehem. Stiftskirche, Westwerk

90 Wittlich, Straße am Markt

91 Münstermaifeld, ehem. Stiftskirche, Blick von der Vierung in den Chor

92 Burg Eltz ▷

93 Bleialf, Alte Pfarrkirche, Chorfresken   94 Kyllburg, ehem. Stiftskirche, Nordportal

95 Kyllburg, ehem. Stiftskirche, Grabplatte   96 Gondelsheim, Pfarrkirche, hl. Margareta

97 Himmerod, Klosterkirche, Westfassade von Christian Kretschmar (1751)

98   Prüm, ehem. Abteikirche, Kanzel   99   Roth an der Our, Nebenapside
100 Villa Otrang (Fliessem), römischer Mosaikfußboden

101 Klausen, Steinaltar (Werkstatt des Ruprecht Hoffmann, 1588)

102 Burg Pyrmont im Elztal
103 Burg Wernerseck bei Plaidt

104 Stromschnellen bei Irrel ▷

105 Prüm, ehem. Abtei, Portal der Salvator-Basilika

endgültig an sich zu ziehen und nur noch Dechanten das Stift verwalteten, begann dessen Stern rapide zu sinken, bis hin zur Barbarei der Hexenverfolgung im 17. Jh. Als die französischen Revolutionstruppen 1802 das Stift auflösten und seinen gesamten Besitz versteigern ließen, gingen nach den Elendszeiten des 30jährigen Krieges noch die letzten Reichtümer verloren; geblieben sind von der alten Herrlichkeit nur die großartige Stiftskirche mit ihrem vergoldeten Flügelaltar und einige profane Gebäude, noch 1828 wurde der gotische Kreuzgang abgebrochen.

Die ehemalige Stifts- und heutige Pfarrkirche St. Martin und St. Severus gehört zu den bedeutendsten Werken des sog. »Übergangsstils« von der Romanik zur Gotik, die sich im ganzen Rheinland noch finden lassen. Begonnen wurde der Bau um 1225 mit der Errichtung des monumentalen Chores, von einer 1103 geweihten Vorgängerkirche wurde nur deren Westwerk (Abb. 88) übernommen. Dieser Chor vereinigt in bestechender Weise die architektonische Vielfalt einer spätromanischen Wandgliederung mit dem neuen Formengefühl der beginnenden Gotik. Schon das äußere Erscheinungsbild des Chores, der in der vollen Höhe von Querschiff und Langhaus errichtet wurde, zeigt statt einer halbrunden Apsis eine fünfeckige, die noch dazu in höchst ungewöhnlicher Weise von fünf spitzen Dachgiebeln über jeder Seite bekrönt wird. Der Wandaufbau folgt mit seinen drei durch Lisenen und Bogenfriese getrennten Geschosse noch ganz der spätromanischen horizontalen Gliederung, doch wird das gotische Element bereits sichtbar in der Betonung der Vertikalen, durch die über zwei Geschosse hochgezogene Arkadenreihe und die hohen Spitzbogenfenster des Lichtgadens. Noch deutlicher wird der Übergang von einem Stil zum anderen an dem der Apsis vorgelagerten Chorrechteck: Zu den Horizontalgesimsen treten hier Dreipaßblenden im Sockelgeschoß, die Mittelzone wird durch drei die Vertikale stark hervorhebende schmale und spitze Lanzettfenster gebildet, während der obere Teil der Wandgliederung die Synthese des Formempfindens der sich ablösenden Stile in ästhetischer Vollendung zeigt. Dort wird die umlaufende Zwerggalerie, eine genuin romanische Bauidee, von gotischen spitzbogigen Blendarkaden gerahmt; einen Meter vorher, im Obergeschoß der kurz vorher entstandenen fünfseitigen Apsis, sind es noch runde Blendbögen. In der nun folgenden Bauphase entstanden das Querschiff und das erste Joch des Langhauses, schließlich wurde mit den zwei westlichen Jochen die Baulücke zum übernommenen Westwerk des rein romanischen Vorgängerbaus geschlossen. Dieses Wahrzeichen des Maifeldes stellt eine mächtige Dreiturmgruppe dar, die aus einem querrechteckigen Mittelbau und zwei flankierenden runden Treppentürmen besteht; die wuchtige Breitenwirkung dieses massigen, viergeschossigen Baukörpers wird durch horizontale Lisenen und Rundbogenfriese noch betont. Überraschenderweise stellte man fest, daß das romanische Mauerwerk der seitlichen Rundtürme bis zum Zinnenkranz reicht, das des Mittelbaus aber bereits mit dem dritten Geschoß endet; die beiden schlanken Treppentürme haben diesen also einst überragt. Sein heutiges Aussehen erhielt das Westwerk nach der Fertigstellung des Langhauses zu Beginn des 14. Jh., damals wurde der Mittelturm um ein viertes Geschoß mit vorkragenden, polygonalen Ecktürmchen auf die Höhe der Flankentürme aufgestockt und ein umlaufender Zinnenkranz angebracht, wodurch das Westwerk seinen wehrhaften Charakter erhielt.

MÜNSTERMAIFELD

Münstermaifeld

Kurz danach wurde noch vor dem Südeingang des Langhauses das sog. Paradies errichtet, eine quadratische Vorhalle mit großer, reich profilierter Spitzbogenöffnung, bekrönt von einem Giebel mit Blendmaßwerk und Fialen, der einzige Bauteil der Kirche im Stile reiner Hochgotik.

Innen öffnet sich die Kirche, die mit der Fertigstellung des Paradieses ihr heutiges Aussehen erhielt, zu einem klaren und weitläufigen Raum. Den runden Pfeilern der dreischiffigen Basilika sind Dreivierteldienste vorgelagert, die die Kreuzgewölbe mit profilierten Rippen tragen; an Pfeilern und Diensten findet sich vielgestaltiger Kapitellschmuck. Charakteristisch zeigt sich der Übergangsstil auch im Inneren des Chores: rundbogige, reichgeschmückte spätromanische Blendarkaden bestimmen das Untergeschoß, darüber eine überhöhte Fensterzone mit hohen, schmalen Spitzbögen, getragen von rechteckigen Pfeilerkernen, die mit schlanken Säulenbündeln verblendet sind (Abb 91). Ähnlich ausgebildet sind die mit dem Hauptchor verbundenen Seitenapsiden. Obwohl der Besitz des Stiftes durch Krieg und Brand vernichtet oder von den Franzosen versteigert und verstreut wurde, lassen die wenigen in der Kirche verbliebenen Kunstwerke den Reichtum, die Pracht und die außerordentliche künstlerische Qualität ihrer einstigen Ausstattung erahnen. Sobald man das Mittelschiff betreten hat, nimmt der große Hochaltaraufsatz, der berühmte »Münstermaifelder Goldaltar« mit seinem hohen Mittelschrein und den weit ausladenden Flügeln den Blick gefangen (Farbabb. 2; Abb. 81). Es handelt sich auch hier um die Arbeit einer jener Antwerpener Werkstätten um etwa 1520, die zu spätgotischer Zeit die ganze Eifel belieferten, wobei die Qualität dieser fast in Massenproduktion gefertigten Exportstücke erstaunt: Der reich vergoldete Münstermaifelder Altar zeigt den über gemalte Flügel und geschnitzte Schreine fortlaufenden Zyklus der Heilsgeschichte, vollständig vom Tempelgang Mariens über Heimsuchung, Anbetung der Könige, Flucht nach Ägypten, bethlehemitischen Kindermord, Gefangennahme, Geißelung, Kreuzigungsgruppe und Auferstehungsszenen bis zur großen »Gregorianischen Messe« auf den (geschlossenen) Flügelaußenseiten. Allein im Mittelschrein sind zwischen geschnitzten gotischen Architekturen 92 einzelne Relieffiguren zu sehen; besondere Meisterwerke stellen die Flügelgemälde dar: Man beachte die expressive Gestik und Mimik der Personen, den reichen Faltenwurf der Gewänder und die typisch niederländischen Stadt- und Landschaftshintergründe der Szenen. Diese Flügelgemälde sind nicht die einzigen Bilder in der Kirche. Von 1930–32 wurde eine Reihe zum Teil vorzüglicher Fresken freigelegt: Neben dem achteinhalb Meter großen Christophorus in einem orientalischen Prunkgewand aus dem 13. Jh. befindet sich an der Stirnseite des

Madonna (um 1320) in der Pfarrkirche von Münstermaifeld

267

MÜNSTERMAIFELD/BURG ELTZ

südlichen Querhauses eine als Altarbild gemalte Kreuzigung (um 1500), darüber sechs von ursprünglich neun Passionsszenen aus dem Jahre 1396. Besondere Kunstwerke sind die zahlreichen Pfeilerbemalungen (Farbabb. 3). Es handelt sich hierbei um zum Teil datierte Epitaphe verstorbener Kanoniker des Stifts. Einige der Pfeilerbilder sind fast illusionistisch wie um Säulen gelegte Wandteppiche gestaltet. Weitere hervorstechende Ausstattungsstücke sind der romanische Taufstein aus Namurer Blaustein mit maskenartigen Köpfen, ein Heiliges Grab um 1500 mit fast lebensgroßen Figuren, die Barockorgel, das reich geschnitzte Erstlingswerk des Johann Michael Stumm, des Gründers der berühmten Orgelbauerwerkstatt (1721/22), und an der Stirnseite des linken Querhauses der Alabasteraltar des Balthasar Regius um 1797 mit einem Abendmahl im Mittelbild. Neben einzelnen Barockskulpturen und gotischen Grabmälern gilt der letzte Blick der liebenswürdigen »Schönen Madonna« am linken Vierungspfeiler, ein um 1320 entstandenes und im vollendeten Faltenwurf des steinernen Gewandes von der nordfranzösischen Gotik beeinflußtes Werk. Dennoch könnte die Skulptur nur hier in der Eifel stehen: In der Hand trägt die Madonna eine Rose aus vulkanischem Tuffstein.

Außerhalb der Kirche ist die ehemals von eigenen Mauern und Toren umgebene Stiftsimmunität am Straßenverlauf noch deutlich zu erkennen. Sehenswert in der noch auf ihre Restaurierung wartenden Altstadt von Münstermaifeld sind das alte Rathaus (Abb. 87), ein Renaissancebau von 1575–83, die barocke ehemalige Dechanei (um 1770) und vor allem die Kanonikerhäuser in der Stiftsstraße, unter denen das bekannte »Doppelerkerhaus« mit seinem Fachwerkvorbau und dem Treppengiebel einen besonders malerischen Anblick bietet.

Wer nicht von der Mosel eine Wanderung das Elztal hinauf oder von Burg Pyrmont hinunter bevorzugt, für den ist Münstermaifeld die unumgängliche Station auf der Anfahrt zum berühmtesten Bauwerk der Eifel. »Hoch, großartig, fremd, düster«, notierte Victor Hugo bei seinem Anblick und fügte hinzu: »Ich habe noch nichts Ähnliches gesehen.« Mit diesem kurzen Satz ist der Eindruck eines jeden Betrachters getroffen, der zum ersten Mal am steil abfallenden Rand des gewundenen Elztales steht und tief unter sich Türme und Mauern auf einem langgestreckten Felsen aus den dichten Wäldern aufragen sieht: dort steht **Burg Eltz**, eine einzigartige Anlage unter allen erhaltenen mittelalterlichen Wehrbauten und der Inbegriff deutscher Burgenromantik (Farbabb. 17; Abb. 92). »Durch die Einsamkeit und Schönheit der Lage der Phantasie wunderbar entgegenkommend – so ist Burg Eltz für den unmittelbaren Eindruck die Burg schlechthin« – erwachen selbst bei dem sonst so nüchternen Dehio bei diesem Anblick literarische Ambitionen. Eine typische Burg ist Eltz indes nicht, im Gegenteil, sie stellt in historischer und architektonischer Hinsicht einen Sonderfall dar. Ihr charakteristisches Aussehen – ohne Bergfried und Palas scheint sie nur aus einer Aneinanderreihung vielgestaltiger Turmbauten zu bestehen – verdankt sich dem Umstand, daß Eltz eine Ganerbenburg war. Bereits im 12. Jh. in einer Urkunde Friedrich Barbarossas genannt, teilt sich das Haus derer von Eltz um 1268 in drei Linien, die sich nach ihrem Wappen Eltz vom goldenen Löwen, vom silbernen Löwen und Eltz von den Büffelhörnern

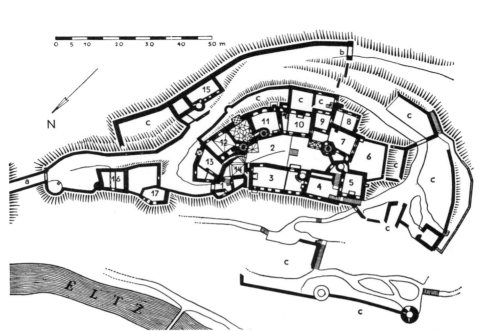

a äußerer Torbau   b Talpforte   c Zwingeranlagen   1 inneres Burgtor   2 Innenhof   3 Rübenacher Haus   4 Terrasse   5 Platteltz   6 Amtmannsgärtchen, auch ›alte Burg‹ genannt   7–10 Kempenicher Häuser   11, 12, 14 Rodendorfer Häuser   13 Kapellenbau   15 Remisenbau   16 Goldschmiedehaus   17 Handwerkerhäuschen

nennen. Alle drei besitzen als Ganerben gemeinsam Burg Eltz, d. h. sie sind Mitglieder einer Art mittelalterlicher Erb- und Wohngemeinschaft, von denen jeder innerhalb des Burgberings ein eigenes Haus errichten konnte; für die Erhaltung von Toren, Brunnen und Wehranlagen war man gemeinsam zuständig. Die sonst in der Eifel üblichen gewalttätigen Erbstreitereien haben die Eltzer unter sich vermieden, und so entstanden auf dem engen Raum des schmalen Felsens vom 12. Jh. bis etwa 1650 mehrere Residenzen von verschiedenen Linien der Familie, in sieben turmartigen Bauten, jede eine kleine Burg für sich. Da der Platz beschränkt war, nutzte man jeden schrägen Meter für die Grundmauern und war gezwungen, in die Höhe zu bauen; so bildete sich mit der Zeit eine seltsame Anlage aus vielen ineinander verschachtelten hochragenden Wohntürmen. Da jede Familie auf die repräsentative Gestaltung gerade ihres Hauses großen Wert legte, ergab sich hier auf engstem Raum eine Überfülle reizvoller architektonischer Details in schmuckvoller Ausgestaltung: Mehr noch als von den Außenfassaden wird der Betrachter im Burghof (Abb. 85) überwältigt vom überquellenden Formenreichtum der Türme und Portale, der Fensterfronten und Fachwerkgiebel, der vorkragenden Erker und der steilen Dächer mit ihren runden und eckigen Türmchen.

BURG ELTZ

Ihren vorzüglichen Zustand verdankt die Burg nicht nur der aufwendigen Restaurierung, die die Linie Eltz-Kempenich Mitte des vorigen Jahrhunderts durchführen ließ, nachdem sie 1815 Alleinbesitzer der ganzen Anlage geworden war. Als die berühmte Eltzer Fehde (1331–36) ausbrach, geriet die Burg zwar in höchste Gefahr. Im Zuge der Niederwerfung der reichsfreien Ritter entlang der Verbindungswege zwischen Trier und Koblenz waren dem gefürchteten Erzbischof Balduin von Trier auch die Eltzer ein Dorn im Auge – schließlich stand ihre Burg in einem Tal, das wenige Kilometer weiter ins Moseltal mündete, die für das Erzbistum lebenswichtige Verkehrsader. Die Eltzer schlossen mit den ebenfalls bedrohten Rittern von Waldeck, Schöneck und Ehrenburg (aus dem Hunsrück, also von der anderen Moselseite) ein Schutzbündnis, in dem sich alle verpflichteten, neben ihren Burgbesatzungen 50 schwerbewaffnete Reiter zu stellen. So viel Widerstandsgeist ging dem Trierer Bischof zu weit: Noch im gleichen Jahr (1331) begann er mit einem Feldzug gegen das Ritterbündnis. Wie gefährlich er dabei gerade die Eltzer einschätzte, zeigt sich daran, daß er auf einem vorspringenden Felsen hoch oben am Talrand eine eigene Belagerungsburg errichten ließ, die sog. »Trutzeltz«, von wo aus die Burg der Eltzer tief unten im Tal mit gewaltigen Steinkugeln beschossen wurde, die noch heute im Burghof gezeigt werden. (Der Fußweg vom Waldparkplatz zur Burg führt an der Ruine der Trutzeltz vorbei.) Dennoch gelang es in einer zweijährigen Belagerung nicht, die Burg zu erobern, ausgehungert mußten die Eltzer jedoch 1333 kapitulieren; die Burg wurde nicht zerstört. Am 9. Januar 1336 wurde dann die »Pax de Eltz« geschlossen: Das Ritterbündnis mußte aufgelöst werden, die Eltzer erhielten ihre Burg als Trierer Lehen zurück; Erzbischof Balduin war abermals Sieger geblieben. Zwar nicht durch ein Wunder, aber schon aufgrund eines eigentümlichen Umstandes blieb Eltz auch in den Raubkriegen Ludwigs XIV. unversehrt. Während die Armeen des Sonnenkönigs das ganze Land zwischen der französischen Grenze und der für sie nicht haltbaren Rheinlinie vollkommen verwüsteten und besonders alle Wehrbauten gründlich zerstörten, diente ein Johann-Anton von Eltz-Üttingen als Offizier im französischen Heer. Ihm gelang es, eine Zerstörung seiner Stammburg zu verhindern, während die umliegenden Dörfer, Städte und Burgen der Eifel in Flammen aufgingen.

Aus diesem Grunde ist nicht nur das Äußere der Burg unversehrt, auch die erhaltene Innenausstattung aus vielen Jahrhunderten sucht ihresgleichen. Es wäre müßig, jeden der unzähligen historischen Gegenstände in der Burg aufzählen zu wollen; die Führung durch die Innenräume des Rübenacher Hauses, der Rodendorfer und Kempenicher Häuser zeigt von einem Stockwerk zum anderen alles, was sich die Phantasie in einer Ritterburg erträumen könnte. Hervorgehoben seien hier nur der Waffensaal mit einer in den Türkenkriegen erbeuteten Waffensammlung, der Rübenacher Untersaal mit alten Möbeln und einer Gemäldesammlung (u. a. von Lucas Cranach d. Ä.), das berühmte Rübenacher Schlafgemach (Farbabb. 20), vollkommen mit Blüten und Rankenwerk ausgemalt, darinnen ein um 1520 entstandenes Stufenbett mit geschnitztem Baldachin, angrenzend ein freskengeschmückter Kapellenerker mit kostbaren Glasfenstern aus dem späten 15. Jh. In den Rodendorfer Häusern befinden sich das Kurfürstenzimmer mit französischen Gobelins, der Rittersaal mit Prunkrüstungen des 16. Jh. sowie eine weitere Waffensammlung; ein architektonisches Meisterstück ist der Fahnensaal mit seinem reichen spätgotischen Netzgewölbe und einigen historisierenden Zutaten des 19. Jh. wie dem prächtigen Kachelofen, der nach alten Vorbildern gefertigt wurde.

Von der Burg aus ist eine Wanderung durch das gewundene Elztal hinunter zur Mosel sehr zu empfehlen; keinesfalls auslassen darf man den Rundweg auf dem Talgrund, der in einer halben Stunde um den Burgfelsen herumführt. Hier steht man tiefer als die Burg auf dem Felsen, die gewaltig aufragenden Turmbauten ergeben von verschiedenen Seiten aus gesehen die erstaunlichsten Prospekte. In Eltz empfiehlt es sich durchaus – ebenso wie in Bürresheim –, am Abend noch einmal wiederzukommen und in ruhiger Atmosphäre die Stille und Abgeschiedenheit um dieses einzigartige Bauwerk zu genießen. Auch wenn gegen die interessierten Besucherströme schwerlich etwas einzuwenden ist – schließlich gehört man selber dazu –, so ist das tägliche Gewühl von Leuten für beide Burgen eine unnatürliche Kulisse, die ihrem historischen Charakter in keiner Weise entspricht. Daher lohnt in Eltz auch ein Besuch zu der Zeit, in der die Burg geschlossen ist (Oktober bis 1. April); die geradezu unheimliche Einsamkeit, die Bauwerk und Landschaft dann vermitteln, ist höchst eindrucksvoll und wird der Abgelegenheit der Burg und der Art, wie ihre Bewohner selbst sie jahrhundertelang erlebt haben müssen, weit eher gerecht.

Mit der Fahrt nach Eltz ist die Reise durch das Maifeld zu Ende. Auf den sich nach Westen erstreckenden Hochflächen der südlichen Voreifel gibt es landschaftlich und künstlerisch wenig zu sehen. Für den Kunstfreund wird es erst weiter westlich wieder interessant, wenn er von Ulmen aus nach Süden fährt. Dort steht in **Alflen** die Pfarrkirche St. Johann Baptist, in der sich eine sehr originelle, perspektivisch etwas fragwürdige, gemalte Wandgliederung befindet, die in illusionistischer Manier gewaltige Säulenaufbauten vortäuschen soll, die das Gewölbe tragen. Mit den dort befindlichen Deckenmalereien aus der gleichen Zeit (um 1760 vom vielbeschäftigten Jakob Alken aus Mayen), dem schönen Orgelprospekt (1743), dem festlich freskierten Chor und dem großen Hochaltar ist dies eine der hübschesten Barockkirchen der ganzen Gegend.

Eine ebenso angenehme Überraschung befindet sich nur ein Stück weiter in **Driesch,** hier auf gotisch: die Wallfahrtskirche Mater Dolorosa, ein klassisches Exemplar der Eifeler Einstützenkirchen (s. S. 200). Die achteckige Mittelstütze trägt ein reiches Rippengewölbe in dezenter Farbfassung mit schönen, zum Teil figürlichen Schlußsteinen. Das Prunkstück der Kirche aber ist der riesige Altar im Südchor (Farbabb. 8), ein Werk des Bartholomäus Hammes aus dem benachbarten Alflen, entstanden gegen 1672. Das ungewöhnliche Stück mit seinem dreistöckigen Aufbau zeigt zwischen reichem Knorpelwerk und der vergoldeten Säulenpracht des Barock unverkennbar volkstümliche Reliefs mit fast unbeholfenen Figuren in von zahlreichen Personen bevölkerten szenischen Darstellungen der Leidensgeschichte Christi. Der spätgotisch anmutende Realismus der eng gedrängten Figurengruppen und des martialischen Geschehens – man beachte die beiden handfesten Werksleute, die mit großen Nägeln Christus ans Kreuz schlagen, als gelte es, einen Dachstuhl ordentlich zu befestigen – findet sich in den Hintergrundmalereien der unteren Außenreliefs wieder. Rechts ist gar der perspektivisch gestaltete Innenraum einer gotischen Kirche zu sehen, ein für einen barocken Altar anachronistisches Detail, das auf eine gediegene Konservativität der ländlichen Eifeler Kunst schließen läßt.

Über Lutzerath und Kennfus gelangt man nun in der Nähe der Ruine Entersburg auf gewundener Straße hinunter ins reizvolle Ueßbachtal und nach **Bad Bertrich**. Schon bei den Römern war die 32 °C warme Glaubersalzquelle mit ihrer Heilwirkung für Magen-, Darm-, Leber- und Stoffwechselkrankheiten sowie degenerative Erkrankungen des Bewegungsapparates bekannt und sehr geschätzt; noch heute bestehen die untersten Lagen der Quellfassung aus römischem Mauerwerk. Das Bad wurde 1762 von Kurfürst Johann Philipp von Walderdorff gekauft. Dessen Nachfolger, Clemens Wenzeslaus von Sachsen, ließ es in den folgenden Jahren von bedeutenden Baumeistern und mit einem Aufwand von 150 000 Reichstalern großzügig herrichten, Promenaden, Parkanlagen und ein Kurhaus entstanden. Nach vielen Querelen und Eifersüchteleien unter den erlauchten Architekten fertigte schließlich kein Geringerer als Andreas Gaertner d. J., tätig in Dresden, Versailles und Paris, 1786 einen Plan für ein repräsentatives Kurfürstliches Badegebäude, das unter dem Namen »Kleines Kurhaus« (Abb. 89) noch heute steht. Der rundum reizvolle kleine Bau mit einem hochgezogenen Mittelteil unter einem sechsseitigen geschieferten Zentralturm besitzt im Obergeschoß sieben große Fenster, drei davon im Mittelrisalit, umgeben von Pilasterarchitektur. Innen befindet sich im ersten Stock der heute als Lesesaal öffentlich zugängliche ehemalige Festsaal mit profiliertem Stucksims an der Decke. Des weiteren sind zwei große Spätrokoko-Spiegel mit prachtvollen Goldrahmen und ein Lüster aus der Zeit um 1850 bemerkenswert sowie das fast lebensgroße Bildnis des Kurfürsten Clemens Wenzeslaus, ein Gemälde von Heinrich Foelix um 1775.

Durchschreitet man die rundbogige Durchfahrt in der Mittelachse des schloßartigen Gebäudes, so steht man auf dem von schönen Gebäuden umgebenen und mit Gärten verzierten Kurplatz. Gleich neben dem Kurfürstlichen Badehaus steht das heutige Kurhotel, im Kern um 1788/89 entstanden; im Winkel schließt sich der schöne Bau des Kursaales an, der in seiner heutigen Form um 1875 entstand.

Eine warme Quelle in der Eifel wird der durch das Kapitel über die Vulkan-Eifel gebildete Leser unschwer als vulkanisches Phänomen erkennen. In der Tat beginnt hier bei Bad Bertrich der »Westeifel-Vulkanzug«, der hinauf bis zum Goldberg bei Ormont reicht und sein Zentrum in der Maarlandschaft um Daun und Manderscheid hat. Auf den 70 km markierter Wanderwege um Bad Bertrich sind daher auch empfehlenswerte Ziele für den vulkanologisch Interessierten zu erreichen, so die Falkenlay, ein 413 m hoher Basaltkegel mit steilen Felswänden, und die »Elfengrotte«, ein aus Basaltsäulen gebildeter Fels.

Sehr empfehlenswert ist nun die Weiterfahrt durch das tief eingeschnittene waldreiche Ueßbachtal hinunter zur Mosel. Wer der weinseligen Versuchung noch widerstehen kann, der biege kurz vorher ab in Richtung Kinderbeuren zum **Kloster Springiersbach**. Die Straße führt durch das kurze, aber eindrucksvolle Höllental; kurz danach rückt rechter Hand ein schlanker Kirchturm ins Bild. Mit den dunklen Bergen des Kondelwaldes als Kulisse bilden dort in sanft gewellten Wiesenauen die Rokokoformen und -farben der Klosterkirche eine

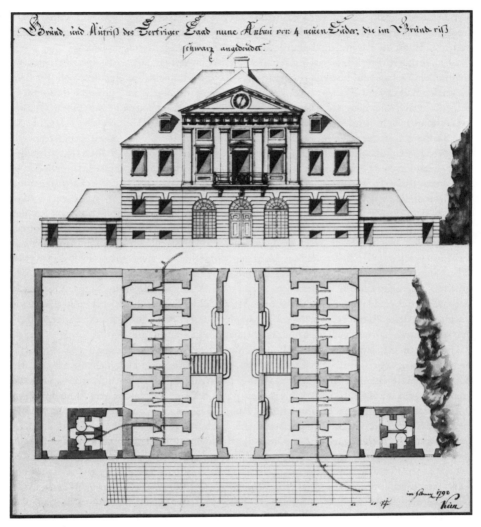

Bad Bertrich

friedvolle Synthese zwischen Landschaft und Kunst – wenn man nicht gerade Sonntag nachmittag vorbeifährt. An anderen Tagen vermittelt die Lage des Klosters noch viel von der stillen Abgeschiedenheit, die die Augustiner des frühen 12. Jh. suchten, nachdem Benigna, Witwe eines pfalzgräflichen Ministerialen, ihr Witwengut um 1102 in eine klösterliche Zelle umwandeln ließ. 1803 wurde das Kloster von den Franzosen aufgelöst, doch entging die

KLOSTER SPRINGIERSBACH

Kirche dem Verfall, weil sie zur Pfarrkirche des Nachbarortes Bengel gemacht wurde. 1922 begann der Karmeliterorden wieder ein klösterliches Leben in den Gebäuden, 1940 verwüstete ein Brand die Kirche, doch wurde sie in den folgenden Jahren restauriert.

Die heutige Klosterkirche hat mit ihrem romanischen Vorgängerbau wenig gemeinsam. In den hellen Farben und bewegten Formen des Rokoko kontrastiert sie effektvoll mit dem Grün der Wälder und Wiesen; 1769–72 vom Straßburger Baumeister Paulus Stehling errichtet, erhebt sich über dem prächtigen Portal der Westfassade ein Turm, der aus einem Giebelrisalit herauswächst und von balustradenverzierten Seitenbauten flankiert wird. Das Äußere des Saalbaus mit dreiseitigem Schluß ist von hohen Pilastern und Langhausfenstern mit aufgesetzten Okuli gegliedert. Das Innere wird auf den ersten Blick beherrscht von dem gewaltigen Deckengemälde, das das gesamte Tonnengewölbe des Kirchenschiffs bedeckt; in schweren, düsteren Farben zeigt es zwischen Flammenfriesen und Rocaillekartuschen die hl. Dreifaltigkeit, die Himmelfahrt Mariens und den Ordenspatron St. Augustinus. Man muß jedoch zugeben, daß diese weitläufigen Fresken weder in Komposition noch in der Detailausführung zu den Sternstunden der Malerei des Rokoko gerechnet werden können. Erst auf den zweiten Blick wird man die höchst qualitätvolle Innenausstattung aus der Erbauungszeit der Kirche bemerken, die in der Einheitlichkeit ihres späten Rokokostils mit Übergängen zu den edlen Formen des frühen Klassizismus in der Eifel kein Beispiel hat. Die gesamte Inneneinrichtung besteht aus naturfarbenem Eichenholz mit Vergoldung; man beachte zwischen den drei einheitlichen Altären das prachtvolle Chorgestühl und das Kommunionsgitter, auch die geschnitzten Wangen der Kirchenbänke mit klassizistischen Motiven tragen zum harmonischen Formenreichtum der Ausstattung bei.

Die kunsthistorisch bedeutendste Räumlichkeit in Springiersbach stammt jedoch aus seiner Gründungszeit: Im Erdgeschoß des sich an den Chor anschließenden Ostflügels der Klostergebäude befindet sich der original rekonstruierte, zweischiffige spätromanische Kapitelsaal aus der Zeit um 1220; seine weitgespannten Gewölbe werden von Bündelpfeilern mit Kapitellen von erlesener Schönheit getragen. Die vorzüglich gemeißelten Stücke, deren Verwandtschaft mit den Steinmetzarbeiten der Andernacher Liebfrauenkirche unübersehbar ist, weisen verschlungene Ranken- und Blattformen auf. In der Meisterschaft der Details und den ausgewogenen Proportionen des Gesamtraumes ist dieser Kapitelsaal eines der eindrucksvollsten Zeugnisse romanischer Architektur in der einst an solchen Kunstwerken so reichen Eifel. Es gibt zwei Möglichkeiten, ihn zu besichtigen: Entweder man läutet an der Klosterpforte, oder man geht außen um den Chor der Kirche herum. Die sich nun anschließenden großen Fenster erlauben ungehinderte Blicke in den Saal, mit denen alles Sehenswerte zu erfassen ist. Bei diesem Weg kommt man über den kleinen Klosterfriedhof hinter dem Chor, auf dem sich ein 4 m hohes steinernes Kreuz mit lebensgroßer Christusfigur in ausdrucksvoller Gestaltung erhebt; es stammt aus der Zeit um 1530. Des weiteren sind der nördlich anschließende Flügel mit Tordurchfahrt und rückwärtigem Treppenturm, die ehemalige Abtswohnung von 1629 und das spätgotische Haus mit einem Maßwerkfenster auf der anderen Bachseite bemerkenswert. Wahrscheinlich handelt es sich bei letzterem um das ehemalige Klosterhospital, für das man aus guten Gründen eine etwas abseitige

Lage in der Nähe des klaren Wassers gewählt hatte.

Wer immer sich so um die Mitte des Monats August herum in die Innenstadt von **Wittlich** begibt, der ist an jeder Ecke von Schweinebraten umgeben. Im dichten Trubel weinseligen Markttreibens wird dann die »Säubrenner-Kirmes« gefeiert, bei der ganze Exemplare dieser Spezies an einem Stück über offenem Feuer geröstet werden. Die Sache hat ihren Ursprung in einer Sage: Als Wittlich 1397 in einer Fehde mit dem Ritter Friedrich von Ehrenburg erobert und zerstört wurde, soll die Niederlage auf einer ausgesprochenen Viecherei beruht haben. Ein Wachsoldat fand abends den Bolzen nicht, mit dem man das Stadttor verschließen konnte, so behalf er sich mit einer Rübe, die er in das Riegelloch steckte. Und dann geschah es: In der Nacht zerbiß ein hungriges Schwein die Rübe, das Tor sprang auf, und der Feind war in der Stadt.

Das aufgeknabberte Tor hatte für die erbosten Wittlicher üble Folgen. Da sich nach der allgemeinen Unordnung nicht mehr herausfinden ließ, welche Sau es gewesen war, beschloß der Stadtrat, sich an der ganzen Gattung zu rächen. So wurde alles, was an Schweinen noch zu finden war, am Marktplatz in ein großes Feuer getrieben; irgend jemand muß dabei auf die Idee gekommen sein, Wein auszuschenken und das Eßgelage war perfekt. Den Wittlichern hat diese schmackhafte Rache an der armen Kreatur offenbar sehr behagt, denn seit den fünfziger Jahren ist die Säubrenner Kirmes ein etabliertes Volksfest, das sich noch immer

Kloster Springiersbach, Fassadenentwurf für die Kirche von Paul Stehling

steigender Beliebtheit erfreut. Und nur nüchtern gebliebene Wahrheitsapostel halten es für nötig, darauf hinzuweisen, daß die Bezeichnung »Säubrenner« daher rührt, daß die Schweine hier mit einem Brandeisen gekennzeichnet wurden.

Dabei war der Handstreich des Ritters Friedrich von Ehrenburg bei weitem nicht die schlimmste Katastrophe, die das lange Jahrhunderte wohlhabende Wittlich heimgesucht hat. Die Stadt war einer der Lieblingsaufenthalte der Trierer Bischöfe, die bereits 1065 als Grundherren über Wittlich genannt werden. Ende des 14. Jh. begannen sie mit dem Bau der großen erzbischöflichen Burg Ottenstein, die zusammen mit der befestigten Stadt zweimal in den chronischen Fehden der Trierer mit dem Eifeler Adel zerstört wurde. Nach Pestseuchen und religiösen Unruhen, Brandschatzung durch die Spanier im Konflikt zwischen Kurfürst Philipp Christoph und der Abtei St. Maximin in Trier (1625) vernichtet nach der Explosion des Pulverturmes ein Großfeuer die ganze Stadt und endgültig Burg Ottenstein. Mit den Bombennächten des Zweiten Weltkrieges schien der letzte Rest der historischen Bausubstanz des Ortes endgültig dahin. Verschwunden ist daher vieles, Burg und Schloß, Stadtmauern und Fachwerkhäuser, der geschlossene Eindruck ländlichen Barocks der Amtshäuser – und doch wird jeder Besucher der Innenstadt auf den ersten Blick bemerken, daß er sich in Wittlich in einem seltenen Kleinod eines urban gestalteten Altstadtkerns bewegt (Abb. 90). Neben der Pfarrkirche – wie in Prüm ein typischer gotisierender Bau des Trierer Barocks um 1720 mit spitzbogigen Kreuzrippengewölben auf Wandpilastern und einem prächtigen Chorgestühl um 1750 – fällt besonders das berühmte Wittlicher Rathaus (Farbabb. 22) ins Auge, dessen Fassade die schönsten Formen deutscher Spätrenaissance zeigt. Ursprünglich war das Erdgeschoß eine offene Markthalle auf Pfeilern, heute wird das Gebäude, das nach dem Stadtbrand von 1647 entstand, durch Gesimsfriese, figürliche Konsolen, Säulen und eine volutengesäumte Figurennische im Giebel reich gegliedert. Besonders auffallend ist die vielfältige Farbgebung des Rathauses: Da findet sich vergoldetes Beschlagwerk an den Sockeln der Säulen, die Dekorationselemente reichen bis zu farblich imitierten Edelsteinen am Fries und an den fünf oberen Säulensockeln. Der ganze Marktplatz ist von weiteren schönen Fassaden des späten 17. Jh. und der Barockzeit umgeben; man beachte die ehemalige Posthalterei Thurn und Taxis (Marktplatz 3) mit Freitreppe, Portal und großem Mansardendach sowie die Nr. 5 mit den zwei Erkern im ersten Geschoß und die Nr. 6, das Haus Neuerburg, heute mit der Marktschänke. Zahlreiche weitere restaurierte historische Gebäudeensembles sind in der ganzen Altstadt zu entdecken.

Die Täler von Salm, Kyll, Nims und Prüm und das Bitburger Gutland

Wer aus dem kargen Hochland durch die nach Süden gerichteten, tief eingeschnittenen Täler in Richtung Bitburg fährt, der gelangt einige Kilometer vor der Stadt in eine Landschaft, von der er sich fragen mag, ob er sich noch in der Eifel befindet. Die einsamen Wälder und Berge noch vor Augen, eröffnet sich dem Blick nun weites, fruchtbares Ackerland mit behäbigen alten Dörfern und großen Bauernhöfen. Dies ist das Bitburger Gutland, der nördliche Teil der großen Trier-Luxemburger Bucht, deren Fortsetzung jene Mitteleifelsenke bildet, die sich als Reihe von Kalkmulden durch die ganze Eifel zieht und an ihrem Nordrand in die Mechernicher Triasbucht mündet. Im weiten Senkungsfeld der Trier-Luxemburger Bucht bildeten sich durch Ablagerungen von Verwitterungsmaterial und Sedimenten einer zeitweisen Meeresüberflutung mehrere Gesteinsarten, die heute das Landschaftsrelief und die Art der landwirtschaftlichen Nutzung bestimmen: In den Buntsandstein, der an den bewaldeten Rändern des Bitburger Gutlandes die tafelartigen Sandsteinplateauberge bildet, um die sich die Flüsse tief eingegraben haben, hat sich nach innen der fruchtbare Muschelkalk, danach noch Keuper und liassischer Sandstein abgelagert.

Dieses von einem warmen Klima begünstigte Land war schon immer die Kornkammer der Südeifel und kann auf eine weit zurückreichende und durch viele Funde belegte Siedlungsgeschichte zurückblicken. Als Cäsar im Jahre 54 v. Chr. mit vier Legionen in die südliche Eifel einrückte, traf er dort auf die ausgeprägte Kultur der keltischen Treverer, unter denen bereits der Vorläufer des heutigen Bitburg, ein Ort namens Beda, gegründet worden war. Trotz eines Aufstandes arrangieren sich die unterlegenen Treverer mit den Römern; als wichtiges Hinterland des aufstrebenden Trier und als Versorgungsbasis der die Rheinfront sichernden Truppen wird das fruchtbare Bitburger Land intensiv kultiviert. Einig ist man sich vor allem in einer gemeinsamen Abwehr der beide bedrohenden germanischen Barbarenstämme. In den 200 Jahren der Pax Romana erlebt das Land eine Blütezeit wie nie wieder in seiner Geschichte; inmitten eines dichten Straßennetzes entstehen zahlreiche prachtvolle römische Villen und Tempelanlagen, Mosel und Sauer wurden schiffbar gemacht, und Beda wird zum Hauptort des pagus Bedensis, des Bitgaues, den die Agrippa-Straße mit allen Errungenschaften römischer Zivilisation verbindet. All dies wurde ein Opfer der schrecklichen Verwüstungen, die der Germanensturm des Jahres 275 anrichtete; Städte und Villen wurden niedergebrannt, die Bevölkerung getötet oder vertrieben, zurück blieb ein auf Jahre verödetes und fast menschenleeres Land. Erst mit der Neuordnung des Reiches unter Kaiser

GESCHICHTE

Diokletian (284–305) regt sich wieder das Leben im Bitburger Land. Bei der 293 erfolgten Aufteilung des römischen Reiches ist Trier bereits Kaiserstadt, Kaiser Konstantin residierte hier von 306 bis zu seinem Sieg an der Milvischen Brücke 312, mit dem er den Grundstein zu seiner Alleinherrschaft legte. Doch trotz der Nähe der neuen Metropole sind die guten Zeiten für das Bitburger Land vorbei, zu nahe ist die immer mehr gefährdete Rheingrenze. Wer reich genug ist, zieht sich in sicherere Gegenden zurück, die Straßenstationen, auch der vicus Beda werden zu starken Kastellen ausgebaut und selbst die kaiserlichen Domänen mit Mauern umgeben: Eindrucksvollstes Beispiel ist die an vielen Stellen noch in Resten auffindbare Landmauer mit einer Länge von 72 km, die ein Areal von 220 km^2 umfaßte. Doch alle Vorkehrungen nützen nichts, mit der Mitte des 4. Jh. beginnt das Ende. Ihrerseits von den in den Donauraum vorstoßenden Hunnen immer weiter nach Westen getrieben, drängen die germanischen Stämme, allen voran Franken und Alemannen, gegen die Grenzen des römischen Reiches; im Jahre 405 muß die Rheinfront aufgegeben werden, wenige Jahre später kann in der Südeifel von römischer Herrschaft nicht mehr die Rede sein. Die Kaiserstadt Trier selbst wird unter furchtbaren Umständen 411, 416 und 427 von den Franken erobert und geplündert; kurz vorher muß auch die römische Prachtvilla und der Tempelbezirk von Otrang nahe Bitburg zerstört worden sein.

Damit war die Zeit der Römer und der romanisierten Kelten in der Eifel vorbei und die Errungenschaften jahrhundertelangen kulturell hochstehenden Lebens vernichtet. Bis ins 7. Jh. liegt völliges geschichtliches Dunkel über dem Land, währenddessen sich die Franken fernab der großen Ruinen der römischen Villen in kleinen Dörfchen aus Holzhäusern in der ganzen Eifel ansiedeln. Allein in Trier bezogen sie nachweislich auch eine Stadt – und stießen dort auf einen bereits seit dem 3. Jh. bestehenden Bischofssitz. Die Christianisierung der Franken war spätestens zu Beginn des 7. Jh. abgeschlossen; 698 wurde das einflußreiche Kloster Echternach gegründet, wenige Jahre später Prüm in der Eifel. Seit König Chlodwig, der zum ersten Mal eine Art fränkischer Zentralgewalt errichten konnte, entwickelte sich das unter den Merowingern bereits ausgeprägte Lehenswesen und damit die Macht der Grundherrschaft: Neben einem grundbesitzenden Adelsstand gab es ebensolche geistliche Herren, das alte fränkische Freibauerntum sank zur Hörigkeit ab. Damit war der Grundstein der mittelalterlichen Geschichte auch des Bitburger Landes und seiner Flußtäler gelegt. Außer dem mächtigen Bistum Trier entstand die reich mit Gütern beschenkte Abtei Prüm als ein regelrechter Kleinstaat, Bitburg wurde beherrscht von einem fränkischen Grafen, der sich in den Ruinen des Römerkastells eingerichtet hatte; mit dem Niedergang des Frankenreiches nach Karl dem Großen treten immer mehr kleine und große Adelsgeschlechter hervor, die ihre zur Verwaltung verliehenen Ländereien als persönlichen Besitz betrachten und in blutigen Kämpfen als Familieneigentum zu behaupten oder zu erweitern suchen. In solchen Auseinandersetzungen kam der Bitgaugraf Stephan 901 ums Leben, sein Nachfolger war der einflußreiche Wigerich, dessen Sohn um 963 die kleine Burg Lucilinburhuc erwarb. Mit diesem Kauf war der Grundstein zum Aufstieg eines der mächtigsten europäischen Fürstenhäuser, der Luxemburger, gelegt; den »Lützelburgern« gehörte bis zum Einmarsch der Franzosen der weitaus größte Teil des alten Bitgaues.

Es ist unschwer zu erraten, daß damit eine neue Variation des die ganze Geschichte der Eifel durchziehenden Themas feststand: der Kampf um Macht und Einfluß, im Norden ausgetragen zwischen Köln und Jülich, im Osten zwischen Köln und Trier, hier im Westen der Eifel zwischen Trier und Luxemburg. Es begann damit, daß Kaiser Otto II. im Jahre 973 dem Bistum Trier das riesige Areal des sogenannten Kyllwaldes schenkte und damit den Trierern eine Herrschaftsposition mitten im luxemburgischen Gebiet sicherte. Die Luxemburger, denen mit den Grafen von Vianden ohnehin eine mächtige Konkurrenz direkt vor der Haustür entstanden war, schlugen sich jahrhundertelang erbittert mit dem Erzbistum um jede Burg, jedes Dorf oder alle Pfründen, die zwischen ihnen zur Disposition standen. Das führte zu so kuriosen Erscheinungen wie der Teilung ganzer Dörfer; so gab es in Neidenbach zehn luxemburgische und acht trierische Haushalte. Zwischen den Machtblöcken suchten wie üblich die kleinen Eifeler Rittergeschlechter ihr Heil in schwer kalkulierbaren Frontenwechseln und aussichtslosen Machtproben mit beiden Parteien. Eine besondere Episode dieser Zeit ist noch erwähnenswert. Während die ganze Eifel vor den Expansionsgelüsten des Erzbischofs Balduin von Trier zitterte, herrschte für die Dauer seiner Regierung (1307-1354) gerade hier, im spannungsreichen Grenzgebiet zum Rivalen Luxemburg, tiefer Friede. Der Grund: Balduin entstammte ebenfalls dem Hause Luxemburg, 1308 hatte er sogar seinem Bruder Heinrich auf den deutschen Thron verholfen. Bei so viel Familiensinn schwiegen die Waffen zwischen Trier und Luxemburg, dafür wurden sie um so heftiger gegen andere Gegner geschwungen. Das erste Opfer dieser ungewöhnlichen Allianz wurden die Grafen von Vianden, die ihre reichen Eifeler Lehen Schönecken und Falkenstein an die Luxemburger verloren, die nächsten waren zahlreiche Ritter der südlichen Eifel und des Hunsrücks, die sich das Erzbistum unterwarf.

Im Lauf seiner wechselvollen Geschichte wurde das Herzogtum Luxemburg im 15. Jh. habsburgisch, kurz danach wird es von Burgund beherrscht, um unter Kaiser Maximilian an das Haus Habsburg zurückzufallen. Zusammen mit Burgund wird es den Niederlanden einverleibt, die 1555 an die spanische Linie der Habsburger übergehen. Damit wird auch das Bitburger Land in die furchtbaren niederländischen Unabhängigkeitskriege und den spanischen Erbfolgekrieg (1701-14) hineingezogen und erleidet die entsprechenden Verwüstungen. Nach den französischen Revolutionskriegen schließlich werden auf dem Wiener Kongreß 1815 die Flüsse Sauer/Our als Grenze des deutschen Reiches festgelegt. Nach über 700jähriger Zugehörigkeit zu Luxemburg müssen die Bewohner des Bitburger Landes von nun an einen Paß vorzeigen, wenn sie in ihre alte Hauptstadt wollen.

DAS SALMTAL

Die Salm durchströmt in ihrer ganzen Länge die östlichen Randlandschaften des historischen Bitburger Landes. Aus der Kyllburger Waldeifel kommend, wendet sie sich in die Wittlicher Senke und mündet nach den Moselbergen bei Klüsserath in die Mosel. Auf ihrem ganzen Wege bildet die Salm nirgendwo dramatische Akzente, wie sie Kyll und Prüm

HIMMEROD

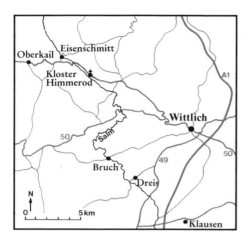

setzen, die Landschaft ihres Tales, das über weite Strecken nur zu erwandern ist, ist überall geprägt von lieblichen, waldumkränzten Auen oder anmutigen ländlichen Szenerien.

Kurz hinter Eisenschmitt beginnt eine der schönsten Passagen des Salmtales, in der nach wenigen Kilometern die mächtige Barockfassade von **Himmerod** aus den dunklen Wäldern ragt. Die Lage dieses einsamen Klosters in den Wiesen des Talgrundes gehört zu den reizvollsten Synthesen zwischen Landschaft und Kunst, die sich in der Eifel finden lassen. Als der Blick der zwölf Zisterziensermönche, die 1134 Clairvaux mit dem Auftrag einer Klostergründung in der Eifel verlassen hatten, nach langem Suchen auf das Salmtal fiel, wußten sie, daß der rechte Ort gefunden war. Das von Urwald bestandene einsame Tal kam ihrem benediktinischen Mönchsideal in jeder Hinsicht entgegen, es versprach Stille und Abgeschiedenheit, Einkehr und viel Arbeit. Die Klosteranlage wurde jahrhundertelang von der romanischen Klosterkirche überragt, einer fast 70 m langen dreischiffigen Pfeilerbasilika mit Querhaus, geweiht am 1. Juni 1178. Im 17. Jh. begann man einen Klosterneubau, der – besonders der Kreuzgang – im für die Eifel typischen gotisierenden Renaissancestil ausgeführt wurde. Im nächsten Jahrhundert jedoch wollten auch die strengen Zisterzienser in Himmerod die eitle Mode des Barock nicht länger missen. So schritten sie 1735 mit dem Abbruch der romanischen Basilika und dem Projekt eines kompletten Neubaus konsequent zur Tat. Nun kann man sich unschwer das Dilemma eines Barockbaumeisters vorstellen, dem von Zisterziensern ein Auftrag erteilt wird: Als Vertreter von Prunk und Pracht muß er für einen Orden bauen, dem, wie in allen Lebensbereichen so auch in der Architektur, Bescheidenheit und Demut oberstes Gebot waren – so sehr, daß selbst die Kirchen keine anmaßenden Türme haben durften, denn noch immer galt die Vorschrift »turres non habemus«, ein kleiner Dachreiter für die Glocke war das Äußerste, was erlaubt war. Darüber hinaus mußte sich der Himmeroder Neubau aus Gegebenheiten des Geländes auch noch an die schmalen Proportionen der romanischen Kirchen halten – unmögliche Voraussetzungen für einen großangelegten Barockbau! Doch der sächsische Architekt Christian Kretschmar fand eine geniale Lösung, mit der er seinem Stil und die Zisterzienser ihren Grundsätzen treu bleiben konnten. Wenn die Kirche keine Türme haben durfte, bitte, dann bekam sie eben auch keinen: So entwarf er für die drei schmalen Kirchenschiffe eine einzige Giebelfassade; hochragend, schlank und monumental zugleich, wirkt sie mit ihrer Pilastergliederung und dem zweigeschossigen Aufsatz zwischen Voluten wie ein einziger, gewaltiger und prachtvoller Turmbau, ohne einer zu sein – diese Fassade gehört zu den eigenwilligsten Schöpfungen des deutschen Barock (Abb. 97). Doch der 1751 geweihten Kirche war kein langer Bestand beschieden. 1802 von den Franzosen aufgehoben, diente das Kloster bald darauf als Steinbruch und verfiel. Eineinhalb Jahrhunderte ragte die grandiose Westfassade aus einem riesigen Trümmerfeld, bis 1925–27 die Klostergebäude, 1952–60 auch die Kirche wiedererrichtet wurden. Man hielt sich dabei genau an den Grundriß und die Maße des alten Baus, so daß der Betrachter, nachdem er das reich gegliederte Portal durchschritten hat, heute wieder in einer weiträumigen Hallenkirche steht, von steil aufragenden Pfeilern in drei Schiffe gegliedert, mit extrem schmalen Quer- und Seitenschiffen unter Kreuzgratgewölben ein sehr wirkungsvoller Innenraum. Man versäume nicht einen kurzen Spaziergang auf das andere Ufer des Baches, dort am Kloster vorbei und dann den ersten Weg rechts auf den Berg hinauf: Von dort hat man den besten Blick auf Himmerod in der Einsamkeit des Salmtales.

Die Straße führt nun weiter nach Großlittgen; auf den nächsten Kilometern kann die Salm nur zu Fuß verfolgt werden. Erst ab dem Ort **Bruch** führt wieder eine Straße durch das Tal, das hier überragt wird von den beiden markanten Rundtürmen der gleichnamigen Wasserburg. Zwischen den heute verlandeten Gräben stehen die Reste der wieder bewohnten Kernburg und einer weitläufigen Vorburg. Heute befindet sich die hochinteressante Anlage in Privatbesitz und kann nicht besichtigt werden. Jedoch ist auch hier der Blick von weitem mit der Lage von Burg und Dorf in einer von bewaldeten Bergen umgebenen Niederung der Salm sehr reizvoll. Im Dorf stehen noch viele schöne Bauernhöfe des 18. und 19. Jh.

Nach wenigen Kilometern auf schöner Straße erreicht man Dreis mit seinem hübschen Lustschloß, 1774 als Sommerresidenz der Äbte von Echternach erbaut. Ebenfalls in Privatbesitz, ist es schon schwierig, wenigstens einen Blick auf die reizvolle Fassade mit den vorgelagerten Gärten zu erhaschen, auch von der Gemäldesammlung und den originellen französischen Bildtapeten im Inneren bekommt man nichts zu sehen. Überhaupt ist die Gegend schlecht für Liebhaber von Schloßbauten. Denn auch die nächsten drei Exemplare dieser Sorte werden zwar überall gerühmt, doch darf man ihnen nicht einmal nahe treten. Sowohl Schloß Kesselstadt bei Dodenburg (eine 1279 erwähnte Burg, im 18. Jh. zum Barockschloß umgebaut und 1894 mit neorenaissanceistischen Schmuckformen versehen, bietet sie heute einen recht ausgefallenen Anblick) als auch das Schloß in Föhren (eine wundervolle Anlage mit Park in einem romantischen kleinen Tal; man nehme im Ort hinter der Brücke den Weg rechts hinauf, er führt zur Gartenpforte) und das Schloß in Bekond (1709 erbaut, eher ein gefälliger Landsitz mit hübscher Orangerie im Park) sind allesamt in Privatbesitz und bewohnt, wohl Grund genug, sich zum Teil mit bissigen Hunden vor streunenden Kunstfreunden zu schützen.

KLAUSEN

Da fährt man doch besser gleich weiter nach **Klausen** – der alte Wallfahrtsort ist Besucher gewöhnt. Majestätisch thront dort die langgestreckte Kirche über der Landschaft; »der bedeutendste Bau der Spätgotik in der Südeifel und im Moseltal«, kommentiert Dehio, und wie üblich hat er recht. Zur Verehrung eines 1442 in Trier hergestellten Vesperbildes von 1474–1502 errichtet, stellt die Wallfahrtskirche St. Maria ein Meisterwerk gotischer Architektur dar. Der hoch aufragende zweischiffige Hallenbau auf asymmetrischem Grundriß wird außen durch einen Kranz von Strebepfeilern markant gegliedert; hohe Spitzbogenfenster mit reichem Maßwerk lösen die Schwere des Mauerwerks auf. Das Innere ist geprägt von schlanken Achteckpfeilern, die das vielgestaltige Netzgewölbe mit reliefierten Schlußsteinen tragen. Ehemals trennte ein großer spätgotischer Lettner den weiten und lichten Innenraum, seine Reste dienen jetzt als Abschluß der Gnadenkapelle am Westende des Seitenschiffs; dort befinden sich auch die beiden Gnadenbilder, denen noch heute die Wallfahrt gilt: ein älteres aus Holz (1442) und ein jüngeres aus Sandstein mit vier Figuren (Übergang 16./17. Jh.).

Wenigstens so bedeutend wie der ganze Bau ist seine weitere Innenausstattung: Prunkstück ist hier, wie in Münstermaifeld, ein großer Antwerpener Schnitzaltar mit fast hundert Figuren, die in vergoldeten Reliefszenen die Passion Christi darstellen. Entstanden um etwa 1480, wird er dem Peerken von Rosselder zugeschrieben; mit der eleganten Komposition der Figurengruppen kontrastieren die spröden Gemälde der Flügel, die zweifellos von weniger begabten Mitarbeitern der flandrischen Werkstatt geschaffen wurden. Neben zahlreichen Skulpturen, Grabsteinen, weiteren Altären, großfigurigen Reliefs und einem Ölgemälde mit Wunderdarstellungen beachte man die prächtige Kanzel mit dem formenreichen Schalldeckel (1774) und die gleichzeitigen Beichtstühle, vorzügliche Werke des Rokoko, sowie das gotische Chorgestühl (1475) und den Steinaltar (Abb. 101) aus der Werkstatt des Hans Ruprecht Hoffmann mit Reliefs der Legende der hl. Katharina (um 1588). Ein Ausstattungsstück verdient noch besondere Erwähnung, weil zu ihm eine zweite, freilich inoffizielle Wallfahrt im Gange ist, die allein das weibliche Geschlecht antritt: In der Turmhalle steht der große Grabstein des 1535 verstorbenen Ritters Philipp von Ottenesch, auf dem er selbst in einer ungemein flotten Landsknechtstracht abgebildet ist; eine Mode, die großen Wert darauf legte, die Männlichkeit ihrer Träger detailgetreu zur Geltung zu bringen. Jedoch zieht nicht allein der erbauliche Anblick des wohlgeformten Herrn die unverheiratete Damenwelt hierher; unschwer läßt sich erahnen, welche Sorte von Fürbitte das Mannsbild im Jenseits einlegen soll: Einen tauglichen Ehemann erflehen die Wallfahrerinnen vor diesem Stein, Ähnlichkeiten mit dem stattlichen Ritter wären sicher kein Hindernis.

Von den alten Klostergebäuden hat sich als sehenswerter Teil die gewölbte Bibliothek erhalten, in der sich ein Freskenzyklus der Zeit um 1500 befindet, er zeigt eine Kreuzigung und 19 überlebensgroße Figuren; leider ist der Raum nicht immer zu besichtigen. Ihrer alten Bestimmung nicht unverwandt, sind die weiteren Reste der ehemaligen Klostergebäude – Remise, Brauhaus und Herberge – heute in Gasthöfe umgewandelt.

DAS KYLLTAL

Keine weitere Gegend der Eifel vereinigt auf so wenigen Kilometern eine solche Fülle anmutiger und malerischer Landschaftsbilder wie das Kylltal zwischen Gerolstein und Malberg. Zu Beginn zwischen breiten Auen dahinströmend, gerahmt von steilen Berghängen, hat der kleine Fluß bald tiefe und einsame Waldschluchten gegraben, bevor er kurz vor dem Eintritt ins Bitburger Gutland die dortigen Sandsteinformationen durchbricht; in großen Schleifen windet sich hier die Kyll um die Felsen der Hochplateaus, auf denen sich Ort und Stiftskirche Kyllburg und das Schloß Malberg gegenüberliegen. Gesäumt von alten Dörfern mit Burgen und Klöstern, fließt die Kyll auch an mehreren bedeutenden Kunststätten der Romanik und Gotik vorbei; und wie um jeder interessierten Fachrichtung etwas zu bieten, haben auch einige Vulkane die Ränder des Tales als Ausbruchsstellen bevorzugt.

Die Kyll hat schon einen langen Weg hinter sich, bevor sie bei Lissingen (s. S. 226) in ihr »klassisches« Tal eintritt, dessen Schönheit schon von den ersten Romantikern gerühmt wurde, die um die Mitte des vorigen Jahrhunderts die damals geschmähte und vergessene Eifel wiederentdeckten. Denen hätte das Herz höher geschlagen, hätte man sie zu den heute berühmten **Birresborner Eishöhlen** geführt! Der vulkanische Schlackenkegel diente einst als Mühlsteinbruch – aber in welchen Dimensionen! Eine ganze Bergflanke war aufgebrochen worden, am Fuße steiler Felsen und im Dämmerlicht eines hohen Laubwaldes führen

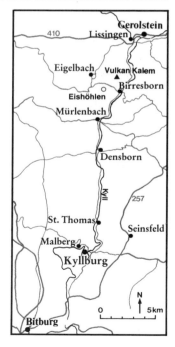

die überwucherten künstlichen kleinen Schluchten des längst verlassenen Werkplatzes zu den pechschwarzen Löchern mehrerer großer Höhleneingänge, hinter denen langgezogene Gang- und Kammersysteme im Berg abwärts führen. Der Weg zu den Höhlen, die mit einer starken Taschenlampe oder einer Pechfackel gefahrlos begangen werden können, ist ein bißchen schwer zu finden. Man nehme im Ortskern von Birresborn die Straße nach Kopp, wenige Meter nach dieser Abzweigung zeigt ein örtlicher Wegweiser nach links zu den Eishöhlen. Man kann noch ein ganzes Stück mit dem Wagen eine schöne Waldstraße fahren, bevor in einer großen Kurve rechts ein geschotterter Waldweg abbiegt. Von dort sind es noch etwa 20 Minuten den Berg hinauf, bis Sie direkt zwischen den Felsblöcken des alten Steinbruchs stehen, an dessen oberem Ende man noch einen schmalen Pfad hinaufsteigen kann und sich nach wenigen Metern auf den weiten Wiesenmatten des Bergrückens wiederfindet. Solche Orte lassen verstehen, warum nicht nur Lokalpatrioten über das Naturerlebnis Eifel so ins Schwärmen geraten.

Will man von Birresborn zum gleich daneben liegenden Vulkan Kalem, so empfiehlt sich ein kleiner Umweg durch eine der eigentümlichsten Landschaftsformationen, die man in der ganzen Eifel zu Gesicht bekommt. Man fahre nach Kopp und biege dort am Ortseingang rechts ab hinauf nach Eigelbach. Bald darauf erreicht man ein kleines Dorf, das tief unten in den grünen Wiesenflächen eines riesenhaften, fast kreisrunden Kessels liegt, dessen Ränder es weit überragen: Dies ist das größte Trockenmaar der Eifel, ländliche Idylle im erloschenen Gasvulkan. Der Kalem ist ein interessanter, wenngleich kein attraktiver Vulkan, seine Aschenschichtung ist durch eine Sandgrube unterhalb des Gipfels aufgeschlossen. Jedoch ist sein Lavastrom von dort aus hinunter ins Hundsbachtal geflossen, wo sich der Bach tief in das erkaltete Gestein eingegraben und so eine wildromantische Landschaft geschaffen hat.

Wenige Kilometer weiter steht der freundliche Ort **Mürlenbach** an den Ufern der Kyll, der mit schönen alten Häusern und Gasthöfen neben der Pfarrkirche noch einen hübschen Ortskern besitzt. Die mächtige Burgruine über den Dächern läßt freilich ahnen, daß es hier nicht immer so friedlich zuging, wie es heute scheint. Angeblich soll schon Bertrada hier gelebt haben, die merowingische Urgroßmutter des Karolingerhauses; da auch die Mutter Karls des Großen diesen Namen trug, hält sich hartnäckig das Gerücht, dieser erste nachrömische Kaiser sei hier in Mürlenbach geboren, weshalb die Burg auch den Namen Bertradaburg trägt. Doch auch ohne die Dame mit dem Walkürennamen ist die Ruine eindrucksvoll genug. Geschichtlich belegt ist der Bau seit dem Jahre 1331, entstanden ist er wohl schon 50 Jahre vorher, und zwar als Grenzburg der Abtei Prüm gegen das Erzbistum Trier. Der Kampf der beiden geistlichen Brüder währte mehrere Jahrhunderte und hatte höchst materielle Gründe, denn auf die reiche Abtei hatte der Trierer Fürstbischof von Anfang an ein Auge geworfen. 1513 kam es gar zur Belagerung, doch wurde Burg Mürlenbach erfolgreich verteidigt. Als sich Kurtrier 1576 endlich der Abtei Prüm und ihrer Besitztümer bemächtigt hatte, ließ es 1589 die alte Burg mit zwei Bastionen für Feuerwaffen als Straßensperre ausbauen. In den Kriegen Ludwigs XIV. zerstört, geriet sie in Privatbesitz und beherbergte bis in unsere Tage eine Brauerei, heute ist die Ruine halbwegs zugänglich. Der hervorstechende Teil der sechseckigen Anlage ist eine große Torburg. Wenn man vor dem heutigen

Eingang steht, wende man sich nach links durch das alte Gartentor und folge dem Mauerring mit den vorspringenden Flankierungstürmen bis zum heute vermauerten Tonnengewölbe der alten Durchfahrt. Mit zwei Rundtürmen, deren mit Wendeltreppen verbundene Räume bewohnbar sind und die auch Kapelle und Pförtnerstube enthalten, war diese Toranlage eine in sich abgeschlossene kleine Festung innerhalb des Wehrbaus, von dem sich sonst Umfassungsmauern, zwei Bastionen im Süden und Nordwesten sowie die kreuzgewölbten Keller des Palas erhalten haben.

Vorbei an Densborn mit den mageren Resten einer 1290 erwähnten Wasserburg erreicht man die von hohen Waldhängen umgebene Gebäudegruppe des ehemaligen Zisterzienserinnenklosters **St. Thomas an der Kyll.** Nahezu unversehrt hat sich die 1222 geweihte spätromanische Kirche erhalten, die wie ein vierter Flügel den quadratischen Innenhof des Klosters mit umschließt. Sie stellt eine der am besten erhaltenen Nonnenkirchen des Rheinlandes mit ihrer charakteristischen Innenraumaufteilung dar. Gerade die strenge Klausur der Zisterzienser verbot den Nonnen jeden Kontakt mit der nichtklerikalen Außenwelt, deshalb erhielten sie in ihren Kirchen große Emporen, die vom Konvent direkt zugänglich waren. Unter der Empore befand sich der einzige Teil der Kirche, der von Laien betreten werden durfte und der mit einem Eisengitter gegen die restliche Kirche abgeschlossen war, wodurch selbst ein Blickkontakt mit den Nonnen unmöglich wurde. Hier in St. Thomas nimmt die Empore die halbe Länge des ganzen Kirchenschiffes ein. Ein kunstvolles Säulensystem trägt darunter niedrige Gewölbe, eine Reihe von Mittelstützen teilt dabei den ehemaligen Laienraum in eine eindrucksvolle zweischiffige Halle, die fälschlicherweise oft als Krypta bezeichnet wird. Heute ist der Boden unter der Empore bedeckt mit Grabplatten von Äbtissinnen

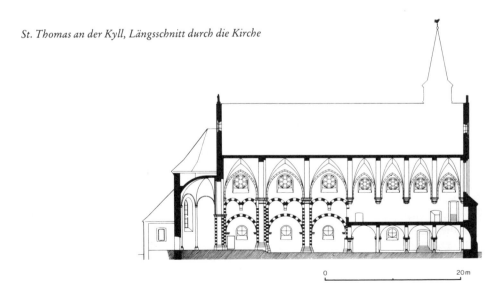

St. Thomas an der Kyll, Längsschnitt durch die Kirche

ST. THOMAS AN DER KYLL

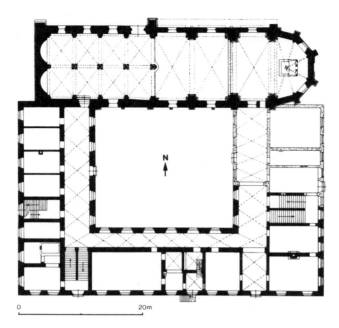

St. Thomas an der Kyll,
Grundriß der Kirche und des
Klosters

und Geistlichen aus dem 14. bis 18. Jh. Die vier Joche der Gewölbe unter der Empore bestimmen im westlichen Teil auch die Gliederung des Kirchenschiffs, über Konsolen aufsteigende Gurtbögen trennen vier schmale, weitgespannte Gewölbe über der Nonnenempore. Davon abweichend besteht die östliche Hälfte der Kirche nur aus drei Jochen, die zusammen so lang sind wie die westlichen vier, sie ruhen auf mächtigen Wandpfeilern, zwischen denen sich eine in der spätromanisch-frühgotischen Baukunst einmalige Wandgliederung befindet: Dreifach gestaffelt durch große Rundbögen, darüber kleinere Zwillingsbögen, darüber Spitzbögen, verleiht sie in der markanten Farbigkeit der 1962 restaurierten romanischen Quadermalerei der Kirche neben der Empore ihren zweiten charaktervollen Akzent. Von der Innenausstattung sind die spätromanische Altarmensa mit vier Säulen an der Rückseite und der qualitätvolle, fast lebensgroße gotische Kruzifixus in originaler Farbfassung bemerkenswert; ferner eine sitzende Muttergottes (14. Jh.) und eine Steinkanzel mit Wappenreliefs von 1634 sowie eine polychromierte Steinfigur des Kirchenpatrons Thomas Becket um 1370.

Sollte die Kirche verschlossen sein, so wende man sich zum Hauptportal der Klosterfassade. Die Gebäude enthalten heute eine Bildungsstätte für kirchliche Dienste und sind geöffnet. Treten Sie ein und gehen Sie im 1744 errichteten Kreuzgang nach rechts, eine kleine Pforte an seinem Ende führt in die Kirche.

Obwohl das Kloster St. Thomas an der Kyll kurz nach der 1170 stattgefundenen Ermordung des schon drei Jahre später heiliggesprochenen Erzbischofs Thomas Becket in der für Zisterzienser so typischen Einsamkeit eines abgelegenen Tales gegründet worden war, hatte es selbst dort seine Ruhe nicht vor ungebetenen Interessenten an seinem Besitz und seinen Einkünften. So bedrängte 1235 Rudolph von Malberg, über den die Geschichtsschreiber auch sonst nichts Gutes zu vermerken wissen, das Kloster so sehr, daß die Nonnen nach Trier zum Erzbischof Theoderich flüchten mußten. Für den war dieses Ereignis höchst beunruhigend, deutete es doch auf einen neuen Gegner an der Grenze des trierischen Kyllwaldes, denn die Malberger hatten sich seit einigen Jahren in verdächtiger Weise dem großen Konkurrenten Luxemburg genähert (dessen Lehensmänner sie wenige Jahre später auch wurden). Da hieß es, einer gefährlichen Entwicklung zuvorzukommen, und so begann der Erzbischof im Jahre 1239 mit dem Bau einer großen Burg, die den Malbergern genau gegenüberlag: **Kyllburg** heißt der Ort heute, damals Kiliberg oder Kileburhc genannt. Als Erzbischof Arnold von Isenburg 1256 die Burg verstärkte und die Ortschaft mit einer Ringmauer umschloß, war die Trierer Festung komplett – jedenfalls im militärischen Sinne. Denn ab 1276 sahen die Luxemburger langsam die Mauern einer großen Kirche emporwachsen; Erzbischof Heinrich von Vinstingen ließ auf dem höchsten Punkt seines Burgberges ein neugegründetes Kollegiatstift errichten, an dem sich zu vergreifen selbst bei größten Gegensätzen kaum mehr möglich war. So darf man die Gründung des Stifts gerade hier in Kyllburg durchaus als politischen Affront gegen Luxemburg verstehen – denn wer die kirchlich garantierte Stiftsimmunität verletzte, der hatte nicht nur mit Feuer und Schwert, sondern mit Kirchenbann und Exkommunikation zu rechnen: verheerende Waffen aus dem diplomatischen Arsenal, entbanden sie doch die Untertanen vom Treueid.

Viel beklagt und nicht verhindert, hat das Städtchen Kyllburg noch in jüngster Zeit viele seiner historischen Fassaden verloren, dennoch finden sich noch etliche malerische Winkel; besonders der Blick zwischen den Häusern tief hinunter zur Kyll ist immer wieder überraschend. Steigt man hinauf zum Stiftsbezirk, so begegnet man an den letzten Häusern dem,

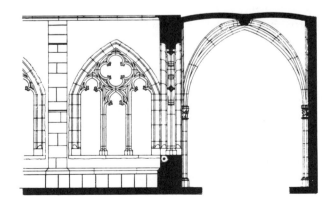

Kyllburg, Kreuzgang

KYLLBURG

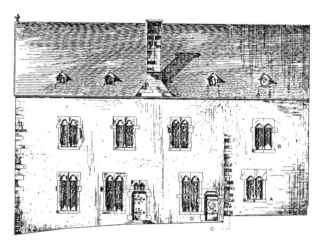

Kyllburg, Kapitelhaus, Ostseite (Rekonstruktion von C. Walter)

was von der erzbischöflichen Burg übriggeblieben ist: Zwischen Mauerresten ragt der massige Bergfried auf, selbst als Ruine noch über 23 m hoch und mit 2,5 m dicken Mauern. Weiter bergauf fühlt man sich Schritt für Schritt in eine andere Zeit versetzt: An überwucherten Gärten vorbei, unter rauschenden alten Bäumen hinweg kommt langsam zwischen den Blättern das hochragende rötliche Sandsteinmauerwerk der Stiftskirche ins Blickfeld, die mit dem angebauten Kreuzgang (Abb. 82) und dem Kapitelhaus noch eine vollkommene mittelalterliche Baugruppe darstellt. Selbst wenn man nicht wüßte, daß der Baumeister ein Zisterzienser namens Heinrich war, wäre auch dieser Kirche das benediktinische Architekturideal anzusehen. 1276 vom Chor her begonnen und kurz nach 1300 mit dem Langhaus vollendet, präsentiert sich das fertige Werk als klar umrissener, monumentaler Baukörper von strenger Gliederung. Hoch hinaufreichende abgetreppte Strebepfeiler zwischen den spitzbogigen Maßwerkfenstern und eine glatte, gequaderte Fassade prägen das Äußere. Einzig die beiden Portale zeigen sparsame Ausschmückung: Am Westportal ein Wimperg zwischen Fialen, an der Mittelsäule des Doppelportals der Nordwand (Abb. 94) steht eine steinerne Madonna unter einem Baldachin, im Maßwerk des Tympanons ein Kruzifix mit Lamm und Kreuzfahne, ursprünglich von Malereien umgeben. Der Innenraum überrascht durch seine lichterfüllte Weite, denn der große Bau stellt einen einschiffigen Saal dar. Da die Ostwand jedoch drei basilikal abgestufte Chorbögen zeigt, dauert die Diskussion bis heute an, ob nicht ursprünglich auch eine dreischiffige Kirche geplant war, bevor man sich zu der kühnen Lösung entschloß, die gesamte Breite des Langhauses mit einem einzigen weitgespannten Gewölbe zu überdecken.

Der Innenraum besitzt eine reiche Ausstattung, allem voran die berühmten Glasgemälde in den drei hohen, schlanken Fenstern des Chorschlusses, die zu den bedeutendsten Kunstwerken der Eifel gehören. 1533/34 von den beiden Stiftsherren und Brüdern Jakob und

Bernhard gestiftet, stellen sie in mehreren Szenen das Leben und Leiden Christi in reicher Renaissancearchitektur mit Ornamenten, Engeln und Putten dar. Obwohl sich die Bilder der betonten Vertikale der gotischen Architektur anpassen müssen, ziehen sie sich in harmonischer Gesamtkomposition über alle Fensterunterteilungen hinweg und werden so zu transparenten Großgemälden von unerschöpflichem Formenreichtum in leuchtenden Farben. Die Bildfolge zeigt:
im (linken) Nordfenster:
Ganz unten eine lateinische Sockelinschrift, darüber der kniende Stifter mit Heiligen, im mittleren Hauptbild eine Geburt Christi in einer offenen Ruine mit schwebenden Engeln, im abschließenden Vierpaß eine Verkündigung in einem reich ausgestatteten Renaissanceraum mit einem großen Himmelbett;
im (mittleren) Ostfenster:
Unten ebenfalls eine Inschrift, darüber unter Doppelbögen der zweite kniende Stifter vor Maria, im Hauptbild eine Kreuzigung mit der Passionsgruppe und im Vierpaß eine Dreifaltigkeit mit manteltragenden Engeln;
im (rechten) Südfenster:
Inschrift und unteres Drittel nach Schäden erneuert, in der Mitte Grablegung Christi, im Vierpaß Auferstehung.

Die Herkunft dieser kostbaren Stücke ist bis heute nicht geklärt. Vergleichbare Fenster finden sich nur in St. Peter in Köln und in zwei Kirchen in Lüttich. Allenthalben werden die

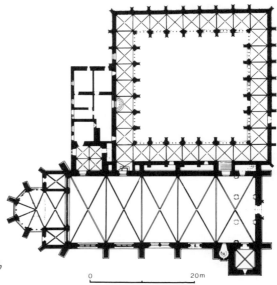

Kyllburg, Grundriß der Stiftsanlage (nach Wackenroder)

Kyllburger Fenster daher einer »flandrisch-kölnischen Frührenaissance« zugeschrieben, doch ist diese tautologische Klassifizierung wenig instruktiv.

Im vielfarbigen Licht der Chorfenster sind noch weitere qualitätvolle Werke zu sehen. Man beachte rechts die in die Mauer eingelassene Doppelpiscina unter spitzem Giebel, daneben den zierlichen Dreisitz für den Zelebranten und die Diakone unter Vierpaßblenden; gegenüber das spätgotische Sakramentshäuschen mit seinem Fialenaufbau zwischen dem Stiftergrabmal des Hugo von Schmidburg (1630) und der vorzüglich gearbeiteten Grabplatte des Ritters Johann von Schönenburg (um 1540) mit Ahnenwappen und Inschriftenband. Hinter dem Hochaltar steht eine steinerne Muttergottesfigur, eine nicht minder gute Trierer Arbeit um 1350. Aus St. Thomas an der Kyll stammt das prächtige alte Chorgestühl im ersten Joch des Kirchenschiffes mit eindrucksvollen Schnitzarbeiten des 14. Jh.; ein weiteres bedeutendes Stück ist das große Triumphkreuz, entstanden um 1300. Rechts neben der Rokokokanzel sind noch die beiden Bildnisgrabsteine der Ritter Konrad und Johann von Brandscheit zu sehen, gestorben 1438 und 1411, die wegen ihrer ungewöhnlichen Rüstungen von kostümkundlichem Interesse sind (Abb. 95).

Durch eine Tür im zweiten Joch des Kirchenschiffes gelangt man in das stimmungsvolle Geviert des Kreuzgangs. Alle zum quadratischen Hof sich öffnenden großen Spitzbogenfenster sind einheitlich dreigeteilt, mit bekrönender Vierpaßzone und lilienförmig gebildeten Nasen des Maßwerks. Das profilierte Rippenwerk der Kreuzgewölbe ruht auf Dienstbündeln, man beachte die Schlußsteine mit ständig wechselnden Tier-, Blatt- und Maskenverzierungen. An den Ostflügeln des Kreuzgangs schließt das später entstandene gotische Kapitelhaus an. Es besitzt noch schöne gekuppelte Fenster mit maßwerkgeschmücktem Sturz und im Erdgeschoß, an die Kirche anschließend, den ehemaligen Kapitelsaal (jetzt Sakristei), der von vier Kreuzgewölben auf einer Mittelstütze überspannt wird.

Von Kyllburg empfiehlt sich ein Ausflug zur Wasserburg **Seinsfeld** beim gleichnamigen Dorf, ein wenig nördlich gelegen. Sie ist allerdings schwer zu finden, denn anstatt stolz von einem Berg zu grüßen, hat sie sich so gelungen in der Senke eines kleinen Tales versteckt, daß sicher jeder Feind nach aussichtsloser Suche entnervt sein Unternehmen abgebrochen hat. Burg Seinsfeld liegt nordwestlich des Dorfes am Kailbach, kurz hinter den letzten Häusern; mitten im Ort beginnt eine »Burgstraße«, die auf einen kleinen Wald zuzuführen scheint. Daß sich unter den großen alten Bäumen fast unsichtbar die Burg verbirgt, bemerkt man erst, wenn man schon halb unter dem Torbogen steht. Niemand weiß genau, wann hier der erste Wehrbau entstanden ist, denn die Anlage der Burg folgt auffällig dem Schema einer sog. frühmittelalterlichen ›Motte‹: Von einem kreisrunden Wassergraben mit einem Wall umgeben, liegt die Burg wie auf einer kleinen Insel in der flachen Talsenke. Die heutigen Gebäude sind im Kern spätmittelalterlich und wurden um 1680 erneuert; sehr romantisch der lauschige Innenhof mit efeubehangenen Fassaden; im fünfseitig vorspringenden Treppenturm sind zwei Bildnisgrabsteine von 1519 und 1560 eingemauert.

Was für Kyllburg das Stift, ist für das gegenüberliegende **Malberg** die vollständig erhaltene Schloßanlage, die das altertümliche Dorf überragt. Auf zwei Seiten von der Kyll umflossen, steht das Schloß auf einem Bergsporn eindrucksvoll über dem Tal. Ursprünglich

Malberg, aus dem Skizzenbuch des Grafen Wilhelm von Mörner, 1874

Malberg, nach einem Gemälde aus dem 18. Jh.

MALBERG

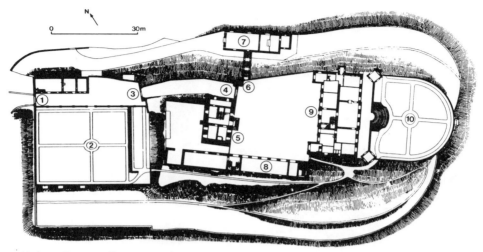

Schloß Malberg 1 Äußeres Tor 2 Eiserner Garten 3 Mittleres Tor 4 Inneres Tor 5 Altes Schloß 6 Uhrturm 7 Schloßkapelle 8 Arkadenbau 9 Neues Schloß 10 Runder Garten

der Sitz der Herren von Malberg, wurde die Befestigung bereits im 11. Jh. in zwei Burgen aufgeteilt, die im 13. Jh. in die Hände verfeindeter Trierer und Luxemburger Parteigänger fielen. Nach wechselvoller Geschichte gelangte die ganze Herrschaft Malberg 1681 an die Familie von Veyder. Aus deren Reihen bekleidete ein Johann Werner ab 1703 das Amt des Weihbischofs in Köln, das nicht schlecht dotiert gewesen sein muß, denn ihm verdankt das Schloß einen großangelegten Neu- und Umbau, wodurch im wesentlichen die heutige Anlage entstand. Hinter dem »eisernen Garten« mit dem zierlichen Gitter erhebt sich der »alte Bau« mit Tor und schlankem Uhrturm, der anschließende Hof wird gesäumt von einem langgestreckten barocken Arkadenbau, der hinüberführt zur prunkvollen Fassade des »Neuen Hauses«. Ab 1711 errichtet, schuf hier der damals in kurpfälzischen Diensten stehende berühmte venezianische Architekt Matteo Alberti ein Stück Italien in der Eifel, denn das Schloß stellt eine barocke Adaptation der im 16. Jh. erbauten Villa Valmarana des Andrea Palladio auf der venezianischen Terra ferma dar. Im Inneren ist der Bau mit repräsentativen Räumen mit kostbaren Holztäfelungen, formenreichen Stuckdecken, Gemälden, alten Möbeln und der vielgerühmten bemalten Wandbespannung in der Art einer Gobelinimitation ausgestattet. Auf der Rückseite, zum Kylltal hin, baute der nicht minder bedeutende Architekt Christian Kretschmar über dem »runden Garten« um 1730 eine wundervolle Terrasse mit Pavillons, auf deren Balustrade die graziösen zehn Gartenfiguren des genialen Rokokobildhauers Adam Ferdinand Tietz Aufstellung fanden, der wertvollste Kunstschatz des Schlosses... – Spätestens hier sollte man die Beschreibung von Malberg beenden, um Ihnen nicht allzu viele Hoffnungen auf einen Kunstgenuß zu machen, dessen Sie nicht teilhaftig werden können. Das Schloß befindet sich im Besitz der Erben der Familie von Veyder, die sich in den Kopf gesetzt haben, hier eine Pension mit fürstlichem Ambiente einzurichten. Deshalb stehen sie auf dem schwer kritisierbaren Standpunkt, daß der Reiz und die Ruhe dieses einzigartigen Pensionsbetriebes unvereinbar seien mit den Besucherströmen, die sich zweifellos hierüber ergössen, wäre der Zutritt erlaubt. So bleibt nur der Blick von außen, mit einer Ahnung von dem, was E. Zahn dem Besucher mit den Worten ankündigt: »Dank der wunderschönen landschaftlichen Situation mit der windungsreichen Kyll, den herrlichen Wäldern und Wiesen ist Malberg ein Ort, wo Geschichte, Kunst und Natur in seltenem Zusammenwirken zum unvergeßlichen Erlebnis werden.« Ein wenig jedenfalls, von weitem.

DIE TÄLER VON PRÜM UND NIMS

Obwohl nah beisammen, sind beide Täler in ihrem Landschaftscharakter völlig verschieden. Ähnlich wie die Kyll durchfließt die Nims ein tief eingeschnittenes, einsames Waldtal, bevor sie ebenfalls auf der Höhe von Malberg das Bitburger Gutland erreicht. Ähnlich wie die Salm auf der anderen Seite sieht die Prüm dagegen die ländlichen Randlandschaften des Islek an ihren Ufern, bevor sie weit unterhalb Bitburgs in einer wildromantischen Schlucht mit den spektakulären Stromschnellen von Irrel zur Trierer Bucht durchbricht und kurz darauf die Sauer erreicht.

Gemeinsamer Ausgangspunkt für beide Täler ist der Ort **Prüm**, einstige »Hauptstadt« eines kleinen Klosterstaates, der bis 1576 seine Selbständigkeit verteidigen konnte und damit in Existenz und Geschichte eines der seltsamsten historischen Phänomene der Eifel darstellt. Zur Zeit der Karolinger mächtiger und angesehener als das Bistum Trier, erwuchs der Reichsabtei gerade in diesem Bruder im Geiste ein erbitterter Gegner, der nicht eher ruhte, bis er die Gewalt über den Kleinstaat gewonnen hatte. Damit war die Feindschaft keineswegs beigelegt, endgültig wurde der Widerstand des rebellischen Klosters erst gebrochen, als Trier mit Waffengewalt zur Zerstörung der Zeugen seiner großen Vergangenheit schritt. Wer daher nach Prüm kommt, angelockt vom legendären Ruf der Abtei im frühen Mittelalter, wird sich angesichts der biederen Kirchenfassade fragen, ob er am richtigen Orte ist. Denn nichts verkörpert Glanz und Elend der Abtei Prüm besser als dieser in seinen Ausmaßen noch gewaltige, in seiner Ausführung von provinzieller Mittelmäßigkeit gezeichnete Kirchenbau.

Was war geschehen? Im Jahre 721 hatte die fränkische Edle Bertrada mit ihrem Sohn Charibert das Kloster gestiftet. Im Gründungsdokument bekam es zur Aufgabe, Tag und Nacht die Barmherzigkeit Gottes herabzuflehen, damit der Stifterin und ihren Söhnen die Sünden vergeben würden. Diese scheinen nicht gering gewesen zu sein, was bei der mord- und intrigensüchtigen Familienpolitik der Merowinger auch kein Wunder ist. Pippin der Kleine wiederholt 751 die Gründung. Von nun an mit Ländereien und Privilegien über-

PRÜM

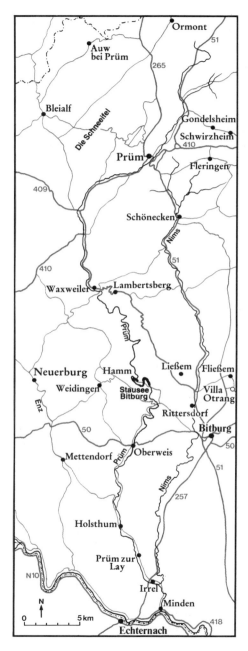

schüttet, entwickelt sich die Abtei zu einer Art karolingischem Hauskloster, das seinen ersten Höhepunkt erlebt, als im Jahre 799 die wegen ihres Reichtums so genannte »Goldene Kirche« in Prüm vom Papst Leo III. in Anwesenheit Karls des Großen geweiht wird. Der Enkel Karls, Kaiser Lothar I., tritt gar als Mönch ins Prümer Kloster ein, wo er sechs Tage später stirbt; sein Grab befindet sich im Chor. Zu dieser Zeit war die Abtei bereits unermeßlich reich, sie besaß verstreute Ländereien von der Bretagne über die Loire bis zur Rhône, in Holland, im Münsterland und am Main, im 893 aufgestellten Verzeichnis des Klosterbesitzes werden 32 Grafen und Edelherren als Prümer Vasallen genannt. Die damalige kulturelle Bedeutung des Klosters kann gar nicht hoch genug eingeschätzt werden. Nach der 1017 erfolgten Gründung eines Kollegiatstifts (es stand der Abtei gegenüber und ist heute verschwunden) und mit einem 1190 zu Niederprüm ins Leben gerufenen adeligen Nonnenkloster ist Prüm so mächtig, daß es seine weltlichen Vögte abschütteln kann, es wird zur »Fürstabtei« mit eigenen Vögten und landesherrlicher Gewalt auf seinem Territorium, mit Sitz und Stimme im Reichstag.

Doch auch die Wertschätzung geistlicher Fürsprecher unterliegt Konjunkturen. Wie viele andere traditionsreiche Klöster mußte dies auch Prüm schmerzlich erfahren, als sich zu Beginn des 13. Jh. das allgemeine Interesse dem neugegründeten Zisterzienserorden zuwandte – und damit auch alle frommen Spenden und Stiftungen, die einen Großteil der Klosterfinanzen ausmachten. Und da hatte Prüm in nächster Nähe mit der Zisterzienserniederlassung in Himmerod (s. S. 280) eine böse Konkurrenz bekommen.

Gegen die Nachfrage nach dem Reformkloster mit den neuen Ideen verblaßte das altehrwürdige Angebot der Fürstabtei so gründlich, daß bald die ersten Schulden gemacht werden mußten. Kein Zufall, daß in diesem Moment der beginnenden Schwäche zum erstenmal das begehrliche Auge Kurtriers auf die großen Eifelländereien von Prüm fiel, doch der listige Plan, die Abtei zum Bistum zu erheben, das sich dann allerdings dem Erzbistum Trier zu unterstellen hätte, ließ sich nicht verwirklichen. Die Auseinandersetzungen mit Trier nahmen von nun an immer gewalttätigere Formen an, jedoch dauerte es noch 200 Jahre, bis das mächtige Erzbistum die kleine Eifelabtei, der durch eine ruinöse Finanzpolitik immer mehr Ländereien verlorengegangen waren, endgültig kassieren konnte. Denn Stück für Stück hatte Trier Prümer Landbesitz aufgekauft, mit den daran haftenden Vogteirechten konnte der geistliche Nachbar immer mehr weltliche Macht im fremden Gebiet ausüben. 1576 war es dann so weit: Trier hatte so viele landesherrliche Rechte in Prüm, daß es selbst als Prümer Vogt auftreten konnte. Damit war die Exekutive des Kleinstaates gewissermaßen in der Hand des Feindes, und ein Staat, der seine Gewalt nicht mehr ausüben kann, ist keiner mehr. So wurde der Erzbischof von Trier gegen den heftigen Widerstand des Konvents Prümer Fürstabt, dem Kloster stand fortan nur noch ein Prior vor. Doch die Mönche gaben noch lange nicht auf. Die dauernde Abwesenheit des an Trier desinteressierten Kurfürsten Ludwig von Pfalz-Neuburg, der sein Erzbistum von Breslau aus verwaltete, hielten sie fälschlicherweise für eine gute Gelegenheit, ihre Autonomiebestrebungen durchzusetzen. Der Irrtum sollte auch kunstgeschichtlich üble Folgen haben: Nicht nur, daß der Prior verhaftet und auf dem Ehrenbreitstein zu Koblenz eingekerkert wurde, demonstrativ wurde nun die ehrwürdige »Goldene Kirche« abgerissen und 1721 der heutige Neubau befohlen. Allein schon dessen Zweitklassigkeit wäre ein Grund zum nächsten Aufbegehren des Konvents gewesen, noch 1768 wagen die Prümer einen bewaffneten Aufstand gegen den Erzbischof, doch müssen sie vor trierischem Militär kapitulieren.

Damit sind wir bei der Baugeschichte der Kirche angelangt, zu deren Verständnis man außer dem politischen Hintergrund noch den kunsthistorischen beleuchten muß, und der hat einiges mit den damaligen Zuständen im Kurstaat Trier zu tun. War dort nach den Zerstörungen des 30jährigen Krieges zunächst kein Geld zum Bauen da, so fehlte später das Interesse, im eigenen Land repräsentative Werke zu errichten. Und so spricht Franz Josef Faas mit einem Satz die ganze traurige Wahrheit über dieses eigentümliche Phänomen des gotisierenden Barock in der Eifel aus, das viele Autoren als eine gediegen-bodenständige Konservativität des Eifelers auch in Stilfragen gedeutet habe möchten: »Dem geringen Bauinteresse der Landesherrn entsprach auch das Können ihrer Hofbaumeister.« Schon mit der 1708–24 von Honorius Ravensteyn errichteten Pfarrkirche von Wittlich hatte die Baukunst des Erzbistums den Anschluß an die Entwicklung des Barock verloren; noch schlimmer wurde es unter dessen Nachfolger Hans Georg Judas, seinem früheren Zimmermann, der nur noch mäßige Kopien des früheren Vorgesetzten zustande brachte. Endgültiger Tiefpunkt war die Berufung des Franziskanerbruders Paul Kurz zum Hofbaumeister, den man aus seinem luxemburgischen Kloster holte, weil er »des Bauwerks verständig« sei – höhere

PRÜM

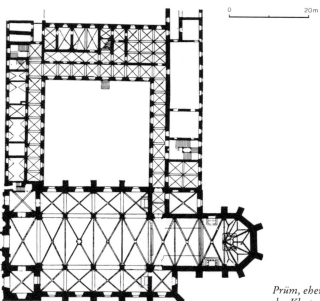

Prüm, ehem. Klosterkirche mit einem Teil der Klostergebäude

Ansprüche wurden damals in Trier nicht gestellt. Erst als 1729 Franz Georg von Schönborn Kurfürst in Trier wurde und den Familienbaumeister seines Hauses, den vielgerühmten Balthasar Neumann, mitbrachte, kam etwas vom Glanze des süddeutschen Barock auch in die Eifel. Da war aber die neue Abteikirche in Prüm schon fertig. Begonnen vom Judas, beendet vom Kurz, erweist sie sich innen wie außen als vergrößerte Imitation der Pfarrkirche von Wittlich, die Ravensteyn erbaut und an der Judas als Zimmermann mitgearbeitet hatte. Man werfe einen vergleichenden Blick auf die neben der Kirche stehenden barocken Abteigebäude, wenig später von Balthasar Neumann entworfen und von seinem Schüler Seiz ausgeführt: Besonders die prachtvolle Nordfront mit dem Mittelrisalit (Farbabb. 21) und dessen monumentaler Pilasterordnung unter dem gebrochenen Giebel mit dem »tosenden Rocaille« der Wappenrahmung zeigt die zeitgemäße Höhe der barocken Baukunst gegenüber der mageren Kirchenfassade. Deren ansprechendstes Detail ist die große dekorierte Muschelnische über dem Mittelportal, in der eine schöne Madonna auf Wolken, umgeben von Engeln, zu sehen ist; die das Mittelfeld eingrenzenden Pilaster tragen ionische Kapitelle unter einem doppelt geschwungenen Giebel (Abb. 105).

Innen stellt die Kirche eine gotisierende dreischiffige Basilika dar, deren Kreuzrippengewölbe statt auf Diensten auf flachen Pilastern ruhen; jedoch ordnen sich solche barocken Formelemente völlig dem mittelalterlichen Raumschema der anachronistischen Gesamtkonzeption unter. Einzig die 1730 an die Westwand angebaute Orgelempore zeigt reiche Stukkaturen mit Emblemen der Musik, der Bildhauerei und der Architektur. Der kühn geschwungene Orgelprospekt ist wieder ein Entwurf des Neumann-Schülers Johannes Seiz. Als Trost befinden sich aber in der Kirche zahlreiche Ausstattungsstücke von teilweise vorzüglicher Qualität. Bis auf die Kanzel entstammen sie nicht dem Vorgängerbau, sie sind aus anderen Kirchen – besonders aus der des verschwundenen Kollegiatsstifts – hier zusammengetragen worden, von den legendären Schätzen der mittelalterlichen »Goldenen Kirche« zu Prüm fehlt jede Nachricht. Den Innenraum beherrscht die düstere Pracht des großen Hochaltars. 1727 für die Karmeliterkirche in Kreuznach in den für die Altäre dieses Ordens typischen dunklen Farbtönen gefertigt, kam er 1927 hierher. Zwischen mächtigen Säulenaufbauten zeigt er Gemälde, Engelssmkulpturen und zierliche Ornamente im Übergang zu Rokokoformen. Vor dem Altar steht das 1878 von Kaiser Wilhelm I. gestiftete Prunkgrab für die Gebeine des 855 verstorbenen Karolingers Lothar I. Ein Meisterwerk barocker Schnitzkunst ist das Chorgestühl aus dem Jahre 1731 mit großen reliefierten Medaillons mit Darstellungen aus der Geschichte des Benediktinerordens zwischen karyatidenartigen Figuren, Verkörperungen der Tugenden und der Künste. Ebenfalls ein sehr qualitätvolles Werk ist die Sandsteinkanzel aus der Werkstatt des Hans Ruprecht Hoffmann aus Trier (Abb. 98). Entstanden um etwa 1590, zeigt sie auf vier Relieftafeln, aus denen der Kanzelkorb gebildet ist, biblische Motive; den achteckigen Fuß zieren Engelsköpfe. In der Personendarstellung noch gotisch empfunden, ist die Ornamentik von der Renaissance geprägt. Die originellsten Stücke der Ausstattung sind fünf polychromierte Figurengruppen an der Rückwand des rechten Seitenschiffes. Es handelt sich bei ihnen um die Reste eines jener großen spätgotischen Schnitzaltäre, die zu Beginn des 16. Jh. in Mengen aus Flandern in die Eifel exportiert worden sind und von denen sich in Münstermaifeld (s. S. 248) und Klausen (s. S. 282) noch vollständige Exemplare erhalten haben. In ihrem typisch spätgotischen Realismus, der auf die Würde des Dargestellten nur mehr wenig Rücksicht nahm, sind selbst die Passionsdarstellungen nicht ohne Witz: Man beachte die Knechte, die sich um die Kleider des Herrn raufen, im Eifer des Gefechts packt einer den anderen an der Nase und verabreicht ihm eine Maulschelle (s. vordere Umschlaginnenklappe). Der Altar stand in einer Kalvarienbergkapelle, die erst 1949 bei der Explosion eines Munitionslagers zerstört wurde; von dort kam auch die Grablegungsgruppe mit ihren großen Figuren aus Sandstein und Terrakotta in die rechte Turmkapelle. Die ehemaligen Abteigebäude mit dem schon erwähnten Mittelrisalit der Nordfront beherbergen heute ein Gymnasium.

Bevor man sich von Prüm aus in eines der beiden Täler begibt, beachte man einige lohnende naturkundliche und künstlerische Objekte der näheren Umgebung. Da ist zunächst die schöne barocke Anlage des 1190 gegründeten Benediktinerinnenklosters im 2 km entfernten *Niederprüm*. In den Gebäuden um den Kreuzgang befindet sich heute eine Missionsschule der Vinzentiner, doch die Kirche (1677 geweiht) ist zugänglich. Sie besitzt einen schönen Innenraum mit sieben rippenlosen Kreuzgewölben sowie Hochaltar, Chorgestühl und eine prächtige Kanzel aus der Erbauungszeit; sehr reizvoll ist die balkonartige Äbtissinnenempore an der Nordwand.

Empfehlenswert ist eine kleine Rundfahrt über Fleringen und Gondelsheim, die auch ein Stück Landschaft der Prümer Kalkmulde zeigt, die übrigens bekannt ist für ihre Orchideenvorkommen. In **Fleringen** steht die Pfarrkirche St. Lukas aus dem Jahre 1683 mit einem in die Außenwand eingelassenen Relief, einer typischen Arbeit bäuerlicher Provenienz. Im Inneren befindet sich ein hübscher spätgotischer Chor; man wage einen Schritt hinein und betrachte die vier ungemein originellen figürlichen Konsolsteine des Sterngewölbes. Bekannt ist der Ort aber für die Figur der Muttergottes im Seitenaltar, ein erlesenes Exemplar der »schönen Madonnen« der ersten Hälfte des 14. Jh.; ebenso freundlich wie das Kind auf ihrem Arm lächelt sie den Besucher an, während ihr Sohn die heilige Taube mit der Linken etwas unsanft am Hals hält. Fährt man auf Schwirzheim zu, so ergibt sich das überraschende Panorama eines bewachsenen, hoch das Dorf überragenden Dolomitfelsens. Auf ihm stand einst die Burg Hartrardstein, bereits 943 in Prümer Besitz genannt. Eindrucksvoller als die wenigen Ruinenreste sind die großen, zerklüfteten Felsen des Dolomitmassivs.

Im benachbarten **Gondelsheim** steht die ehemalige Wallfahrtskirche St. Fides 1461 als dreischiffiger Bau errichtet, wurde sie 1523-31 in eine unsymmetrisch zweischiffige Anlage umgewandelt, die mit ihren Mittelstützen und den beiden polygonalen Chören einen eindrucksvollen hallenartigen Innenraum mit vielzitierten »stimmungsvollen Durchblicken« bildet. Die ehemals prächtigen Gewölbe mit zahlreichen Schlußsteinen wurden 1945 zerstört und leider nur durch einfache Kreuzrippengewölbe ersetzt. Noch finden sich aber überall die alten figürlichen Konsolsteine an den Wänden, man beachte ferner das Vesperbild und die drei Heiligenfiguren (Abb. 96) um 1500 sowie die zwei schaurigen Relieftafeln mit Marterszenen vom Anfang des 18. Jh.

Der dunkle Höhenzug, der von Prüm den Blick nach Westen begrenzt, ist die **Schneeifel** mit dem »Schwarzen Mann« (698 m) als höchster Erhebung. Beide Namen wirken wenig einladend, und in der Tat gehörte die »Schneifel« zu den unwirtlichsten, ärmsten und einsamsten Gebieten des ganzen Landes. Gerade deshalb ist sie für den Touristen, für den bekanntlich andere Maßstäbe gelten, eines der angenehmsten Reiseziele, denn der ehemals als unheimlich verschriene dichte Wald und die aufgrund der enormen Niederschlagsmengen zahlreich sprudelnden klaren Quellen und Bäche sind heutzutage ebenso gesuchte Ziele wie der früher gefürchtete Schnee, der an sonnigen Wintertagen die Skifahrer legionenweise hierherzieht. Abgesehen davon ist die Schneeifel mit ihren endlosen Fichtengroßwäldern, »ein schöner Wanderwald mit reichlich Waldesrauschen«, ihren kleinen einsamen Moorflecken und dem gelegentlichen Blick in die Weite einer menschenleeren Landschaft eines der eindrucksvollsten Eifelerlebnisse.

Wer die Schneifel-Höhenstraße von Süden aus befährt, der folge ihr noch ein Stück weiter bis zum kleinen Dorf **Ormont**. Wie jeder geologisch Gebildete weiß, endet hier der Westeifel-Vulkanzug; der wegen der Farbe seiner Sande so genannte Goldberg hinter dem Dorf ist seine nordwestlichste Ausbruchstelle. Hier in Ormont hat eine alte Vulkansandgrube fast den halben Bergkegel weggegraben und damit den Goldberg zu einer letzten phantastischen Szenerie des Vulkanzuges gestaltet. Wer ein kurzes Stück hinter dem Dorf auf der Straße nach Kerschenbach an der Einfahrt hält und ein paar Schritte zu Fuß in die Grubenanlage geht, der sieht hinter Bergen von grotesk geformten Wurfschlacken eine riesige Wand aufragen. Hunderte von Metern sind an ihr in zahlreichen Gold- und Brauntönen die charakteristischen Linien der verschiedenen Auswurfschichtungen zu verfolgen.

Westlich von Ormont trifft man auf **Auw bei Prüm**. Im Saalbau der spätgotischen Pfarrkirche St. Peter und Paul können ein Netzgewölbe mit figürlichen Konsol- und Schlußsteinen sowie Barockaltäre und zahlreiche alte Einrichtungsgegenstände betrachtet werden. Außen am Turm befinden sich in einer Nische drei gotische Steinfiguren. Weiter südlich, zu Füßen der Schneeifel, liegt **Bleialf,** ebenfalls mit einer gotischen Kirche als unbenutztem Appendix eines weitläufigen Neubaus. In der alten Kirche wurde erst vor einem Jahr ein umfangreicher Freskenzyklus (Abb. 93) entdeckt, dessen Restaurierung noch im Gange ist. Er stammt aus dem Jahre 1498 und zeigt in großangelegten Kompostionen die zehn Gebote in entsprechenden Darstellungen. Passend sind gegenüber die zehn ägyptischen Plagen zu sehen – göttliche Verordnungen und ihre Folgen für den Fall der Nichtbeachtung. Weiter wurden noch eine Krönung Mariens und vier Apostel von der Tünche befreit. Der große barocke Hochaltar, in den mehrere figurenreiche gotische Reliefgruppen inkorporiert sind, befindet sich zu Restaurierungszwecken zur Zeit nicht in der Kirche, voraussichtlich soll er Ende 1984 wieder aufgestellt werden. Wie schon der Name sagt, ist Bleialf eine alte Bergmannssiedlung, die direkt auf einem Bleigang erbaut ist. Seit Römerzeiten wurde dieses Erz hier abgebaut, noch im vorigen Jahrhundert war die Gegend geprägt von den alten industriellen Anlagen des Bergbaus. Als dieser 1894 eingestellt wurde, verschwanden die Schachtanlagen und ihre Aufbauten, geblieben sind aber die Halden, und sie stellen noch heute ein Eldorado für Mineraliensammler dar. Am ergiebigsten ist die überwucherte Halde des Berthaschachts an der Straße von Bleialf nach Niederlascheid, dieser Schacht war mit 320 m der tiefste von allen.

Begibt man sich nun von Prüm nach Süden in das Tal der Nims, so wird man bald von der Romantik des schmalen, tief eingekerbten Waldtales angenehm berührt sein. Die chronische Raserei auf der B 51 wird Sie jedoch daran hindern, sich diesem Eindruck allzusehr hinzugeben. Da diese Rennbahn dem ganzen Tal bis fast nach Bitburg folgt, muß man sich irgendwo entschließen, sein Gefährt abzustellen und ein paar Schritte zu Fuß zu gehen, sonst wird man das Nimstal nur als Serie aufleuchtender Bremslichter in Erinnerung behalten.

Der erste Ort, an dem sich ein solcher Halt empfiehlt, ist das altertümliche Dorf **Schönekken** mit seiner großen Burgruine (Farbabb. 26). Aus den Kalkstein- und Dolomitfelsen des oberen Nimstales führt Sie die Straße gleich am Ortsanfang unter den mauer- und türmebekrönten steilen Burgberg. Kurz vorher öffnet sich links das Schalkenbachtal, das sich bald in die Schluchten seiner beiden Quellbäche verzweigt und wegen einer gewissen landschaftlichen Dramatik den Namen »Schönecker Schweiz« trägt. Die Herrschaft Schönecken mit dem anschließenden Wetteldorf ist sehr alt, das Dorf wird bereits 993 im Zinsbuch der Abtei Prüm erwähnt. Als deren Vögte brachten die Grafen von Vianden die Burg im frühen 13. Jh. in ihren Besitz und lieferten sich hier bald darauf eine blutige Familienfehde. 1383 kam sie im Zuge der gegen Prüm gerichteten Erwerbspolitik der Trierer Erzbischöfe an den Kurstaat, wo sie bis zum Einmarsch der französischen Revolutionstruppen im Jahre 1794 verblieb. Da die Burg bis dahin Sitz eines trierischen Amtsmannes war, wurde sie gut unterhalten und stand im Gegensatz zu den meisten anderen Eifelburgen um 1800 noch aufrecht. Doch nachdem sie um 1802 mit dem ganzen Dorf abbrannte, erhielten die Schönecker die Erlaubnis, das ausgedehnte Mauerwerk der Wehranlage als Steinbruch für den Wiederaufbau des Ortes zu benutzen. Dieses Recht wurde so ausgiebig in Anspruch genommen, daß heute von der imposanten Hauptburg auf dem breiten, steil zur Nims abfallenden Bergrücken nur noch die Ringmauer mit mehreren großen Türmen übriggeblieben ist, doch sind die Reste noch eindrucksvoll genug. Zwischen den beiden hohen Türmen der Westseite sind noch Mauern mit Fenstern zu sehen, hier stand der Palas. Unterhalb der Burg beherrscht das große Gebäude der ehemaligen kurfürstlichen Kellnerei, erbaut 1718 nach Plänen von Philipp Honorius Ravensteyn, mit dem aufgetreppten Straßenportal das Ortsbild. Weiter unten, im Ortsteil Wetteldorf, steht direkt neben der Durchgangsstraße die seit dem anschließenden Neubau von 1955 unbenutzte alte Pfarrkirche St. Leodegar. Man kann sie jedoch betreten; in der eigentümlichen Atmosphäre des großen verlassenen Kirchenbaus übersehe man nicht den Grabstein des Hermann von Hersel (um 1592) mit einer überlebensgroßen Ritterfigur im Harnisch zwischen Ahnenwappen.

Das Nimstal wird nun still und einsam, weite Wälder bedecken seine Hänge, ab und zu steht eine alte Mühle am Bach. Hinter Seffern, das etwa auf der Höhe von Malberg liegt, tritt auch die Nims ins Bitburger Gutland ein, was an einem charakteristischen Wechsel im Landschaftsbild nicht zu übersehen ist. Die Nims weiter nach Süden trifft man auf **Rittersdorf,** dessen vielversprechender Name nicht enttäuscht: Mitten im Ort steht die Anlage einer Wasserburg, die innen mehr architektonische Schätze birgt, als man ihr von außen ansehen könnte. Die Burg wurde 1263 als Besitz der Abtei St. Maximin genannt, um 1290 erbaute man den noch heute das Bild bestimmenden runden Bergfried. 26 m hoch, ist er so schmal und schlank, daß man ihn bestenfalls für einen Flucht- oder Beobachtungsturm halten möchte, doch entpuppt er sich im Inneren als höchst ungewöhnlicher Wohnturm. Fünf der sieben Geschosse sind mit Kuppelgewölben versehen, in der Mauerdicke führen steinerne Treppen nach oben, Sitznischen, Wandschränke und Kamine vervollständigen das Bild eines erstaunlichen Wohnkomforts in einem so alten Turm. Einen quadratischen spätgotischen Palas erbaute gegenüber um 1550 die Familie von Enschringen, auch er eine Überraschung in dem kleinen Dorf: Beide erhaltenen Geschosse besitzen schöne Gewölbe, die von einer einzigen Rundsäule in der Raummitte getragen werden. 1575 wurde noch ein weiterer Palas und das prächtige Renaissanceportal aufgeführt. Da die Besichtigungsfrage trotz der kürzlich erfolgten Restaurierung der Burg nicht zu klären war, ist es dieses prunkvolle Hofportal, womit Sie sich im ungünstigsten Falle begnügen müssen. Es zeigt zwischen drei großen Relieffiguren die reichverzierten Wappen des Erbauers und seiner Gemahlin.

Kurz vor Rittersdorf zweigt über Nattenheim und Fließen die Straße zur **Villa Otrang** ab, dem bedeutendsten Zeugnis römischer Kultur in der Eifel, das es außerhalb eines Museums zu sehen gibt.

Vom 2. bis 4. Jh. in mehreren Ausbauphasen in der Nähe der Heerstraße Trier-Köln errichtet, entstand hier ein großangelegter, repräsentativer Wohnbau vom Typ der im Trierer Land verbreiteten Risalitvillen, der mit 66 Räumen, Bädern, Säulenhallen und -gängen und einer ausgedehnten unterirdischen Warmluftheizung für Böden und Wände zusammen mit einem anschließenden Wirtschaftshof die auch für römische Landvillen ungewöhnlichen Ausmaße von fast 400 × 130 m erreichte. Heizungsanlage und Bäder sind noch teilweise zu sehen, von den Räumlichkeiten und Prunkfassaden zeugen indes nur noch Grundmauern, was sich jedoch zwischen diesen befindet, gibt ein letztes Zeugnis der Pracht und des Komforts einer Wohnkultur, wie sie in der Eifel kaum wieder erreicht wurde: Unter den kleinen Schutzhäuschen befinden sich noch mehrere Mosaikfußböden (Abb. 100), die mit ihrem unerschöpflichen ornamentalen Formenreichtum aus Kreisen, Rhomben, Achtecken, Rosetten, verschlungenen Flechtmustern, Mäandern, Blüten- und Blattsternen teils bortengesäumte Teppichimitationen darstellen, teils den Betrachter durch perspektivisch erzeugte Plastizität täuschen. Diese Mosaiken sind die eigentliche Attraktion der Villa Otrang; zwischen den kunstvollen Ornamenten sind auf einem Fußboden Tierabbildungen zu sehen, unter denen sich eine kleine Hommage des Römers an seine ungewohnte Umgebung befindet: Neben Löwe, Antilope und Panther zeigen sich zwei Eichhörnchen und eine typisch Eifeler Eule.

Gegen Ende des 4. Jh. haben die vorrückenden Barbarenstämme der Germanen die Villa zerstört. Wenig später brach die römische Rheinfront zusammen und Franken besiedelten das Land. Nichts deutet darauf hin, daß sie ihre luxuriöse Eroberung auch nur einen Tag bewohnt hätten.

Obwohl auf keiner Karte als landschaftlich schön eingezeichnet, führt die Talstraße von Prüm nach Waxweiler durch eine reizvolle Gegend. In Waxweiler zweigt die Straße den Berg hinauf nach **Lambertsberg** ab, dessen ehemalige Wallfahrtskirche den Abstecher auf jeden Fall lohnt. Es handelt sich um ein klassisches Beispiel einer spätgotischen zweischiffigen Anlage (s. S. 218). Der klare Raumeindruck der drei kreuzrippengewölbten Joche mit Achteckpfeilern auf der Mittelachse des Langhauses wird glücklicherweise durch die querschiffartigen Anbauten des Jahres 1954 kaum beeinträchtigt. Die eigentliche Attraktion der Kirche aber ist die Steinkanzel aus dem Jahre 1618: Wohl aus der Werkstatt des Hans Ruprecht Hoffmann aus Trier stammend, war hier offenbar ein volkstümlich orientierter Mitarbeiter am Werk, denn der Kanzelkorb zeigt in polychromierten Reliefs originelle Darstellungen aus der Jugendgeschichte Christi. Von geradezu rührendem Realismus ist dabei die Beschneidungsszene gelungen, in der ein kindlicher Christus mit besorgter Miene die vorbereitenden Hantierungen verfolgt, bei denen ein beunruhigend großes Messer nicht zu übersehen ist. Am Fuße der Kanzel befinden sich Nischenfiguren der Evangelisten. Man beachte links vom Chor die spätgotische Skulptur des hl. Nikolaus; zu seinen Füßen ein in Seenot geratenes stilisiertes Schiff, das man sich hier, fernab vom Meer, offenbar nur in Form eines schwimmenden bäuerlichen Waschzubers vorstellen konnte.

Von Waxweiler führt ein empfehlenswerter Wanderweg durch das stille Prümtal nach **Hamm**, die Straße erreicht den kleinen Ort über einen Umweg, der am Stausee Bitburg vorbeiführt. In der Geschichte berüchtigt für eine der entsetzlichsten Serien von Hexenprozessen, die die dortigen Herrschaften veranstalten ließen, um Geständnisse gegen einen

OBERWEIS / WEIDINGEN / NEUERBURG

Mann zu erpressen, bei dem sie Schulden hatten, ist das Dorf heute berühmt für eine der größten noch bewohnten Eifelburgen. Der mächtige Wehrbau, eindrucksvoll gelegen auf einem langgestreckten, von der Prüm in großer Schleife umflossenen Bergrücken, verbittet sich jedoch jede Besichtigung; man hüte sich vor dem Hund.

Von Hamm aus sind zwei Routen zu empfehlen: Entweder über Oberweis und Bettingen weiter die Prüm entlang, oder über Weidingen nach Neuerburg und von dort durch das waldreiche Enztal über Mettendorf bis zur Mündung der Enz in die Prüm.

Wählt man die erste Strecke, so finden sich im hübsch an der Prüm gelegenen **Oberweis** die Reste einer ebenfalls sehr ausgedehnten römischen Villa. Aus den Grundmauern des langgestreckten Baus lassen sich der Portikus sowie zahlreiche Wohn- und Baderäume erkennen, die vielen Ausgrabungsfunde (u. a. vollständige Mosaikfußböden) befinden sich leider nicht am Orte, sondern im Landesmuseum Trier. Die Villa wurde wie viele andere gegen Ende des 4. Jh. verlassen, 1801 fand man unter einer Steinplatte einen 16 Pfund schweren Münzschatz der geflohenen Bewohner.

Wer Zeit hat, nehme die zweite Strecke, denn die Landschaft zwischen Prüm und Enz ist von eigenartiger Schönheit. Bis zum Horizont geht der Blick über endlose Hügelketten zwischen kleinen Bachtälern, ab und zu liegt ein einsames Dorf in der Weite der Felder und Wälder unter einem tiefen Himmel. So erblickt man von weitem den Ort **Weidingen** mit seiner Wallfahrtskirche. Im überreich ausgestatteten Innenraum beachte man den aufwendigen Hochaltar, um 1780 von einem Neuerburger Schreinermeister geschaffen (darin das Gnadenbild, um 1500), sowie die beiden wenig älteren Seitenaltäre und die Beichtstühle (um 1770). Bestes Teil ist der in die Wand des Seitenschiffes eingemauerte spätgotische Altaraufsatz mit Relieffiguren von sechs Heiligen, ebenfalls im Seitenschiff ein Steinaltar mit großem Vesperbild vom Anfang des 17. Jh. Neben der hübschen Kanzel mit Halbfiguren der Evangelisten um 1720 befindet sich noch manches Stück dankbarer Verehrung der Wallfahrer in der Kirche, die sich aber jeder kunstkritischen Würdigung entziehen.

Von Weidingen führen Straßen und Wege über die Höhen hinunter in das romantische Tal der Enz, wo mit dem Städtchen **Neuerburg** eines der historischen Zentren der Westeifel zu finden ist. Die Lage des Ortes tief im Tal, überragt von Pfarrkirche, Türmen, Vogtshaus und mächtiger Burgruine ist überaus malerisch.

Wenn man auf Rekonstruktionszeichnungen die gewaltige Festung studiert, die Burg und Stadt Neuerburg im Mittelalter gebildet haben, wird man den Sinn dieser Anlage mitten in einem der einsamsten Eifelgebiete nicht recht deuten können. Zieht man jedoch in Betracht, daß es von hier nur 13 km ins heute luxemburgische Vianden sind, so wird klar, daß Neuerburg einstmals in unmittelbarer Nachbarschaft mächtiger Herrschaftszentren lag, deren Geschichte es geteilt hat, bevor es durch die künstlichen Staatsgrenzen des Wiener Kongresses in eine entlegene Enklave der eigenen Vergangenheit verwandelt wurde. »Theoderich de novo castro« nennt sich 1132 der erste schriftlich belegte Herr zu Neuerburg, das zunächst im Besitz der Grafen von Vianden war. Rund 100 Jahre später, nachdem es sich als eigene Herrschaft von Vianden abgetrennt hatte, brach zwischen den Grafen und ihrer

Neuerburg, Rekonstruktion der Burganlage, der Stadtbefestigung und des alten Stadtkerns, Ölgemälde von Norbert Klinkhammer

Neuerburger Linie eine heftige Familienfehde aus, die sich der Konkurrent Luxemburg zunutze machte, indem er die ausgedehnte Herrschaft Neuerburg mit ihren zahlreichen Dörfern als Lehen an sich brachte. Nach komplizierten Erbgängen wurden 1491 die Grafen von Manderscheid Herren auf Neuerburg, das jedoch juristisch immer luxemburgischer Besitz blieb. Auf diese Weise immer im Randbereich der Niederländisch-Spanischen Kriege gelegen, sahen sich die Manderscheider genötigt, ihre Burg zu einer Festung auszubauen. Mehrstöckige Bastionen und Kasemattenbauten mit 5,5 m Mauerstärke brachten die mittelalterliche Wehranlage auf das fortifikatorische Niveau eines Artilleriekrieges; die Neuerburg galt danach lange Zeit als uneinnehmbar. Die Befestigungen erschienen den Franzosen noch 1692 so bedrohlich, daß sie sie vorsichtshalber in die Luft sprengten. Seitdem ist die Neuerburg eine große Ruine, die im vorigen Jahrhundert ausgiebig als Steinbruch benutzt wurde. Der äußere Torbau (im Kern 13. Jh.) und der Palas mit seinem dreijochigen gewölbten Saal aus dem späten 14. Jh. blieben bewohnbar; heute befindet sich darin eine Jugendherberge. Den romantischen Ruinen auf steilem Felsrücken vorgelagert, erstreckt sich auf abfallendem Gelände der weite Bereich der Vorburg, heute beherrscht von den erst kürzlich restaurierten Bauten der Pfarrkirche und der sog. »kleinen Burg«. Vom unterhalb gelegenen

NEUERBURG

Städtchen selbst konnte man nur durch die steile Durchfahrt des als Toranlage erbauten frei stehenden Glockenturms in diese Vorburg gelangen. Vorburg und Stadt waren von einer großen Mauer mit ehemals 16 Türmen und drei Toren umzogen, die am oberen Ende als Zwinger um die Hauptburg lief. Eine letzte Vorstellung von der Größe dieser Bauten gibt noch der hohe Rundturm, an den die sog. »kleine Burg« angebaut ist. Das hübsche Gebäude mit den Treppentürmchen ist das ehemalige Vogtshaus aus dem Jahre 1624.

Nach der Zerstörung der Burg (Abb. 84) und dem weitgehenden Abbruch der Stadtbefestigung zeugt allein die unversehrte Neuerburger Pfarrkirche in eindrucksvoller Weise von der vergangenen Bedeutung des Ortes. Sie stellt das größte und schönste Beispiel der zweischiffigen Hallenkirchen (s. S. 218) dar. Die Verbreitung dieses ungewöhnlichen Bautyps ist im wesentlichen den Manderscheidern zuzuschreiben; der zweischiffige Grundriß wurde die charakteristische Kirchenform der Spätgotik in ihrem große Teile der Eifel umfassenden Herrschaftsgebiet. Als sie daher im 15. Jh. auch Neuerburg übernahmen, ließ ein entsprechender Umbau einer älteren, 1341 erwähnten Pfarrkirche nicht lange auf sich warten. 1472 wurde sie begonnen und erst 1570 fertiggestellt, und auch hier prägt eine Reihe schlanker Sechseckpfeiler in der Mittelachse des Raumes die klare Symmetrie der lichterfüllten Hallenkirche. Aus den Mittelstützen wachsen ansatzlos, ohne trennende Kapitelle und Kämpfer, fächerförmig die Hohlkehlrippen der prachtvollen Stern- und Netzgewölbe in Chor und Langhaus hervor (Farbabb. 6). In reicher Farbgebung, mit zwölf Schlußsteinen mit Wappen und Figuren ruhen die Gewölbe seitlich auf Wanddiensten, die im Chor zierliche Konsolbüsten der Apostel aufweisen. Es ist kaum zu bemerken, daß das vierte Joch der Kirche mit der schönen Orgel erst in diesem Jahrhundert angefügt wurde. Von den Ausstattungsstücken beachte man besonders den kunstvollen Sakramentsschrein mit Relieffigürchen an der linken Seite des Chorraumes, den Taufstein (beides 16. Jh.) und den geschnitzten Beichtstuhl des 18. Jh.

Auf einem Felsen oberhalb der Durchgangsstraße steht als eindrucksvoller Rest der Stadtbefestigung noch der Beilsturm, Teil eines ehemaligen Vorwerkes und Aussichtsturm nach Süden. Der hufeisenförmige Bau, dessen der Stadt zugewandte Seite nicht vermauert ist, bietet von seiner Wehrplattform einen vollkommenen Ausblick auf Tal, Stadt und Burg. Aus diesem Grunde war er schon im Mittelalter als Wohnung für den Feuerwächter hergerichtet worden, der offenbar im Jahre 1818 den entscheidenden Moment verschlief. In diesem Jahr wurde fast die ganze Stadt durch einen Großbrand zerstört, mit der Vernichtung der Webereien kam das wirtschaftliche Leben völlig zum Erliegen. Damals ist das mittelalterliche Stadtbild unwiederbringlich zerstört worden; die Stadtmauern wurden als Steinbrüche für neue Häuser freigegeben, der Wiederaufbau in feuergefährdetem Fachwerk verboten. Dem Brand entgangen ist zum Glück die Kreuzkapelle, ein malerisch gruppierter Bau des frühen 18. Jh., einsam im Wald des östlichen Berghanges gelegen. Im Inneren befinden sich drei Altäre des Neuerburger Bildschnitzers Hubert Litge und in der Vorhalle ein Heiliges Grab, eine steinerne Grablegungsgruppe aus dem Jahre 1788.

Nicht weit hinter Mettendorf verläßt die Straße die einsame Enz, die bald darauf bei Holsthum in die Prüm mündet. Nun ist der landschaftliche Höhepunkt einer Prümtalfahrt nicht mehr weit: die berühmten Stromschnellen bei Irrel. Am Anfang dieser wildromantischen Waldschlucht liegt der Ort **Prüm zur Lay,** ein vielversprechendes Entree, wird er doch bereits von steilen Klippen mit einer bizarren kleinen Burgruine darauf überragt. Der Weg hinauf (man kann auch die Straße nehmen) führt an der Kirche St. Nikolaus vorbei, einem reizvollen einschiffigen Bau vom Anfang des 16. Jh. Im Langhaus sind zwei Sterngewölbe mit Schlußsteinen, Wappenschildern und großen Konsolfiguren zu sehen, unter dem fünfteiligen Rippengewölbe des Chores stehen eine hübsche Madonna aus dem 15. Jh. und ein steinernes Vesperbild der gleichen Zeit. Steil führen Weg und Straße bergauf zum alten Gasthaus am Waldrand vor der Burg, über eine schmale Brücke erreicht man das Plateau der 60 m senkrecht abstürzenden Klippe, auf der die Ruine über einer tiefen Felskluft steht. Über die Geschichte der Burg ist kaum etwas bekannt; angeblich soll sie schon im 8. Jh. bestanden haben, wann sie zerstört wurde, weiß niemand. Erhalten haben sich die zugänglichen Kellerräume, Reste des Palas mit einer hohen Giebelwand und der ungewöhnliche Turm auf unregelmäßig fünfeckigem Grundriß mit über 2 m dicken Mauern. Seine beiden noch aufragenden Geschosse sind eingewölbt, doch spricht vieles dafür, daß er früher noch zwei weitere besaß; damit hätte er eine Höhe gehabt, aus der nicht nur das Prümtal, sondern auch das ganze angrenzende Hochplateau bis Bitburg zu übersehen gewesen wären.

Im Tal unten beginnt nun die berühmte Schlucht, in der die Prüm auf etwa 2 km Länge durch das rahmende Sandsteinmassiv in die Bitburger Senke bricht. Die Romantik dieses Ortes ist unübertrefflich. Unter einer überdachten Brücke her schießt der Bach durch Engen

Prüm Zur Lay, Kirche St. Nikolaus

und Schnellen, stürzt über bemooste Steine, strudelt zwischen baumbestandenen Felseninseln und entzieht sich dem Blick hinter einer Windung des bewaldeten Steilhanges (Abb. 104). Bei Hochwasser sind die durch große Felsen verblockten Stromschnellen eine geschätzte Partie für Wildwasserkanuten. Man versäume nicht von hier aus eine Fahrt zum Ferschweiler Plateau und zur Ruine des Rokokoschlosses Weilerbach (s. S. 313); zwischen Prüm zur Lay und Irrel zweigt der Wanderweg zur eindrucksvollen »Teufelsschlucht« ab.

Von Irrel sind es dann noch wenige Kilometer hinunter nach Minden, und dort ist es zu Ende mit der Prüm. Kurz nach ihrem großen Auftritt in den Stromschnellen mündet sie hier ganz unauffällig in die Sauer. In dem kleinen Dorf daneben steht mit der Kirche St. Martin ein reizvoller romanischer Saalbau um 1220 mit Chorturm und quadratischen Kreuzgewölben. Man beachte die frühgotischen Rippen auf Hornkonsolen, das kuppelartige Chorgewölbe und die Würfelkapitelle der Schallarkaden im Turm.

DAS BITBURGER GUTLAND

Wo immer man in der Südwesteifel über einen Höhenzug fährt, trifft der Blick am Horizont auf ein markantes Bauwerk, das mit hochragenden Türmen und Mauern eindrucksvoll über den Hügelketten thront: die Bitburger Brauerei, ein höchst geschmackvolles Werk, nicht wegen seines Äußeren, sondern wegen seines Inhalts – ein kühles Pils, das seinesgleichen sucht. Der weithin sichtbare Platz war schon den keltischen Treverern und den römischen Eroberern aufgefallen. Die hatten sich hier jedoch nicht wegen des Bieres niedergelassen – die Unglücklichen kannten es noch nicht –, sondern wegen so profaner Gesichtspunkte wie verkehrsmäßig oder strategisch günstiger Lage, Kriterien, die der Stadt zwar bis in die Gegenwart Befestigung und taktische Bedeutung, aber selten ein gemütliches Dasein bescherten. Wäre das Pils der einzige Maßstab der Bitburger Geschichte, der Ort könnte auf ein glückliches Dasein zurückblicken. So aber kam alles ganz anders.

Von den Römern den Treverern abgenommen, zum großen Handelsort Beda an der Heerstraße nach Köln ausgebaut, im Germanensturm des Jahres 275 niedergebrannt, als schwerbefestigtes Straßenkastell wiedererrichtet, kurz nach 400 abermals zerstört, wurde **Bitburg** im 8. Jh. Sitz eines fränkischen Gaugrafen (s. S. 278). Im Mittelalter kam der Bitgau weitgehend an Luxemburg und damit in das Spannungsfeld der Niederländischen Separationskriege gegen Spanien und Frankreich. In den Jahren 1667, 1675 und 1689 wurde die Stadt von den Franzosen besetzt, geplündert, die Befestigungen gesprengt und zuletzt gänzlich niedergebrannt. Was wieder aufgebaut wurde, fiel 1944 den Bombenangriffen der vorrückenden Verbündeten zum Opfer. Viel ist daher nicht übriggeblieben, und den besten Blick in die lange Geschichte des Ortes erlaubt das gut ausgestattete Kreisheimatmuseum. Im Stadtzentrum trifft man unterhalb der Pfarrkirche auf einen rekonstruierten Mauerzug des unter Kaiser Konstantin errichteten großen Straßenkastells, ehemals mit fast 4 m dicken Mauern und 13 Rundtürmen befestigt; die Länge der ovalen Anlage betrug etwa 170 m. Die

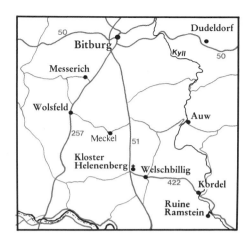

alte Liebfrauenkirche steht wahrscheinlich auf dem Platze eines römischen Heiligtums, sie wurde 1420 begonnen, 1471 und 1531 spätgotisch erweitert und 1822 und 1860 neogotisch vergrößert. Dieser alles in allem einheitlich wirkende Bau stellt heute das Querschiff des großen Neubaus aus dem Jahre 1922 dar. Innen zeigen die gotischen Teile reiche Bauplastik an den Pfeilerkämpfern und Gewölbeanfängen. Die figürlichen Darstellungen werden gemeinhin als »grob« bezeichnet, doch erweisen sie sich gerade in ihrer erst kürzlich restaurierten Bemalung als effektvolle Bereicherung der Kirche, die zudem nicht ohne Witz geraten sind. Von den weiteren Ausstattungsstücken sind hervorzuheben: der ehemalige Hochaltar, jetzt im nördlichen Seitenschiff, eine barocke Arbeit aus Stein; ebendort und von demselben Künstler (Johann Philipp Maringer aus Kirn) eine bewegte Kreuzigungsgruppe; sodann der Rest des 1944 zerstörten Renaissancealtars in der Kriegergedächtniskapelle (unter dem Turm), das erhaltene Mittelstück zeigt ein Vesperbild mit einer alten Stadtansicht Bitburgs im Flachrelief (um 1608). Ferner beachte man die qualitätvollen gotischen Figuren der Madonna mit Kind (rheinische Arbeit um 1480) und die Josephsstatue um 1520 sowie das große Ölgemälde in der Taufkapelle (Kreuzigung), gemalt um 1620 in bester niederländischer Tradition aus der Schule des Anthonis van Dyck. Stadtauswärts nach Norden liegt links neben der Straße das ehemalige Schloß am Platze einer verschwundenen Wasserburg, 1764 mit einem schönen Hoftor als reichgegliederter Barockbau errichtet. Ansonsten ist Bitburg ein freundliches Städtchen, das auch ohne große Kunst einen Besuch nicht bereuen läßt.

Verlassen wir nun die Stadt in Richtung Süden (die nördlich Bitburgs gelegenen Sehenswürdigkeiten des Gutlandes s. S. 300). Die Straße führt nun zur Nims zurück und damit in eine gänzlich unbekannte Teillandschaft des Bitburger Gutlandes, die aber zu ihren charaktervollsten zählt: die weite Nimsniederung zwischen Messerich und Irrel, wo der Fluß in die Prüm mündet. Von der B 257 ist allerdings wenig vom Reiz dieser Gegend zu sehen, doch nur wenige Meter daneben, in den alten Dörfern rechts und links am Ufer, ergeben sich malerische Bilder der behäbig zwischen sanften Hügeln dahinströmenden Nims, neben den Brücken schöne Gehöfte mit den typischen verzierten Sandsteinrahmen der Türen und Fenster, zum Teil noch mit den mittelalterlichen hohen Treppengiebeln. Ein solches Dorf ist **Messerich,** dessen auf einer Anhöhe gelegene romanische Pfeilerbasilika 1849 abgebrochen wurde. Erhalten hat sich jedoch die dreischiffige Choranlage, die vom heutigen Neubau aus zugänglich ist. Das kreuzgratgewölbte Altarjoch öffnet sich zu den tonnengewölbten Seitenjochen; der Chorbogen ruht auf Halbsäulenvorlagen mit zwei polychromierten Kapitellen aus dem klassischen Formenschatz der trierisch-lothringischen Bauschule. Deren stilistischer Einfluß hatte einst zahlreiche romanische Bauten der ganzen Westeifel geprägt, doch sind fast alle seine Zeugnisse zerstört – ein letztes Prunkstück dieser Bautradition ist die erhaltene Ordenskirche in Roth (s. S. 319). Vier weitere Kapitele und zwei Säulen aus dem alten Bau tragen die Westempore. Das reizvollste Detail aber ist die luftige Rankenmalerei des schweren mittleren Chorjoches.

Als im nahe gelegenen **Wolsfeld** eine größere Kirche nötig wurde, wählte man zum Glück eine andere Lösung: Ein kompletter Neubau wurde errichtet, und die ehemalige Pfarrkirche St. Hubertus blieb in ihrer alten Umgebung zwischen Gehöften und großen Bäumen unversehrt am Westrand des Dorfes stehen. Damit erhielt sich ein weiterer zweischiffiger Hallenbau der Eifeler Spätgotik (s. S. 218); hier in Wolsfeld ergab die Unsymmetrie der verschieden breiten dreijochigen Schiffe mit ihren zwei Chören einen stimmungsvollen Innenraum. Sehr elegant präsentieren sich die beiden schlanken Rundstützen, die sich oben in die fächerförmig aufsteigenden Gewölberippen zu verzweigen scheinen; die Kappen sind mit Rankenmalerei verziert. Die Besonderheit der Kirche aber liegt in dem großen Fresko über dem Chorbogen und dem steinernen Altar darunter, beide dem gleichen Thema, der Hubertusjagd gewidmet. Das Fresko, erst 1961 aufgedeckt, stammt aus der Erbauungszeit der Kirche (um 1500) und ist leider ein wenig verblaßt, dennoch sind die großangelegte Bildkomposition und der spätgotische Realismus der Darstellung noch gut zu erkennen. Auf der großen polychromierten Relieftafel im Mittelfeld des originellen Steinaltars, dem Prunkstück der Kirche, ist die entscheidende Szene der Hubertus-Legende festgehalten: Zwischen seinen Hunden kniet der heilige Waidmann vor einem stolzgeschwellten Hirschen, der das Kruzifix im Geweih trägt. Der Wald ist als Flachrelief in den Hintergrund gerückt. Um ihn dadurch in seiner Bedeutung nicht zu schmälern – schließlich ist Hubertus der Heilige der Jäger, und für die ist der Wald keine Nebensache –, schaut ein halb in den grünen Baumwipfeln verborgener Engel mit einem langen Spruchband daraus hervor. Der Bildhauer, der mit dieser ungewöhnlichen Komposition allen Aspekten der Legende und ihren Interessenten gerecht zu werden versuchte, war wahrscheinlich ein Mitglied der schon so oft genannten Werkstatt des Hans Ruprecht Hoffmann aus Trier. Hoffmann wurde gegen 1540 geboren und erhielt seine Ausbildung in Antwerpen, Mainz und als Geselle des Johann von Trarbach. 1568 wird er zum erstenmal als »Ropricht bildhawer« in Trier genannt, wo er bis zu seinem Tode 1616 eine bedeutende Bildhauerwerkstatt führte. Entsprechend dem in diese Zeit fallenden Stilumbruch von der Spätgotik zur Renaissance finden sich in Hoffmanns

Werken reiche Renaissanceornamentierungen, während die Komposition der Relieftafeln und die Figurenbehandlung noch deutlich gotisches Empfinden vermitteln; so auch hier am Wolsfelder Altar, man beachte die Ornamente der rahmenden Pilaster. Die Hauptwerke des Künstlers, gekennzeichnet durch sein Monogramm HRH, sind die berühmte Domkanzel in Trier mit Torbau, Treppe und Brüstung und der ebenfalls im Dom befindliche Dreifaltigkeitsaltar sowie der Johannisaltar und das Schönenburgepitaph. Gegen Ende des 16. Jh. war die Werkstatt so bekannt, daß die sich häufenden Aufträge zu einer Massenproduktion und damit zu einem deutlich spürbaren Verfall ihrer künstlerischen Qualität führten. Die beiden Söhne des Hans Ruprecht, die die Werkstatt noch bis in die dreißiger Jahre des 17. Jh. weiterführten, besaßen nicht mehr die Begabung ihres Vaters, unter ihnen sank die Werkstatt auf ein provinzielles Niveau herab. Aus dieser letzten Zeit stammt auch der um 1620 entstandene Altar hier in Wolsfeld, bei dem ebenso wie am Kanzelkorb in Lambertsberg die Kompensation zeitgemäßen künstlerischen Niveaus durch eine betont volkstümliche Note unübersehbar ist. Bevor man den Ort verläßt, empfiehlt sich ein Blick auf die Gebäudegruppe der 1646 erbauten sog. Burg mit ihrer Gartenfront und der reichen Sammlung von Takenplatten.

Von Wolsfeld aus kann man die Nims entlang nach Niederweis mit seinem schönen Schloß (Privatbesitz und nur von außen zu besichtigen) und weiter nach Irrel am Ende der Stromschnellen der Prüm (s. S. 305) fahren, für die Sehenswürdigkeiten des Bitburger Gutlandes ist aber die Route über **Meckel** zu empfehlen. Dort steht in einem schönen alten Dorf mit der Friedhofskapelle St. Bartholomäus eine Einstützenkirche nach dem Vorbild der Hospitalkirche zu Kues (s. S. 200). Die Kirche in Meckel mit dem malerischen offenen Durchgang unter dem romanischen Turm prunkt heute nach einer kürzlich abgeschlossenen Restaurierung innen wie außen in einer auffallenden Farbfassung mit gemalten Konsolsteinen und farblich abgesetzten Rippen und Wanddiensten.

Nun führt die Straße hinunter in die immer gleichförmigere Landschaft der Trierer Bucht, bis man von weitem überrascht vor dem endlosen flachwelligen Felderhorizont die wie aus einer Einöde aufragende prächtige Barockfassade des ehemaligen Kreuzherrenklosters **Helenenberg** gewahrt. 1240 als Hospiz erwähnt, 1485 neu gegründet, im 18. Jh. barockisiert, beherbergen die Baulichkeiten heute eine von Salesianern geführte Schule. Tritt man am Haupteingang an der Westseite ein und geht geradeaus den Gang entlang durch die moderne Glastür, so steht man in der Kiche, die sich im Gegensatz zur barocken Fassade als detailfreudiges Meisterwerk der Trierer Spätgotik präsentiert. Strenggenommen ist dies nur der weitläufige, dreijochige Chor mit fünfseitigem Schluß der ehemaligen Klosterkirche, deren 1747–84 neugebautes Langhaus heute für Wohnzwecke in mehrere Geschosse verbaut ist. Dieser lichterfüllte Chor besitzt ein Sterngewölbe mit bemalten Wappenschilden und reich gegliederte Maßwerkfenster; als bedeutendste Ausstattungsstücke sind das Sakramentshaus mit hohem Turmaufsatz (1525) und der große geschnitzte Altaraufsatz (ca. 1459) mit zahlreichen qualitätvollen Einzelfiguren hervorzuheben. Man beachte im südlichen Chorschlußfenster den Kopf des Bischofs Valentin, letzter Rest der einstmals prächtigen Glasgemälde.

WELSCHBILLIG / KORDEL

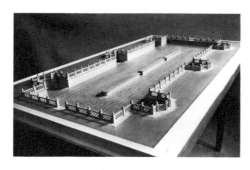

Welschbillig, Rekonstruktion des Hermenweihers

Nur 2 km weiter liegt das Dorf **Welschbillig**, das mit seinen eindrucksvollen Misthaufen entlang der Durchgangsstraße nicht im Traum an seine bedeutende Vergangenheit erinnert. Die Stelle, an der heute als letzter Rest einer großen kurtrierischen Burg des 13. Jh. ein mächtiger Torbau aufragt, war ungefähr die Mitte eines römischen Wasserbassins von 60 m Länge, das Teil einer ausgedehnten Prunkvilla des späten 4. Jh. war. Der an ihrer Stelle errichtete Kirchenbau von 1889/90 hat ihre Spuren weitgehend zerstört, doch entdeckte man ein Jahr später unmittelbar daneben das Bassin, das einst von einer steinernen Abgrenzung umgeben war, die mit 112 Hermen, vollplastisch gestalteten Köpfen auf Viereckpfeilern, geschmückt war. 71 davon sind bei Ausgrabungen wiedergefunden worden, sie stellen Römer und Griechen, Götter und Barbaren dar (letztere nicht zu Unrecht meist Germanen). Leider befinden sich die Funde, die zu den bedeutendsten des gesamten Eifel-Mosel-Gebietes zählen, nicht in Welschbillig, sondern im Landesmuseum Trier (s. S. 352); ein rekonstruiertes Stück des Hermenweihers ist aber vor dem alten Pfarrhaus zu sehen, man braucht nur das Burgtor zu durchschreiten. Dieses war Mitte des 13. Jh. von Erzbischof Arnold von Isenburg als Eingang einer fast quadratischen Anlage mit vier runden Ecktürmen errichtet worden, wovon noch einer aufrecht steht. Der doppeltürmige Torbau besitzt schmale Fenster, deren Sturz in Trierer Tradition mit Dreipässen verziert ist.

Wir haben die Kyll, dieses »geographische Rückgrat der Eifel«, die das Land fast ganz von Norden nach Süden durch alle geologischen Formationen durchquert, bei Malberg verlassen. Dort strömt auch sie mit wenig Gefälle durch die Felder des Gutlandes, doch schon auf der Höhe von Bitburg hat sie sich wieder ein Tal gegraben, das sich in vielen Windungen hinunterzieht bis zur Mosel. Wenige Kilometer nördlich und südlich des Ortes Kordel durchbricht sie dabei die Buntsandstein-Hochfläche und bildet ein tief eingeschnittenes Tal mit hochragenden, rostroten Felsen, auf denen eine ganze Serie vor- und frühgeschichtlicher Befestigungsanlagen entdeckt wurde. Wer daher aus der eintönigen Felderlandschaft um Welschbillig in das schluchtartige Waldtal nach **Kordel** hinunterfährt, erlebt in wenigen Minuten einen vollkommenen Wechsel des Landschaftsbildes; in Kordel selbst folge man den Wegweisern nach Ramstein. Die romantischen Passagen der kleinen Straße, die nun die Kyll entlangführt, sind nur ein Vorgeschmack, denn der Anblick der Burg auf dem bewaldeten Bergrücken, die selbst wie ein bizarrer Fels emporragt, ist superb. Oben angekommen, hat man von der Terrasse des alten Burggasthofes einen prächtigen Blick in eine der schönsten Ecken der Eifel. Ramstein war eine trierische Lehensburg, erbaut Anfang des 14. Jh. vom streitbaren Erzbischof Balduin. Die Anlage mit Vor- und Hauptburg wurde 1689 von den Franzosen gesprengt, doch blieb auf einem überhängenden Sandsteinfelsen ein 25 m hoher rechteckiger Wohnturm mit Treppentürmchen stehen, seine von Fenstern durchbrochenen Seitenwände – die Ecken wurden weggesprengt – geben heute der Ruine ihr eindrucksvolles Gepräge. Die einfachen und gekuppelten Fenster zeigen wie in Welschbillig an ihren Stürzen außen die für die Trierer Gotik charakteristischen Dreipaßblenden. Es empfiehlt sich, für diese Gegend ein wenig Zeit mitzubringen, denn inmitten ihrer landschaftlichen Schönheit befinden sich in unmittelbarer Nähe der Burgruine mehrere vor- und frühgeschichtliche Geländedenkmäler. Da ist zunächst von Ramstein aus der Weg in das hier einmündende Butzweiler Seitental, wo sich an einem verfallenen Steinbruch die römische Firmeninschrift MARCI finden läßt. Ebendort sind noch Stollen und Schächte eines längst aufgegebenen, bis zu den Römern zurückreichenden Kupferbergbaus zu entdecken. Weiter südlich liegen auf einem von Westen in das Kylltal vorspringenden steilwandigen Felsen die sog. Hochburg von Kordel, in der Nähe abermals eine »Genoveva«-Höhle und mit der Beresley bei Lorich ausgedehnte römische Sandsteinbrüche. Gegenüber Ramstein auf der östlichen Kyllseite liegen mit der Korpesley und dem Abschnittswall »Auf Soels« im Ehranger Forst zwei weitere uralte Befestigungen. Solche finden sich noch die ganze Kyll hinauf bis hinter Speicher: die größte ist der sog. »Burgberg« oberhalb Kordel mit einem über 800 m langen Ringwall.

Will man von Kordel zurück nach Bitburg, so kann man dem Kylltal noch bis Schleidweiler flußaufwärts folgen, dort biegt die Straße ab und das Tal wird einsam, ein angenehmer Wanderweg ist zu empfehlen.

Nicht weit vor Bitburg trifft man in einer Talsenke neben der Straße nach Wittlich auf das noch recht mittelalterlich anmutende **Dudeldorf**. Eine zum Schloß umgebaute Burg, verfallene Stadtmauern, zwei große Tortürme und schöne alte Straßenzüge zeugen noch heute von der vergangenen Bedeutung des Ortes, dem die Luxemburger 1345 das Stadtrecht verliehen hatten. Es war eine strategische Gründung, da mit dem nun entstehenden kleinen Festungsstädtchen das eigentlich trierische Ostufer der Kyll im Vorfeld des luxemburgischen Bitburg beherrscht werden konnte. An einer künstlerisch bedeutenden Ausstattung bestand daher kein Interesse, weshalb allein die durch nichts herausgeputzte mittelalterliche Atmosphäre dem Ort einen eigentümlichen Reiz verleiht. Man beachte die alten Wohnbauten mit den mit Steinplatten belegten Treppengiebeln, das alte Brauhaus in der Herrengasse, die zwei bäuerlichen Steinskulpturen am Friedhofstor gleich neben dem oberen Stadttor und in einer Nische des Außenportals der 1910 errichteten neugotischen Pfarrkirche eine schöne Steinfigur des Johannes des Täufers mit Lamm und Buch aus der ersten Hälfte des 14. Jh. Die Burg in der Nordwestecke der Stadtbefestigung ist ein etwas klobiger Schloßbau des Jahres 1735 mit einem im Winkel der zwei Flügel stehenden Turm der alten Anlage.

BOLLENDORF

IM DEUTSCH-LUXEMBURGISCHEN GRENZGEBIET

Dieses Gebiet, das sich von der südwestlichen Ecke der Eifel bis hinauf in die Nachbarschaft der Schneeifel bei Prüm zieht, ist von drei verschiedenen Landschaftsbildern geprägt: Im nördlichen Teil von den einsamen Hochflächen des Islek, im südlichen von den großen Plateaus der Ausläufer des Luxemburger Sandsteins, der in die Trierer Bucht hineinragt und dort, von tiefen Tälern zerschnitten, dramatische Felsformationen gebildet hat; beide werden im Westen begrenzt von den lieblichen und romantischen Tälern von Sauer und Our.

Am besten beginnt man die Besichtigungsreise im Süden, im sonnigen **Bollendorf** am Fuße der größten landschaftlichen und archäologischen Attraktion der ganzen Gegend: dem Ferschweiler Plateau, einer 8 km langen und 4 km breiten Naturfestung, an drei Seiten durch die steil in die Täler von Prüm und Sauer stürzenden Felsen geschützt, an der vierten durch riesige vorgeschichtliche Wälle befestigt. Mit dem Namen »Sauerschweiz« versuchte man früher, dieses ungewöhnliche Landschaftsbild ein wenig optimistisch auf den Begriff zu bringen, doch auch wenn Gletscher und Matterhorn nicht zu sehen sind, bildet das Ferschweiler Plateau mit seinen zyklopischen Felsbastionen und den in das poröse Liasgestein tief eingeschnittenen schluchtartigen Bachtälern eine höchst eindrucksvolle Landschaftsformation. Oben auf der Hochfläche haben von der jüngeren Steinzeit bis zu den Römern jahrtausendelang Menschen den natürlichen Schutz der Lage vor der Unbill gefährlicher Zeiten zu schätzen gewußt.

Bevor man sich jedoch von Bollendorf auf den Weg hinauf zu den zahlreichen prähistorischen und gallo-römischen Fundstätten macht, ist auch der Ort selbst einen Blick wert, und das nicht nur wegen seiner einladenden Cafés am Saueruferr. Als »villa bollana« bereits 716 in einer Schenkungsurkunde der nahegelegenen Abtei Echternach genannt, blieb der Ort dem Kloster in seiner ganzen mittelalterlichen Geschichte verbunden. So baute der Abt Peter Richard 1619 die Burg, die auf einem Felsen über der Sauer lag, zu einem schlichten Barockschloß mit einem hochgiebeligen Herrenhaus um, Abt Gregorius Schouppen erweiterte es 1739 um eine Osthälfte und den Mittelrisalit, der einen älteren Treppenturm einschließt. 1768 fügte noch ein Abt eine barocke Gartenanlage mit einem hübschen Gartenbau mit Mansarddach hinzu. Das Hotel, das heute im Schloß residiert, kann jedoch nicht nur seinen auf dem Burghof tafelnden Gästen historisches Ambiente bieten, auch wer in der Bar im Schloßkeller etwas tiefer ins Glas schauen möchte, sieht sich über dessen Rand hinweg mit der Vergangenheit des Ortes konfrontiert, hier sogar mit ihrem bedeutenderen Teil: Im Kamin ist der römische Bildstein eines Mannes eingemauert, der ein Fischernetz über der Schulter trägt. Wie man weiß, waren das Ferschweiler Plateau und das Sauertal bei Bollendorf Zentren der gallo-römischen Besiedlung der Eifel, an der Sauer zog sich eine Reihe prächtiger reliefgeschmückter Grabmonumente entlang und gleich neben dem Schloß liegen die Ruinen einer der zahlreichen römischen Villen der Gegend. Diese hier in Bollendorf war damals freilich nichts Besonderes, zwar mit Bad und Fußbodenheizung ausgestattet, verzichtete sie auch nicht auf eine Säulenhalle zwischen vorspringenden Eckbauten in repräsentativer Hanglage, doch hat man entsprechend der geringen Größe nur das Wohnhaus eines

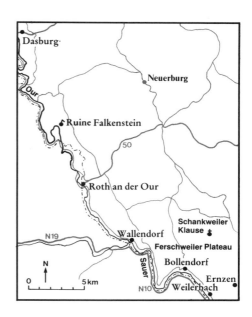

Pachtbauern zu vermuten, gewissermaßen die einfachste Form einer römischen Risalitvilla; immerhin aber ein Heim, von dem kein Bauer des Eifeler Mittelalters auch nur zu träumen gewagt hätte.

Sofern man sich in Bollendorf mit einer Wanderkarte versehen hat, kann man sich für eine Besichtigung des Ferschweiler Plateaus gerüstet fühlen, denn die Wege hinauf und darüber können weit und verschlungen sein. Da eine Besichtigung sämtlicher archäologischer Fundstellen des Plateaus Tage in Anspruch nähme, muß man sich bei weniger Zeit auf jeweils mehrere enger beieinanderliegende beschränken. Daher ist zunächst ein Aufstieg zur sog. »Niederburg« zu empfehlen, der mit einer Überraschung besonderer Art verbunden ist. Man fahre von Bollendorf flußabwärts und biege nach drei Kilometern links in Richtung Ferschweiler ab. Nach wenigen hundert Metern erblickt man gleich neben der kleinen Straße eine mit hohen Dächern aus dem Wald ragende prächtige Fassade: **Weilerbach,** die vielgerühmte Inkarnation eines Rokoko-Lustschlosses. Erst beim zweiten Hinsehen ist zu bemerken, daß man vor einer geradezu verwunschenen Ruine steht; die völlig intakten, reich gegliederten Außenmauern geben durch verzierte Fensterfronten den Blick in das verfallene Innere frei. Dort schauen Büsche aus den Türen, Ranken überziehen Wände und Stukkaturen, Schwalben nisten in jeder Ecke. Der Topos der Ruine ist seit der Renaissance die Metapher der Vergänglichkeit, Menschenwerk, das wieder der Natur anheimfällt, den gedankenschweren Betrachter zur Besinnung über sein flüchtiges Leben rufend, in der empfindsamen Seele die Saiten von Trauer und Melancholie anschlagend. Daran gemessen ist die Ruine eines Rokokoschlosses ein Widerspruch in sich: Schwungvoll stukkiertes

WEILERBACH/FERSCHWEILER PLATEAU

Rankenwerk mit Voluten ziert die leeren Okuli der Giebel der seitlichen Risalite, Pilaster mit verspielten Kapitellen gliedern die Flächen abbröckelnden Verputzes, Grotesken und Blattmasken schauen listig aus dem dichten Efeubehang der Mauern hervor – der Bau ist auch in seinem ruinösen Zustand von einer so vergnüglichen Lebendigkeit, wie sie sich sein Auftraggeber einst gewünscht hatte. Der Tiroler Architekt Paul Munggenast hatte hier die ganze verschwenderische Fülle süddeutschen Rokokos ausgebreitet, als das Schloß Weilerbach 1777–80 als Sommerresidenz des Emanuel Limpach, des letzten Abtes von Echternach, entstand. Dieses Amt muß zu den angenehmsten seiner Zeit gehört haben, denn die Bezeichnung »Lustschloß« erweist nicht nur darin ihre Berechtigung, daß vom Schlafzimmer des Abtes eine verborgene Treppe in den Weinkeller führte. Von großen Gelagen mit geistlichen und weltlichen Herrschaften ist die Rede, auch Damenbesuch wurde nicht verschmäht, wie von der letzten Tafel im Juli 1793 berichtet wird: Die Äbtissin von St. Irminen hatte drei ihrer Klosterfräulein mitgebracht. Als die französischen Revolutionstruppen ein Jahr später einmarschierten und die Abtei aufhoben, war es mit den gesellschaftlichen Ereignissen auf Weilerbach vorbei; noch lange in Betrieb war dagegen die mit dem Schloß errichtete florierende Eisengießerei, deren überwucherte Ruinen noch unten im Talgrund stehen. Verwüstet wurde die schöne Sommerresidenz des lebensfrohen Abtes jedoch erst in jüngster Zeit: Als ob man mit einem Lustschloß nichts Besseres anfangen könnte, wurde es in den letzten Tagen des Zweiten Weltkrieges mit Artilleriebeschuß belegt und schwer beschädigt, gerade daß man noch die bemalte Wandvertäfelung aus dem großen Festsaal ausbauen konnte.

Gleich hinter dem Schloß beginnt der Weg hinauf durch den Wald auf das **Ferschweiler Plateau** und zur *»Niederburg«*. Diese war neben der sog. »Wikingerburg« die zweite Hauptbefestigung der Hochfläche. Auf die Südspitze eines steil abfallenden Ausläufers des Plateaus gebaut, bestand die Befestigung aus den weitläufigen Wallanlagen einer Vor- und einer Hauptburg. Letztere, den Hang eines felsigen Bergsporns hinaufgebaut, war etwa 300 m lang und 250 m breit, durch einen meterhohen Wall mit vorgelegtem Graben von der Vorburg getrennt, die 550 m lang war. Diese Aufschüttung ist noch ebenso gut zu erkennen wie der große Westwall der Vorburg, der sich quer durch den Wald zieht.

Was hat diese Riesenfestung zu bedeuten und wer hat sie erbaut? Das Rätselraten um diese Frage begann bereits im vorigen Jahrhundert und errang gewissermaßen die Dimension eines nationalen Anliegens, als sich aufgrund zahlreicher Funde die Vermutung erhärtete, daß die Niederburg nur ein kleiner Teil einer ungeheuren Befestigungsanlage war, die das gesamte 8 km lange und 4–5 km breite Plateau umzog. Denn nur allzugern hätte man in diesem gewaltigen Bauwerk ein oppidum der Treverer gesehen, mithin eine bemerkenswerte »Kulturleistung« auf deutschem Boden, bevor der römische Eroberer die Freiheit des Vaterlandes auf Jahrhunderte mit einer hochentwickelten Zivilisation unterdrückte. Dieses Dilemma, die Römer, die der Eifel im Gegensatz zu ihrer weiteren Geschichte mehrere Jahrhunderte Frieden, Wohlstand und kulturelle Blüte bescherten, dennoch als nationale Freiheitsberauber hinstellen zu müssen, findet sich noch heute bei ebenso vielen Autoren wie die Behauptung mit dem oppidum der Treverer. Indes haben die sorgfältigen Schriften des Römisch-Germanischen Zentralmuseums in Mainz diese These längst widerlegt: Die

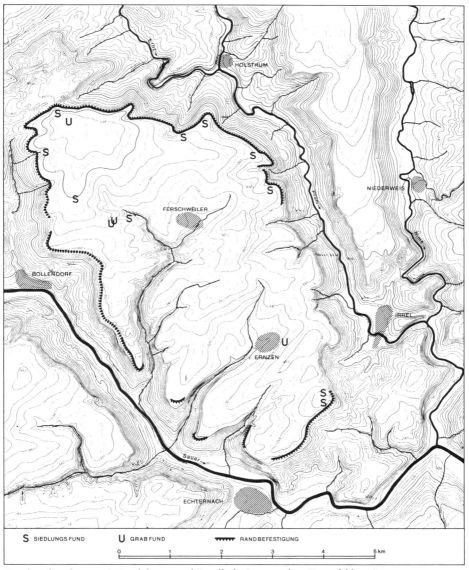

Ferschweiler Plateau mit Fundplätzen und Randbefestigungen der »Urnenfelderzeit«

FERSCHWEILER PLATEAU

Festungsanlagen des Ferschweiler Plateaus gehören der sog. »Urnenfelderzeit« und damit der jüngeren Bronzezeit (etwa 1200–700 v. Chr.) an und sind erheblich älter als die Kultur der Treverer. Die Bevölkerung dieser Zeit, die hier auf dem Plateau eines ihrer Siedlungszentren besaß, erwies sich aus reichen Grabfunden als Meister der Metallverarbeitung und der Herstellung von Tonwaren, mit denen ein reger Handel getrieben wurde. Die Menge der Funde und die Größe der Befestigungen auf dem Ferschweiler Plateau lassen dort auf eine Bevölkerungsdichte schließen, wie es sie vorher in der Eifel noch nicht gegeben hatte. Die damaligen Zeiten müssen freilich gefährlich genug gewesen sein, sonst hätten die Urnenfelderleute sich nicht veranlaßt gesehen, ihr Siedlungszentrum mit einer so monströsen Befestigung zu umgeben. In der Tat ist die Niederburg nur ein kleiner Teil des um den ganzen Steilabsturz des Plateaus laufenden Wallsystems, das der fortifikatorischen Gunst des Geländes wegen nur an naturbedingten Unterbrechungen der Felswände aus starken Randbewehrungen bestehen mußte. Allein im Norden geht das Ferschweiler Plateau ebenerdig in die Nusbaumer Hardt über, und dort – obwohl nur ein schmaler Sattel – war der gefährdetste Punkt: Hier wurde ein etwa 160 m langer Wall aufgeführt, der an seiner Basis die enorme Breite von 25 m aufweist und noch heute über 10 m hoch aufragt. Dieser Teil der Befestigung, der die einzig mögliche Einfallstelle abriegelte, trägt heute den irreführenden Namen »*Wikingerburg*« und liegt in der Nähe der Schankweiler Klause (s. u.). Allein die Entstehung der Niederburg scheint doch etwas mit den Treverern zu tun zu haben: Wahrscheinlich unter Benutzung einer älteren Anlage haben sie hier zur Zeit ihres (mißlungenen) Aufstandes gegen die Römer im Jahre 71 n. Chr. eine Festung errichtet.

Die Urnenfelderkultur war indes nicht die erste, die hier oben ihre Zeugnisse hinterlassen hat – und auch nicht die letzte. Am Rande der Niederburg steht ein eigenartiger Riesenstein, ein 5 m langer und 3 m hoher Felsblock mit einer muldenartigen Vertiefung mit Abflußrinne: Heidenaltar wird er genannt, Druidenstein, Opferaltar und ähnlich klangvolle Namen hat die romantisierende Geschichtsschreibung des vorigen Jahrhunderts für ihn erfunden. Es handelt sich um ein eindrucksvolles Exemplar jener acht auf dem Plateau überlieferten Monolithe der jüngeren Steinzeit (3.–2. Jahrtausend v. Chr.), von denen noch zwei weitere zu sehen sind. Wendet man sich von dort wieder zurück zum Schloß Weilerbach, so folge man dem steilen Abstieg zum sog. »*Diana-Denkmal*«, mit dem man der dritten zivilisatorischen Periode des Ferschweiler Plateaus begegnet, einem der reichen Zeugnisse der gallo-römischen Kultur. Die unterworfenen keltischen Treverer hatten rasch mit den Römern eine gemeinsame Front gegen das Barbarentum der beide bedrohenden Germanen gebildet und viele künstlerische Momente ihrer neuen Herren übernommen. So ließ ein Quintus Postumius im 2. Jh. n. Chr. etwa 500 m vom heutigen Schloß entfernt der Jagdgöttin Diana ein Denkmal aus einem anstehenden Felsblock hauen, von dem in tiefer Waldeinsamkeit nur noch die ausführliche Weiheinschrift und der untere Teil des großen Reliefs mit Tier- und Menschenfüßen und Säulenstümpfen zu sehen sind. Der Überlieferung nach soll der hl. Willibrord, der Echternach und Umgebung christianisierte, für diesen Kunstfrevel verantwortlich sein, da er seine neugewonnenen Schäfchen vor den Einflüssen anderer Götter zu schützen suchte, indem er deren Bildnisse zerstören ließ. Wieder beim Schloß angelangt,

Ferschweiler Plateau, »Diana-Denkmal«

versäume man keinesfalls den Weg hinüber auf die andere Seite des Weilerbaches, den »Geschichtlichen Wanderpfad« entlang zu den sog. »*Schweineställen*«, auch »*Schweigstelle*« genannt. Dies ist eine höchst eindrucksvolle Felsenschlucht von etwa 300 m Länge, mit schmalem Ein- und Ausgang, an den zerklüfteten Wänden finden sich die eingemeißelten Worte »ARTIONI BIBER«. Artio war die keltische Bärengöttin, deren Kult in der römischen Zeit der Treverer fortlebte; ein Gallo-Romane namens Biber hat an diesem geheimnisvollen Ort der Göttin eine beschwörende Inschrift gewidmet, aus welchem Grund, wird für immer verborgen bleiben.

Wer mehr Zeit hat, besuche oben auf dem Plateau von der Niederburg aus die sog. »*Kiesgräber*«. Unter dem dichten Blätterdach des Buchenwaldes der »Tanzkill« führt der Weg zu mehreren, in tiefster Einsamkeit aus dem Boden hervortretenden, abgeplatteten Sandsteinfelsen, in die kistenförmige Vertiefungen eingemeißelt sind. Diese kleinen Gräber dienten zur Aufnahme von Ascheresten oder Totenurnen und waren mit spitzgiebeligen, verzierten »Hüttensteinen« abgedeckt, wie sie noch am Ort zu sehen sind. Eine nahegelegene Felsvertiefung in Form und Größe eines menschlichen Körpers war wohl der Verbrennungsplatz. Von den Kiesgräbern aus ist es nicht weit zum »Druidenstein«, einem weiteren steinzeitlichen Menhir des Plateaus; vor allem aber ist der Weg zurück zum Schloß am Steilabfall der Hochfläche zur Bollendorfer Seite zu empfehlen: Dort springen alle paar Meter riesige Felstürme aus den senkrechten Wänden hervor, die wie zyklopische Bastionen den einst umlaufenden Ringwall flankieren. Nirgendwo anders wird deutlicher, warum vom Ferschweiler Plateau immer als einer »Naturfestung« die Rede ist.

Im nahegelegenen **Ernzen** entdeckte man bereits 1912 reiche Funde aus römischer Zeit, 1965 stieß man auf die Überreste eines kleinen Tempels, der dem von den Treverern verehrten Gott Intarabus geweiht war. Aufgrund von Originalteilen wurden Altar und Aedicula rekonstruiert. Obwohl die im Tempel aufgestellte Figur des Gottes verloren ist, gibt die kleine Anlage ein selten anschauliches Bild einer ländlichen sakralen Stätte der gallo-römischen Zeit. Ernzen besitzt übrigens noch eine sehr sehenswerte Kuriosität. Als in der Mitte des vorigen Jahrhunderts das wirtschaftliche Elend der Eifel und damit die Auswanderung dem Höhepunkt zustrebten, bemühte sich der Ernzener Pfarrer Philipp Meyer, den ärmsten Dorfgenossen Arbeit und Brot zu verschaffen, indem er eine Umgestaltung der Felsen am Eingang zum Gutenbachtal veranlaßte. Durch dieses seltsame Arbeitsbeschaffungsprogramm entstand eine kleine künstliche Felsenlandschaft von höchster Romantik: Grotten, Hohlwege, kurze Schluchten und überhängende Terrassen umgeben das Zentrum der Anlage, einen tief in das Gestein eingesprengten kleinen See, den vielgerühmten »Felsenweiher« von Ernzen, mit einem in die senkrechten Wände gehauenen Umgang – das perfekte Bühnenbild einer Wagner-Oper, jedes Schlosses des Bayernkönigs Ludwig II. würdig.

Weiter nördlich, bei **Holsthum,** befinden sich an einem eigens angelegten »Archäologischen Wanderpfad« zwei Friedhöfe am Nordhang des Ferschweiler Plateaus aus dem 2. Jh. Ähnlich den Kiesgräbern sind zahlreiche im Wald verstreut liegende römische Aschekisten zu entdecken, die in die Felsen eingemeißelt worden waren. In der Nähe wartet abermals eine Überraschung auf Sie. Von den Gräbern zu Fuß oder auf fahrbarem Weg, der von der

Straße Ferschweiler-Holsthum abzweigt, gelangt man zur *Schankweiler Klause*. Der große Barockbau der Kirche steht in tiefster Waldeinsamkeit am Steilabfall des Plateaus, weshalb man von den großen Felsen daneben einen weiten Blick genießen kann. Die 1762 errichtete Wallfahrtskirche enthält innen einen prunkvollen Hochaltar mit Säulenaufbau und Skulpturen, auch die schwungvolle Kanzel stellt besten Barock dar, die Beichtstühle sind mit schönen Einlegearbeiten und bemalten Holzreliefs mit biblischen Szenen geschmückt. Die Schankweiler Klause ist der beste Ausgangspunkt für eine Wanderung zur oben erwähnten »Wikingerburg« mit ihrem gewaltigen Wall; von dort ist es dann nicht weit zu einem der eindrucksvollsten Höhepunkte dieser Vorgeschichts-Landschaft: Am Rande eines lichten Waldes steht schräg und verwittert ein ungeheurer Stein, ein fast 5000 Jahre alter Menhir, über 3,5 m hoch. Die Wirkung dieses Zeugnisses eines versunkenen Kultes muß noch zur Zeit der Christianisierung des Landes so suggestiv gewesen sein, daß man es vorzog, sie für die neue Religion zu nutzen: So wurde der Monolith zu einem riesigen Kreuz behauen, mit zwei Nischen für längst verschwundene Heiligenfiguren. Daß der Aberglaube an diesem Ort nicht auszurotten war, beweist der merkwürdige Name *»Fraubillenkreuz«*, den der Stein heute trägt. Einer Deutung dieses Namens kommt man näher, wenn man berücksichtigt, daß der Menhir 1617 als »Sybillen Creutz« genannt wurde, also den Namen der im Mittelalter hoch im Kurs stehenden antiken Seherin und ihrer »sybillinischen« Weissagungen trug.

Weit verstreut finden sich noch zahlreiche Zeugnisse römischer oder prähistorischer Kulturen auf dem Ferschweiler Plateau, doch sollte man sich nach der Besichtigung der bedeutendsten Objekte eine Weile dem Liebreiz der Gegend hingeben. Nach den endlosen Wäldern des Plateaus bietet das sonnige Tal der Sauer eine angenehme Abwechslung. Von Bollendorf erreicht man nach kurzer Fahrt den Ort Wallendorf, von dort führt eine schmale, alte Straße am Ufer der Our entlang nach Roth, eine Strecke, an der sich die ganze Schönheit des Tales erleben läßt.

In **Roth** steht auf steilem Hügel über dem kleinen Dorf mit der ehemaligen Johanniterkirche St. Peter einer der bedeutendsten romanischen Kirchenbauten der Eifel, der zusammen mit der benachbarten Komturei eine malerische Baugruppe bildet. Der Legende nach von Erzbischof Albero um 1140 errichtet und den Grafen von Vianden als Lohn für militärische Hilfe geschenkt, war die Kirche ursprünglich eine flachgedeckte dreischiffige Basilika mit zum Hauptchor geöffneten Nebenchören und drei Apsiden. Sie gehört zur trierisch-lothringischen Kunst und ist im Kern trotz einiger späterer Veränderungen erhalten. Das Innere ist geprägt vom klassischen »Echternacher Stützenwechsel«: Nacheinander tragen Pfeiler und Säulen die für diese frühe Zeit ungewöhnlichen spitzbogigen Arkaden, die Seitenschiffe und Mittelschiff trennen; von Pfeiler zu Pfeiler, die Säulen überspannend, gliedern weite Rundbogenblenden das aufsteigende Mauerwerk des Langhauses. Die Kapitelle entsprechen mit ihren großen Blattvoluten denen der Ostkrypta des Trierer Doms. Bis zum Jahre 1466 muß die Kirche in Roth ein Prunkstück romanischer Architektur gewesen sein, doch dann erfuhr sie eine einschneidende gotische Veränderung: Die damals eingebauten Rippengewölbe wurden in den Obergaden eingehängt und verdecken seitdem dessen Fenster; dadurch ist der

Raum seiner Lichtquelle beraubt und wirkt nun düster. Der basilikale Querschnitt verschwand unter einem Dach für alle dreie Schiffe, der Raum verwandelte sich in eine Stufenhalle. Auch das Äußere der Kirche blieb nicht verschont: Am nördlichen Seitenschiff wurde ein Seitenportal zugemauert, sein heute wieder teilweise freigelegtes Tympanon zeigt einen thronenden Christus in eindrucksvoll schlichter Ausführung. Auffallendster Teil des Kirchenäußeren ist die Apsis des nördlichen Seitenchores (Abb. 99), die den ältesten Teil der Anlage darstellt und wahrscheinlich von einem Vorgängerbau stammt. Sie ist gegliedert in fünf übereinander liegende Reihen gegeneinander verschobener rundbogiger Blendarkaden; in der Ecke zur Hauptapsis ist darüber die Relieffigur eines Christus zu entdecken. Die neben der Kirche stehende Johanniterordenskommende ist ein 1733 erbautes Schloß mit sechsseitigem Treppenturm und einem Torhaus um 1600; in dem in schönen Gärten gelegenen Gebäude befindet sich ein Hotel.

Die Straße durch das Ourtal führt von nun an auf der luxemburgischen Seite weiter, in Roth ist ein Grenzübergang. Die Strecke ist sehr zu empfehlen, vor allem wegen der nahegelegenen riesigen Ruine der Burg Vianden mit ihren berühmten Palas- und Kapellenbauten, die kürzlich restauriert wurden. Auf der deutschen Seite führt die Straße nun über die einsamen Hochflächen des Islek, erst bei Waldhof führt wieder eine Straße hinunter ins Tal. Oben vom Dorf aus hat man einen guten Blick auf die Ourtalsperre, im Vordergrund liegt sehr fotogen die romantische Ruine der **Burg Falkenstein** auf einer steilen Bergkuppe am Rande des tiefen Tales. Bereits im 12. Jh. entstanden, war die Burg bis zu ihrer Zerstörung 1679 durch die Franzosen eine stark befestigte Anlage mit mächtigen Türmen und drei Toren. Heute in Privatbesitz, kann man sie leider nur von weitem besichtigen. Von Falkenstein ist es nicht weit nach Neuerburg (s. S. 302), auf der luxemburgischen Talstraße gelangt man weiter nördlich nach **Dasburg**, das wieder auf der deutschen Seite der Our liegt. Dort hatten die Grafen von Vianden zu Beginn des 13. Jh. eine große Burg errichtet, deren ruinöse Reste malerisch den bewaldeten Talhang überragen. In der 1767 erbauten Pfarrkirche St. Jakob findet sich eine hübsche Barockausstattung mit figürlichen Schnitzereien an Hochaltar und Kanzel. In Dasburg sind alle Straßen durch das Ourtal zu Ende, sehr zu empfehlen ist der Wanderweg den Fluß entlang durch eine Landschaft von einsamer und stiller Schönheit, bereits 1889 rühmt eine Beschreibung das »liebliche und berückende Bild«, »den eigentümlichen Duft« und die »magischen Farben«.

Geschützte, gefährdete und bemerkenswerte Pflanzen in der Eifel
von Detlev Arens

Wer das gesamte Spektrum der Eifelflora auf wenigen Seiten zusammenfassen muß und das mit dem Ehrgeiz zu einer systematischen Darstellung tut, dem bleibt kaum etwas anderes übrig, als sich auf die Wiedergabe von Pflanzenlisten zu beschränken. Das kann selbstverständlich der Sinn einer einführenden Betrachtung nicht sein, und so wird sich der Verfasser darauf beschränken, das Generalthema des vorliegenden Bandes nur zu variieren, sprich dem Kunstschönen die Schönheit der Pflanzenwelt an die Seite zu stellen; wobei dieser Absicht zugute kommt, daß keine andere Landschaft des Rheinischen Schiefergebirges eine derart bemerkenswerte Flora aufweist wie die Eifel. Diese Flora ist heute allerdings in ihrem Bestand gefährdet, das gilt namentlich für beinahe alle im folgenden Text genannten Arten, besonders indessen für die Orchideen. Deshalb der Appell an die Leser: Betrachten Sie die Blumen dort, wo sie stehen, dann haben Sie auch nach Jahren noch Freude daran. Überdies sind viele der genannten Pflanzen streng geschützt, und aus Naturschutzgebieten darf generell auch nicht nur ein Exemplar entnommen werden.

Nach Matthias Schwickerath zeichnen sich im Eifelraum vier große Florenbezirke ab, die in ihrem Charakter recht deutlich voneinander unterschieden sind. Diese Aufteilung übernimmt unser Kapitel, wenngleich sie den Nachteil hat, daß ab und an verschiedene, für den einen Florenbezirk typische Pflanzengesellschaften oder -arten auch in den anderen wieder auftauchen. Sie gibt aber gerade dem Reisenden eine gute erste Orientierung, mit deren Hilfe er manche Einzelheiten in ihren Zusammenhang stellen kann.

Hohes Venn, Zitterwald, Schneeifel und Islek

Die Flora dieses Gebiets ist durch dessen Niederschlagsreichtum, die hohe Luftfeuchtigkeit und die recht niedrigen Temperaturen bestimmt. In seiner Vegetation spielen Pflanzenarten des nordischen und des atlantischen Bereichs eine große Rolle, und es versteht sich, daß ihre charakteristischen Vertreter im Hohen Venn am häufigsten anzutreffen sind. Sie müssen größtenteils als Relikte jener Pflanzendecke gelten, die das Hohe Venn ausgangs der Eiszeit überzog. Damals glich diese Gegend den heutigen nordeuropäischen Tundren mit ihren äußerst unwirtlichen klimatischen Bedingungen.

FLORA – HOHES VENN, ZITTERWALD, SCHNEEIFEL, ISLEK

Die auffälligste Blüte in den noch jungen Tälern jener Flüsse, die im Bereich des Hohen Venn entspringen, treibt zweifellos die Gelbe Narzisse *(narcissus pseudonarcissus)*. Leider verlocken die schönen Bestände immer wieder zum Ausgraben der Zwiebeln, etliche Vorkommen sind auch durch Fichtenaufforstungen gefährdet. Als Attraktion der weiten Hochmoorbulte und ihrer Torfmoosgesellschaften aber müssen die Flächen seidig schimmernden Weiß' gelten, welche die Fruchtstände des Schmalblättrigen *(eriophorum angustifolium)* und vor allem des Scheiden-Wollgrases *(e. vaginatum,* Farbabb. 37) bilden. An den Standorten der beiden Arten findet man zuweilen auch die nordische, giftige Rosmarinheide *(andromeda polifolia)*. Obwohl ihre Blätter denen des Rosmarins ähneln, läßt allein der wenig einladende Geruch keine Verwechslung zu. Wie sie zu den Heidekrautgewächsen zählt die filigrane Gemeine Moosbeere *(oxycoccus palustris)*, deren Früchte sich durch ihren hohen Vitamin-C-Gehalt empfehlen, nur sollte vor ihrem Genuß der erste Frost abgewartet werden. Früher, bereits Ende Mai, blüht weiß der zarte Europäische Siebenstern *(trientalis europea)*. Ihren deutschen Namen verdankt die Art der ungewöhnlichen Zahl ihrer Blütenblätter; als bemerkenswert darf auch gelten, daß sie sich weitgehend vegetativ vermehrt.

Eine kräftigere Pflanze ist die atlantische, gelbblühende Moorlilie *(narthecium ossifragum)*, die die anmoorigen Heiden bevorzugt. Etwa zur gleichen Zeit entfaltet das Sumpf-Läusekraut *(pedicularis palustris)* seine Blüten. Dieser außerordentlich selten gewordene Halbschmarotzer partizipiert am Wurzelgeflecht von Süß- und Sauergräsern, obwohl er zur Photosynthese fähig ist. Früher nutzte man den Sud der Pflanze zur Insektenbekämpfung, wobei eine gewisse Vorsicht angeraten war, setzt doch ihr Gift unter Umständen auch Warmblütern zu.

Während man das Sumpf-Läusekraut in den Bulten suchen muß, steht der Fieberklee *(menyanthes triofoliata)* am Rande der Blänken. Die frühere Volksmedizin sprach der Pflanze, die dem Enzian recht nahe verwandt ist, eine bedeutende Heilwirkung zu. Sie besitzt eine auffällige, an den Rändern dicht gefranste Blüte und trägt mit ihren Kriechsprossen stark zur Verlandung bei. – Die kennzeichnendste Pflanze der Moorgegenden aber ist der Rundblättrige Sonnentau *(drosera rotundifolia)*, der die Nährstoffarmut der Torfböden in seiner Weise ausgleicht. Die leicht nach oben gewölbten Blätter sitzen auf langen Stielen und sind mit rötlichen Tentakeln bewehrt, an ihren verdickten Enden tritt eine klebrige Flüssigkeit aus. Sie wird kleinen Insekten zum Verhängnis, die sie erst festhält, dann auflöst. Die so gewonnenen Phosphat- und Stickstoffverbindungen kann die Pflanze nun dem eigenen Stoffwechsel zuführen.

Im Birkenmoor wächst mit der Rauschbeere *(vaccinium uliginosum)* eine weitere Ericacee. Nur im Hohen Venn zu finden ist die nordische Schwarze Krähenbeere *(empetrum nigrum)*. Bei der zweihäusigen Art lassen sich die männlichen von den weiblichen Pflanzen wenigstens im Sommer recht leicht unterscheiden, die weiblichen Blüten haben den sehr viel tieferen roten Farbton. Noch seltener trifft der botanisch Interessierte auf den immergrünen Sprossenden Bärlapp *(lycopodium annotium)*. Auf ihn, der zu den farnartigen Pflanzen zählt, macht keine Blüte aufmerksam, doch was ihm an Farbenpracht fehlen mag, wird vollgültig durch seine urtümliche Form ersetzt. Dem mit einer Vielzahl waagrecht abstehender, nadelförmiger Blättchen geschmückten Stiel sitzt die schlanke, aber schuppig-kompakte Sporenähre auf. Aus der gleichen Familie finden sich im Florenbezirk noch der Keulen- *(l. clavatum)* und der gleichfalls äußerst rare Tannen-Bärlapp *(huperzia selago)*.

Dagegen wächst die Preiselbeere *(v. vitis-idaea)* nur an trockenen Stellen. Es erübrigt sich wohl, viele Worte über das herbe Aroma und den sehr hohen Vitamin-C-Gehalt ihrer Früchte zu verlieren. Weniger bekannt ist vielleicht, daß sich aus den arbutinhaltigen Blättern ein heilkräftiger Tee zubereiten läßt. Die gleichen Standorte bevorzugt die ebenfalls wegen ihrer Früchte geschätzte Heidelbeere, und erfreut das Auge schon jenes Wechselspiel zwischen deren dunklem Blau und dem Rot der Preiselbeere, welcher Anblick bietet sich dem Betrachter erst, wenn noch das strahlende Azur des Lungen-Enzians *(gentiana pneumonanthe)* hinzutritt. Den deutschen Beinamen verdankt er seiner Wurzel, ihre Bitterstoffe wirken lindernd auch bei Erkältung der Atemwege.

Da wir schon vom Farbenspiel gesprochen haben, soll ein Hinweis auf den Herbst in dieser Region nicht unterbleiben. Denn falls es irgendwo im mitteleuropäischen Raum einen »Indian summer« gibt, dann in den Hochmoorgebieten des Venn. Flammende Herbsttracht und eine eher zurückweisende Landschaft – solchem Zauber sind selbst nüchterne Wissenschaftler erlegen, jedenfalls muß der sachliche Ton vieler einschlägiger Publikationen an dieser Stelle fast immer hymnischer Begeisterung weichen.

Die Wälder in unserem Florengebiet haben keine derart nordisch-atlantische Note mehr, der mächtige Königsfarn *(osmunda regalis)* – er kommt nur in der Schneeifel vor – ist ein Bewohner der Erlenbrüche, also eines moornahen Bereichs. Pflanzengeographisch näher stehen den Gesellschaften der Moore wieder die Ginsterheiden und Borstgrasrasen, als deren auffälligste Variante die Arnikatrift gelten darf. Ihre Leitpflanze, eben die praealpine Arnika *(arnica montana,* Farbabb. 42), weist im ganzen Gebiet noch reiche Vorkommen auf. Schon weniger häufig erscheint hier die Grüne Hohlzunge *(coeloglossum viride)* und noch seltener die Weiße Höswurz *(pseudorchis albida)*, die dennoch für diese Triften charakteristisch ist. Die recht unauffällige Orchidee ist hier stark zurückgegangen; ein Schicksal, das ihr auch andernorts nicht erspart blieb.

Die vielleicht größte floristische Rarität dieses Raumes aber stellt die Galmeipflanzengesellschaft der Gegend um Aachen dar. Schon daß die Zusammensetzung der Arten einen stark alpinen Charakter trägt, fällt auf, doch liegt im Widerspruch zwischen hiesigem Standort und eigentlichem Verbreitungsgebiet nicht die Besonderheit der Vorkommen. Sie liegt vielmehr in der Entsprechung von Boden und Bewuchs, von schwermetallisch vergiftetem Untergrund und ihm angepaßter Flora. Diesen Zusammenhang hatten die Bergleute schon früh erkannt, denn ihnen galt etwa das Galmei-Veilchen *(viola calaminaria)* als Zeigerpflanze für Blei-, Zink- und auch Kupfervorkommen. Das Veilchen bildet im Mai und Juni oft einen wahren Blütenteppich, so gleichmäßig überzieht sein Gelb den Rasen. Desgleichen hat sich die Galmei-Grasnelke *(armeria maritima ssp. calaminaria)*, die von Mai bis September blüht, gegen die widrigen Bodenverhältnisse behauptet. Das helle Rosa ihrer Dolden kann später im Jahr ebenfalls das Bild der jeweiligen Standorte prägen. Zunächst unauffälliger, erscheinen schon Anfang März die ersten blühenden Exemplare des Galmei-Täschelkrauts *(thlapsi calaminare)*, doch bedecken auch seine weißen Blüten bald den ganzen Rasen. Zuletzt beginnt der Galmei-Taubenkropf *(silene vulgaris ssp. humilis)* zu blühen, und erst Ende Oktober erlöschen dann die Farben auf den wenigen noch erhaltenen Fundplätzen der Gesellschaft, die so klar ausgebildet nur wenige Male in Deutschland auftritt.

Flora der Kalkgebiete

Das besondere Augenmerk aller floristisch Interessierten aber gilt seit je der Eifeler Kalkmuldenzone wie den ihr südlich bzw. nördlich vorgelagerten Muschelkalkgebieten. Ihre Lage im Regenschatten, die Wasserdurchlässigkeit und schnelle Erwärmung des Gesteins läßt Pflanzengesellschaften überleben, die viel weiter südlich bzw. südöstlich beheimatet sind. Und so finden sich hier in den Buchen- und Laubmischwäldern nicht allein so seltene Arten wie Märzenbecher, Seidelbast, Lungenkraut, Gelbes Buschwindröschen und Akelei; sie bilden ja auch andernorts (z. B. in der Vulkaneifel) zuweilen noch schöne Bestände. An jenen steileren, trocken-warmen, der Sonne ausgesetzten Hängen jedoch, wo dem Fels nur wenig Boden aufliegt, stockt ein Buchenwald, der sich durch seinen Orchideenreichtum auszeichnet. Das Weiße Waldvöglein *(cephalanthera damasonium)* ist die Kennart dieses Waldes, es blüht gleich dem hier weniger häufigen Schwertblättrigen Waldvöglein *(c. longifolia)* im Mai und Juni. Etwa zur selben Zeit zeigen sich die Blüten der Vogel-Nestwurz *(neottia nidus-avis)*, einer Orchidee ohne Blattgrün. Sie darf dennoch nicht als Schmarotzer bezeichnet werden, weil sie lediglich die organischen Substanzen der Humusschicht verwertet, die an ihren Standorten entsprechend gut ausgebildet sein muß. Das Chlorophyll fehlt auch dem Violetten Dingel *(limodorum abortivum)*, auch er kann sich dank seiner Wurzelpilze vom Humus nähren. Er kommt allein im Süden der Eifel und selbst dort nur vereinzelt vor, unter den Orchidaceae, einer an faszinierenden Arten keineswegs armen Familie, gewiß eine der faszinierendsten.

Außerordentlich selten und von großer Schönheit ist das Rote Waldvöglein *(c. rubra)*. Zum Filigran des zarten Stengels und der schmalen, lanzettlichen Blätter stimmt das leuchtende Rot-rosa ihrer Blüten auf die anmutigste Weise. Eher prächtig dagegen wirkt die bis sechzig Zentimeter hohe Violette Sumpfwurz *(epipactis purpurata)* zu ihrer Blütezeit im spätesten Sommer. Dann fruchten bereits die unauffälligere und rare Kleinblättrige Sumpfwurz *(e. microphylla)* wie die bezüglich ihres Standortes weniger wählerische Breitblättrige Sumpfwurz *(e. helleborine)*. Frischere Böden braucht der Blattlose Widerbart *(epipogium aphyllum)*, erneut ein Knabenkrautgewächs ohne Blattgrün, das nicht derart auf Kalkboden angewiesen ist wie die beiden vorgenannten Sumpfwurzarten. Was keineswegs bedeutet, daß er häufiger anzutreffen wäre; im Gegenteil: Glücklich kann sich sein Finder zumal dann schätzen, wenn das aufgefundene Exemplar nicht von Schnecken übel zugerichtet wurde, sie nämlich schätzen den Widerbart als Delikatesse.

Mehr Licht fordert der Frauenschuh *(cypripedium calceolus)*, dem von allen Orchideen des ganzen Rheinlandes unstreitig die Krone gebührt. Über die Berechtigung so großer

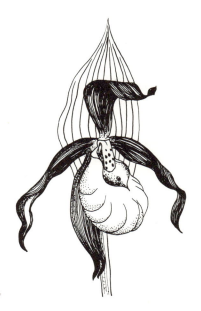

Frauenschuh

Worte aber können immer weniger Menschen aus eigener Anschauung urteilen, denn die Pflanze blüht nur noch in einem Waldstück über Trier, an ihren zwei anderen Standorten erscheint sie bislang nur vegetativ. Das war noch während der sechziger Jahre anders, da schmückte die oft acht Zentimeter große Blüte der »Pantoffelblume« so manches Eifeler Wohnzimmer und diente gelegentlich sogar als Blickfang im Schaufenster einiger Geschäfte. Nachdem Vorkommen um Vorkommen erlosch, gab es manche Initiativen zum Schutz der herrlichen Pflanze, doch kam diese Hilfe zu spät.

Markanter noch als die Buchenwälder bestimmen die Magerrasen das Landschaftsbild der Kalkmulden. Im Unterschied zu den naturnahen Buchenbeständen verdanken sie ihr Dasein dem Menschen, ohne dessen Eingriff die Flora dieses Raumes mithin um viele Arten ärmer wäre. Die oft südexponierten Triften mit geringer Bodenauflage wurden seit dem Mittelalter als Schafweide genutzt, die anspruchslosen Tiere mieden dabei nur den stacheligen Wacholder. Seine dunklen, schlanken Säulen sind auch heute noch auf einigen dieser Flächen zu finden, wiewohl die Kiefernaufforstungen den Lebensraum des wintergrünen Strauchs stark eingeengt haben. Gleichfalls droht den Kalkmagerrasen eine zunehmende Verbuschung, der auf Dauer wohl nur eine naturschützerische Mahd Einhalt gebieten kann, da die Schafherden solche Landschaftspflege nicht mehr besorgen.

Und gerade diese Kalkmagerrasen überzieht vom Frühjahr bis zum Herbst eine Blütenpracht, deren Fülle manchen Betrachter nicht einmal zu Unrecht an die mittelmeerische Vegetation erinnert hat. Den Reigen eröffnet Ende März die Gewöhnliche Kuhschelle *(pul-*

satilla vulgaris, Farbabb. 41). Zwar liegt ihre Heimat eher im Osten des europäischen Festlandes, doch sei die Behauptung gewagt, daß sich – jedenfalls soweit es die Farbe angeht – ein »südlicherer« Auftakt kaum denken läßt. Das satte Lila der Blütenglocken setzt vitale Akzente im noch winterfahlen Rasen, dem von weitem niemand ein solches Leben ansieht.

Mit dem Mai beginnt auch hier die hohe Zeit der Orchideen, zuerst erscheinen die reichen Blütenähren des Manns-Knabenkrauts *(orchis mascula)*. Ihre Farbe kann zwischen sehr hellem und einem purpurnen Rot changieren, ein noch weiteres Spektrum zeigen die Blüten des Kleinen Knabenkrauts *(o. morio)*. Es wird in den Florenlisten des 19. Jh. noch als die häufigste Orchidee dieses Raumes geführt, doch sind die Bestände wegen seiner Empfindlichkeit gegen jede Art der Bodenverbesserung stark zurückgegangen. Noch etwas kleiner ist das Brandknabenkraut *(o. ustulata)*, dessen einzelne winzige Blüten einen schönen Kegel aufbauen. Während sie im entfalteten Zustand ihre dunkelrot gesprenkelte, aber sonst fast weiße Innenseite zeigen, können die außerordentlich dunklen Knospen wie verbrannt wirken, und von diesem Eindruck rührt der deutsche Name.

Zu den stattlichsten Arten gehört dagegen das Purpur-Knabenkraut *(o. purpurea)*, die einzelne Pflanze kann bis zu achtzig Zentimeter hoch werden. Sie findet sich des öfteren auch in Gebüschen, wärmeliebenden Säumen und an den Waldrändern, wo ihr nicht allein farblich kräftiger Blütenstand eindrucksvoll zum zarten, wächsernen Gelbgrün ihrer Blätter kontrastiert. Unauffälliger, obgleich keineswegs weniger interessant sind die Blüten jener Orchideen, deren so befremdlicher deutscher Name ihre seltsame Form doch genau trifft. Der Hängende Mensch *(aceras antropophorum)* bevorzugt wie die Bocks-Riemenzunge *(himantoglossum hircinium,* Farbabb. 35) etwas frischere Böden, und auch die letztgenannte Art fesselt den Betrachter durch ihr eigentümliches Aussehen. Die drei schmalen, leicht

Bocks-Riemenzunge

gedrehten Lippen (Riemen) der Blüte, besonders aber die mittlere, greifen weit aus und scheinen auf den ersten Blick nur ein Gewirr flatternder Bänder. Beim näheren Hinschauen kann sich zwar das Auge beruhigen, doch wird nun die Nase irritiert reagieren. Gleichzeitig aber enthebt dieses Sinnesorgan allen Nachdenkens darüber, was die Art, die im Bereich der Kalkmulden nur an einer einzigen Stelle wächst (angesalbt?), wohl mit einem Bock zu tun hat.

Große Imitationskünstler unter den Knabenkrautgewächsen sind die Ragwurzarten. Fühlt sich unsereiner beim Anblick der heimischen Blüten an ein Insekt erinnert, so halten bestimmte (männliche) Hautflügler sie für ihr (weibliches) Pendant, worin sie zusätzlich noch deren Behaarung und Duftstoffe bestärken. Die Insekten sorgen auf diese Weise zwar nicht für den Fortbestand der eigenen Species, aber für den der Ragwurze. Ihre Pollen tragen

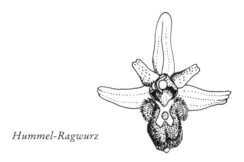

Hummel-Ragwurz

sie – stets neu betrogen – von einer Blüte zur anderen. Die zierlichste (und die häufigste) Art ist die Fliegen-Ragwurz *(ophrys insectifera,* Farbabb. 40), die spektakulärste Blüte besitzt die weitaus seltenere Hummel-Ragwurz *(o. holoserica).* Dem sublimen Farbenspiel ihrer samtigen, fast immer anders gezeichneten Lippe mag das der Bienen-Ragwurz *(o. apifera)* nachstehen, deren Blütenlippe weniger groß ausfällt. Diese Orchidee kann sich selbst bestäuben, doch verhindert solche Autarkie nicht, daß sie vor allem mit der Hummel-Ragwurz Mischformen bildet, wie sie für die Ophrysarten überhaupt kennzeichnend sind.

Als Kostbarkeit besonderen Ranges darf auch die Pyramiden-Hundswurz *(anacamptis pyramidalis)* gelten; ihr dichter, anfangs pyramidenähnlich geformter Blütenstand – er hat der Hundswurz den Beinamen eingetragen – zeigt bei uns ein dunkleres Rot als im mediterranen Verbreitungsgebiet der Pflanze. Etwa um die gleiche Zeit (Mai bis Juni) blüht das Helm-Knabenkraut *(orchis militaris,* Farbabb. 43), ebenfalls eine seltenere Art. An seiner »Sturmhaube« sind (im Gegensatz zu etlichen anderen Knabenkräutern) auch die beiden äußeren Blütenblätter beteiligt, während seine Lippe durch ihre Vielgestaltigkeit auffällt. Unscheinbar wirken daneben die Grüne Hohlzunge, die auch auf Borstgrasrasen (s. S. 323) gedeiht, und die winzige Honig-Orchis *(herminium monorchis).* Sie vor allem wird leicht übersehen, obgleich die Pflanze dort, wo sie auftritt, recht ausgedehnte Bestände bilden kann.

Als letzte blühende Orchidee des Kalkmagerrasens erscheint dann die Große Händelwurz *(gymnadenia conopsea)*, die allerdings auch auf anderen Standorten wächst. Sie duftet stark nach Vanille, einen noch angenehmeren Geruch aber strömt ihre nahe Verwandte, die Wohlriechende Händelwurz *(g. odoratissima)*, aus. Insgesamt zierlicher, unterscheidet sie sich desgleichen durch ihre frühere Blütezeit von der conopsea, und wer je in der Eifel auf diese Art treffen sollte, hat ihr einziges Vorkommen hier entdeckt.

Mit der Großen Händelwurz schließt der Blühzyklus jedoch keineswegs ab, wenn auch jetzt nur noch wenige Arten neue farbliche Akzente setzen. Von den rareren Pflanzen wäre da zunächst eine außerordentlich rare zu nennen, der Kreuz-Enzian *(gentiana cruciata)*. Seine kräftigen, lanzettlichen Blätter, paarweise etwa gegenständig angeordnet (daher der Name), verstecken die Blütenknospen lange, zumal deren grünliche Außenseite nicht ohne weiteres das tiefe Blau des Inneren erwarten läßt. Anders als der seltene Kreuz-Enzian prägen der Deutsche *(gentianella germanica,* Farbabb. 36) und der Fransen-Enzian *(g. ciliata,* Farbabb. 38) das Erscheinungsbild des Kalkmagerrasens. Beide im Alpenbereich zu Hause, erscheinen sie in der Eifel doch ungewöhnlich zahlreich und kräftig ausgebildet. Zwischen den lila Blütenbüscheln des einen und den einzelnen blauen Sternen des anderen leuchtet das Weiß des Sumpf-Herzblatts *(parnassia palustris),* das zur Familie der Steinbrechgewächse zählt. Zwar haben seine Bestände während der letzten Jahre stark abgenommen, doch trifft man die Art hier so selten nicht an. Das mag auch deshalb erstaunen, weil sich ihr Name und der Standort keineswegs zu vertragen scheinen. Dennoch wächst die Pflanze außer in Quell-, Flachmooren und Sumpfgebieten desgleichen im Kalkmagerrasen, wenn sie auch die trockensten Plätze meidet.

Abschließend sollen noch einige kleinräumige Biotope genannt werden, als naturnahe allen voran die Kalksümpfe und das berühmte Niedermoor bei Kalkar. Viele unter ihnen sind schon durch Entwässerungsmaßnahmen verschwunden oder auf sehr kleine Flächen eingeschränkt worden. Aber gerade sie bergen manche floristische Raritäten. So finden sich hier noch verschiedene in ihrem Bestand äußerst gefährdete Seggenarten, von denen die Davall-Segge *(carex davalliana)* der typischen Pflanzengesellschaft ihren Namen gegeben hat. Selten fehlt die Echte Sumpfwurz *(epipactis palustris),* das Weiß ihrer Blütentrauben beherrscht Ende Juni sogar einige Feuchtgebiete. Ähnliches läßt sich vom Glanzkraut *(liparis loeselii),* ebenfalls einer Orchidee, nicht behaupten. Es kommt nur im Norden der Kalkeifel vor, und die kleine, unscheinbare Pflanze gehört auch dort zu den großen Kostbarkeiten. Gleichermaßen selten ist das Gewöhnliche Fettkraut *(pinguicula vulgaris).* Die Art deckt ihren Nährstoffbedarf unter anderem durch kleine Insekten, die wie beim Sonnentau ein Sekret an der Blattoberfläche festhält und verdaut. Stark bedroht ist weiterhin die Gemeine Natternzunge *(ophioglossum vulgatum),* eine leicht übersehene, winzige Farnpflanze von dennoch sehr interessantem Aussehen. Zwei Orchideen, die Große Händelwurz und das Breitblättrige Knabenkraut (s. S. 326), haben hier einen ihrer Standorte, ohne daß ihr Auftreten auf dieses Biotop beschränkt wäre.

Nicht ausschließlich auf kalkhaltige Böden sind gewiß auch der Blaue *(aconitum napellus)* und der Wolfs-Eisenhut *(a. vulparia)* angewiesen, doch läßt sich eines wohl kaum bestreiten:

An den Bachrändern und in den Saumgehölzen der Kalkmulden bilden sie ihre schönsten Bestände. Beide Hahnenfußgewächse enthalten sehr giftige Alkaloide, besonders das Gift des gelb blühenden Wolfs-Eisenhuts hat jenem Raubtier, nach dem er seinen Namen trägt, schon oft den Garaus gemacht, wenn der Isegrim es mit dem Köder angenommen hatte. Der Blaue Eisenhut nun ist ebenso gefährlich wie schön, und nicht umsonst nennt ihn der Volksmund »Venuswagen«. Schon die kräftige Staude mit den fünf- bis siebenteiligen, an der Oberseite dunkelgrünen Blättern hat eingehende Betrachtung verdient, der tiefe Farbton und die elegante Helmform seiner Blüten finden leider immer wieder handfeste Liebhaber, die ihrer Neigung mit Spaten und Schaufel Ausdruck geben, obwohl die Pflanze – wie fast alle bisher aufgeführten – unter strengem Schutz steht.

Zwei weitere, aber durch den Menschen geprägte Lebensräume müssen noch nachgetragen werden: die Kiefernforste und die Wildkrautfluren der Getreideäcker. In den Kiefernforsten (obgleich allein hier) tritt recht häufig die Zweiblättrige Kuckucksblume *(platanthera bifolia)* auf, seltener eine andere Orchidee, das Kriechende Netzblatt *(goodyera repens)*. Sie ist jedoch ein genuiner Bewohner dieser Forsten, der sich erst ab der Jahrhundertwende in unserem Raum zeigt, mithin zu einer Zeit, als die ersten Kiefern dort angebaut wurden. Während nun diese licht stehenden Nadelhölzer noch die Ausbildung einer – wiewohl verarmten – Krautschicht zulassen, haben die Ackerwildkräuter gegen Pestizide, Herbizide und die chemische Düngung keine Chance. Als man nun vor mehreren Jahren einige Landwirte dafür gewann, ihre Ackerraine nicht eigens zu behandeln, waren selbst Fachleute überracht, in welcher Zahl und Vielfalt jahrzehntelang verschwundene Pflanzen wiederauftauchten. Kleiner *(legousia hybrida)* und Großer Frauenspiegel *(l. speculum veneris)*, Einjähriger Ziest *(stachys annua)* und das zarte Sommer-Adonisröschen *(adonis aestivalis)*, sie alle stellten sich ohne weiteres ein; ihre Samen hatten trotz so langer Wartezeit in der Erde keinen Schaden genommen.

Die Vulkaneifel

Die Flora der Vulkaneifel ist weniger spezifisch ausgeprägt als die der anderen Bereiche. Die schönen Rotbuchenbestände auf basenreichem, vulkanischen Gestein kennzeichnet eine reiche Krautschicht; in ihr verdienen das Quirlblättrige Salomonssiegel *(polygonatum verticillatum)* und der Hohle Lerchensporn *(corydalis cava)* besondere Erwähnung. Ersteres enthält wie alle Salomonssiegelarten Digitalis-Glykoside, also jenes Gift, das sich auch in den Maiglöckchen findet. Auf giftigen Alkaloiden beruht die Wirkung des Hohlen Lerchensporns, einer bekannten Heilpflanze der Volksmedizin. Seine Blüten zählen zu den ersten des Frühjahrs und erscheinen um die gleiche Zeit wie die des Seidelbasts *(daphne mezereum)*. Ihr kräftiges Rot sieht man in den Kalkmulden fast noch häufiger, doch erfreut der Strauch auch hier das Auge. Gleichzeitig aber spricht er den Geruchssinn an, denn die Blüten verströmen einen sehr feinen, fliederähnlichen Duft. Sein wissenschaftlicher Name bezeichnete in der Antike übrigens nur den Lorbeer, der dem Gott Apollon geweiht war.

FLORA – VULKANEIFEL, MOSELEIFEL, MAIFELD, AHRTAL

Von den Orchideen wachsen hier Berg-Kuckucksblume und Vogel-Nestwurz (s. S. 324), vor allem aber das Schwertblättrige Waldvögelein *(cephalanthera longifolia)*. Die Pflanze kommt auf Basalt häufiger vor als auf Kalk und kann deshalb eine charakteristische Art der Vulkaneifel genannt werden. Dagegen hat die prächtige Türkenbund-Lilie *(lilium martagon)* hier nur ein Vorkommen, es ist darüber hinaus auch das einzige im ganzen Rheinland. Die roten, immer verschieden gefleckten Blütenblätter sind zum Stiel hin zurückgeschlagen und formen so ein turbanähnliches Gebilde. Eine recht eigentümliche Blüte besitzt auch die an basische Böden gebundene Akelei *(aquilegia vulgaris)*, Heilpflanze und Fruchtbarkeitssymbol seit je. Viele mittelalterliche und frühneuzeitliche Gemälde zeigen sie als Attribut Mariens, der volkstümliche Name »Taubenblume« spielt auf die Form der Blüte an, deutet aber auch auf ihre ikonographische Beziehung zum Heiligen Geist hin.

Eine interessante Pflanzenwelt weisen die Maare und Maarmoore auf. Bei den Maaren unterscheiden sich die nährstoffreichen (eutrophen) grundsätzlich von den nährstoffarmen (oligotrophen) auch durch ihren Bewuchs. Die bemerkenswerteste Art der eutrophen Gewässer ist vielleicht der Wasser-Hahnenfuß *(ranunculus aquatilis)*. Er besitzt gleich den meisten Wasserpflanzen besonders gestaltete und angeordnete Blätter, die eine optimale Nahrungsaufnahme aus dem nassen Element gewährleisten, verfügt aber auch über rundliche, mehr oder weniger stark eingeschnittene Schwimmblätter. Seine Blüten öffnen sich, wenn sie unter dem Wasserspiegel liegen, nicht; sie bestäuben sich dann selbst.

Die Flora der vermoorten Maare gleicht in vielen Aspekten der des Hohen Venn, hier wie dort wächst das Scheiden-Wollgras, der Rundblättrige Sonnentau, die Rosmarinheide und das Sumpf-Blutauge *(potentilla palustris)*. Auch das Fleischfarbene *(dactylorhiza incarnata)* und das Breitblättrige Knabenkraut *(d. majalis)* sind, wenn auch selten, zu finden.

Moseleifel, Maifeld und mittleres Ahrtal

Dieser Florenbezirk ist der klimatisch meistbegünstigte, er umfaßt die der Mosel zugewandten Abhänge des Gebirges, die Lößdecken des Maifelds und einen weiter nördlich gelegenen Landstrich, eben das mittlere Ahrtal. Hier herrschen wärmeliebende Eichenwälder vor, die sich entweder durch schöne Bestände des Blauen Steinsamens oder das Auftreten des Buchsbaums auszeichnen. Ein noch stärkeres Interesse dürften indessen die meist auf kleine Flächen beschränkten, ausgesprochen mediterran geprägten Fels- und Saumgesellschaften wecken, doch haben auch die Gebüsche mehrere rare Arten vorzuweisen. Dazu zählen die Gemeine Felsenbirne *(amelanchier ovalis)* mit ihren kleinen, schwarzen Früchten und die echte Zwergmispel *(cotoneaster integerrima)*.

Den Beginn des Frühlings verkünden an den schroffen Hängen des Moseltals die leuchtend gelben Blüten des äußerst seltenen Felsen-Goldsterns *(gagea saxatilis)*, kaum später blüht im mittleren Ahrtal das Berg-Steinkraut *(alyssum montanum)*. Ursprünglich in den Steppen Osteuropas und dem Mittelmeerraum beheimatet, drang es erst während der nacheiszeitlichen Wärmeperiode gegen das Zentrum des Kontinents vor, wo es heute keineswegs häufig anzutreffen ist. Wenn diese beiden Arten schon ihre Fruchtstände ausbilden, erreicht etwa Mitte Mai das Blühgeschehen auf den felsigen Standorten seinen Höhepunkt. Das Weiß der submediterranen Astlosen Graslilie *(anthericum lilago,* Farbabb. 39) läßt sich zwar auch andernorts entdecken, doch bevorzugt sie im Gegensatz zu ihrer nahen Verwandten, der noch zarteren Ästigen Graslilie *(a. ramosum),* die steileren Hänge. Auf den Abstürzen vor allem an der Ahr setzt jetzt die Pfingstnelke *(dianthus gratianopolitanus)* einen kräftigen Farbakzent, der oft durch das Zusammenstehen mehrerer Pflanzen noch verstärkt wird.

Nicht eben häufig entfaltet etwa zur gleichen Zeit das elegante, fontänengleich hochragende Federgras *(stipa pennata)* seine Rispen, während der stattliche Diptam *(dictamnus albus)* sich eher an zugänglicheren Stellen findet. Die zuweilen über einen Meter große Pflanze heißt im Volksmund »Brennender Busch«, ein Name, der durchaus wörtlich zu nehmen ist. Der Diptam enthält ein ätherisches Öl und dies in so reichem Maß, daß es an sehr warmen Tagen, wenn sein Dunst über den Blättern steht, entzündet werden kann. Der Dach-Hauswurz *(sempervivum tectorum var. rhenanum)* kommt nur im Rheinischen Schiefergebirge und ausschließlich an felsigen Standorten mit nur geringer Bodenauflage vor.

Die kurze Beschreibung all dieser Pflanzen sagt noch wenig aus über den Reiz ihrer Fundgegenden. Die von der Mosel ins Gebirge führenden, zuweilen nur wenige Kilometer langen und tief eingeschnittenen Täler mit außerordentlich üppiger Vegetation lohnen einen Besuch vor allem Ende Mai/Anfang Juni. Im Hochsommer dagegen fängt sich hier die Hitze und manche Wanderer etwa durchs Dortebachtal scheuen sich nicht, von einer »grünen Hölle« zu sprechen.

Bibliographie

Ahrens, Wilhelm, Geologisches Wanderbuch durch das Vulkangebiet des Laacher Sees in der Eifel, Stuttgart 1930

Ahrweiler, Pfarrkirche St. Laurentius, hrsg. v. d. Kath. Kirchengemeinde St. Laurentius, Ahrweiler, 1977

Avenarius, Wilhelm, Mittelrhein. Mit Hunsrück, Eifel, Westerwald, Nürnberg 1974

Backes, Magnus, Burgen und Stadtwehren der Eifel, Neuwied 1966

Becker, Karl E., Das Kyllburger Land, Kyllburg 1977

Bilzer, Bert u.a., Das große Buch der Kunst, Braunschweig 1958

Das Bitburger Land, Schriftleitung: Dr. Josef Hainz, Bitburg 1976

Brinken, Bernd, Köln/Bonn, Heroldsberg b. Nürnberg 1980

Burg Eltz, Reihe ›Große Baudenkmäler‹ Heft 285, hrsg. v. Deutschen Kunstverlag, München-Berlin 1975

Cüppers, Heinz, Römische Villa Otrang, hrsg. v. Landesamt für Denkmalpflege Rheinland/Pfalz, Mainz 1979

Dehio, Georg, Handbuch der Deutschen Kunstdenkmäler. Bd. Rheinland; Bd. Rheinland Pfalz, Saarland, München 1972

Dohm, B. Dr., Die geologischen Verhältnisse im Landkreis Daun in der Vulkaneifel, Koblenz o. J.

Domkapitel Aachen (Hrsg.), Die Domschatzkammer zu Aachen, Aachen 1980

Eifelverein (Hrsg.), Eifelführer, Düren 1979/80

ders., Reihe ›Die schöne Eifel‹

Frechen, Josef, Führer zu vulkanologisch-petrographischen Exkursionen, Stuttgart 1962

Geiermann, Paul, Mayen, Mayen 1978

Gerolstein, hrsg. v. d. Stadtverwaltung Gerolstein, 1975

Günter, Roland, Kunstwanderungen Rheinland, Stuttgart/Zürich 1979

Hopmann, M., Frechen, J., Knetsch, G., Die vulkanische Eifel, Bonn, 2. Aufl. o. J.

Hürten, Toni, Chronik Münstereifels in Daten, Bd. I von 760 bis 1816, Euskirchen 1969

ders., Chronik Bad Münstereifel, II. Band von 1816 bis 1970, Köln 1975

Kaufmann, K. L., Aus Geschichte und Kultur der Eifel, Köln 1926

Kinkel, Gottfried, Die Ahr. Eine romantische Wanderung vom Rheintal in die Hohe Eifel. Eingel. u. hrsg. v. H. Koehs, neu bearbeitete Ausgabe nach der 1849 erschienenen 2. Auflage, Köln 1976

Köver, Katharina, Johann Joseph Couven. Ein Architekt des 18. Jahrhunderts zwischen Rhein und Maas, Bestandskatalog IV des Suermondt-Ludwig-Museums,

hrsg. v. der Stadt Aachen u. dem Museumsverein Aachen, Aachen 1983
Krämer, K. E. (Text), *Umscheid*, E. (Fotos), Von Burg zu Burg durch die Eifel, Duisburg 1976
dies., Von Burg zu Burg zwischen Köln und Aachen, Duisburg 1979
Kuratorium der Erlöserkirche-Villa Sarabodis der Ev. Kirche Rheinland, Erlöserkirche, Villa Sarabodis Gerolstein, Gerolstein 1983
Landesamt für Denkmalpflege Rheinland-Pfalz (Hrsg.), Staatliche Burgen und Schlösser in Rheinland-Pfalz, Mainz 1980
Landschaftsverband Rheinland, Die Römer in Nettersheim. Kurzführer zu den archäologischen Denkmälern. o.O., o.J.
Maare und Vulkane der Eifel, mit einer Einführung von W. Helmes, Bonn, 2. Aufl., o.J.
Meyer, Wilhelm, Geologischer Wanderführer: Eifel, Stuttgart 1983
Monheim, Ingeborg, Aachen. Ein Stadtführer, Aachen 1981
Stiftskirche *Münstermaifeld*, hrsg. v. Kath. Pfarramt Münstermaifeld, Münstermaifeld 1980
Der Naturpark Südeifel, hrsg. v. Verein Naturpark Südeifel e.V., Irrel o.J.
Neu, Heinrich, Das Schloß und die Festung Arenberg, Köln 1956
Nideggen, die alte Herzogsstadt, Kreuzau o.J.
Reuter, Matthias, Beiträge zur Geschichte der Hocheifel. Land zwischen Adenau und Daun, Schleiden 1979

Rheinisches Museumsamt (Hrsg.), Burg Nideggen, Köln o.J.; Burgenmuseum Nideggen, Brauweiler b. Köln 1980
Rheinischer Verein f. Denkmalpflege und Landschaftsschutz (Hrsg.), Reihe ›Rheinische Kunststätten‹; ›Rheinische Landschaften‹. Schriftenreihe für Naturschutz und Landschaftspflege
Rick, Paulinus, Kloster Steinfeld, Kall-Steinfeld o.J.
Rieder, E. u. G., *Brauns*, H.-J., Die Fossilien der Gerolsteiner Kalkmulde, Gerolstein 1982
Römisch-Germanisches Zentralmuseum Mainz (Hrsg.), Früher zu vor- und frühgeschichtlichen Denkmälern, Bd. 25, 26, 33
Sauer, Frieder, Die Eifel in Farbe, Stuttgart 1977
Schnell und Steiner, Reihe ›Kleine Kunstführer‹ Nr. 850, 981, 1067, München und Zürich
Schotes, Paul, Spätgotische Einstützenkirchen und zweischiffige Hallenkirchen im Rheinland, Diss. an der TH Aachen 1970
Schramm, Josef, Die Eifel. Land der Maare und Vulkane, ›Deutsche Landschaft‹ Bd. 13, Essen 1974
Schwickerath, Matthias, in: Die Eifel, hrsg. v. J. Schramm (s.o.)
Simon, Wilhelm, Erdgeschichte am Rhein, in: Der Aufschluß, Sonderband 30, S. 109–118, Heidelberg 1980
Thiel, Eckhard, Eifel, Pforzheim 1980
Zülpich, Festschrift zur 1450-Jahrfeier, hrsg. v. Festausschuß zur 1450-Jahrfeier der Stadt Zülpich, Weiler a.B. 1981

Fotonachweis

Manfred W. Ahlbrecht, Bonn   Ft. 2–4
Fridmar Damm, Köln   Ft. 1, 7, 9, 28, 29;
  Abb. 19, 21, 22, 25, 29, 31, 33, 34, 39, 40,
  42, 47, 48, 69, 71, 73, 98
Fischer-Thiele   Ft. 8, 19; Abb. 10, 15, 16,
  32, 70, 72, 78, 95, 101
Michael Jeiter, Aachen   Ft. 5, 16, 20, 22,
  30; Abb. 1, 6–9, 11–14, 17, 18, 20, 24, 26,
  37, 38, 41, 44, 49–51, 57, 58, 60, 64, 75,
  81, 85, 87, 89, 91, 97
Joachim Kinkelin, Worms   Ft. 11, 23, 25,
  31, 33, 34
Peter Klaes, Radevormwald   Ft. 12, 15, 26
Klammet & Aberl, Germering   Ft. 14
Landesamt für Denkmalpflege Rheinland-
  Pfalz, Mainz   Abb. 67
Bildverlag Merten, Saarburg   Ft. 6, 18, 24;
  Abb. 62, 74, 83, 84, 93, 94, 96, 99, 100
Walter Pippke, Stuttgart   Ft. 10
Rheinisches Bildarchiv, Köln   Abb. 65
Paul Scherer, Mendig   Abb. 66
Heinz-Josef Schmitz, Hürth   Abb. 5, 46,
  59, 63, 68, 76, 80, 82, 88, 90, 105
Wolfgang Schumacher, Nettersheim
  Ft. 35–43
Uwe Steinmüller, Bremen   Abb. 2–4, 23,
  27, 28, 35, 36, 43, 45, 52–56, 61, 77, 79,
  86, 92, 102, 104
ZEFA, Düsseldorf   Ft. 13, 32

Textabbildungen

Bildverlag Merten, Saarburg   S. 305
Frankh'sche Verlagshandlung/Kosmos
  Verlag, Stuttgart   S. 325, 326, 327
Heimatmuseum, Zülpich   S. 82
Michael Jeiter, Aachen   S. 125, 170/171,
  186, 267
Landesamt für Denkmalpflege Rheinland-
  Pfalz, Mainz   S. 176/177
Landeshauptarchiv, Koblenz   S. 273
Landeskonservator Rheinland, Bonn
  S. 87
Landesmuseum, Trier   S. 310, 317
Mittelrhein-Museum, Koblenz   S. 132
Rheinisches Bildarchiv, Köln   Frontispiz
  S. 34, 42, 47, 78, 83, 88, 128, 136/137,
  S. 181, 230, 266, 291
Michael Ruetz, Hamburg   S. 43
Suermondt-Ludwig-Museum, Aachen
  S. 23

Alle übrigen Textabbildungen entstammen dem Archiv von Autor und Verlag oder wurden mit freundlicher Genehmigung des Rheinischen Vereins für Denkmalpflege und Landschaftsschutz, Köln, abgedruckt.

Die Abbildung in der hinteren Umschlagklappe wurde mit freundlicher Genehmigung des Verlages Kumpel KG, Euskirchen, gedruckt.

Raum für Reisenotizen

Anschriften neuer Freunde, Foto- u. Filmvermerke, neuentdeckte gute Restaurants, etc.

Raum für Reisenotizen
Anschriften neuer Freunde, Foto- u. Filmvermerke, neuentdeckte gute Restaurants, etc.

Praktische Reisehinweise

Auskunft

Landesverkehrsverband Rheinland
Rheinallee 69
5300 Bonn 2
⌀ 0228/362921 und 362922

Fremdenverkehrsamt Rheinland-Pfalz
Postfach 1420
5400 Koblenz
⌀ 0261/31079

Diese Stellen verschicken Informationsmaterial und Prospekte über die gesamte Eifel. Haben Sie sich schon für einen bestimmten Urlaubsort entschieden, wenden Sie sich an das Verkehrsamt dieses Ortes.

Auskünfte über Aachen erteilt das

Kur- und Verkehrsamt der Stadt Aachen
Markt 39–41
5100 Aachen
⌀ 0241/33491

Klima und Reisezeit

Die Eifel liegt im Übergangsbereich von der atlantischen zur mitteleuropäischen Klimaregion. Im Nordwesten ist das Wetter bestimmt von den regenreichen Wolken, die vom Atlantik über die Niederrheinische Tiefebene herangetrieben werden und sich an dem aufragenden Hohen Venn und der Schneeifel stauen. Hier ist es also ziemlich niederschlagsreich und rauh, was einerseits schneesichere Winter für die Freunde des Skisports bringt, andererseits eine dünn besiedelte, von schönen Wäldern bedeckte Landschaft hat entstehen lassen, in der sich Liebhaber der Einsamkeit auch im Sommer wohlfühlen. Ganz anders präsentieren sich der Süden und der Südosten der Eifel. Hier ist das Klima trockener und warm mit milden Frühlings- und Herbsttagen, in der Umgebung von Wittlich werden Tabak und Wein angebaut. Dazwischen gibt es Übergangsstufen vom warmen, trockenen bis zum feuchtkühlen Klima. Dabei spielen das Landschaftsrelief und die Bodenbeschaffenheit eine nicht unwesentliche Rolle: So tragen in den Kalkmulden die wasserdurchlässigen, sich schnell erwärmenden Böden zu einer günstigeren Temperatur bei, während es um die Erhebungen der Hocheifel wieder etwas kühler ist. Da die Luft am Rande der Eifel hochsteigen muß, weht über ihre Hochflächen oft ein kräftiger Wind, in den Flußtälern merkt man davon jedoch wenig. Die Eifel hat ein sog. Reizklima, weshalb sich hier viele besuchenswerte Luftkurorte finden.

Für den Urlaub empfiehlt sich die Eifel also je nach Vorlieben das ganze Jahr über. Zu bedenken ist, daß in den Sommermonaten besonders die Flußtäler der Südeifel stark besucht sind, ebenso wie die Wochenenden von vielen Bewohnern der Großstädte nördlich der Eifel zu einem Wochenendurlaub oder Wanderausflug genutzt werden.

Kurorte

Mineralbäder
Bad Aachen
Bad Bertrich (einzige warme Glaubersalzquelle Deutschlands)
Daun (auch Kneippkuren)
Bad Neuenahr

Kneippkuren
Bad Münstereifel
Daun
Gemünd
Kyllburg
Manderscheid.

Daneben gibt es noch viele Luftkurorte. In Kurorten müssen Kurtaxen bezahlt werden. Inhaber der Kurkarte genießen jedoch einige Vergünstigungen, z. B. Preisnachlässe bei der Benutzung von öffentlichen Sportanlagen und Bibliotheken oder ermäßigten Eintritt bei Veranstaltungen.

Geologische und botanische Exkursionen

Geologische und botanische Exkursionen veranstalten die Verkehrsvereine von Daun, Gerolstein und Hillesheim in der Zeit von Ostern bis Oktober. Genaue Termine und Programme sind den Veranstaltungskalendern zu entnehmen, die von den Verkehrsämtern herausgegeben werden (Sonderführungen für Gruppen sind möglich).

Während der *geologischen Exkursionen* erhalten Sie einen fundierten Einblick in den erdgeschichtlichen Aufbau der Eifel (vor allem der Kalkmulden und Vulkangebiete, in denen diese Ausflüge stattfinden) und haben die Möglichkeit, unter Anleitung Mineralien und Fossilien zu sammeln.

Die *botanischen Exkursionen* werden mit dem Studium der heimischen Heilkräuter und deren Wirkungen verbunden. Für die Teilnahme wird ein Unkostenbeitrag erhoben; Voranmeldung ist erforderlich. Exkursionen zum Kennenlernen und Erkennen von Heilkräutern und Wildgemüse veranstaltet auch Bad Münstereifel unter dem Motto »Delikatessen am Wegesrand«.

Museen

Aachen

Domschatzkammer
Domhof 4a
Sakrale Kunst, frühes Mittelalter bis 19. Jh.
Öffnungszeiten: Mo–Sa 9–13 Uhr, 14–18 Uhr; So 10.30–13 Uhr (16. 10. – 14. 4. nur 14.30–17 Uhr)

Couven-Museum
Hühnermarkt 17
Wohnkultur 18.–19. Jh., komplette Apotheke des 18. Jh.

Öffnungszeiten: Mo, Mi, Do 10–17 Uhr, Di, Sa, So 10–13 Uhr

Museum Burg Frankenberg
Bismarckstr. 68
Stadt- und Heimatmuseum
Öffnungszeiten: Di–Fr 10–17 Uhr, Sa, So 10–13 Uhr, Mo geschlossen

Suermondt-Ludwig-Museum
Wilhelmstr. 18
Mittelalterliche Plastiken, niederl. Meister
Öffnungszeiten: Di–Fr 10–17 Uhr, Sa, So 10–13 Uhr

Internationales Zeitungsmuseum
Pontstr. 13
Internationale Pressegeschichte
17.–20. Jh.

Öffnungszeiten: Mo–Sa 9.30–13 Uhr; Mo, Mi, Do, Fr auch 14.30–17 Uhr

Bad Münstereifel

Heimatmuseum
Langenhecke
Öffnungszeiten: 1. 4. – 31. 10. Di–So 9–12 Uhr; 1. 11. – 31. 3. Sa 14–16 Uhr, So 10–12.30, 14–16 Uhr

Bad Neuenahr-Ahrweiler

Heimatmuseum
Ahrweiler, Altenbaustr. 5
Öffnungszeiten: Di u. Fr 10–12, 14–17 Uhr, So 10–12 Uhr

DER AHRWEIN

Zu den vielen angenehmen Dingen in der Eifel gehört zweifelsohne der Ahrwein.

»Er ist von dunkler Farbe, hat wie die meisten Rotweine wenig Duft, ein herbes, doch höchst angenehmes Feuer und ist ausgezeichnet gesund«, lobte ihn schon Gottfried Kinkel. Das untere Tal der Ahr ist eines der wenigen Rotweingebiete Deutschlands; angebaut wird hauptsächlich Portugieser und Burgunder. Auf ca. ⅓ der Anbaufläche wachsen weiße Reben, vor allem Müller Thurgau und Riesling, als wollten die Winzer voller Fürsorge für die Liebhaber ihres Weines folgenden alten Rat befolgen: »Die Mönche und geistlichen Herren des Ahrtales haben vorlängst die Regel entdeckt, daß man den weißen Wein trinken woll als Kur wider den zu stark genossenen roten: Das Mittel ist probat.« (Kinkel)

Durch die Weinberge des Ahrtales führt einer der schönsten Wanderwege der Eifel, der mit einer großen Traube gekennzeichnet ist: der »Rotweinwanderweg« beginnt in Altenahr und endet nach 30 km in Lohrsdorf.

MUSEEN

Bitburg

Kreisheimatmuseum
Denkmalstr. 4
Öffnungszeiten: 1. 4. – 1. 10. Mo, Di, Do 9–11 Uhr; 1. 10 – 31. 3. Di, Do 9–11 Uhr

Blankenheim

Heimatmuseum
Johannesstr. 6
Öffnungszeiten: Di–Fr 10–12, 14–16 Uhr, Sa 14–16 Uhr, So 10.30–13 Uhr

Daun

Heimatmuseum
Leopoldstr.
u. a. Mineralien u. Fossilien
Öffnungszeiten: Di, Do 15–17 Uhr, So 10.30–12.30 Uhr
(Eifelgemälde von Fritz von Wille im Landratsamt)

Düren

Leopold-Hoesch-Museum
Hoesch-Platz 1
Schwerpunkt klassische Moderne, besonders deutscher Expressionismus
Öffnungszeiten: Di–Fr 10–12, 14–17 Uhr, Di 10–21 Uhr, So 10–13 Uhr, Mo und Sa geschlossen

Gerolstein

Kreisheimatmuseum
Sarresdorfer Str.
berühmte Fossiliensammlung
Führungen: 1. 4.–31. 10. Mo 14, 15, 16 Uhr; Mi 9, 10, 11 Uhr und 14, 15, 16 Uhr; Do 14, 15, 16 Uhr; Fr. 10, 11 Uhr; Sa 10, 11 Uhr
1. 11–31. 3. Mo, Mi, Do 10, 11 Uhr; Fr 14, 15 Uhr

Römisch-Germanisches Altertumsmuseum
»Villa Sarabodis« mit Erlöserkirche
Sarresdorfer Str.
Führungen: 1. 5.–30. 9. Di 15, 16, 17 Uhr; Mi 9.30, 10.30, 11.30 Uhr; Fr 18 Uhr; Sa 15, 16, 17 Uhr
1. 10.–31. 4. Mi 10.30, 11.30 Uhr; Sa 15, 16, 17 Uhr

Langerwehe

Töpfereimuseum
Pastoratsweg 1
Öffnungszeiten: Di–Fr 10–12, 14–17 Uhr; Sa, So 10–17 Uhr

Mayen

Eifeler Landschaftsmuseum
Genovevaburg
Erdgeschichte, Mineralien, Wohn- und Handwerkerstuben, Stadtgeschichte
Öffnungszeiten: Di–Sa 9–12, 14–17 Uhr; So 10–13 Uhr

Mechernich-Kommern

Rheinisches Freilichtmuseum u. Landesmuseum für Volkskunde
Auf dem Kahlenbusch
Öffnungszeiten: 1. 4.–31. 10. täglich 9–18 Uhr
1. 11.–31. 3. täglich 10–16 Uhr

Monschau

Stiftung Scheibler-Museum im Roten Haus
Laufenstr. 10
Bürgerl. Wohnkultur des 18. Jh.
Öffnungszeiten: Ostern – 30. 11. täglich 10–12, 14–17 Uhr;
Führungen jede volle Stunde

Nideggen

Burgenmuseum in der Burg Nideggen
Burgengeschichte der Eifel m. vielen Rekonstruktionsmodellen
Öffnungszeiten: Di–So 10–17 Uhr

Prüm

Heimatmuseum
Halmplatz 1
Öffnungszeiten: Di, Do 14–17 Uhr, während d. Sommerferien auch Sa 10–12.30 Uhr

Rheinbach

Glasmuseum
Vor dem Voigtstor 23
Sammlung nordböhmischer Gläser
Öffnungszeiten: Di–So 10–12, 14–17 Uhr

Zülpich

Heimatmuseum
Mühlenberg 7
Römerbad um 200 n. Chr.; römische und fränkische Funde; sakrale Kunst
Öffnungszeiten: Mo–Fr 9–12, 14–16.30 Uhr, Sa 9–12 Uhr, So 10–12 Uhr

Sport

Wandern

Dafür ist die Eifel das ideale Feriengebiet. Ob Sie nun einen richtigen Wanderurlaub verbringen wollen oder nur einfach einen Nachmittagspaziergang unternehmen möchten, es gibt hier so viele schöne Wälder, liebliche Flußtäler oder einsame Höhen, die jedem Bedürfnis gerecht werden. Zudem stellt die sanft gewellte Landschaft bei entsprechendem Schuhwerk keine schwierigen Anforderungen an den Wanderer, so daß solche Ausflüge in die Natur auch älteren Menschen und Familien mit Kindern geraten werden können. In der Nord- und Hocheifel empfiehlt es sich, immer einen wärmenden Pullover mitzunehmen, um für die Temperaturunterschiede zwischen den geschützten Tälern und den Höhenrücken mit ihren kühlen Winden gewappnet zu sein.

Die Eifel ist von einem Netz markierter Wanderwege durchzogen. Kaufen Sie trotzdem die örtlichen Wanderkarten mit großem Maßstab; sie sind eine Hilfe, wenn man als Unerfahrener etwas ratlos vor einem Gewirr von nach oben und unten, schräg rechts und links, nach vorne und zurück weisenden Symbolen steht; oft kreuzen sich nämlich die verschiedenen lokalen Rundwanderwege und die Hauptwanderwege des Eifelvereins und beide sind manchmal noch als Hin- und Rückweg mit in entgegengesetzte Richtung weisenden Symbolen markiert.

Der Eifelverein hat Hauptwanderwege durch die Eifel markiert, die Wege 1–6 verlaufen in Nord-Südrichtung, die Wege 10–16 von Ost nach West. Es sind richtige Fernwanderwege, der wohl bekannteste unter ihnen, der Vulkanweg führt von Andernach nach Gerolstein und ist 155 km lang. (Auskunft: Eifelverein, 5160 Düren, Stürtzstr. 2–6, Postfach 646.)

In diesem Zusammenhang seien, neben den vielen kleineren Naturschutzgebieten, die großen Naturparks der Eifel erwähnt:

Um die Nordeifeler Stauseen bis hinunter zur Schneeifel liegt der **Naturpark Nordeifel** (1760 km^2) mit dem westlichen Teil des Hohen Venn, den herrlichen Wäldern des Kermeter, den grandiosen Buntsandsteinformationen im Rurtal und den einsamen Schneeifelhöhen. Er ist Teil des Deutsch-Belgischen Naturparks.

Am nordwestlichen Rand der Eifel bis vor die Tore Bonns erstreckt sich der **Naturpark Kottenforst-Ville** (160 km^2) mit der kultivierten Landschaft des Drachenfelser Ländchens, den Wäldern um Rheinbach und des Kottenforstes, sowie der eigenartigen, von den Spuren des Bergbaus geprägten Ville.

Das Ferschweiler Plateau bei Bollendorf ist das Kernstück des **Naturparks Südeifel** (433 km^2), der als Teil des *Deutsch-Luxemburgischen Naturparks* das Gebiet entlang der Flüsse Sauer und Our bis hinter Dasburg unter besonderen Schutz stellt.

Wassersport

Für den Wassersportler sind die Maare und Stauseen der Eifel ein Paradies. *Bootfahren* kann man auf den großen Stauseen von Olef und Rur (die Urfttalsperre liegt in einem Truppenübungsgebiet), auf dem Kronenburger See, dem Stausee Bitburg, dem Meerfelder Maar, dem Laacher See und dem Stausee bei Ralingen in der Südeifel; weniger erfreulich ist die Tatsache, daß man an den meisten dieser Orte auch für die Benutzung des eigenen Bootes eine Gebühr bezahlen muß. Für *Wasserwanderungen* eignen sich die Flüsse Rur und Ahr bei Hochwasser, der Unterlauf von Kyll und Prüm, sowie die Sauer/Our an der deutsch-luxemburgischen Grenze. Man kann in der Eifel auch *tauchen* lernen, und zwar beim Taucherclub »Eifelmaare« in Gerolstein, der neben einer länger dauernden Vollausbildung auch Urlaubskurse anbietet.

Wintersport

Es gibt in der Eifel fünf größere Wintersportgebiete. Das beste und auch schneesicherste liegt in der Schneeifel, am 698 m hohen »Schwarzen Mann«. In den übrigen vier – in der Nordeifel bei Rohren (Monschau) und Hollerath und Udenbreth, in der Hocheifel um die Nürburg und die Hohe Acht und am Ernstberg bei Gerolstein – ist das Wintervergnügen meist kürzer.

Sonstige Sportarten

Wer waghalsige Sportarten mag, kann sich an die *Kletterschulen* in Abenden, Heimbach oder Gerolstein wenden, zum *Drachenfliegen* nach Nürburg fahren oder sich in Daun zu einem Kurs im *Fallschirmspringen* anmelden. *Segelfliegen* kann man am Flugplatz Senheld bei Daun und am Dahlemer Binz bei Dahlem. Ein spezielles Vergnügen ist es, im eigenen Auto oder Motorrad über die berühmte *Rennstrecke des Nür-*

burgringes zu rasen. (Auskünfte: Nürburgring GmbH, ✆ 02691/2031.)

Unterkunft

Als ein beliebtes Urlaubsland besitzt die Eifel ein umfangreiches und vielfältiges Angebot an Unterkünften. Zur Verfügung stehen Hotels und Pensionen in jeder Preislage, Gasthöfe und Privatquartiere. Selbstversorgern bieten sich Ferienappartements an, Freunden des Landlebens Ferien auf dem Bauernhof. Daneben empfehlen sich rund 70, oft landschaftlich schön gelegene Campingplätze, sowie etwa 30 Jugendherbergen, von denen einige in Burgen untergebracht sind.

Im Juli und August, sowie Ostern und Pfingsten ist eine vorherige Reservierung ratsam. Unterkunftsverzeichnisse können bei den örtlichen Verkehrsämtern angefordert werden.

Veranstaltungen

Am Samstag vor **Karneval** ziehen die Geister durch *Blankenheim*, die den Winter austreiben, im Karneval tanzt der »Erbsenbär« unter einem Behang aus Erbsenlaub durch die Straßen von *Kommern*.
In *Schönecken* findet am **Ostermontag** die »Schönecker Eierlage« statt, ein Wettlauf zwischen Eierraffer und Leger.
Im **Mai** feiert *Düren* die St. Anna Kirmes mit einem traditionellen Bogenschützenfest.
In der 2. **Juni**hälfte wird *Mayen* beherrscht vom Trubel des Stein- und Burgfestes und *Nideggen* veranstaltet – schon seit 1430 – Ende Juni das berühmte Königsvogelschießen im Rahmen eines Schützenfestes.
Im **Juli** findet das Europäische Grenzlandtreffen in *Bitburg* statt (Musik, Folklore).
Drei Tage lang wird im **August** die Säubrennerkirmes in *Wittlich* gefeiert, bei der sich die Wittlicher durch Rösten ganzer Schweine jedes Jahr an den Säuen rächen, die einer Legende zufolge einst die Eroberung der Stadt verschuldeten (s. S. 276).
Während im **September und Oktober** im *Ahrtal* ein Weinfest auf das andere folgt, wird im September in *Gerolstein* das Sprudelfest veranstaltet.
Ende **Oktober** findet in *Mayen* der Lukasmarkt statt (seit 570 Jahren).

Wildgehege

Ein Urlaubsvergnügen eigener Art stellt ein Besuch in einem der Eifeler Wildparks dar. Obwohl es sich um kommerziell geführte Freizeitunternehmen (mit Restaurants, Kinderspielplätzen, Rutschbahnen etc.) handelt, kann man – im Unterschied zum Zoo – in den großen Geländen die Tiere in ihrer natürlichen Umgebung beobachten. Sie sind das ganze Jahr geöffnet und im Winter besonders interessant, weil dann die Tiere aufgrund der entlaubten Wälder besser zu beobachten sind.

Wild- und Freizeitpark Gondorf/Bitburg

In dem großen Gehege, in dem allerdings die darüber hinwegdonnernden Düsenjäger sehr stören, leben Hirsche verschiedenster Arten, teils in freier Natur, teils in eingezäuntem Gelände. Im Bergwildpark sind

Murmeltiere, Wildkatzen, Luchse, Mufflons, Gemsen und Steinböcke zu beobachten; die Attraktion des Parks ist eine große Bärenschlucht.
Im Winter ist der Park nur an Sonntagen bei gutem Wetter geöffnet, von Ostern bis November täglich 9–18.30 Uhr.

Der Hirsch- und Saupark Daun

Ein 200 ha großer Autowanderpark. Auf der 10 km langen Waldstraße können die Besucher die riesigen Mengen von Hirschen und Wildschweinen vom Auto aus beobachten; das Fahrzeug darf an sechs Tribünen verlassen werden, wo man die frei herumlaufenden und recht zudringlichen Tiere füttern und fotografieren kann.
Öffnungszeiten: Juni–August täglich 9 bis 19 Uhr, sonst täglich 9–18 Uhr (im Winter bleibt der Park geschlossen, wenn die Waldwege unbefahrbar sind).

Adler- und Wolfspark Kasselburg

Bei der sehr lohnenden Besichtigung der mächtigen Ruine der Kasselburg bei Gerolstein befindet man sich gleichzeitig in einem interessanten Tiergehege. In der Ruine selbst sind in großen Käfigen und Volieren viele Greifvogelarten und Eulen untergebracht, in einem Gehege am Burgberg leben Wölfe, die in der Eifel jetzt ausgestorben sind, noch im vorigen Jahrhundert jedoch der Schrecken der Bauern waren. Keinesfalls versäumen sollten Sie die Wolfsfütterung und die Vorführungen der Falkner, die Falken und Adler zeigen und deren erstaunliche Fähigkeiten demonstrieren.
Die Wolfsfütterung findet täglich um 15 Uhr statt, die Flugvorführung um 15.30 Uhr. Die Kasselburg ist vom 1.4.–30.9. von 9–18 Uhr und vom 1.10.–31.3. von 10 Uhr bis zum Einbruch der Dunkelheit geöffnet (bei starkem Frost oder sehr schlechten Witterungsbedingungen finden keine Flugvorführungen statt).

In der nördlichen Eifel lohnen einen Besuch der **Hochwildschutzpark bei Kommern** (u.a. Auerochsen), das **Freigehege Hellenthal** (auch Falkenhof) und der **Wildpark Schmidt** (sehr naturnah), außerdem der etwas aus diesem Rahmen der Eifeler Tierwelt herausfallende **Park bei Lünebach** südlich von Prüm, der eher einem Zoo ähnelt.

Trier – Geschichte und Sehenswürdigkeiten

Geschichte und Sehenswürdigkeiten dieser Stadt werden hier kurz beschrieben, nicht nur weil Trier als eine Stadt von überragendem historischen und künstlerischen Rang von der Eifel aus leicht erreichbar ist. Die Geschicke der Eifel und ihrer Bewohner wurden bis in die neuere Zeit hinein von Trier mit beeinflußt, so daß sein Besuch viel zum Verständnis der Eifeler Vergangenheit beiträgt.

Trier und die Eifel waren Siedlungsgebiet der Kelten, als 54 v. Chr. Caesar dieses Volk der römischen Herrschaft unterwarf. An der Stelle, wo das enge Moseltal sich zu einer Mulde weitet, gründete Kaiser Augustus 15 v. Chr. Augusta Treverorum, so lautete der erste Name des späteren Trier. Durch ihre Lage an einem Flußübergang am Schnittpunkt zweier bedeutender Fernstraßen – die eine von Lyon nach Köln, die andere von Paris nach Mainz – hatte die neu gegründete Stadt beste Voraussetzungen für einen schnellen Aufstieg. Bald schon war sie zu einem Handelszentrum geworden; die Güter, die für die Versorgung besonders der Militärstädte am Rhein notwendig waren, wurden hier gewinnbringend umgeschlagen, und schon 50 n. Chr. ist von ihr als »urbs opulentissima« (= ungemein reiche Stadt) die Rede. Der oberste Finanzbeamte, der Procurator, der Provinz Gallia Belgica residierte hier, und es entstanden der Bedeutung der Stadt und dem Reichtum der Bewohner angemessene Bauten wie ein großes Amphitheater und die Barbarathermen. Von der Stadtbefestigung ist heute noch eines der vier Tore erhalten, die monumentale Porta Nigra. Bei der Teilung des Reiches unter Diolektian (293 n. Chr.) wurde die nun Treveris genannte Stadt Sitz des Caesars des Westreiches und erlebte ihre Glanzzeit unter Konstantin, der später zum Alleinherrscher über das ganze Imperium wurde (1. Hälfte 4. Jh.). Konstantin, der hier von 306 bis nach 312 residierte, ließ repräsentative Bauten errichten, die zu den größten der Antike zählen. Die nicht mehr fertiggestellten Kaiserthermen wurden nur von zwei Bädern in Rom übertroffen; ein 700 m langer Palastbezirk wurde angelegt mit der »Palastaula« im Mittelpunkt. Dieses Bauwerk (auch »Basilika« genannt) steht heute noch und ist der größte ungeteilte Raum, der sich aus der Antike erhalten hat. Auch die Ursprünge des Trierer Doms gehen auf diese Zeit zurück: Helena, die Mutter Konstantins, machte dem Trierer Bischof ihren Palast zum Geschenk; an seiner Stelle entstand eine erste große Doppelkirche. Auch die Eifel, besonders der fruchtbare Süden, wurde von den Römern kultiviert. Dort entstanden neben Straßenstationen die villae rusticae, große Gutshöfe, deren Aufgabe die Produktion von Lebensmitteln für Trier und die Rheinarmee war. Reste dieser Villen sind u. a. in Bollendorf, Oberweis, Gerolstein und Otrang ausgegraben worden.

Nach einem verheerenden Germaneneinfall im Jahre 350 erlebte das römische Trier seine letzte Blüte in den 70er Jahren des 4. Jh. Danach begann der Niedergang, die Sicherung der Rheingrenze gegen die Germanen wurde immer schwieriger, und als 402 die Legionen zur Verteidigung Italiens abgezogen wurden, wurde die Stadt mehrere Male von germanischen Stämmen und Hunnen geplündert. Spätestens 480 war sie bereits Teil des Frankenreiches.

Im Mittelalter gelang es den Trierer Bischöfen, sich nach und nach auch alle weltlichen Rechte zu sichern, als letztes erwarb Erzbischof Johann I. 1192 das Vogteirecht (Gerichtsbarkeit); von nun an waren die Trierer Erzbischöfe Kurfürsten des Deutschen Reiches, die in Auseinandersetzung mit Luxemburg und Köln ihren Machtbereich ausdehnten. Hervorgetan hat sich in dieser Hinsicht Balduin (1307–54), dem das Verdienst zugeschrieben wird, die verstreuten trierischen Besitztümer zu einer Einheit zusammengefügt zu haben. Er empfand die zwischen seinen Besitzungen liegenden Territorien, die anderen Fürsten oder Rittern gehörten, einfach als Löcher, die es zu stopfen galt, was er auch tat, indem er sie gewaltsam – mit Duldung oder Unterstützung seiner Luxemburger Verwandten – seiner Herrschaft unterwarf. In der Eifel erlitten dieses Schicksal zahlreiche freie Reichsritter und schließlich sogar die reiche Abtei Prüm. Das bedeutendste mittelalterliche Bauwerk war unter Erzbischof Poppo (1016–47) entstanden: Er ließ den mehrfach zerstörten und umgebauten Dom neu errichten; er war es auch, der das Simeonstift in der Porta Nigra gründete, die er ohne wesentliche Eingriffe in die römische Bausubstanz in eine Doppelkirche umwandeln ließ. Unter Erzbischof Albero (1131–52) wurde die Stadt mit einer Befestigungsmauer gesichert.

Die Bischöfe waren zwar Herren über ein mächtiges Kurfürstentum, doch in der Stadt selbst hatten sie einen streitbaren Konkurrenten. Gestützt auf ihre ökonomische Bedeutung – Trier war schon 958 das Marktrecht verliehen worden – war eine selbstbewußte Bürgerschaft herangewachsen, die eine selbständige Politik betrieb, eigenmächtig Bündnisse einging und Kriege führte und immer wieder alles daransetzte, die geistliche Herrschaft abzuschütteln. Erfolg hatte sie darin jedoch nicht, ein kaiserlicher Richterspruch bestätigte 1580 endgültig die landesherrlichen Rechte des Bischofs über die Stadt. Vom Selbstbewußtsein der Trierer Bürger zeugen noch mehrere Gebäude, so die sog. Steipe, ehemals das Festhaus des Stadtrates, von dem berichtet wird, es sei an einer Stelle errichtet worden, wo der Bischof es von der Domfreiheit aus nicht übersehen konnte. Auch die Ausgestaltung der Stadtkirche St. Gangolf war als Demonstration gegen den bischöflichen Herrschaftsanspruch gemeint, man ließ zu Beginn des 16. Jh. sogar den Turm aufstocken, um nicht hinter der Höhe der Domtürme zurückzustehen.

Nach den Zerstörungen des 30jährigen Krieges und in den Raubkriegen Ludwigs XIV. erlebte die Stadt eine neue Blüte unter den Kurfürsten Franz Georg von Schönborn (1729–56) und Johann Philipp von Walderdorff (1756–68). Letzterer erweiterte das nach 1615 erbaute kurfürstliche Schloß um einen Rokokoflügel nach Plänen des Neumann-Schülers Johannes Seiz. Zu Beginn des 18. Jh. (1719) war der Hofbaumeister Hans Georg Judas mit dem barocken Umbau des Doms betraut worden.

1794 marschierten französische Revolutionstruppen in Trier ein, 1815, nach dem Wiener Kongreß, kam die Stadt zu Preußen. Die Lage an der Grenze des Reiches und abseits aller wichtigen Transportwege brachte einen wirtschaftlichen Niedergang. Die Stadt dehnte sich nicht weiter aus, weshalb die römischen Anlagen nicht überbaut wurden, und auch im Inneren fehlte das Geld für allzuviele Neubauten, wodurch viel historische Bausubstanz erhalten blieb.

Die Porta Nigra

Das »Schwarze Tor« empfängt auch heute noch den Besucher, der von Norden ins historische Zentrum Triers kommt. Vor ziemlich genau 1800 Jahren wurde sie als eine der vier Torburgen errichtet, welche die wehrhaften Zugänge zur mit einer 7,5 m hohen Mauer befestigten römischen Stadt bildeten. Die prachtvollen Fassaden sind einheitlich durch Halbsäulen gegliedert, zwischen denen sich Rundbogenfenster öffnen, nur das Untergeschoß blieb aus fortifikatorischen Gründen fensterlos. Es ist diese Mischung aus kunstvoller, palastartiger Fassadengestaltung und monumentalem Wehrbau, die die eigentümliche Wirkung des Gebäudes ausmacht; die schwarze Farbe der mächtigen, nur mit Eisenklammern verbundenen Steinquader (sie ist auf Moose und – schon mittelalterliche – Luftverschmutzung zurückzuführen) steigert Fremdartigkeit und Bedrohlichkeit des Eindrucks. Noch seltsamer ist die Anlage im Inneren: man entdeckt Kirchengewölbe, ein paar romanische Kapitelle und vereinzelt barocke Stukkaturen. Diese unrömischen Teile – wie vielleicht die Erhaltung der ganzen Porta Nigra – hatten den Tod eines griechischen Einsiedlermönchs zum Ausgangspunkt. Simeon hatte sich im Ostturm einmauern lassen und lebte im 11. Jh. als Eremit hier sechs Jahre, nur durch ein Fenster mit der Welt verbunden. Als er starb, ließ Erzbischof Poppo zu dessen und Triers Ehren das römische Stadttor in eine riesige Doppelkirche – eine Volkskirche im 1. und eine Stiftskirche im 2. Obergeschoß – umwandeln und westlich ein Stift anbauen. Dies geschah ohne wesentliche Eingriffe in die antike Bausubstanz, und es wurde ihr das Schicksal vieler anderer Römerbauten erspart, die man als Steinbruch benutzte. Die Stukkaturen stammen von einer in den Jahren 1747–50 vorgenommenen Barockisierung. Nach der Eroberung Triers durch französische Revolutionstruppen wurden auf Anordnung Napoleons ab 1803 die meisten nichtrömischen Bauteile wieder entfernt. Erhalten blieben – neben Gestaltungsteilen im Inneren – der von Poppo angebaute Ostchor mit einer Zwerggalerie und in Teilen das Simeonstift, in dem heute das Städtische Museum und das Verkehrsamt untergebracht sind.

Die römischen Thermen

Zur Lebenskultur reicher Römer gehörte ein mit allem Luxus ausgestattetes öffentliches Bad, wo man sich nicht nur erquickte, sondern auch sehen ließ und politisch wie geschäftlich auf dem laufenden hielt. Trier hatte derer zwei. Das ältere, jedoch weitgehend zerstörte –

heute *Barbarathermen* genannt – liegt südlich des Stadtzentrums, hinter der Südallee fast an der Mosel. Von den oberirdischen Bauten (Mitte 2. Jh.) ist fast nichts erhalten, um so eindrucksvoller und lehrreicher sind die unterirdischen Gänge der Heizanlage und des Entwässerungssystems. Einen besseren Eindruck eines Bades vermitteln die *Kaiserthermen*, und es erscheint paradox, daß gerade dieses nie seiner ursprünglichen Bestimmung gemäß benutzt wurde. Wahrscheinlich Anfang des 4. Jh. von Kaiser Konstantin in Auftrag gegeben, wurde es in seinen Ausmaßen nur von zwei Thermen in Rom übertroffen. Als Konstantin nach dem entscheidenden Sieg über einen seiner Konkurrenten um die Alleinherrschaft Trier endgültig verließ, war der Bau noch nicht beendet. Kaiser Valentinian (364–75) ließ Teile der unvollendeten Anlage abreißen und gestaltete sie zu einem Repräsentationsbau um. Erzbischof Albero (1131–52) baute die Reste zu einer Bastion mit Toranlage um und bezog sie in die von ihm errichtete Stadtmauer ein. Der Preußische Staat ließ nach 1817 diese mittelalterlichen Zutaten wieder entfernen.

Aufrecht steht heute nur noch die mächtige Ruine des Caldariums, doch läßt sich das Schema der Badeanlage nach dem Studium des für die Besucher ausgehängten Plans den Grundmauern folgend gut erkennen. Der Auftakt des Badevergnügens fand in der Palaestra, dem Gymnastikplatz unter freiem Himmel, statt, dann kamen Frigidarium (Kaltwasserbad), Tepidarium (Warmluftbad) und Caldarium (Warmwasserbad) dran. Darum herum lagen getrennte Räume zum Auskleiden und Schwitzen. Staunen erregt heute noch das ausgeklügelte Bedienungssystem aller römischen Badeanlagen: Von Feuerstellen wurden die Heizgase in Hohlräume unter den Fußböden (die Hypokausten) geleitet und zogen durch Röhren in den Wänden wieder ab; außerdem gab es ein funktionales Abwassersystem. Für die Versorgung dieses aufwendigen Badebetriebes waren Sklaven zuständig, die in den ungesunden unterirdischen Gängen das reibungslose Funktionieren sicherzustellen hatten. Die Ausgrabungsfunde aus beiden Thermen befinden sich im *Trierer Landesmuseum*.

Das Amphitheater

Makabrerer Art sind die Zeugnisse eines anderen römischen Vergnügens, die Stätte der blutigen circensischen Spiele. Die relativ große Anlage (der Arena in Verona vergleichbar) ist in den Hang des Petersberges am Ostrand der Stadt gebaut und besteht nicht aus Steinkonstruktionen, sondern aus Erdwällen. Dieses – außer der Moselbrücke – älteste römische Bauwerk in Trier (um 100 n. Chr.) wurde in späteren Jahrhunderten als Steinbruch benutzt. Nach Ausgrabung und Restaurierung ist die einstige Anlage mit ihren Eingängen, der Mauer, welche die Arena von den Zuschauern trennte, und den Kellern gut zu erkennen.

Die Palastaula (sog. »Basilika«)

Kaiser Konstantin ließ sie Anfang des 4. Jh. als Mittelpunkt seiner Residenz in Trier errichten. Der Repräsentationsbau war – wie heute noch – durch in zwei Geschossen übereinander angeordnete Rundbogenfenster gegliedert, jeweils zwei übereinanderliegende Fenster wurden durch eine riesige, ebenfalls rundbogige, Blendarkade eingefaßt. Der ursprünglich rot angemalte Verputz der Außenwände ist heute nicht mehr vorhanden. Auch die Innengestaltung entsprach den Darstellungsbedürfnissen kaiserlicher Würde: über den Heizkanälen war der Fußboden mit Marmor belegt, ebenso der untere Teil der Wände, Partien der Apsis und des Triumphbogens waren mit kostbaren Mosaiken bedeckt. Nach dem Abzug der Römer als Festung merowingischer Gaugrafen genutzt, war das Gebäude seit dem Ende des 12. Jh. Residenz der Trierer Erzbischöfe. 1645–47 ließ man für den Bau des Kurfürstenpalais die Ost- und Südwand abbrechen, unter preußischer Regierung wurde die ursprüngliche Anlage wiederhergestellt. Nach den Zerstörungen des Zweiten Weltkrieges wurde die Aula nach diesen Rekonstruktionsplänen wieder aufgebaut.

Heute präsentiert sich der Bau nüchtern in monumentaler Strenge, ohne jede ausschmückende Zutat. Wirkt er von außen schon wie ein rätselhaftes, martialisches Relikt vergangener Zeiten, setzt sich dieser Eindruck im Inneren fort: die ganze Breite des Saales (28 m breit und 30 m hoch) ist ohne stützende Pfeiler von einer Flachdecke überspannt. Der Raum dieses fast 2000 Jahre alten Bauwerks mutet in seiner gestalterischen Lösung ungeheuer modern an. Einblicke in die ursprüngliche Hypokaustenheizung und die Ausgrabungsfunde bekommt man während der Führungen durch die heute evangelische Kirche.

Der Dom St. Peter und die Liebfrauenkirche

Der Dom St. Peter und die Liebfrauenkirche – präsentieren sich heute wie ihr erster Vorgängerbau als Doppelkirchenanlage. Zu Beginn des 4. Jh. n. Chr. schenkte Helena, die Mutter Konstantins, ihren Palast dem Trierer Bischof Agritius, der ihn nach 326 abreißen ließ und an diesem Ort eine Doppelkirche errichtete: Der Dom stellt eine Erweiterung der Nordkirche dar, an Stelle der Südkirche wurde 1235–60 die Liebfrauenkirche angebaut. Als einmalige Reste des kontantinischen Kaiserpalastes fand man bei Ausgrabungen im Dom in viele Teile zerschlagene Deckenfresken. Die wieder zusammengesetzten 60 m² umfassenden und künstlerisch hochstehenden Malereien sind im *Bischöflichen Diözesanmuseum* ausgestellt. Schon Kaiser Gratian (375–83) hatte anstelle der Nordkirche – über deren Fundamenten – einen neuen Quadratbau errichten lassen, welcher der Ausgangspunkt der entscheidenden mittelalterlichen Veränderung wurde. Nach Beschädigungen durch Franken und Normannen ließ Erzbischof Poppo (1016–47) einen früheren Langhausbau abreißen und verlängerte das römische Quadrathaus (noch bis zu 25 m hoch im Dom erhalten) nach Westen, indem er dessen Grundriß mit einem Wechsel von schmalen rechteckigen und breiten quadratischen Jochen fortsetzte; er nahm auch den Bau der Westfront in Angriff. Diese in ihrem gestalterischen Reichtum in ihrer Zeit unübertroffene Front mit Chor, Doppeltürmen und runden Ecktürmchen (Maria Laach vergleichbar) wurde erst 30 Jahre nach seinem Tod vollendet. Der für die Liturgie wichtige Ostchor – er stellt den von der kirchlichen Tradition geforderten, nach Jerusalem gerichteten Altarraum dar – wurde von Bischof Hillin (1152–69) begonnen und von Johann (1169–1212) beendet. Es war der erste eingewölbte Bauteil des Doms, und so ließ Johanns Nachfolger Theoderich auch das bis dahin flachgedeckte Langhaus mit Gewölben überspannen. Aus der Zeit der Gotik ist – was den Dom anlangt – außer Veränderungen an den Türmen nicht viel zu berichten. Der nächste und letzte bedeutende Umbau wurde nach einem Brand 1719–23 unter der Regie des Hofbaumeisters Hans Georg Judas (s. Prüm, S. 295) in Angriff genommen. Dem barocken Empfinden war das Kircheninnere viel zu dunkel, so baute man zur Verbesserung der Lichtverhältnisse ein Querschiff an, ließ die Obergeschosse der Seitenschiffe abreißen und setzte neue Lichtwände auf. Dadurch brachte man allerdings die Statik der gesamten Anlage in Unordnung, weshalb heute noch umfangreiche Sicherungsarbeiten notwendig sind.

Von der reichen Ausstattung vieler Epochen seien nur einige Stücke herausgegriffen. Gute Werke der Trierer Bildhauerkunst des 12. Jh. sind die Reste der ehem. Westchorschranken (im nördl. Seitenschiff) und das älteste Grabmal im Dom, das für den 1144 verstorbenen Kardinallegaten Ivo errichtet wurde. Charakteristisch für den Dom sind die sog. Grabaltäre, die das Grabmal mit einem Altar verbinden; deren frühestes Beispiel gedenkt des Erzbischofs Richard von Greiffenclau, † 1531 (am südöstlichen Vierungspfeiler). Über 200 Jahre später gestaltete der geniale Bildhauer Ferdinand Tietz nach Plänen des Architekten Seiz den Grabaltar für den 1756 verstorbenen Erzbischof Franz Georg von Schönborn (sog. Auferstehungsaltar). Auch Erzbischof Balduin, der große Teile der südlichen Eifel mit Krieg überzog, hat hier sein Denkmal, es ist allerdings nur noch die Tumba aus schwarzem Marmor erhalten. Neben der schönen, von Domenico Rossi 1668 ausgeführten Stuckierung des Westchores sei noch auf die Arbeiten des auch für die Eifel bedeutenden Bildhauers Hans Ruprecht Hoffmann hingewiesen (s. S. 308). Eine seiner frühesten und besten Schöpfungen ist die figurenreiche Kanzel (1570–73) mit dramatisch bewegten Darstellungen der Werke der Barmherzigkeit, der Bergpredigt und des Jüngsten Gerichts. An dem der Kanzel gegenüberliegenden Pfeiler begegnet man einem seiner Spätwerke, dem als Allerheiligenaltar gestalteten Grabmal für Erzbischof Lothar von Metternich († 1623). Die Figuren dreier weiterer von ihm gearbeiteter Altäre wurden nach deren Zerstörung beim Brand 1717 in andere Grabmäler übernommen.

Vom südlichen Seitenschiff des Doms führt ein Portal mit den Relieffiguren des thronenden Christus zwischen Maria und Petrus (um 1200) in den Verbindungsgang zur Liebfrauenkirche. Sie ist eine der ersten rein gotischen Kirchen in Deutschland (neben St. Elisabeth in Marburg) und wurde von Erzbischof Theoderich und dessen Nachfolger Arnold 1235–60 anstelle der römischen Südkirche errichtet. Hat man den Verbindungsgang durchschritten, gewährt ein Meisterwerk frühgotischer Skulptur Einlaß in die Kirche: dieses Nordportal mit fein gearbeitetem Rahmen zeigt im Tympanon eine zierliche und sehr anmutige Marienkrönung. Ist man eingetreten, überrascht die ruhige Harmonie eines stilistisch einheitlichen Zentralbaus. Der Grundriß bildet ein gleicharmiges Kreuz (nur an der Ostseite vorspringender Chor) mit paarweise angeordneten Kapellen in den Winkeln der Kreuzarme. »Im Reichtum wechselnder perspektivischer Bilder, bei nie versagender Übersichtlichkeit des Raumganzen, ist die Liebfrauenkirche unter den deutschen gotischen Bauten einzig«, urteilt

Dehio. Zu erwähnen sind noch das heute geschlossene Westportal, reicher gestaltet doch künstlerisch nicht an das Nordportal heranreichend, und das von Johann Wolfgang Fröhlicher geschaffene Grabmal für Bischof Karl von Metternich († 1636, der Verstorbene ist lebensgroß, in einem Buche lesend dargestellt), eine der besten Barockarbeiten dieser Art; außerdem der Epitaphaltar für Propst von der Leyen († 1587), ein Werk von Hoffmann und der in seiner Werkstatt entstandene Altar für den 1625 gestorbenen Propst von Scharffenstein.

Empfehlenswert ist auch ein Gang durch den frühgotischen Kreuzgang. Zwischen Dom und Ostchor der Liebfrauenkirche gelegen, wurde er um die Mitte des 13. Jh. errichtet; man beachte neben der schönen Architektur besonders die sog. Malberg-Madonna in der Nordwestecke, eine hervorragende Steinskulptur aus dem Umkreis von Nikolaus Gerhaert. Man versäume auch nicht den Besuch der reichen Domschatzkammer.

Das kurfürstliche Schloß

Nachdem die Trierer Erzbischöfe seit dem 12. Jh. in der Palastaula residiert hatten, begann Lothar von Metternich 1614 mit dem Bau eines neuen Schlosses im Renaissancestil. 1756 beauftragte dann Johann Philipp von Walderdorff den Neumann-Schüler Johannes Seiz mit der Planung eines neuen Südflügels im Rokokostil. Seiz zog für die bildhauerische Gestaltung den hochbegabten Ferdinand Tietz hinzu. In sechsjähriger Bautätigkeit wurde nur ein Teil des Seizplanes in die Tat umgesetzt. Besonders prächtig ist der Mittelrisalit mit einem figurenreichen Giebelfeld, in dem Venus mit Apoll und Pomona inmitten einer ganzen Schar von Putten dargestellt sind. Der Palastgarten wurde nach dem Krieg nach den Originalentwürfen neu angelegt, 1981 baute man die zum Garten führende Palasttreppe, die bereits Johannes Seiz geplant hatte, jedoch nicht mehr ausführen konnte. Heute ist das Schloß Sitz der Bezirksregierung.

In die Welt der aufsässigen Trierer Bürger führt ein Besuch des Hauptmarkts. Dort stehen das *Marktkreuz*, 958 als Zeichen des Marktrechtes errichtet, der von Hans Rupprecht Hoffmann geschaffene Marktbrunnen (1595), das wehrhaft wirkende ehemalige *Festhaus* des Stadtrats, die *Steipe* (1430 errichtet, nach Zerstörung im letzten Krieg wiederaufgebaut) und daran anschließend das *Rote Haus* (1684, ebenfalls wiederaufgebaut). Dominiert wird der Marktplatz vom mächtigen Westturm der *Stadtpfarrkirche St. Gangolf*.

Trier hat noch viel Sehenswertes und Interessantes zu bieten – z. B. die *Wohnhäuser aus verschiedenen Epochen*, die Domherrenkurien rings um den Dom, das *Karl-Marx-Haus mit Museum;* von den ehemals zahlreichen und bedeutenden *Klöstern* lohnen noch St. Matthias und St. Paulin einen Besuch. Doch auch unter den hier beschriebenen Sehenswürdigkeiten muß man schon auswählen, wenn man nur einen Tagesausflug nach Trier unternimmt, besonders wenn man noch den Besuch eines der hochinteressanten Trierer Museen einbezieht.

TRIER

Museen

Rheinisches Landesmuseum
Ostallee
Dieses bedeutende Museum (Vorgeschichte – Mittelalter) sei an erster Stelle erwähnt, weil es besonders viele Funde und Kunstwerke aus der Eifel besitzt (z. B. Hermenweiher von Welschbillig, s. S. 310)
Öffnungszeiten: Mo–Sa 10–16 Uhr, So 9–13 Uhr

Bischöfliches Dom- und Diözesanmuseum
Banthusstr.
Frühchristliche Funde und christliche Kunst; hier sind die einzigartigen Deckenmalereien aus dem Palast der Kaisermutter Helena (s. S. 349) ausgestellt.
Öffnungszeiten: Mo–Fr 10–12, 14–17 Uhr, Sa 10–13 Uhr; Sonn- und Feiertage 14–17 Uhr

Städtisches Museum
Simeonstift
Stadtgeschichte und Wohnkultur (Mittelalter bis 19. Jh.), u. a. viele Originalskulpturen, die man in der Stadt durch Kopien ersetzt hat.
Öffnungszeiten: täglich 9–17 Uhr, im Winter montags geschlossen

Stadtbibliothek
Weberbach
Kostbare Handschriften und Frühdrucke
Öffnungszeiten: Mo–Fr 10–13, 14–17 Uhr, Sa 9–12 Uhr, So geschlossen

Auskünfte

Tourist-Information
An der Porta Nigra
5500 Trier
✆ 0651/7182807 und 7182808

Wir danken der Kreisbibliothek Euskirchen für ihre verständnisvolle Zusammenarbeit sowie Herrn Josef Auel in Scheuerheck/Bad Münstereifel für seine zahlreichen Hinweise und praktischen Hilfen.

Glossar

Die wichtigsten kunstgeschichtlichen Fachausdrücke

Basilika

(vom griech. basilike stoa: Königshalle; lat. basilica)
Im römischen Reich eine mehrschiffige Halle mit meist halbrundem Ausbau (Tribuna) gegenüber dem Haupteingang (s. Trier ›Basilika‹ S. 348). Dieses Schema wurde von der altchristlichen und romanischen Architektur übernommen und weiterentwickelt. Als Basilika bezeichnet man einen mehrschiffigen Längsbau, dessen Mittelschiff höher ist als die Seitenschiffe (→ Hallenkirche); die über den Dächern der Seitenschiffe ansetzenden Fensterreihen in den Hochwänden des Mittelschiffs (Licht- oder Obergaden) dienen dem Lichteinfall in das Mittelschiff. Den Abschluß des Mittelschiffs bildet die Apsis. Schon früh wurde dieser Grundriß durch Einschieben eines Querschiffs erweitert, durch Verlängerung des

Grundriß einer romanischen Kirche *1 Paradies 2 Westbau 3 dreischiffiges Langhaus, bestehend aus: Mittelschiff und 2 Seitenschiffen 4 Querschiff 5 Chor, bestehend aus: 6 Chorquadrat und 7 Apsis 8 Seitenapsiden 9 Triumphbogen 10 Vierung*

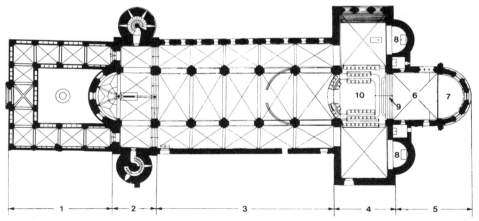

GLOSSAR

Mittelschiffs über das Querschiff hinaus entstand das Chorquadrat. Dem Westportal ist gelegentlich ein säulenumgebener Hof (Paradies, s. Maria Laach, S. 136) vorgelagert.

Sind an den Seiten des Mittelschiffs über den Nebenschiffsarkaden Emporen eingebaut, spricht man von einer Emporenbasilika (s. Heimersheim, S. 94).

Blattwerk
Verzierungsmotiv an Bauteilen, insbesondere an Kapitellen, bestehend aus stilisierten oder naturgetreu nachgebildeten Blättern.

Blendbogen (Blendarkade)
Mittel der Wandgliederung in der romanischen und gotischen Architektur. Sie überbrücken keine Maueröffnungen (offene Bögen), sondern sind der geschlossenen Mauer reliefartig aufgelegt, ›vorgeblendet‹.

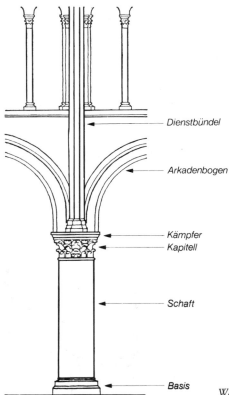

Wandaufbau

Emporenbasilika
→ Basilika

Epitaph
Mal zur Erinnerung an einen Verstorbenen, das sich meist nicht über dem Grab befindet; es ist an Wänden oder Pfeilern aufgestellt oder aufgehängt und mit Inschrift und figürlichen Darstellungen versehen (besonders prunkvoll in der Renaissance und im Barock).

Flügelaltar
Mehrteiliger Aufbau aus Holz auf dem Altartisch, bestehend aus einem Sockel (Predella), einem feststehenden Mittelteil (Schrein) und beweglichen Seitenteilen von halber Breite des Schreins (Flügel); an den Seiten des Schreins können ein oder mehrere Flügel angebracht sein. Schrein und Flügel sind mit gemalten oder geschnitzten Darstellungen gestaltet. In der Spätgotik erhielt der Flügelaltar einen kunstvollen architektonischen Aufbau, das Gesprenge.

Gewölbe
Krummflächiger oberer Abschluß eines Raumes, der im Unterschied zur Kuppel auch für Längsräume geeignet ist. Die wichtigsten in der Eifel vorkommenden Gewölbeformen sind:

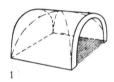   

1 2 3 4

1 Tonnengewölbe
2 Kreuzgratgewölbe
3 Kreuzrippengewölbe
4 Sterngewölbe
5 Netzgewölbe
6 Sterngewölbe
7 Netzgewölbe

5 6 7

GLOSSAR

Hallenkirche

Im Unterschied zur → Basilika ein Längsbau, dessen Seitenschiffe gleiche oder annähernd gleiche Höhe wie das Mittelschiff haben (Fenster nur in den Seitenschiffen). Diese Raumlösung wurde besonders in der Gotik bevorzugt.

Ist das unbelichtete Mittelschiff etwas höher als die Seitenschiffe spricht man von einer Stufenhalle.

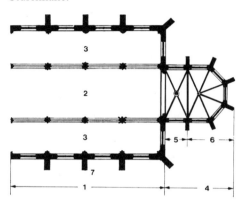

Grundriß einer gotischen Hallenkirche
1 dreischiffiges Langhaus, bestehend aus:
2 Mittelschiff und
3 Seitenschiffen;
4 Chor, bestehend aus:
5 Vorchorjoch und
6 polygonalem Chorschluß
   (hier: ⅛-Schluß)
7 Strebepfeiler

Joch

Gewölbeeinheit innerhalb einer Folge solcher Einheiten; bezeichnet sowohl das Gewölbefeld als auch den davon überspannten Raumabschnitt.

Kapitelsaal

Meist an der Ostseite des Kreuzgangs gelegener Versammlungsraum in einem Kloster.

Lisene

Senkrechter, schwach vortretender Mauerstreifen ohne Basis und Kapitell (→ Pilaster), der besonders in der Romanik als Mittel der Fassadengliederung verwendet wurde.

Nonnenempore

Meist auf Gewölben ruhender Emporenraum an der Westseite von Kirchen in Nonnenklöstern. Sie diente als Gottesdienst- und Gebetsraum für die Nonnen, die hier den Blicken der Kirchenbesucher entzogen waren (s. St. Thomas an der Kyll, S. 285).

Obergaden
→ Basilika

Paradies
→ Basilika

Pilaster
Nicht freistehender, leicht aus der Wand vortretender Pfeiler, im Unterschied zur → Lisene mit Basis und Kapitell.

Predella
→ Flügelaltar

Risalit
In voller Höhe des Bauwerks flach vorspringender Gebäudeteil, entweder in der Mitte (Mittelrisalit) oder an den Seiten (Seiten- bzw. Eckrisalit); der Risalit diente der Gliederung der Fassade.

Sakramentshäuschen
Turmartiges Gehäuse zur Aufbewahrung der Hostien und liturgischen Geräte; das eigentliche Gehäuse ruht auf einem Fuß und wird von einem meist turmartigen Aufbau bekrönt. Das S. kam in der Gotik auf und wurde an der Nordwand des Chores aufgestellt.

Schlußstein
Stein am Hauptknotenpunkt der Rippen eines → Gewölbes.

Schrein
→ Flügelaltar

Stufenhalle
→ Hallenkirche

Takenplatte
Gußeiserne Platte, die zwischen Herdraum und Stube eingelassen war und so die Wärme an die Stube abgab. Takenplatten wurden in der Eifel ab der Mitte des 15. Jh. hergestellt; sie sind mit kunstvollen Ornamenten, szenischen Darstellungen und Inschriften geschmückt.

Triumphbogen
Bogen zwischen dem Chor und dem Mittelschiff bzw. der Vierung in mittelalterlichen Kirchen.

Tympanon
Bogenfeld über einem romanischen oder gotischen Portal, häufig mit plastischen figuralen Darstellungen ausgefüllt.

Vesperbild (Pietà)
Plastische Darstellung der trauernden Muttergottes, die den Leichnam Christi im Schoße hält.

GLOSSAR

Die wichtigsten geologischen Fachausdrücke

Buntsandstein
In der gleichnamigen erdgeschichtlichen Phase (Beginn vor ca. 220 Mio. Jahren) abgelagerter Verwitterungsschutt des variskischen Gebirges, das sich einst in der Eifel erhob. Im Unterschied zu den älteren Sedimenten des Devon, die bei der Entstehung des variskischen Gebirges gefaltet wurden und an ihrer Schrägschichtung zu erkennen sind, liegen die Schichten des Buntsandstein waagerecht auf den ersteren auf.

Fossil
Im Gestein konservierter Rest eines Lebewesens. Der Begriff umfaßt sowohl die – im Laufe der Zeit stofflich umgewandelten – Körper dieser Lebewesen, als auch deren Negativabdrücke im Gestein, die zurückbleiben, wenn die eigentlichen Körper aufgelöst wurden.

Kalkmulde
Bezeichnet Gebiete im Senkungsfeld der Eifeler Nord-Süd-Zone, in denen sich aus mitteldevonischen Ablagerungen entstandene Kalkgesteine und Dolomite erhalten haben. Die zehn Eifeler Kalkmulden liegen auf einer Linie zwischen Mechernich und Trier und sind aufgrund des organischen Ursprungs der Kalkgesteine berühmt für ihren Reichtum an → Fossilien.

Maar
(vom ital. ›mare‹ = Meer)
Die jüngsten vulkanischen Erscheinungsformen in der Eifel (letzte Ausbrüche vor 10000 Jahren). Sie entstanden fast durchweg durch Gasexplosionen, die im Unterschied zu den Schichtvulkanen keine Kegel aus den ausgeworfenen Materialien aufschichteten, sondern durch Ausblasen von Hohlräumen und dem nachfolgenden Einbrechen des Gesteins ein Becken in das Grundgestein einsenkten. Die Wasserfüllung dieser Trichter hat mit der vulkanologischen Klassifizierung nichts zu tun, sie hängt hauptsächlich von der Wasser(un)-durchlässigkeit des umgebenden Gesteins ab. Man unterscheidet zwischen wassergefüllten Maaren, Moor-Maaren (ursprünglich wassergefüllt, jetzt verlandet) und Trockenmaaren.

Sediment
Ablagerungen von Verwitterungsschutt älterer Gesteine. Aus diesem Material entstehen im Laufe der Zeit die Sedimentgesteine (in der Eifel Schiefer und Grauwacken und der später abgelagerte Buntsandstein). Sedimente können auch organischer Natur sein; aus Kalkausscheidungen und den Hartteilen von Meerestieren, die sich auf dem Grund ablagern, entstehen die Kalkgesteine.

Vulkanismus

Tertiärer Vulkanismus
Entstehungsphase der ältesten Vulkane in der Eifel. Beginn vor ca. 43 Mio. Jahren (im Tertiär) im Zusammenhang mit den tektonischen Prozessen der Auffaltung der Alpen. Es sind ca. 130 Ausbruchstellen bekannt, die sich in der Hocheifel konzentrieren und zu den höchsten Erhebungen der Eifel zählen (Hohe Acht). Das heutige Erscheinungsbild dieser Vulkane ist dadurch gekennzeichnet, daß nur noch die erstarrten Füllungen der Ausbruchschlote stehen, während die ursprünglichen Kraterwälle durch Erosion abgetragen wurden.

Quartärer Vulkanismus
umfaßt die zweite und dritte Ausbruchsphase in der Eifel. Während des Altquartär (Beginn vor ca. 1,5 Mio. Jahren) entstanden Schichtvulkane; diese sind, aufgrund ihres geringeren Alters mit Kraterwällen, Lavaströmen und -gängen besser erhalten als die tertiären Vulkane (Lehrbeispiele sind die Vulkane des Mosenbergs bei Manderscheid, s. S. 236). Die Vulkanausbrüche des Jungquartär gingen mit den → Maaren zu Ende, deren letzte Eruptionen erst vor 10000 Jahren die Eifel erschütterten.

Zeittafel zur Erdgeschichte der Eifel

			Beginn ca. vor Millionen Jahren
	Quartär		1,5
Känozoikum (Erd-Neuzeit)	Tertiär	Jungtertiär Alttertiär	70
Mesozoikum (Erd-Mittelalter)	Kreide		135
	Jura		180
	Trias	Keuper Muschelkalk Buntsandstein	220
Paläozoikum (Erd-Altertum)	Perm		275
	Karbon		350
	Devon	Ober- Mittel- Unter-	400
	Silur		430
	Ordovizium		500
	Kambrium		600
	Algonkium Archaikum		

Register

Die kursiv gedruckten Zahlen verweisen auf Abbildungen im Text

Ortsregister

Aachen   10ff., 24, 34; Abb. 8, 9
- Altstadt   20; Abb. 6
- Domschatzkammer   19; Abb. 11; Farbabb. 30, 31
- karolingischer Pfalzbezirk   13
- Pfalzkapelle   15; Abb. 10, 12; Farbabb. 32–34
- Rathaus   21, *21;* Abb. 7

Adenau   180
Adendorf   91
Ahrweiler   93, 96, 113, *96;* Abb. 53, 56
Alendorf   196, 197
Alflen   271
Altenahr   93, 118, *116/117, 118*
Aremberg   123ff.
Arensberg   130, 194
Auw bei Prüm   299

Baasem   218; Abb. 72
Bad Bertrich   272, *273;* Abb. 89
Bad Münstereifel   72f.; Abb. 29, 30, 32–34, 36, 43
- Romanisches Haus   75
- St. Chrysanthus und Daria   74
- St. Donatus   75
Bad Neuenahr   96
Bad Tönisstein   143
Bassenheim   241, 245
Bekond   281
Berkum   91
Berndorf   190; Abb. 3
Binsfeld   39; Abb. 26
Birresborn   283
- Birresborner Eishöhlen   283
Bitburg   277, 306

Blankenheim   125, *126, 128;* Abb. 35; Farbabb. 11
Bleialf   299; Abb. 93
Blumenthal   47
Bollendorf   312, 313
Bruch   281
Buchholz   143
Burgbrohl   143
Burg Eltz   268, *270;* Abb. 85, 92; Farbabb. 17, 20
Bürresheim   178, *176/177;* Abb. 67, 74; Farbabb. 18
Burtscheid   24
Bürvenich   84

Dasburg   320
Daun   229, 273
Dernau   115
Dockweiler   219
Dodenburg   281
Dollendorf   196
Dreiborn   45
Dreimühlen-Wasserfall   187
Dreis (Kreis Bernkastel-Wittlich)   281
Dreiser Weiher   185
Driesch   271; Farbabb. 8
Drove   38
Dudeldorf   311
Dümpelfeld   123
Düren   38

Effelsberg   76
Eicks   79; Farbabb. 25
Eigelbach   284

361

REGISTER

Eisenschmitt 280
Eiserfey 71
Elsig 87; Abb. 40
Erftstadt 84
Ernzen 318
Ettringen 175
Euskirchen 86; Abb. 47, 48

Falkenlay 273
Falkenstein, Burg 320
Ferschweiler Plateau 314 ff., *317*
Fleringen 298
Fließem s. Villa Otrang
Föhren 281
Frauenberg 86, *87;* Abb. 39; Farbabb.
Frauwüllesheim 39; Abb. 24
Friesheim 86

Gemündener Maar 231
Gillenfeld 238
Gladbach 81
Gerolstein 133, 219
– Buchenloch 221
– Dietzenley 222
– Erlöserkirche 223, 224
– Kreisheimatmuseum 225
– Löwenburg 223
– Papenkaule 221
– Villa Sarabodis 225
Goldberg s. Ormont
Gondelsheim 298; Abb. 96

Hamm 301
Hardtburg s. Stotzheim
Heimbach 39; Farbabb. 9
Heimersheim 94 f.
Heimerzheim 89
Helenenberg 309
Hillesheim 190; Abb. 73
– Stadtmauer 191, 192
– St. Martin 192
Himmerod 280, 281; Abb. 97
Hochkirchen 81; Abb. 38
Hochsimmer 175
Hochstein 175
Hohe Acht 130, 179
Holsthum 318
Holzmaar 238; Abb. 76

Iversheim 77

Kallmuth 71
Kasselburg 227
Kempenich 169
Kelberg 184
Kerpen 45, 188
Kesseling 122
Kirchsahr 120; Farbabb. 27
Kirmutscheid 125, *125;* Abb. 49–51
Klausen 282; Abb. 101
Kleinbüllesheim 88, *88*
Kollig 247
Kommern 79
Konradsheim, Burg 85; Abb. 44
Kordel 310
Kornelimünster 25; Abb. 14
Kreuzau 37
Kreuzberg 120, 121, *121;* Abb. 52
Kronenberg 198, *198;* Abb. 77, 78; Farbabb. 12
Kruft 245
Kyllburg 287, *287, 288;* Abb. 82, 94, 95

Laacher See 141
Lambertsberg 301
Lampertstal 198
Landskron 95
Laufenburg 29
Lechenich 84, *85*
Lendersdorf 38
Lessenich 78; Abb. 46
Liblar 89
Liers 122
Lissingen 226
Lommersum 86
Lonnig 242, 246; Abb. 83
Lüftelberg 89

Malberg 76, 290, *291*
Manderscheid 233, 273, *234, 235;* Abb. 80
Maria Laach 122, 134, 171, *135/136;* Abb. 57–60; Farbabb. 23
Mariawald, Kloster 41
Mayen 169, *170/171;* Abb. 61–63, 65
Mayener Grubenfeld 173; Abb. 64
Mayschoß 115
Mechernich 79; Abb. 55
Meckel 309
Meerfelder Maar 237
Mendig 173 ff.
Mendiger Grubenfeld 173
Merode 29; Abb. 13

Mertloch 247
Messerich 307
Minden 306
Mirbach 194
Monreal 182, *181, 183;* Abb. 75; Farbabb. 10
– Burgen 184
– Pfarrkirche 184
Monschau 42, *43;* Farbabb. 13
– Burg Monschau 43, *42*
– Rotes Haus 44
Mosenberg 133, 236
Müddersheim 81
Münstermaifeld 248, *266, 267;* Abb. 81, 87, 88, 91; Farbabb. 2, 3
Mürlenbach 284
Mutscheid 76

Nerother Kopf 232
Nettersheim 69; Abb. 31
Neuerburg 302, *303*
– Burg 302; Abb. 84
– Pfarrkirche 304; Farbabb. 6
Nideggen 32; Abb. 20; Farbabb. 5
– Burg 36, *34;* Farbabb. 16
– Pfarrkirche 35; Abb. 15, 18, 19
Niederau 38
Niederberg 86
Niederdürenbach 144
Niederehe 185, *186;* Abb. 69–71
Niederlützingen 143
Niedermendig 174; Abb. 66; Farbabb. 4
Niederprüm 297
Niederweis 309
Nörvenich 81
Nürburg 130, 179
Nürburgring 180

Oberehe 185
Obermendig 175
Oberweis 302
Olbrück, Burg 144
Olef 45
Ormont 273, 298

Pesch 71
Pillig 247
Polch 246
Prüm 278, 284, 293; Abb. 98, 105; Farbabb. 21
Prüm zur Lay 305, *305*
Pulvermaar 238; Farbabb. 1

Pyrmont, Burg 247; Abb. 102

Ramstein s. Kordel
Reifferscheid 47, *47;* Abb. 4
Rheinbach 89
Rittersdorf 300
Rurtalsperre 40
Ripsdorf 196
Roth 226
Roth an der Our 319; Abb. 99

Saffig 245
Satzvey 78, *78;* Abb. 5
Simonskall 42; Abb. 1
Schalkenmehrener Maar 231; Abb. 68
Schankweiler Klause 319
Schleiden 45, *46;* Farbabb. 28
Schneeifel 298, 321 f.
Schönau 76
Schönecken 299; Farbabb. 26
Schuld 123
Schweppenburg 143
Schwirzheim 298
Springiersbach 272, *275*
Staffel 122
Steinborn 232
Steinfeld, Kloster 66, *68;* Abb. 21–23, 25
Stotzheim 76; Abb. 2
Stroheich 185
Strohner Maarchen 238
St. Thomas an der Kyll 285, *285*

Tomburg s. Rheinbach
Thür, Fraukirch 242, *243;* Farbabb. 19
Trier 278, 284, 295, 296

Ulmen 238
Urfttalsperre 40

Veynau 78; Abb. 42
Villa Otrang 300; Abb. 100
Ville 88
Villip 91
Virneburg 182, *2*
Vlatten 84
Vussem 71; Abb. 28

Wachendorf 78
Waldkönigen 232
Walporzheim 115

363

REGISTER

Walsdorf 193
Wehr 144
Weidesheim 88
Weidingen 302
Weilerbach 313
Weinfelder Maar 231; Farbabb. 15
Welschbillig 310, *310*
Wenau, Kloster 28; Abb. 17
Wernerseck, Burg 246; Abb. 103; Farbabb. 24

Westeifel-Vulkanzug 130, 219, 273, 298
Wetteldorf 300
Wildenburg 65; Abb. 37
Wittlich 275; Abb. 90; Farbabb. 22
Wollersheim 84
Wolsfeld 308

Zülpich 81f., *82, 83;* Abb. 41, 45
Zülpich-Hoven 83; Farbabb. 29

Namensregister

Aachen, Hubert von 66
Alberti, Matteo 292
Alken, Heinrich 172
Alken, Jakob 272
Alken, Michael 247
Aniane, Benedikt von 26, 28
Andernach, Johannes von 243
Ark, Friedrich 22

Balduin von Trier (Erzbischof) 170, 182, 191, 223, 229, 233, 234, 270, 271, 279, 311, 350
Barbarossa, Friedrich I. 12, 18

Caesar 8, 277, 345
Clemens Wenzeslaus von Sachsen 272
Coter, Colijn de 47
Couven, Jakob 13, 20
Couven, Johann Joseph 13, 20, 22, 23, 25, 28, 29
Cranach, Lucas d. Ä. 271
Cusanus, Nikolaus 217, 248

Daun, Aegidius von (›der tolle Gilles‹) 229
Dreyer, Benedikt 38
Dürer, Albrecht 3

Engelbert II. (Bischof) 33
Evangelischer Kirchenbauverein 194, 223

Friedrich II. 95

Gaertner, Andreas d. J. 273
Geich, Johann Baptist 90
Goethe, Johann Wolfgang von 129

Hammes, Bartholomäus 272
Hochstaden, Konrad von (Erzbischof) 32, 33, 37

Hoffmann, Hans Ruprecht 192f., 282, 297, 301, 308, 350, 351
Hugo, Victor 268

Isenburg, Arnold von 287

Judas, Hans Georg 295, 346

Karl der Große 10, 11, 17, 278
Karl V. 35, 43
Kinkel, Gottfried 92, 95, 115, 119, 121, 123, 124, 125
Konstantin (Kaiser) 278, 348
Kretschmar, Christian 281, 292
Kurz, Paul 295

Lothar I. (Kaiser) 294, 297
Ludwig XIV. 7, 8, 94, 241, 271

Malberg, Rudolf von 287
Manderscheid, Elisabeth von 45
Mark, Philipp, Graf von der 45, 187, 188
Mefferdatis, Laurenz 13, 20, 24
Meister der Ursulalegende 87
Metternich, Lothar von 95, 192, 193
Meyer, Philipp 318
Mirbach, Ernst Freiherr von 194, 195, 196, 223, 224
Munggenast, Paul 314
Münster, Sebastian 7, 223

Naumburger Meister 246
Neumann, Balthasar 245, 296

Otto II. 11

Palandt, Marsilius III. von 65

365

REGISTER

Pippin der Kurze 10
Pfalz-Neuerburg, Ludwig von 294
Ponsart, Nicolaus 120

Ravensteyn, Philipp Josef Honorius 172, 229, 295, 300
Reifferscheid, Johann V. von 48
Rethel, Alfred 23
Reux, Jakob de 23
Riemenschneider, Tilmann 86
Rosselder, Peerken von 282
Rossi, Domenico 350

Samsonmeister (Laacher) 140
Sanders, Hermann 247
Seiz, Johannes 245, 296, 297, 346

Scheibler, Johann Heinrich 44

Schinkel, Karl Friedrich 23
Schlegel, Dorothea von 134
Schmidt, Friedrich von 175
Statz, Vincenz 174
Steininger, Johannes 129
Stehling, Paulus 274
Stumm, Johann Michael 268

Tietz, Ferdinand 292, 350
Treverer 277, 306, 314, 316

Walderdorff, Johann Philipp von 272, 346
Wilhelm I. (Kaiser) 297
Wilhelm II. (Kaiser) 224, 225
Wilhelm IV. von Jülich 33, 34, 36
Wille, Fritz von 47, 188, 189, *230*

Die Eifel

Von Heinz Josef Schmitz und Wilfried Murk. Text von Walter Pippke. 120 Seiten mit 103 Farbfotos und einer Karte, Leinen mit Schutzumschlag

»Die Autoren sind von der Eifel begeistert; diese Begeisterung ist ›ansteckend‹, mitreißend. Der herrliche Bildband hat die Kraft, aus Eifelbesuchern Freunde der Eifel zu machen. Und den Eifelern selbst vermag das Buch ein neues, vertieftes Verhältnis zur heimatlichen Gebirgslandschaft zu vermitteln.«
Aachener Nachrichten

»Heinz-Josef Schmitz, Wilfried Murk und Walter Pippke haben einen prächtigen Band im Großformat vorgelegt. Abseits ausgetretener Pfade entdeckten die drei neben Bekanntem auch manches Neue, das wert ist, festgehalten zu werden.
Aus der Sicht des Fotografen erlebt der Betrachter manch liebgewonnenes Städtchen, Burgen, erloschene Vulkankrater, Kirchen, Klöster und anmutige Fachwerkbauten. Walter Pippke bietet in seinem Text Freud und Leid aus der wechselvollen Geschichte dieser Landschaft.«
Rhein-Zeitung, Koblenz

DuMont Kunst-Reiseführer

- Ägypten und Sinai
- Algerien
- Belgien
- Bulgarien
- Bundesrepublik Deutschland
- Das Bergische Land
- Bodensee und Oberschwaben
- Die Eifel
- Franken
- Hessen
- Köln
- München
- Münster und das Münsterland
- Zwischen Neckar und Donau
- Der Niederrhein
- Oberbayern
- Oberpfalz, Bayerischer Wald, Niederbayern
- Ostfriesland
- Die Pfalz
- Der Rhein von Mainz bis Köln
- Schleswig-Holstein
- Der Schwarzwald und das Oberrheinland
- Sylt, Helgoland, Amrum, Föhr
- Der Westerwald
- Östliches Westfalen
- DDR
- Dänemark
- Frankreich
- Auvergne und Zentralmassiv
- Die Bretagne
- Burgund
- Côte d'Azur
- Das Elsaß
- Frankreich für Pferdefreunde
- Frankreichs gotische Kathedralen
- Korsika
- Languedoc-Roussillon
- Das Tal der Loire
- Die Normandie
- Paris und die Ile de France
- Périgord und Atlantikküste
- Das Poitou
- Savoyen
- Südwest-Frankreich
- Griechenland
- Athen
- Die griechischen Inseln
- Alte Kirchen und Klöster Griechenlands
- Tempel und Stätten der Götter Griechenlands
- Kreta
- Rhodos
- Großbritannien
- Englische Kathedralen
- Die Kanalinseln und die Insel Wight
- Schottland
- Süd-England
- Guatemala
- Das Heilige Land
- Holland
- Indien
- Ladakh und Zanskar
- Indonesien
- Bali
- Iran
- Irland
- Italien
- Apulien
- Elba
- Das etruskische Italien
- Florenz
- Ober-Italien
- Von Pavia nach Rom
- Das antike Rom
- Rom
- Sardinien
- Sizilien
- Südtirol
- Toscana
- Japan
- Der Jemen
- Jugoslawien
- Kenya
- Luxemburg
- Malta und Gozo
- Marokko
- Mexiko
- Nepal
- Österreich
- Kärnten und Steiermark
- Salzburg, Salzkammergut, Oberösterreich
- Tirol
- Wien und Umgebung
- Pakistan
- Portugal
- Rumänien
- Sahel: Senegal, Mauretanien, Mali, Niger
- Die Schweiz
- Skandinavien
- Sowjetunion
- Rußland
- Sowjetischer Orient
- Spanien
- Die Kanarischen Inseln
- Katalonien
- Mallorca – Menorca
- Südspanien für Pferdefreunde
- Zentral-Spanien
- Sudan
- Südamerika
- Syrien
- Thailand und Burma
- Tunesien
- Türkei
- USA – Der Südwesten

»Richtig reisen«

- Algerische Sahara
- Amsterdam
- Arabische Halbinsel
- Australien
- Bahamas
- Bangkok
- Von Bangkok nach Bali
- Berlin
- Budapest
- Florida
- Griechenland
- Griechische Inseln
- Großbritannien
- Hawaii
- Holland
- Hongkong
- Ibiza/Formentera
- Irland
- Istanbul
- Kairo
- Kalifornien
- Kanada/Alaska
- Kopenhagen
- Kreta
- London
- Los Angeles
- Malediven
- Marokko
- Mexiko und Zentralamerika
- Moskau
- München
- Nepal
- Neu-England
- New Mexico
- New Orleans
- New York
- Nord-Indien
- Norwegen
- Paris
- Peking/Shanghai
- Rom
- San Francisco
- Die Schweiz und ihre Städte
- Südamerika 1, 2, 3
- Süd-Indien
- Texas
- Tunesien
- Venedig
- Wallis
- Wien